课程实施中的教师情绪
一个社会学的分析

Teachers' Emotions in Curriculum Implementation

A Sociological Analysis

田国秀　尹弘飚　主编

尹弘飚　著

北京出版集团
北京出版社

图书在版编目（CIP）数据

课程实施中的教师情绪：一个社会学的分析 / 田国秀，尹弘飚主编；尹弘飚著. — 北京：北京出版社，2022.12

（教师情感研究书系. 第一辑）

ISBN 978 - 7 - 200 - 16959 - 1

Ⅰ. ①课… Ⅱ. ①田… ②尹… Ⅲ. ①高中 — 课程改革 — 关系 — 中学教师 — 情绪状态 — 研究 Ⅳ. ①G632.3 ②G443

中国版本图书馆 CIP 数据核字（2021）第 279468 号

教师情感研究书系　第一辑
课程实施中的教师情绪
一个社会学的分析
KECHENG SHISHI ZHONG DE JIAOSHI QINGXU
田国秀　尹弘飚　主编

尹弘飚　著

*

北 京 出 版 集 团　出版
北 京 出 版 社
（北京北三环中路 6 号）
邮政编码：100120

网　　　址：www.bph.com.cn
北 京 出 版 集 团 总 发 行
新 华 书 店 经 销
固安兰星球彩色印刷有限公司印刷

*

787 毫米×1092 毫米　16 开本　21.75 印张　395 千字
2022 年 12 月第 1 版　2022 年 12 月第 1 次印刷
ISBN 978 - 7 - 200 - 16959 - 1
定价：88.00 元
如有印装质量问题，由本社负责调换
质量监督电话：010 - 58572393

内容提要

20世纪80年代以来，社会科学领域兴起了一场情绪革命，情绪在哲学、社会学、心理学、历史学、人类学等多个学科的研究中成为一个引人注目的议题。伴随着学术界的情绪革命，教育领域中有关情绪的研究自20世纪90年代中期以来不断增加。然而，相对于教学、教育领导等范畴中的教师情绪研究来说，课程实施范畴中对教师情绪的理解还不够深刻。

变革是当今时代的主要特征。就在教育学者关注情绪研究的同时，全球教育领域也出现了一种大规模变革的回归趋势。其中，自2004年9月实施的高中课程改革就是我国对这一席卷全球的大规模变革趋势的回应。

本研究采用"文化—个体观"的视角，以我国高中课程改革为背景，对广东省广州市四所学校30位教师在课程实施中的情绪变化进行了个案调查，试图揭示课程实施与教师情绪之间的互动关系。深度访谈、课堂观察、参与式观察和文件收集（包括网络日记和网络论坛发言）是本研究获取有关教师情绪素材的主要手段。

本研究使用象征互动论来解释课程实施与教师情绪之间的关系，并将所有研究发现整合在"自我—人际互动—社会结构"三层结构之中：在自我水平上，情绪是教师在课程实施中重塑身份的产物，教师的情绪劳动反映了教师运用情绪进行的自我表演；在人际互动水平上，由"教师—他人"互动和"改革—情境"张力导致的情绪地理和情绪困境影响了课程实施中的教师情绪；在社会结构水平上，教师在受到课程实施中特定情绪法则限制的同时，也会运用一系列策略应对情境的限制，从而架起了课程实施与教师情绪之间互动的桥梁。

为了更好地关注教师在课程实施中的情绪体验及其变化历程，本研究把曾被忽略的情绪维度增加到课程实施研究当中，并发现了教师在课程实施中发挥的调适功能，确立了教师作为变革动因的重要地位，并且肯定了"文化—个体观"在理解课程实施和教师情绪中的方法论价值。上述发现提醒我们，课程实施若想取得理想的效果，就必须关注个体教师赋予变革的主观意义，情绪就是这种主观意义的一个体现，以及这种意义和课程实施之间的互惠影响。只有当大规模课程变革的步伐能够和个体教师的情绪、行为等方面的改变配合起来时，课程实施才更有可能取得实效。这给我国高中课程改革的后续实施带来了重要启示。

目　录

第一章　变革时代的情绪革命

第二章　从课程实施到教师情绪

第三章 研究设计与方法

第四章 课程实施中教师的情绪经历

第五章　情绪地理与情绪困境

第六章　情绪法则与应对策略

第一章　变革时代的情绪革命

我们身处一个令人兴奋而又使人害怕的时代。

——哈格里夫斯（Hargreaves A.）[①]

今天看来，哈格里夫斯当年的这句话至少传递出两个信息：其一，社会处于一种长期、持续乃至剧烈的变革状态；其二，社会剧变给身处其中的人们带来了巨大而复杂的情绪冲击，既令人倍感兴奋，又使人感到害怕。于是，情绪与变革联系起来，成为社会变革的一个伴生现象。事实上，情绪正在逐步成为包括教育在内的社会科学领域中的一个颇受瞩目并且令人耳目一新的研究主题。

基于这种背景，本研究拟在一项特定的教育变革——中国高中新课程改革中探讨教师情绪这一研究主题。本章内容将通过介绍中国高中新课程的宏观社会背景和理论研究，引出所要研究的问题，并概括这项研究的理论价值和实践意义。

第一节　变革时代的教师与教学

无论我们是使用"后工业""后现代"还是其他词语来命名这个时代，经济活

---

① Hargreaves A., *Changing teachers, Changing times*: *Teachers Work and Culture in the Postmodern Age* (London: Cassell, 1994) , p. 47.

动、政治关系、信息、通信与技术等方面的全球化都是这个时代的核心特征。[①]换言之，这是一个充满变化的时代，一个把变革作为传统，同时又不断改变"传统"的时代。在这个时代中，"变革"获得了新的含义，不再是一个只具有描述功能的中性概念，而是具有了价值判断的功能：反对变革，就是反对进步和发展。[②]对于这样一个变革成为社会常态的时代，如果用各种冠之以"后"的术语来命名显得有些艰涩难懂、过于学究气的话，我们不妨把它称作"变革时代"。

　　与其他社会领域相似，变革时代中的教育领域同样经历着一波又一波的改革浪潮。频繁的教育和课程变革给课程与教学领域至少带来了两个影响较大的后果：一是课程实施研究的兴起和迅速发展；二是教师和教学工作面临的巨大转变。研究者指出，"课程实施"作为一个专门的研究课题出现于20世纪60年代末70年代初[③]。它兴起于人们对课程变革的理解和评定过程中，其起因与布鲁纳（Bruner J. S.）、施瓦布（Schwab J. J.）等人领导的"学科结构运动"的失败直接相关。学者们发现，许多重大的课程变革之所以总是"轰轰烈烈开幕，凄凄惨惨收场"，其主要原因不在于课程方案设计得不够完美，而在于实施中面临的各种问题。这些变革的倡导者过多地沉迷于描绘理想的变革蓝图，而很少关心付诸实践的过程，这使得许多变革方案并未深入学校的教育实践，甚至它们还只是停留在纸面上，根本没有被教师采用或实施。[④]20世纪80年代以来，各国的教育和课程改革虽然频频登场，但大都是昙花一现，很

---

① Morris P., "Curriculum innovation and implementation: A cautionary note," *Educational Research Journal*, no. 2（1987）：49-54；王建军：《合作的课程变革中的教师专业发展：上海市"新基础教育实验"个案研究》，香港中文大学，2002。

② Darling-Hammond L., *The right to learn*: *A blueprint for creating schools that work*（San Francisco: Jossey-Bass, 1997）.

③ Snyder J., Bolin F., and Zumwalt K., "Curriculum implementation," in *the Handbook of research on curriculum*, by Jackson P. W.（New York: Macmillan Pub. Co., 1992）, pp. 402-435.

④ Snyder J., Bolin F., and Zumwalt K., "Curriculum implementation" in the *Handbook of research on curriculum*, by Jackson P. W.（New York: Macmillan Pub. Co., 1992）, pp. 402-435；Fullan M., *The new meaning of educational change*（New York: Teachers College Press, 2001a）.

快沉寂，[①]这种现象自然会引起课程学者的深思，因此有关课程实施的研究不断增多。时至今日，课程实施已经成为课程研究中一个非常活跃的领域。

另一方面，教育和课程改革浪潮还在很大程度上改变了教学工作的性质，并且把教师推到了一个充满悖论的尴尬境地。"全球化"作为变革时代的核心特征，已经渗透到了社会的各个领域，教育改革也不例外，这使得当今各国的教育改革显得颇为雷同。莱文（Levin）在比较西方几个国家的教育政策之后总结出下列共同特征：[②]

- 从经济的角度解释变革的必要性；
- 批评现行学校的低效无能；
- 在不增长经费投入的前提下不断提高对教育的要求；
- 强调对教育的管理；
- 将学校教育视为商品；
- 强调标准、问责和考核。

在这种背景下，尽管各国教师面临的改革项目各异，但他们所处的境况事实上十分相似。总体来看，在变革时代，人们期望教师具有一种新的素质，即塔尔伯特（Talbert）与麦克劳夫林（Mclaughlin）所谓的"新专业性"：教师要以一种自己从未经历过的方式教学；要致力于自己的终身学习；要在学校和社会情境中善于并且乐于向他人学习；要把家长和社区视为支持资源而非障碍；要成为改变自己的主体，迅速有效地回应社会和教育变革。[③]然而，现实的情况是，花样繁多、不断推陈出新的变革加重了教学工作的强度（intensification），教师不得不在资源有限的情况下面对由多种变革带来的巨大压力，越来越受控于规定详细的变革项目、指令式（mandated）的课

---

① Tyack D., Cuban L., *Tinkering toward utopia*: *A century of public school reform*（Cambridge MA.: Harvard University Press, 1995）.

② Levin H., *Education and the ability to deal with change*（Hong Kong: Hong Kong Institute of Educational Research, The Chinese University of Hong Kong, 1998）.

③ Talbert J. E., Mclaughlin M. W.,"Teacher professionalism in local school contexts," *American Journal of Education*102, no. 2（1994）:123–153.

程以及步骤明确的教学指导。① 在这种情况下，教学工作逐渐被"去专业化"（deprofessionalization）了，教师的身份也由专业人士降格为只需按照工作手册干活儿的技师。② 因此，教师和教学工作在变革时代不得不面临着许多新问题。

造成这种局面的根本原因在于变革时代自身的悖论特征。哈格里夫斯总结了后现代社会给教育带来的五种悖论情境：③

• 家长一方面要求学校重视一些问题（如有关学生学习方面的问题），但另一方面自己却放弃了对这些问题应负的责任；

• 商业机构要求学校发展市场所需的技能，但自己却没能好好运用这些技能；

• 越来越多的全球主义概念造就了越来越多的部落文化（tribalism）；

• 在更加关注多样性和整合的同时，也更加强调统一标准和专门化；

• 对未来取向的强调导致了更多的怀旧情结（nostalgia）。

这让教师在教育和课程变革过程中处于一种尴尬境地：他们一方面被寄予厚望，被视为实施变革和推动变革走向成功的关键力量；另一方面也被视为导致学校教育失败、变革不能取得理想效果的问题所在。④

于是教师在课程实施中成为一种很不稳定并且难以预测的能动者（agents）。他们既可能主动顺应变革做出符合变革需要的（desirable）改变，也可能抵制这些外部要求的改变从而成为变革的阻力。因此，实施研究者近来对教育变革中教师个人因素表现出极大的兴趣，对教师改变的研究也由外在行为延伸到决定或影响行为改变的内在心理过程，如教师拥有的知识、信念、态度、动机等。毫无疑问，这些研究在很大程度上扩展了课程实施研究的范围，丰富了我们对课程变革的理解。然而，实施研究者仍然遗漏了一些重要的教师个人因素，情绪便是其中之一。

---

① Hargreaves A., *Changing teachers, Changing times: Teachers Work and Culture in the Postmodern Age* （London: Cassell, 1994）, p. 119.

② Jeffrey B., Woods P.,"Feeling deprofessionalised: The social construction of emotions during an OFSTED inspection," *Cambridge Journal of Education*26, no. 3（1996）:325–343.

③ Hargreaves A., "Renewal in the age of paradox," *Educational Leadership*52, no. 7（1995）：14–19.

④ Smylie M., "From bureaucratic control to building human capital: The importance of teacher learning in educational reform," *Educational Researcher* 25, no. 9（1996）：9–11.

第二节 情绪革命中的教育研究

毋庸置疑，情绪长期以来在文化历史和社会生活中都处于边缘位置，这种现象在西方尤甚。在哲学史上，情绪从苏格拉底（Socrates）、柏拉图（Plato）和亚里士多德（Aristotle）时期开始就被作为理性的对手和威胁。笛卡儿（Descartes）、康德（Kant）与黑格尔（Hegel）等近代哲学家维持并强化了这种传统。因此，情绪一直以来都被隐藏在文化历史的背景之中，只有服务于理性的时候，情绪的地位才会得到承认。这种二元对立的结果，让以追求理性、纯粹知识为己任的学术研究，从启蒙运动以来就把情绪排除在对真理（truth）、理智和知识的追求之外。[①]同时，由于情绪现象极不稳定、难以捉摸并且复杂多样，学术研究也很少涉足这一问题。

情绪在社会生活中的遭遇也大致相同。在专业场景中，情绪被视为一种女性化的、非专业化的表现，专业人士的一个标志就是能够控制自己的情绪，使其工作不受情绪的干扰。因此，人们谈论的一般都是控制（controlling）情绪、处理（handling）情绪和情境，以及应对（dealing with）他人的情绪和情境。[②]在各种社会或工作组织中，情绪也扮演着被压迫的角色，现代的科层体制是建立在理性基础上的，这自然排斥和抑制了情绪。[③]为实现控制、秩序和效率，组织必须管理其成员的某些情绪（如愤怒、沮丧、焦虑等），并且动员他们的另外一些情绪（如热情、喜悦等）[④]。

---

① Solomon R. C.,"The philosophy of emotions," in *Haviland J. M. Handbook of emotions*, Lewis M.(New York, London: The Guilford Press, 1993), pp. 3–15; Zembylas M., "Emotions and elementary school science teaching: Postmodernism in practice"(Unpublished Ph. D. Dissertation. Urban, Illinois: University of Illinois at Urbana–Champaign, 2000) ; Zembylas M., Vradias C., "Emotion, reason, and information and communication technologies in education: Some issues in a post–emotional society," *E-Learning*1, no. 1 (2004):105–127.

② Lutz C. A., "Engendered emotion: gender, power, and the rhetoric of emotional control in American discourse," in *Language and the politics of emotion*, Lutz C. A., ABU–Lughod L. A., (NY. : Cambridge University Press, 1990), p. 72.

③ Putnam L. L., "Mumby D. K. Organizations, emotion and the myth of rationality," in *Emotion in organizations*, Fineman S. (London: SAGE Publications, 1993), pp. 36–57.

④ Fineman S., "Organizations as emotional arenas," in *Emotion in organizations*, Fineman S. (London: SAGE Publications, 1993a), pp. 9–35.

然而，这种状况在今天已有所改变，情绪正在逐步，同时也是艰难地摆脱它的边缘位置，走入社会组织、政治文化乃至学术研究的聚光灯下。这首先得益于变革时代的社会剧变。伴随着后工业、后现代社会的到来，服务业（service occupation）取代了传统的工业、制造业成为经济生产的主流，越来越多的人成为服务业工人或者从事与服务有关的工作。这不仅是经济结构、生产方式的巨大转变，其深远影响还弥漫在包括个体情绪在内的社会生活的各个角落。贝克尔（Becker）指出，服务业工人面临工作中的主要问题是由他们与其顾客或消费者之间的关系造成的。他们的内心都有某种"理想"顾客的形象预设或假想，并且根据这种假想形成自己关于工作应该如何履行的方案，以及他们实际的工作技术上的观念。当顾客与他们的理想型存在差距时，冲突就会产生，工人在工作中就会遇到问题。[1]在霍克希尔德（Hochschild）看来，这些冲突主要体现在情绪方面。[2]为吸引和迎合顾客，服务业工人必须从事"情绪劳动"（emotional labor），即诱导或抑制自身的感受，以维持适合他人心理状态的外部表情。[3]在这种情况下，情绪不再只受私人的主导，而是进入公共领域，开始接受盈利目的和商业逻辑的支配。在服务行业中，"当产品是微笑、心情、感受和关系时，它更多属于组织而较少属于个体自身"。[4]当情绪劳动成为组织要求其成员必须从事的一项工作时，情绪的内在体验和外部表达之间的失调（dissonance）就成为从事该工作的人的一种长期持续的状态。于是，情绪在人际互动中原本负载的社会信息被人为地掩盖了起来，我们无法通过他人的情绪表达去了解其真实感受。虽然这场社会变革看似无关教师痛痒，但和服务业的工人一样，教师情绪也处在变革旋涡的中心。许多

① Becker H. S., "Social-class variations in the teacher-pupil relationship," in *School and society*: *A sociological reader*2nd, ed. Dale B. R., Esland I. R., Mackinnon G. M., Swift D. F.（London: Routledge & Kegan Paul in association with The Open University Press, 1977），pp. 107-113.

② Hochschild A. R.,"Emotion work, feeling rules, and social structure," *American Journal of Sociology*85, no3（1979）:551-575.

③ Hochschild A. R., *The managed heart*: *Commercialization of human feeling*（Berkley, Los Angeles, London: University of California Press, 1983），p. 7.

④ Hochschild A. R., *The managed heart*: *Commercialization of human feeling*（Berkley, Los Angeles, London: University of California Press, 1983），p. 198.

研究者发现，^①在以人际交往为基础的学校教育和教学工作中，教师同样需要从事大量的情绪劳动。

随着服务行业、大众传媒和消费文化的普及，"当今西方社会正在进入一个新的发展时期，其中人造的、虚伪的情绪成为由自己、他人或整体的文化工业操纵的基础"^②。梅斯特罗维奇（Meštrović）将之称为"后情绪（post-emotional）社会"，在其中"理智化的、机械化的、大规模生产的情绪登上了世界舞台"，人们"理性地选择表现出虚假的愤慨、友好或其他预先包装的情绪"，从而创造出迪士尼式的（Disneyesque）、人造的真实。鉴于此，梅斯特罗维奇建议用"后情绪主义"取代后现代主义，因为后者忽视了情绪对大众社会以及当今时代核心价值观的影响。^③

无论"后情绪社会"是否是一个描述当今时代的恰当术语，我们能确定的一点是，当情绪成为社会生活中无法回避的一个主要议题时，学术研究就不能再对情绪问题无动于衷。于是，20世纪80年代以来在许多学科领域中关于情绪的研究都有了飞速增长，如哲学、社会学、心理学、历史学和人类学。哲学家重新检视了理性与情绪之间的关系，认为情绪并非理性的对立面；社会学者认为情绪劳动渗透在日常生活和社会交往中；心理学者探讨了情绪体验的心理和社会心理机制；历史学者描绘了情绪随特定社会价值观变革的过程，指出20世纪消费文化所提倡的情绪是以其他情绪被抑制为代价的；人类学者则分析了情绪在不同文化脉络中的实际运作方式。^④围绕着情绪，学者们众说纷纭，于是形成了情绪的理性话语、病理学话语、浪漫话语和政治话语^⑤，其中感受理论、概念认知理论、神经生物学理论、社会建构

---

① Blackmore, 1996; Hargreveaves, 1998a–c; Winograd, 2003.

② Meštrović S. G., *Post-emotional society*（London: Sage, 1997），p. xi.

③ Meštrović S. G., *Post-emotional society*（London: Sage, 1997），p. 26, xii.

④ Zembylas M., "'Structures of feeling' Curriculum and Teaching: Theorizing the emotional rules," *Educational Theory*52, no. 2（2002b）:187–208.

⑤ Boler M., "Disciplined emotions: Philosophies of educated feelings," *Educational Theory*47, no. 2（1997）: 203–227; Boler M., "Towards a politics of emotion: Bridging the chasm between theory and practice," *APA Newsletters*98, no. 1（1998a）: 49–54; Sutton R. E., Wheatley K. F., "Teachers' emotions and teaching: A review of the literature and direction for future research," *Educational Psychology Review*15, no. 4（2003）: 327–358.

主义、女性主义和后结构主义成为当前对情绪的几种经典解释。一时间，情绪研究成为学术领域中的潮流之举。与其原有的黯淡和萧条相比，借用萨顿（Sutton）与惠特利（Wheatley）的话来说，这无疑是一场"情绪革命"（emotional revolution）[1]。

那么，在这场学术界的"情绪革命"中，教育研究做了些什么呢？

严格说来，情绪直到20世纪90年代中期才逐渐成为教育研究中的一个专门课题[2]。尽管在此之前教育学者也曾对教师的压力和倦怠、关注阶段（Stage of Concern, SoC）等问题做了许多研究，但这些研究还只是涉及了一些"碎片化"的情绪，缺乏对情绪的整体思考，并且研究者也尽量避免使用"情绪"一词。近年来，教育学者借助心理学、社会心理学、社会学、工作与组织社会学的相关研究，在变革、教学、领导和教师教育四个领域对情绪展开了广泛探讨，并且提出了一些十分独到的见解，其中以教学领域的情绪研究最为深入。

教育学者首先对忽视教师情绪的现象提出了批评。他们指出，以往的教育研究大都忽视了变革、教学、领导和教师教育中的情绪维度，低估了教师情绪的重要性。事实上，教师情绪是教学的核心，教与学本质上是情绪性的。[3]对教师来说，教学是一种情绪实践，其中涉及大量的情绪理解和情绪劳动。教师对自己与他人（如与学生、家长或同事）的交往中倾注了大量情感，而课程变革不仅影响着教师的知识、技能和问题解决能力，还影响着学校的整个关系网络，从而影响着教师的情绪。

教师在课程变革中处于一种两难境地。这些矛盾给他们带来的不仅是行为、知识、信念和态度上的冲突，而且还是情绪上的冲击和考验。因此，变

---

① Sutton R. E., Wheatley K. F., "Teachers' emotions and teaching: A review of the literature and direction for future research," *Educational Psychology Review* 15, no. 4（2003）: 328.

② Zembylas M., "Emotions and elementary school science teaching: Postmodernism in practice,"（Unpublished Ph. D. Dissertation. Urban, Illinois: University of Illinois at Urbana–Champaign, 2000）.

③ Hargreaves A., "The emotion of teaching and educational change," in *International handbook of educational change*, Hargreaves A., Lieberman A., Fullan M., Hopkins D.（Dordrecht, Boston, London: Kluwer Academic Publishers, 1998c）:558.

革过程充满了教师的情绪体验。实施变革既能给教师带来自尊和实现自我价值，也会给他们带来情感上的创伤。更重要的是，这些难以被变革促进者进行"合理"规划的情绪反应会对课程实施造成十分显著的影响：教师对"舒适地带"的留恋以及对变革带来的不确定因素的忧虑和恐惧足以使任何改革措施止步于教室门外。为此，哈格里夫斯提醒教育和课程变革的领导者：①

• 教育变革和学校领导必须承认情绪在教学、学习、领导中的核心地位；

• 教育政策必须承认和关注教师情绪；

• 健康的个体会对他们过去的行动感到骄傲和羞耻；

• 在变革的内容方面，政府和管理者必须把情绪维度纳入学习标准、课程目标、专业标准之中；

• 政策制定者、管理者和教师之间需要更好的情绪理解；

• 变革过程不要太理性；

• 改革者、领导者和教师要确保变革日程中的"理性"方面，同时要考虑到教师对学生的关爱，并和他们自身的情绪相联系；

• 学校领导和改革者要为教师提供条件，使他们与学生建立情绪联系，达成情绪理解；

• 领导者要在风险和安全之间做出权衡，给予教师适当的压力和支持；

• 关注领导者自身的情绪需求，尤其是当情绪劳动威胁到他们的身心健康的时候。

这些告诫也无疑要求课程变革与实施需要加强对情绪问题的研究。然而，有趣的是，即使是在实施研究已经相当繁荣的今天，我们对教师情绪和课程实施之间的互动关系及其作用机制仍然所知甚少。因此，在这个课程改革此起彼伏、情绪问题又受到前所未有的重视的变革时代，探讨课程实施与教师情绪之间的相互作用就显得十分必要。

---

① Hargreaves A., "The emotional politics of teaching and teacher development: With implications for educational leadership," *International Journal of Leadership in Education*: *Theory & Practice*1, no. 4（1998a）: 315–336; Hargreaves A., "The emotional practice of teaching," *Teaching and Teacher Education*14, no. 8（1998b）: 835–854.

第三节　中国的高中课程改革

2000年前后，中国发起了一场规模宏大的、旨在更新整个基础教育系统的课程改革。1998年12月，教育部颁布《面向21世纪教育振兴行动计划》，提出将于2000年启动第8次基础教育课程改革（以下简称"新课程改革"），"争取经过十年左右的实验期，在全国推行21世纪基础教育课程教材体系"。[①]2001年6月，教育部颁布《基础教育课程改革纲要（试行）》（以下简称《纲要》），并于同年9月开始实施义务教育阶段的课程改革。2003年4月，教育部又颁布了《普通高中课程方案（实验）》（以下简称《方案》）和15个学科的课程标准。2004年9月，高中课程改革首先在山东、广东、海南、宁夏四个省区试行实施。2005年9月，江苏省也开始实施高中新课程，成为高中课程改革的又一个实验省区。

这种大规模的课程变革并非中国独有的，自20世纪90年代以来，世界范围内的教育领域出现了一种大规模变革的趋势，这种大规模变革有两个显著特征：一是关注整个教育系统；二是约50所学校的20000名或更多学生参与。[②]显然，这次包括高中课程改革在内的基础教育课程改革是中国对这一趋势的回应。

一、高中课程改革的基本构想

《方案》是本次我国高中课程改革的基本蓝图，共包括普通高中教育的课程目标、课程结构、课程内容、课程实施与评价四个部分。

在课程目标上，新课程继承了我国近年来提倡素质教育的一贯宗旨，试图为学生的终身发展奠定基础。具体而言，本次高中课程改革的目标是：

• 精选终身学习必备的基础内容，增强与社会进步、科技进步、学生经验的联系，拓展视野，引导创新与实践；

---

① 教育部：《面向21世纪教育振兴行动计划》，http://www.moe.edu.cn/edoas/website18/37/info3337.htm, 1998.

② Fullan M., "The return of large-scale reform," *Journal of Educational Change* 1, no. 1（2000）: 8.

• 适应社会需求的多样化和学生全面而有个性的发展，构建重基础、多样化、有层次、综合性的课程结构；

• 创设有利于引导学生主动学习的课程实施环境，提高学生自主学习、合作交流以及分析和解决问题的能力；

• 建立发展性评价体系，改进校内评价，实行学生学业成绩与成长记录相结合的评价方式，建立教育质量监测机制；

• 赋予学校合理而充分的课程自主权，为学校创造性地实施国家课程、因地制宜地开发校本课程，为学生有效选择课程提供保障。

在课程内容的选择上，新课程提倡以时代性、基础性和选择性作为选择内容的基本原则。与以往的高中课程相比，强调选择性是《方案》的一个突破之举。所谓的选择性是指在保证学生完成基础学习内容的前提下，新课程应为学生提供多样的、可以满足学生不同需要的内容。与这一原则相适应，新课程在课程结构上做出了大幅度调整。《方案》规定，高中新课程由学习领域、科目、模块3个层次构成，其中学习领域共有8个，即语言与文学、数学、人文与社会、科学、技术、艺术、体育与健康、综合实践活动。学习领域由一些课程价值相似的科目组成，包括语文、数学、外语（英语、日语、俄语等）、思想政治、历史、地理、物理、化学、生物、艺术（或音乐、美术）、体育与健康、技术等12个或13个科目[①]；此外，新课程又将科目向下延伸，每个科目又包括若干反映学科内容逻辑关系，却又相互独立的模块。

基于这种课程结构，选修课和学分制成为高中课程改革在课程设置方面的主要举措。《方案》规定，学生如完成一个模块（共36学时）的修习并通过考核，可获得2学分；学生在三年中必须获得116个必修学分（包括综合实践活动领域的23学分），在选修学分Ⅱ中至少获得6学分，同时总计达到144学分方可毕业。这种课程设置如表1–1所示。

[①] 若音乐、美术分别开设，则为13个科目；若二者并为艺术一科，则为12个科目。

表1-1　中国高中新课程的课程设置（教育部，2003）[1]

学习领域	科目	必修学分（共计116学分）	选修学分Ⅰ	选修学分Ⅱ
语言与文学	语文	10	根据社会对人才多样化的需求，及学生不同潜能和发展的需要，在共同必修的基础上，各科课程标准分类别、分层次设置若干选修模块，供学生选择	学校根据当地社会、经济、科技、文化发展的需要和学生的兴趣，开设若干选修模块，供学生选择
语言与文学	外语	10		
数学	数学	10		
人文与社会	思想政治	8		
人文与社会	历史	6		
人文与社会	地理	6		
科学	物理	6		
科学	化学	6		
科学	生物	6		
技术	技术（含信息技术和通用技术）	8		
艺术	艺术或音乐、美术	6		
体育与健康	体育与健康	11		
综合实践活动	研究性学习活动	15		
综合实践活动	社区服务	2		
综合实践活动	社会实践	6		

在课程实施与评价方面，《方案》对一些基本问题做出了方向性的指示：

- 合理而有序地安排课程；
- 建立选课指导制度，引导学生形成有个性的课程修习计划；
- 建立以校为本的教学研究制度；
- 充分挖掘课程资源，建立课程资源共享机制；
- 建立发展性评价制度。

---

[1]　教育部：《普通高中课程方案》（实验），人民教育出版社，2003。

二、教师在新课程实施中的境遇

普通高中连接着义务教育和高等教育，担负着升学和就业的双重任务，加之高中阶段学生的年龄和心理特征，这使高中阶段的课程与教学在整个基础教育中显得极为敏感而重要。由于长期以来受到应试教育的影响，中国的高中课程积弊甚多。这表现在：（1）以外在化的知识技能的熟练掌握为课程目标；（2）课程内容繁、难、偏、旧，脱离学生经验和社会生活；（3）课程结构"分科主义"严重，拒斥学生的选择；（4）课程实施过于倚重接受学习、死记硬背、机械训练；（5）"一切为了高考"的选拔取向的课程评价；（6）高度集权化的课程管理。[①]在高中课程改革启动之前，对高中生、教师以及其他社会人士的一项调查显示，人们对原有的高中课程的实用性、时代性、选择性和灵活性等方面都表现出较高的不满意倾向。[②]这表明，高中课程已经亟待变革。

与原有的高中课程相比，本次高中课程改革可谓是一次全面而深刻的变革。它第一次如此彻底地改变了高中的课程结构，第一次如此广泛地把选修课和学分制引入高中课程，并且也是第一次如此明确地提出了学生的课程选择权力。总体来看，《方案》借鉴了其他国家的经验和措施，吸收了近年来课程与教学领域中的一些新理论，为高中课程描绘了一幅更加理想、更加民主，也更加宏伟的变革蓝图。显然，高中课程改革的实施给教师提出了很高的要求和挑战。那么，教师目前的境遇如何？截至2006年，高中新课程实施已有一年左右，但从已发表的文献来看，有关其实施状况的实证研究还很少。因此，本文将借助新课程改革实施方面的相关研究简要概括教师在改革中的实际处境。

自新课程改革以来，人们已经普遍认识到教师是课程实施的主要动因，是决定课程改革成败的关键力量。令人欣慰的是，教师对新课程改革的价值和必要性有着较高的认同，对改革也抱有很大信心，愿意积极主动地参与新

---

① 朱慕菊主审，钟启泉、崔允漷、吴刚平主编《普通高中新课程方案导读》，华东师范大学出版社，2003，第60—61页。

② 同上，第55页。

课程改革。在新课程实施初期阶段，教师就已经发生了比较显著的改变，不仅教育观念发生了许多变化，而且对新课程改革的关注程度和实施上也变得越来越符合人们的期望了。①新课程改革使教师获得了一些课程决策权，也孕育和生成了教师合作的学校新文化。②这些对教师实施新课程改革无疑有着很大帮助。

　　然而，教师在新课程实施中还面临着许多困难。在社会氛围上，教师受到强调应试的现有评价制度与方法的严重束缚，过分注重"被动执行"和"严格忠实"，这也制约了教师的实施能力，并且家长对新课程改革也心存顾虑；③在资源支持上，面临的普遍难题是一线教师获得的物质资源微乎其微，课程资源严重匮乏，教师工作负担沉重、缺少备课时间，班级人数过多，教学辅助设施不够；④在教师发展上，现有的由教育行政部门组织的教师培训项目大都缺乏实践性和针对性，教师虽然能够通过这些活动增加见识和理解，但对改善教学实践并没有多少帮助；⑤在学校文化上，教师在新课程实施中还受到以往学校文化的影响，如传统的"师道尊严"缺失、自主学习意识不够、同事之间缺乏专业交流等。⑥这些因素难免会对教师的新课程实施以及自身的改变产生限制。

　　与其他国家和地区相似，教师在中国是一种压力程度颇重的职业，中小学教师普遍承受着较大的压力。⑦教师在新课程改革中面临的上述困难让这种现状进一步恶化。调查表明，新课程实施中教师压力已十分普遍而且强度较

　　① 马云鹏、唐丽芳：《新课程实施的现状与对策》，《东北师大学报（哲学社会科学版）》2002年第5期；尹弘飚、靳玉乐：《课程实施的策略与模式》，《比较教育研究》2003年第2期；靳玉乐、尹弘飚：《教师与新课程实施：基于CBAM的个案分析》，《课程・教材・教法》2003年第11期。

　　② 课题组：《基础教育课程改革的成就、问题与对策》，《中国教育学刊》2003年第12期；马延伟、马云鹏：《课程改革与学校文化重建》，《教育研究》2004年第3期。

　　③ 马云鹏、唐丽芳：《新课程实施的现状与对策》，《东北师大学报（哲学社会科学版）》2002年第5期；成尚荣、彭钢、张晓东：《基础教育课程实施与管理现状调查》，《教育理论与实践》2002年第6期。

　　④ 课题组：《基础教育课程改革的成就、问题与对策》，《中国教育学刊》2003年第12期；尹弘飚、李子建：《基础教育新课程实施的影响因素分析》，《南京师大学报》2004年第2期。

　　⑤ 马云鹏、唐丽芳：《新课程实施的现状与对策》，《东北师大学报（哲学社会科学版）》2002年第5期；尹弘飚、李子建：《基础教育新课程实施的影响因素分析》，《南京师大学报》2004年第2期。

　　⑥ 马延伟、马云鹏：《课程改革与学校文化重建》，《教育研究》2004年第3期。

　　⑦ 邵光华、顾泠沅：《关于我国青年教师压力情况的初步研究》，《教育研究》2002年第9期。

大。随着改革的进行，许多教师都渐渐出现焦虑、失落、无助的心理。为此，研究者提出了一系列缓解教师压力的对策，如明确教育目标，尽量减少教师的不确定感；为教师参与改革提供支持性环境；培养教师应对压力的能力；给教师以积极反馈，增强教师的责任感等。[1]

　　一面是自上而下的、势在必行的课程改革，另一面又面临着各种困难及其带来的心理压力。于是，中国的中小学教师和身处变革时代教育改革浪潮中的其他国家和地区的教师一样，在新课程改革中扮演着双重角色：他们既可能担负起社会寄予的厚望，成为改革的动力；又可能由于教学专业的特性、教师文化的特点和教师自身的利益追求等因素的限制而成为改革的阻力。[2]这导致教师对新课程改革产生了许多悖论性的态度、情绪和行为。如对山东省高中课程改革准备情况的调查表明，高中教师的态度和行为是相当矛盾和复杂的：一方面是对新课程的较高认同，另一方面又对改革的成功缺乏信心；一方面急切地期待新课程的到来，另一方面又在行动上相对滞缓和怠惰；一方面对教材教学法与评价制度的改革表现出极大关注，另一方面又对新课程的价值理念和目标要求等问题表现得非常漠然。[3]

　　挑战和机遇并存的改革、悖论性的专业与社会情境、复杂而矛盾的情绪状态，可以说，中国高中教师的这种境遇已经成为当前处于教育改革浪潮中的世界各国教师现状的一个缩影。那么，对教师情绪与课程实施之间互动关系的分析在这种背景下就显得十分必要而且更有价值。

第四节　研究目的和意义

　　综上所述，虽然近年来情绪研究成为包括教育在内的许多学科领域中的共同趋势，但由于情绪长期受到学者和学术研究的忽视，因此情绪研究总体

---

① 傅维利、刘磊：《论教育改革中的教师压力》，《中国教育学刊》2004年第3期。

② 马健生：《教师：何以成为教育改革的阻力》，《教育科学研究》2003年第10期。

③ 课题组：《高中教师：在期待中徘徊——山东省普通高中新课程实施准备情况调查报告》，《当代教育科学》2004年第20期。

上还处于起步阶段，还有大量问题等待我们去发现和理解。在变革时代，教师在课程实施中处于一系列两难境地，这不仅使教师面临着知识、技能、态度、信念上的挑战，而且给教师情绪也造成了巨大的冲击。[①]教师是课程变革的关键动因，然而他们并非我们期望的那样坚强，他们同时也是变革中情感脆弱的实施者。[②]

自高中课程改革实施以来，极少有学者关注教师在变革中的情绪体验，更别说探讨情绪在课程实施中的地位和作用。这种情况也反映在有关新课程改革的研究文献之中。尽管也有个别研究涉及教师的压力、关注程度以及一些心理体验，但还缺乏从整体上思考教师情绪的意识，甚至还没有意识到"教师情绪"也是新课程实施中值得关注的一个研究问题。可以说，学术界的这场"情绪革命"目前还没有影响到我国的课程变革与实施研究。假如情绪真的像一些西方学者所说的那样重要的话，那么这对中国的新课程改革来说也会是一个可继续探讨的话题。

鉴于此，本研究试图在中国高中课程改革这样的一项自上而下的系统变革（systemic change）中，探讨课程实施与教师情绪之间的互动关系，以期丰富我们对教师情绪的理解，完善现有的课程实施理论，并且对当前的高中课程改革的实际运作有所裨益。具体而言，这些问题包括：

• 教师在课程实施中具有哪些情绪体验？

• 教师为何会在实施上述改革时产生这些情绪？即课程实施中教师情绪的影响因素是什么？

• 教师如何应对课程改革带来的情绪冲击？

若能达到上述目的，此项研究将在下列方面彰显其理论和实践价值：

首先，现有的课程实施与教师改变研究大多忽视了情绪维度，相关的理

---

① Nias J., "Thinking about feeling: The emotions in teaching," *Cambridge Journal of Education* 26, no. 3（1996）: 293–306; Hargreaves A., Lo, L.N., "The paradoxical profession: Teaching at the turn of the century," *Prospects* 30, no. 2（2000）: 167–180.

② Kelchtermans G., "Teacher vulnerability: Understanding its moral and political roots," *Cambridge Journal of Education* 26, no. 3（1996）: 307–323.

论和概念框架也大多没有考虑情绪的地位和作用。[①]然而，课程实施与教师改变除了理性的一面之外，还有人性的、情感的一面，正是这个侧面大大增加了变革过程的复杂性。课程变革是人的事业，若缺乏对参与者情绪的关注，变革理论就会显得残缺不全。本研究有助于我们把情绪纳入课程实施理论当中，从而更加全面地认识课程变革的复杂性。

其次，与教育中的其他领域（如教学）相比，变革领域中的情绪研究还很不成熟。现有的研究只是指出情绪的重要性，但对教师情绪在实施中的变化过程、教师情绪的影响因素，特别是教师情绪与更大脉络（如社会文化、专业期望、权力关系等）之间的联系尚不清楚。通过运用情绪地理、情绪法则、应对策略等概念，本研究可以厘清教师情绪与课程变革之间的互动机制，从而丰富我们对教师情绪的理解。

最后，在实践方面，包括高中课程改革在内的中国新课程改革都忽视了教师情绪的影响。虽然研究者已经注意到教师对新课程改革的抵制，[②]但很少有人把这种抵制和教师情绪联系起来。本研究有助于我们把教师情绪纳入高中课程改革的规划议程之中，从情绪入手为教师提供有效干预，减少教师在改革中的消极情绪和心理压力，尽量减少教师对改革的抵制行为，从而推动教师发自内心地改变，提高高中课程改革的实施水平。此外，本研究也期望通过教师和研究者的共同探索，激发教师对情绪这一惯常现象的反思，促使教师揭示或质疑在自己专业情境中发生的情绪事件及其背后蕴含的那些习以为常的情绪法则。因为，在研究者看来，教师的这种意识觉醒是推动实践者社群形成新的共识，从而改善群体实践的第一步。

---

① Hargreaves A., "The emotional politics of teaching and teacher development: With implications for educational leadership," *International Journal of Leadership in Education*: *Theory & Practice* 1, no. 4（1998a）: 315–336; Hargreaves A., "The emotional practice of teaching," *Teaching and Teacher Education* 14, no. 8,（1998b）: 835–854; Hargreaves A., "The emotion of teaching and educational change," in *International handbook of educational change*, Hargreaves A., Lieberman A., Fullan M., Hopkins D.（Dordrecht, Boston, London: Kluwer Academic Publishers, 1998c）, pp.558–575; Beatty B. R., "Emotion matters in educational leadership: Examining the unexamined"（Unpublished Ed. D. Dissertation. Toronto: University of Toronto, 2002）; Zembylas M., "Emotions and elementary school science teaching: Postmodernism in practice"（Unpublished Ph. D. Dissertation. Urban, Illinois: University of Illinois at Urbana–Champaign, 2000）.

② 马健生：《教师：何以成为教育改革的阻力》，《教育科学研究》2003年第10期；课题组：《高中教师：在期待中徘徊——山东省普通高中新课程实施准备情况调查报告》，《当代教育科学》2004年第20期。

第二章　从课程实施到教师情绪

如前所述，本研究旨在理解课程实施与教师情绪之间的互动关系。古德拉德（Goodlad）曾将课程研究分为三个范畴：一是"实质性"（substantive）范畴，处理目的、学习经验的提供与组织、学生评定等课程的共同要素，探讨其本质、价值、理论基础及其相互关系，属于课程设计的范畴；二是"政治—社会"（political-social）范畴，探讨在特定政治和社会脉络中有关课程的决定是如何形成的，属于课程决策的范畴；三是"技术—专业"（technical-professional）范畴，研究那些有助于课程改进或革新的程序、资源或评价措施，属于课程实施与评价的范畴。[①]与课程领域的其他一些研究范畴相比，课程实施具有更加明显的技术色彩和实体特征（如变革内容、实施策略、实施成效等）。相对而言，教师情绪则是一个十分抽象的概念。它不仅与技术、实体相去甚远，而且多变易逝，甚至经常难以用语言来界定或形容。那么，务实的课程实施研究如何会对如此抽象的教师情绪产生兴趣呢？

本章的目的在于回顾已有的相关研究，简要地概括课程实施与教师情绪研究的发展脉络，同时展示教师情绪是如何逐步走入课程实施的研究视野，并且引起学者们越来越多的关注的。

第一节　课程实施

经过30余年的发展，课程实施研究已经形成了一个规模庞大、内容众多

---

① 黄显华、霍秉坤：《寻找课程论和教科书设计的理论基础》，人民教育出版社，2002年，第3页。

的知识体系。本节将对课程实施研究中的一些主要问题做出回顾，并呈现教师在课程实施中的地位和作用。

一、课程实施的内涵

课程实施与课程变革[①]的关系十分密切。课程变革是一个中性的术语，[②]泛指在教育安排的条件下发生的课程与教学的一切变动。[③]课程变革一般由以下三个阶段组成：（1）发起或启动阶段；（2）实施或最初使用阶段；（3）常规化或制度化阶段。[④]可见，课程实施是课程变革过程中的第二个阶段。通俗地讲，变革就是学习新观念和新事物的过程，而实施就是学着去做或理解一些新事物。[⑤]

总括起来，研究者目前对课程实施内涵的理解主要有三种观点。第一种观点认为，课程实施是指革新的真正使用过程或革新在实践中发生的一切，[⑥]是将革新付诸实践的过程；第二种观点认为，课程实施涉及减少现存实践与革新所建议的实践之间的差异；[⑦]第三种观点认为，课程实施就是教学，因为教学过程就是课程计划的实施过程，[⑧]课程实施实际上就是教学。[⑨]

显然，这三种观点之间存在着许多差异，而且这些差异并非处于同一水

---

① 在英文中，有许多词可以被用来指称这一含义，如"课程变革"（curriculum change）、"课程改革"（curriculum reform）、"课程革新"（curriculum innovation）、"课程改进"（curriculum improvement）等。严格说来，它们的含义并不尽相同，如课程变革泛指课程与教学的所有变化，课程改革则指较大规模的、发生在整个系统层面的课程变革，课程革新与课程改进往往是指课程与教学发生的积极、正面的变化。本文采用具有中性色彩的"课程变革"作为通用术语整理有关文献。至于论文题目，考虑到大规模课程变革的研究脉络，本文使用"课程改革"一词。

② Blenkin G. M., Edwards G., Kelly A. V., *Change and the curriculum*（London: Paul Chapman Publishing Ltd, 1992）.

③ 江山野：《简明国际教育百科全书：课程》，教育科学出版社，1991，第62页。

④ Fullan M., *Leading in a culture of change*（San Francisco: Jossey-Bass, 2001），p. 50.

⑤ Fullan M., "Successful school improvement and the implementation perspective," in *Successful school improvement: The implementation perspectives and beyond*, Fullan M.（Buckingham: Open University Press. 1992），p. 22.

⑥ Fullan M.,"Implementation of innovation," in *The international encyclopedia of education*, 2nd ed. Husén T., Postlethwaite T. N.（Oxford: Pergamon Press, 1994），pp. 2839–2847.

⑦ Leithwood K. A., "Implementing curriculum innovations," *Studies in curriculum decision making*, Leithwood K. A.（Toronto: OISE Press, 1982），p. 253.

⑧ Saylor J. G., Alexander W. M., Lewis A. J., *Curriculum planning for better teaching and learning*, 4th ed.（Tokyo: Holt-Saunders International Editions, 1981），p. 257.

⑨ 黄甫全：《大课程论初探——兼论课程（论）与教学（论）的关系》，《课程·教材·教法》2000年第5期。

平。第一种观点是比较中性的概念。它关注的是课程实施的过程，即在实践中变革是如何发生的，至于变革结果是否与预定方案相符合，这种观点并没有什么要求。第二种观点则具有明显的价值取向。它要求课程实施的过程必须朝向革新建议的方向，并且要求变革的结果符合预定的课程方案，因此它更多地关注变革的结果。然而，这两种观点在课程实施涉及范围的认识上是共同的，即它们都认为课程实施涉及整个学校教育系统，从课堂到国家多个层面。相比而言，第三种观点认为课程实施只发生在课堂层面，其涉及的范围要小得多。

那么，哪种观点更为合理呢？麦克尼尔（Mcneil）指出，课程可以分为两个世界：一个是修辞的世界，专业委员会的成员、教育董事、政府领袖等人在其中对"教什么"和"如何教"等问题做出回答，课程变革、政策、目标、框架、标准等与之相关；另一个是经验的世界，教师和学生在此过程中缔造课程，追求他们的目标，建构他们的知识与意义。[①]尽管课堂教学是课程实施中的重要甚至主要环节，但课程实施其实是涉及"两个课程世界"的。将课程实施等同于教学，事实上缩小了课程实施的范围，而且还会限制我们的研究视野，使我们遗漏对许多有价值的问题的研究，例如变革方案、实施策略、地方调适以及学校组织结构等。因此，我们必须超越课堂教学的范围，在更广阔的范围内理解课程实施。

古德拉德等人认为存在5类不同层面的课程：理想课程、正式课程、感知课程、执行课程、经验课程。[②]作为正式课程，预定的变革方案代表了一种课程理想。如果这个方案是合理的，课程实施自然应该朝这个方向发展，并努力实现变革预定的目标。然而我们不能否认的是，在正式课程、感知课程与执行课程之间总是不可避免地存在着一些差异。因此，在课程变革中，我们很难甚至无法保证实施结果和预定方案之间能够吻合。这提醒我们不仅要关注课程实施的结果，更应该关注实施过程本身，即变革方案在实践中发生的

---

① Mcneil J., *Curriculum: The teacher's initiative*, 2nd ed.（New Jersey: Prentice-Hall, 1999），p. iv.

② Goodlad J. I., "The scope of the curriculum field," in *Curriculum Inquiry: the study of curriculum practice*, Goodlad J. I. et al.（New York: McGraw-Hill, 1979），pp. 17–41.

一切。

基于上述认识，并结合其他学者[①]的观点，我们认为"课程实施"这个术语具备以下特征：（1）它可以被理解为新的方案或实践的实际使用情况；（2）它是课程变革或设计与教学周期的重要阶段；（3）它是一个动态过程，涉及变革方案与组织环境多方面的交互，因此其结果并非总是和预定方案保持一致。

二、课程实施取向

如果要给内容庞杂的课程实施研究找出一个提纲挈领、纵贯全局的问题的话，那么此问题非课程实施取向（orientation）莫属，它反映了我们在研究或进行课程实施时所采取的基本立场、视角和观点。在实施取向的分类体系上，学者们目前主要持两种观点：一种是豪斯（House E. R.）的观点，主张从技术观、政治观和文化观出发从而理解课程实施；另一种是富兰（Fullan M.）、斯奈德（Snyder J.）等人的观点，认为课程实施可被归纳为忠实、相互调适和课程缔造三种取向。

（一）豪斯的实施取向分类

20世纪70年代末期，豪斯提出了一种理解课程实施取向的分类方式，建议从技术（technical）、政治（political）和文化（cultural）三种视角出发分析课程变革，同时总结了这三种课程实施观的基本特征。[②]

技术观假定人们在变革中拥有共同的价值体系和变革目标，问题只是如何更好地达成这一目标。强调以理性的系统分析来处理变革的实施问题，因此主要通过改革教材和教学方法，以及引进新的技术来提高教学质量和实施成效。在实施策略上，技术观主张以"研究—发展—传播"模式，把变革方案转化为可应用的技术和知识，由教师贯彻执行。除了把课程实施假设为一个生产过程外，技术性取向还关注课程变革本身的成果与效率问题。在研究

---

① Marsh C. J., *Key concepts for understanding curriculum*（London, New York: Falmer Press, 1992），p. 180; Mclaughlin M. W., "Implementation as mutual adaptation: Change in classroom organization," in *The curriculum studies reader*, Flinders D. J., Thornton S. J.（New York: Routledge, 2004），p. 172; Ornstein A. C., Hunkins F. P., *Curriculum: Foundation, principles, and issues*, 4th ed.（Boston: Allyn and Bacon, 2004），p. 299.

② House E. R., "Technology versus craft: A ten year perspective on innovation," *Journal of Curriculum Studies* 11, no. 1,（1979）: 1–15.

方法上，技术观主张使用量化方法研究课程实施，如成就测验、态度量表或标准化调查问卷等。①

课程实施的政治观涉及权威、权力的运用，以及不同团体之间利益的竞争和妥协。因为在政治观中，我们将面对许多问题和冲突。群体之间的利益往往是相互冲突的，对立派别之间为了达到自己的目的必须讨价还价、相互妥协，因此课程实施更像一个协商的过程。在政治观中，教育管理者往往会利用自己的制度优势来推进改革的进程。相应地，这种做法通常会受到隐性或显性的抵制。另外，这种观点认为课程实施应重视因时、因地制宜，就学校机构的具体情境做出调整，以维持系统的合法性（legitimacy），因为与技术和外部机构的限制相比，学校情境是影响教师行为的更重要的因素。②在评价方面，政治观提倡以半结构化的问卷和访谈作为研究方法，兰德变革动因研究可以作为这类研究的代表。

文化观假定了一个更为支离破碎的社会。在这个社会中有很多亚文化群体，群体内部具有价值共识，但群体之间则缺乏一致性，这种差距使群体很难采取共同行动。在课程变革中，外部设计的课程方案所代表的研究者文化和教师群体所代表的实践者文化之间存在很多冲突。这两种文化之间的遭遇涉及沟通、诠释、调节（accommodation）以及一种文化适应行动。③因此，文化观将变革的实施视为一种文化再生（reculturing）的过程，其目的在于促使学校成员重新思考课程、教学以及学校教育的本质和目的等问题。在评价方面，文化观注重寻求内部信息，尊重本土概念和价值观，试图揭示处于事件之中的"局内人"是如何看待这一事件的。④因此，这类研究提倡以族志学的质化研究手段，如参与式观察、个案研究等作为研究方法。

---

① House E. R., "Three perspectives on innovation: Technological, political, and cultural," in *Improving schools*: *Using what we know*, Lehming R., Kane M.（Beverly Hills: Sage Publications, 1981），p. 28.

② House E. R., "Three perspectives on innovation: Technological, political, and cultural," in *Improving schools*: *Using what we know*, Lehming R., Kane M.（Beverly Hills: Sage Publications, 1981），p. 22.

③ House E. R., "Technology versus craft: A ten year perspective on innovation," *Journal of Curriculum Studies* 11, no. 1,（1979）: 8.

④ House E. R., "Three perspectives on innovation: Technological, political, and cultural," in *Improving schools*: *Using what we know*, Lehming R., Kane M.（Beverly Hills: Sage Publications, 1981），p. 36.

（二）富兰、斯奈德等人的实施取向分类

同样是在实施研究的初期，富兰与庞弗雷特（Pomfret A.）分析了20世纪70年代中的15项具有代表性的课程实施研究，提出了两大研究取向：忠实观与相互调适观（或称过程观）。[①]进入20世纪90年代，斯奈德、博林（Bolin）和朱姆沃尔特（Zumwalt）回顾了九项主要的课程实施研究，归纳出忠实、相互调适和课程缔造三种研究取向。[②]这三种取向对课程、知识、变革过程、教师角色以及研究方法论等问题持不同的主张。

忠实（fidelity perspective）取向认为课程实施的理想成果就是教师按照新课程的原本意图在课堂中落实形成这些新的教学活动。衡量课程实施成功与否的基本标准是所实施的课程与预定的变革方案之间的符合程度，符合程度越高则课程实施越成功。这类实施研究主要探讨两个问题：（1）测量课程实施对预定课程方案的实现程度；（2）确定促进或阻碍课程实施过程的因素。[③]在研究方法上，忠实取向的课程实施研究以量化研究作为基本方法论，认为问卷调查、访谈、观察以及文献分析等是进行此类研究的有效方法。

相互调适（mutual adaptation orientation）源自20世纪70年代中期伯曼（Berman J.）和麦克劳夫林主持的兰德变革动因研究。他们发现，成功实施的特征在于它是一个相互调适的过程。[④]课程实施是变革方案与学校实际情境在课程目标、内容、方法、组织诸方面相互调整、改变与适应的过程。这类实施研究关注以下两个问题：（1）从社会科学中借鉴新的方法和理论以发现那些关于教育问题的详尽的描述性资料；（2）确定促进或阻碍课程计划实施的因素，特别是各

[①]　Fullan M.,"Pomfret A. Research on curriculum and instruction implementation," *Review of Educational Research* 47, no. 2,（1977）: 335–397.

[②]　Snyder J., Bolin F., Zumwalt K.,"Curriculum implementation," in *Handbook of research on curriculum*, Jackson P. W.（New York: Macmillan Pub. Co., 1992）, pp. 402–435.

[③]　Snyder J., Bolin F., Zumwalt K.,"Curriculum implementation," in *Handbook of research on curriculum*, Jackson P. W.（New York: Macmillan Pub. Co., 1992）, p. 404.

[④]　Mclaughlin M. W., "Implementation as mutual adaptation: Change in classroom organization," *Teachers College Record* 77, no. 3（1976）: 340; Berman P., Mclaughlin M . W., "Factors affecting the processes of change," in *Schools, conflict, and change*, Milstein M. M.（New York: Teachers College Press, 1980）, p. 70.

种组织变量，以提高变革方案与课程实施之间的互动效果①。相互调适观十分强调教师在课程实施中的作用，认为课程方案可以随着情境进行调整，这种调适之后的产物反而更加适应学校的教育情境。在研究方法上，它提倡更为宽广的方法论基础，既包括量化研究，又包括质化研究，认为个案研究、参与式观察、访谈、问卷调查以及文献分析是了解实施过程的有效手段。

课程缔造（curriculum enactment）取向认为，课程实施本质上是教师和学生在具体教育情境中缔造新经验的过程，课程方案只是提供给这个过程的工具而已。这类研究关注以下问题：（1）缔造的经验是什么？教师与学生是如何缔造这些经验的？（2）诸如课程材料、各级教育政策、师生的性格特征等因素是如何影响课程缔造的？（3）实际缔造的课程对学生有怎样的影响？怎样赋予教师与学生权力以创造这些经验？缔造观认为，课程不是预先决定的，而是形成于师生的共同建构过程中的。②在课程实施中，课程设计者不再是外部的专家，而是实施中的教师和学生。在研究方法论上，缔造取向以质化研究为基础，提倡通过个案研究、深度访谈、行动研究来理解课程实施，并进一步提升学校实践。

（三）两种分类体系的比较

比较起来，富兰、斯奈德等人的分类方式和豪斯的观点至少存在两点区别。首先，前者立足于课程领域自身，从课程变革与实施的内部考察课程实施；后者从课程领域外部出发，借助于其他学科的视角理解课程实施。豪斯曾指出，技术观诞生于经济学，政治观诞生于政治科学和社会学，文化观诞生于人类学。③其次，与上述区别相关的是，前者是通过富兰、斯奈德等人总结和归纳已有课程实施研究而形成的，因此更侧重于"课程实施研究"的取

---

① Snyder J., Bolin F., Zumwalt K., "Curriculum implementation," in *Handbook of research on curriculum*, Jackson P. W.（New York: Macmillan Pub. Co., 1992）, p. 411.

② Snyder J., Bolin F., Zumwalt K., "Curriculum implementation," in *Handbook of research on curriculum*, Jackson P. W.（New York: Macmillan Pub. Co., 1992）, p. 418.

③ House E. R., Mcquillan P. J., "Three perspectives on school reform," in *International handbook of educational change*, Hargreavse A., Lieberman A., Fullan M., Hopkins D.（Dordrecht, Boston, London: Kluwer Academic Publishers, 1998）, p. 198.

向；后者是豪斯根据其他学科理论和课程变革实例演绎而来，因此更偏重"课程实施"的取向。科比特（Corbett）与罗斯曼（Rossman）还将豪斯的三种取向视为三种实施路径（path），比较了分别采用这三种路径的学校之间在实施效果方面的差异。[1]

尽管存在这些差异，但研究者指出，斯奈德等人与豪斯的主张事实上颇为一致。[2]这种共同性表现在基本假设、研究重点、实施策略以及研究方法论等方面，而这些恰恰构成了课程实施取向的实质性内容。表2-1总结了两种分类体系的共同特征。

表2-1 课程实施的取向[3]

实施取向	忠实取向	相互调适取向	课程缔造取向
	技术观	政治观	文化观
基本假设	系统而理性化的过程；消极的使用者；共同的利益和价值观；实施是一项技术性工作，关键在于寻找到实现目标的最佳手段；课程知识是客观预定的，独立于认识者之外	双向的社会互动过程；调适的使用者；不同团体认同一套价值观，通过团体间的妥协达成共识，因此调适程度并不一致；课程知识产生于社会互动过程中	非线性的复杂演化过程；自主的使用者和创造者；实施有赖于不同文化的互动团体内的小派别才分享相同的价值观，团体间的价值观可能相互矛盾；个人化的知识观
研究重点	变革方案的合理与完备；课程实施的程度；效率	学校情境与变革方案的互动；调适的内容与过程；互动	学校情境的文化含义；缔造的内容及其影响；意义
实施策略	专门知识的应用；中心—外围式变革；研究，发展，推广模式（RD&D，即Research, Development and Dissemination Model）	利用政治手段产生影响；有弹性的变革；兰德模式（RAND，即Rand Model）	社群的自觉行为；草根式变革；信任、开放、实现、互赖模式（TORI，即Trust, Openness, Realization, and Interdependence Model）

① Corbett H. D., Rossman G. B., "Three paths to implementing change: A research note," in *Curriculum Inquiry* 19, no. 2（1989）：163–190.

② 李子建、黄显华：《课程：范式，取向与设计》，中文大学出版社，1996，第314页。

③ 尹弘飚、李子建：《再论课程实施取向》，《高等教育研究》2005年第1期。

（续表）

实施取向	忠实取向	相互调适取向	课程缔造取向
	技术观	政治观	文化观
研究方法论	量化研究：如问卷调查、访谈、观察、文件分析	量化研究与质化研究：如半结构化问卷与访谈、实地观察、文件分析、个案研究	质化研究：如个案研究、叙事研究、参与式观察、行动研究

鉴于这两种分类体系之间的诸多共性，我们用忠实、相互调适和课程缔造来描述课程实施的不同取向。需要指出的是，这三种取向并非孤立存在的，而是形成了一个具有过渡性的连续体。[①]我们在研究课程实施时应根据具体条件、具体需要选择某种取向。然而，真正全面的研究策略是从所有的三个观点中检视变革情境的[②]。

近年来，也有研究者[③]分别从豪斯和富兰、斯奈德等人的观点出发，探讨了后现代实施取向的可能性。然而，这种新兴的后现代实施取向还远未成熟：缺乏实证研究的支持、自身的独特性不足、在实践层面虚弱无力，因此还不足以指导课程实施及其研究。

三、课程实施的影响因素

实施取向为我们把握课程实施及其研究所遵循的立场、价值观、基本假设、研究方法论等一整套观念系统提供了工具。然而，注重实践的课程实施还必须关注课程材料、学校情境、教学过程、师生状况等实际问题。如果说实施取向反映了课程实施理论的话，那么，确定实施的影响因素则集中体

---

① Fullan M., "Curriculum implementation," in *The international encyclopedia of curriculum,* Lewy A.（Oxford, New York: Pergamon Press, 1991a）, pp. 378–384; Snyder J., Bolin F., Zumwalt K., "Curriculum implementation," in *Handbook of research on curriculum*, Jackson P. W.（New York: Macmillan Pub. Co., 1992）, pp. 402–435.

② House E. R., "Three perspectives on innovation: Technological, political, and cultural," in *Improving schools*: *Using what we know,* Lehming R., Kane M.（Beverly Hills: Sage Publications, 1981）, p. 39; Corbett H. D., Rossman G. B., "Three paths to implementing change: A research note," *Curriculum Inquiry*19, no. 2（1989）：163–190.

③ Hargreaves A., "Teaching and betrayal," *Teachers and Teaching: Theory and practice*8, no. 3/4（2002）：393–407；李子建、尹弘飚：《后现代视野中的课程实施》，《华东师范大学学报（教育科学版）》2003年第1期。

现了课程实施的务实色彩。因此，它是实施研究者需要处理的另一个主要问题。

利思伍德（Leithwood），詹特茨（Jantzi）与马斯科尔（Mascall）通过对英国"国家语文与数学策略"（The National Literacy and Numeracy Strategies）的研究，提出了一个分析大规模课程变革的理论框架（图2-1）。他们指出，大规模变革过程中的变异是多种因素在多个水平上相互作用的结果。基于他们的实证经验，这个框架共包括三个水平的因素：一是宏观脉络，包括国际脉络和国内脉络；二是政策杠杆，包括大规模课程变革中的一整套政策杠杆；三是地方因素，主要包括以教师为代表的学校人员的实施动机、实施能力以及工作组织的情境。与同类研究相比，它的特色在于超越了校区、学校等地方情境，把课程变革放在更为广阔的社会背景中（如国际、国内脉络），并且突出了一系列官方变革政策对课程实施的影响。因此，它对我们理解发生在国家范围内的大规模课程实施的影响因素很有帮助。

除了这种全国范围内的大规模课程变革之外，更多的变革都是在学校、

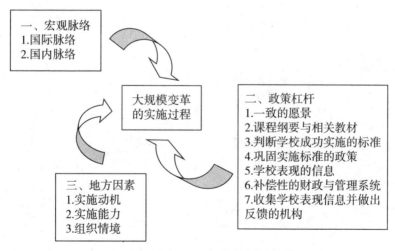

图2-1　大规模课程变革的分析框架[①]

---

① Leithwood K. A., Jantzi D., Mascall B., "A framework for research on large-scale reform," *Journal of Educational Change*3, no. 1（2002）: 7–33.

校区甚至地方水平上进行的。此外，大规模课程变革最终也必须落实在课堂、学校、校区和地方中。研究者针对这种较小规模的课程实施也提出了许多分析框架，并且其中有一些颇为相近。表2-2总结了四种应用较广而且比较相似的分析框架：

表2-2　课程实施的影响因素

富兰和庞弗雷特（1977）	斯奈德（1992）	富兰（1991b：68；2001：72）	霍尔（1991：13），李子建、黄显华（1996）
一、变革的特征 1.清晰度 2.复杂性	一、变革的特征 1.需要与相关性 2.清晰度 3.复杂性 4.素质与实用性	一、变革的特征 1.需要 2.清晰度 3.复杂性 4.素质与实用性	一、变革的特征 1.需要 2.清晰度 3.复杂性 4.素质与实用性
二、实施策略 1.在职培训 2.资源支持 3.反馈机制 4.参与	二、校区层面的因素 1.校区的革新史 2.采用过程 3.管理部门的支持 4.教师发展与参与 5.时间与信息系统 6.社区及委员会特征	二、地方特征 1.校区 2.社区 3.校长 4.教师	二、干涉及参与人员 1.教师 2.校长 3.本地及外地促进者的支持 4.支援（如教师教育、组织安排等）
三、采用单位的特征 1.采用过程 2.组织氛围 3.环境支持 4.人员因素	三、学校层面的因素 1.校长 2.教师之间的关系 3.教师的特点与取向		
四、宏观的社会政治特征 1.设计 2.激励系统 3.评价 4.政治复杂性	四、外部环境 1.政府机构 2.外部协助	三、环境特征 政府和其他机构	三、脉络 1.层次（国家、校区、学校、课堂） 2.文化（如教师和学校文化） 3.组织的政治脉络

综上所述，我们可以从课程方案与变革政策的特征、实施脉络与干预（interventions）、参与人员及其互动三个方面出发归纳课程实施的影响因素：

1.课程方案与变革政策的特征

课程方案的特征对变革实施具有重要影响，这些特征通常包括变革的必要性、清晰度、复杂性和实用性等。[①]多伊尔（Doyle）与庞德（Ponder）也指出，教师对实施变革的决策会遵循"实用性伦理"（practicality ethic）原则，即变革方案需要符合工具性、和谐性和成本三个原则。工具性要求改革的原则和建议必须能够转化为清晰可行的程序或知识；和谐性要求改革提倡的理念和做法必须配合教师的实际处境；成本是教师对实施变革的代价和回报的权衡。如果教师对改革的投入不能带来社会、学校的认同以及学生学习的改善，他们就难以采用和实施新课程。[②]

此外，与课程方案相配套的还有许多相关的变革政策，这些政策的性质也影响实施过程。"政策属性理论"建议从政策的明确性、一致性、权威、权力和稳定性方面分析变革政策对实施的影响。[③]明确性是指政策在告诉教师"如何做"方面的清晰程度，类似于变革方案的"清晰度"；一致性是指这项改革政策与其他政策之间的互补或一致的程度；就权威和权力而言，政策通过成为法令、与社会规范一致、得到专家或魅力型（charismatic）领导的支持而获得权威，通过与这项政策有关的奖励或制裁制度获得权力；稳定性指政策以及包括人员在内的环境能够长期持续不变的程度。

2.实施脉络与干预

实施脉络是指课程变革所处的不同层次的物理、政治与社会文化情境。国际与国内脉络可谓是宏观层次的实施脉络；地方、校区以及学校所处的社区构成了课程实施的中观脉络；学校以及课堂情境则是课程实施的微观脉络。干预泛指解释、推行和促进课程实施的一系列策略与活动，如实施策略与模式、学校系统的资源配置、教师专业发展途径、为学校人员提供的指导等。

---

① Fullan M., *The new meaning of educational change*, 3rd ed.（New York: Teachers College Press, 2001a）.

② Doyle W., Ponder G., "The practicality ethic in teacher decision-making," *Interchange*8, no. 3（1977/78）: 1–12.

③ Porter A. C., "National standards and school improvement in the 1990s: Issues and promise," *American Journal of Education*102, no. 4（1994）: 421–449; Porter A., Floden R., Freeman D., Schmid T. W., Schwille J., "Content determinants in elementary school mathematics," in *Perspectives on research on effective mathematics teaching*, Grouws D. A., Cooney T. J., Jones D.（Hillsdale, N. J. : Lawrence Erlbaum Associates, 1988）, pp. 96–113; Desimone L., "How can comprehensive school reform models be successfully implemented," *Review of Educational Research*72, no. 3（2002）: 433–479.

现有的研究表明，地方教育管理者的权力与本地区课程实施的程度有正面联系，同时政府机构还可以为课程实施提供各种资源、咨询以及教师培训；[①] 校区对以往课程变革的态度与变革实施之间具有正面联系；社区对学校的支持越稳定，课程实施的程度就越高。在课程的采用过程中所做的计划明确性越高，实施程度也就越高；而具体实施过程制定得越细，职员素质越高，实施的水平就越高。[②] 此外，学校文化、教师文化、学校组织结构和微观政治环境等都会影响课程实施的效果。

3.参与人员及其互动

这个方面旨在强调课程实施中人的因素。课程变革可分为三个子系统：变革方案系统、变革推动者系统和变革使用者系统，其中，变革推动者系统和变革使用者系统突出的都是课程实施中的人员因素。变革推动者系统包括课程变革的倡导者、研究者、咨询者、领导者以及资源提供者等，其功能在于引导和促进学校课程和人员产生理想的改变。推动者来源十分广泛，包括校内和校外的个体或群体的人员。家长、社会相关人士都可能成为变革的推动或者阻碍因素。使用者系统则以校长、教师和学生为代表，其中教师的作用历来为研究者所重视。许多大型的研究表明，教师是促使课程成功实施的主要因素之一，教师的参与程度、认同感、投入感、关注程度以及对变革的感知和信念都会对课程实施产生很大影响。[③] 接下来的部分将详细讨论教师在课程实施中的作用。

四、教师在课程实施中的角色与作用

课程变革取决于教师的所思所为。[④] 变革方案倡导的理念和教学行为只有转化为他们的思想和行动时，课程实施才能取得实效。作为课堂层面关键的，甚至是唯一的变革实施者，教师决定着新的课程方案能否以及在多大程度上

---

① Fullan M., Stiegelbauer S., *The new meaning of educational change*, 3rd ed.(London: Cassell, 1991b), p. 74.

② Snyder J., Bolin F., Zumwalt K.,"Curriculum implementation," in *Handbook of research on curriculum*, Jackson P. W. (New York: Macmillan Pub. Co., 1992) : 402–435.

③ 李子建、黄显华，1996: 326–330; Mclaughlin & Marsh, 1978; Waxman, 1985; Waugh & Punch, 1987; van den Berg & Ros, 1999; Lee, 2000; Hall & Hord, 1987, 2001; Fullan, 2001: 115.

④ Fullan M., *The new meaning of educational change*, 3rd ed.(New York: Teachers College Press, 2001a).

影响学生。因此，课程革新要抵达教室，一定要获得教师的支持，并与之达成合作，否则将前功尽弃。

对实施取向的回顾表明，随着课程实施研究的发展，教师的地位日益受到研究者的重视，扮演的角色也越来越重要。在最早出现的忠实取向中，教师只是一个被动的执行者；在20世纪70年代出现的相互调适取向中，教师成为一个主动的调适者，会因特定学校情境的需要对原有的课程方案做出调整和改造；到了20世纪90年代由施耐德等人界定的课程缔造取向中，教师已经摆脱了预定方案的限制，成为师生学习经验中积极的缔造者。无论教师是否真的能胜任"缔造者"这一角色，但正如学者埃尔巴茨（Elbaz）指出的那样："在实践脉络中，是教师而不是学习理论者具有推动学习的最终权威；是教师而不是社会学家具有促进儿童融入社群的最终权威；是教师而不是心理学家或艺术家具有发展学生创造力的最终权威；是教师而不是科学家具有引导学生学习科学的最终权威。"[①]因此，我们也可以说，在课程实施中，是教师而不是课程学者、学科专家或包括校长在内的教育行政人员具有保证变革成效的最终权威。

（一）教师在课程实施中的角色

富兰指出，对课程实施的一个基本认识是我们不只是从学校的外部来设计一项变革方案，同时也需要学校内部的教师参与合作。但是，无论变革来自学校的内部还是外部，最终决定变革是否合适的始终是教师。[②]鉴于教师的这种地位，研究者使用了许多隐喻来形容教师在课程实施中扮演的角色。

克兰蒂宁（Clandinin）与康奈利（Connelly）认为，在课程发展与变革中，教师是课程制定者（curriculum maker）。[③]教师与课程并非是相互分离的，他们是在课堂中被缔造出的一个不可或缺的组成部分。本－佩雷斯（Ben-Peretz）赞同这种观点，认为"教师履行着与课程材料的创造和实施有关的多种功能。

---

①　Elbaz F., *Teacher thinking*: *A study of practical knowledge*（London: Croom Helm, 1983），p. 17.

②　Fullan M., Stiegelbauer S., *The new meaning of educational change*, 3rd ed.（London: Cassell, 1991b），p. 132.

③　Clandinin D. J., Connelly F. M., "Teacher as curriculum maker," in *Handbook of research on curriculum*, Jackson P . W.（New York: Macmillan Pub. Co., 1992），p. 363.

不论教师是自己编制课程还是运用现有的课程材料，教师总是一个'课程制定者'，因为课程的发展和运用总是要依靠教师的思维和行动的"。[①]

哈伯曼（Haberman）认为，教师是课堂中的课程领导者（curriculum leader）。在课堂中，教师决定着教什么和学生学什么，对学生学习最具有影响力。选择怎么教取决于教师。如果预定的教材不适合，教师会放弃建议的教材，根据实际需要而自行设计一套新的教材。这种观点与课程缔造取向对教师角色的主张产生了共鸣。[②]

奥尔森（Olsen）与科特曼（Kirtman）认为，教师是课程变革的中介者（mediator）。每一位教师都会按照个人的方式调节变革中个人与学校范围的影响因素。通过教师的课堂教学实践，这种"个体中介反应"造成了采用相同变革的学校之间、部门之间甚至同一所学校中的教师之间在实施结果上的差异，以及预期目标与真实的课堂实践之间的差异。这种观点与相互调适取向对教师角色的主张十分类似，对实践也具有更多的解释能力。因为在大多数情况下，教师在实施中很难完全抛开既定的课程方案，而是在变革方案的要求与所处学校、课堂的实际情况之间做出权衡，从而扮演一个中介者的角色。[③]

（二）教师在课程实施中的作用

概言之，有关教师在课程实施中作用的研究大体上采取了两种思路：一种是将教师视为课程变革成效或实施水平的决定性因素，主张从教师出发测量课程实施的程度；另一种是把教师当作影响实施过程的一个主要因素，主张从个体或群体教师入手探讨其中的作用机制，试图说明教师如何影响了课程实施。

1.通过教师测量课程实施程度

课程实施的主要研究项目可分为四类：（1）测量或评价实施程度；（2）确

---

① Ben-Peretz M., "Teachers as curriculum-makers," in *The international encyclopedia of education*. 2nd ed. Husén T., Postlethwaite T. N.（Oxford: Pergamon Press, 1994），p. 6089.

② Haberman M., "The role of the classroom teacher as a curriculum leader," *Nassp Bulletin*76, no. 547（Nov. 1992）：11-19.

③ Olsen B., Kirtman L., "Teacher as mediator of school reform: An examination of teacher practice in 36 California restructuring schools," *Teachers College Record*104, no. 2（2002）：301-324.

定课程实施的影响因素；（3）比较不同实施策略的成效；（4）发展有关实施过程的理论。其中，测量实施程度是忠实与实用性相互调适取向都需要面对的一个问题。[①]在现有的几种比较成熟的测量实施程度的理论中，教师无一例外地成为其关注的焦点。

由美国学者霍尔（Hall G. E.）及其同事于20世纪70年代创立的"关注文本采用模式"（Concern-Based Adoption Model）是目前应用最广的实施程度评定模式，被学者认为是"以忠实取向评定实施程度的最全面与清晰的理论"。[②]"关注文本采用模式"提出了三个教师个体水平上的测量实施程度的维度：（1）关注阶段（Stage of Concern），即教师对变革的个人关注程度；（2）使用水平（Levels of Use），即通过教师在变革过程中表现出来的一些标志性行为了解教师使用变革方案的情况；（3）革新形态（Innovation Configurations），旨在揭示教师对变革的理解与认识，从而进一步了解个体教师对变革的使用情况。[③]

"关注文本采用模式"问世后不久，利思伍德与蒙哥马利（Montgomery，1980）也创立了一套着眼于教师的实施程度评定模式——革新剖面（Innovation Profiles）。他们认为"关注文本采用模式"中的使用水平不能提供充足的信息，因此主张用革新剖面代替"关注文本采用模式"。发展革新剖面的程序如下：（1）确认与变革实践相关的信息来源；（2）根据此信息来源确定一套变革维度；（3）确定变革需要教师做些什么；（4）确定如果变革得以完全实施的话，教师应该怎么做；（5）描述教师的行为、知识与信念；（6）确定教师从不实施转变为完全实施的过程中会经历的发展阶段；（7）在每一个变革维度上重复以上操作；（8）检查各维度上的发展阶段以确保其一致性。[④]学者指出，革新剖

---

① 张善培：《课程实施程度的测量》，《教育学报》1998年第1期。

② Fullan M., Pomfret A., "Research on curriculum and instruction implementation," *Review of educational research* 47, no. 2（1977）：335–397.

③ Hall G. E., Hord S. M., *Changes in schools: Facilitating the pocess*（Albany: SNUY Press, 1987）；Hall G. E., Hord S. M., *Implementing change: Patterns, principles, and potholes*（Boston: Allyn and Bacon, 2001）.

④ Leithwood K. A., "Implementing curriculum innovations," in *Studies in curriculum decision making*, Leithwood K. A.（Toronto: OISE Press, 1982）, pp. 257–259.

面和"关注文本采用模式"之间有许多共性，尤其是革新剖面和革新层面十分相似。[①]

有学者借鉴了"关注文本采用模式"中的关注阶段和使用水平的理念，将其转化后运用到课程实施研究中，提出了"关注文本采用模式"的变体——兴趣水平（Level of Interests）与关注类型（Type of Concerns）。研究发现，教师在实施中会发展出无兴趣、信息与技术支援、合作与领导三种等级性的行为，同时对变革产生五种并不构成等级序列的关注类型。[②]

近年来，也有学者尝试用"内容覆盖索引"（content coverage index）的方法来了解教师究竟实施了多少新课程方案规定的内容，从而评定课程实施的程度。与革新形态和革新剖面类似，这种方法要求先根据课程方案发展一份成分检核表，然后通过问卷调查、观察等途径掌握教师对课程变革的实施情况。[③]

2.揭示教师影响课程实施的作用机制

在课程实施研究的初期，兰德变革动因研究曾归纳了四类影响成功实施和持续变革的因素，即实施策略、机构领导（institutional leadership）、机构动机（institutional motivation）和教师特征。[④]其中机构动机与教师特征都和教师直接相关。就前者而言，研究者发现教师投入（teacher commitment）对所有变革结果（如变革目标、教师改变、学生表现等）都有稳定的正向联系，因此认为除非教师锐意变革，否则变革计划是不可能成功的。其后，亦有许多

---

① 张善培：《课程实施程度的测量》，《教育学报》1998年第1期；Anderson S. E., "Understanding teacher change: Revisiting the Concerns Based Adoption Model," *Curriculum Inquiry* 27, no. 3（1997）: 331–367; Wade S. E., Waelch M., Jensen J. B., "Teacher receptivity to collaboration: Levels of interest, types of concern, and school characteristics as variables contributing to successful implementation," *Journal of Educational and Psychological Consultation* 5, no. 3（1994）: 177–209.

② Wade S. E., Waelch M., Jensen J. B., "Teacher receptivity to collaboration: Levels of interest, types of concern, and school characteristics as variables contributing to successful implementation," *Journal of Educational and Psychological Consultation* 5, no. 3（1994）: 177–209.

③ Kulinna P. H., Zhu W., Kuntzleman C., Dejong G., "Evaluation of a statewide curriculum implementation using a content coverage index," *Measurement in Physical Education and Exercise Science* 6, no. 2（2002）: 127–142.

④ Mclaughlin M. W., Marsh D. D., "Staff development and school change," *Teachers College Record* 80, no. 1（1978）: 69–94.

研究证实教师投入是保证变革成功的一项主要因素。[①]就后者而言，研究者区分了三种对课程实施具有显著影响的教师特征：教龄、语言能力（verbal ability）和教师效能感（teacher efficacy），并强调教师效能感是预测课程实施成功与否的最重要的变量之一。后来的研究表明，教师效能感的水平和类型不同程度地影响着学校发展，并且和学生的学习结果有着持续的正向联系。[②]施瓦茨尔（Schwarzer）与格林格拉斯（Greenglass）甚至指出，充分的教师效能感是变革成功的最重要的前提。[③]

教师对课程变革的态度也是实施研究者关心的一个问题，其中教师的认同感（receptivity）更是此类研究的焦点。认同感是指教师对课程变革表现出正面的态度和行为意向。许多研究表明，行为意向和真实行为、教师对变革的态度和课程实施情况之间存在着显著的正相关。[④]鉴于认同感在了解教师对变革的行为反应方面的价值，研究者指出，尽管教师对课程改革的积极态度也许不能精确地预测改革的实施成果，但认同感对改革成败仍然非常关键。[⑤]澳洲学者沃（Waugh R. F.）等人在此方面做了大量研究，总结出比较成熟的理论架构。[⑥]

---

① Crandall D., "The teacher's role in school improvement," *Educational Leadership*14, no. 3（1983）: 4–9; Miles M. B., "Unraveling the mystery of institutionalization," *Educational Leadership*14, no. 3（1983）:14–19; Waxman H. C., "Research on school–based improvement programs: Its implications for curriculum implementation," *Education*105, no. 3（1985）: 318–322.

② Ross J. A., "Strategies for enhancing teachers' beliefs in their effectiveness: Research on a school improvement hypothesis," *Teacher College Record* 97, no. 2（1995）: 227–251.

③ Schwarzer R., Greenglass E., "Teacher burnout form a social–cognitive perspective: A theoretical position paper" in *Understanding and preventing burnout*: *A sourcebook of international research and practice,* Vandenberghe R., Huberman A. M.（Cambridge: Cambridge University Press, 1999）, pp. 238–246.

④ Ajzen I., *Attitudes, personality and behavior*（Buckingham: Open University Press, 1988）, pp. 113–114; Evans W., "An investigation of curriculum implementation factors," *Education*106, no. 4（1986）: 447–453; Thorsen–spano L., "A school conflict resolution program: Relationships among teacher attitude, program implementation, and job satisfaction," *School Counselor*44, no. 1（1996）: 19–27.

⑤ Lee C. K. J., "Teacher receptivity to curriculum change in the implementation stage: The case of environmental education in Hong Kong," *Journal of Curriculum Studies*32, no. 1（2000）: 95–115.

⑥ Waugh R. F., "Towards a model of teacher receptivity to planned system–wide educational change in a centrally controlled system," *Journal of Educational Administration*38, no. 4（2000）: 350–367; Waugh R. F., "Punch K F Teacher receptivity to system–wide change in the implementation stage," *Review of Educational Research*57, no. 3（1987）: 237–254.

克雷默（Kremer）与本－佩雷斯曾分析了教师的教龄、知识、态度、僵化程度（dogmatism）以及内控或外控型人格特征对课程实施的影响，发现教师知识和态度对课程实施具有显著影响。有关中国小学数学课程实施的研究也表明，教师知识、教师信念以及相关的组织结构因素，如学校文化、教学资源等是影响数学课程实施的主要因素。[①]克罗宁－琼斯（Cronin–Jones）区分了四类影响课程实施的教师信念，分别是关于学生学习、教师角色、学生能力以及课程内容重要性的信念。[②]卡利斯（Carless）对英语教师实施目标为本课程（TOC）的个案研究表明，教师的专业背景、英语能力、对变革的态度以及进一步提高的意愿都会促进课程实施。[③]利思伍德、詹特茨与马斯科尔也指出，教师的变革动机与变革能力是影响课程实施的两种地方因素，其中变革动机是教师的个人目标、能力信念、脉络信念以及情绪反应共同作用的结果。它们与教师所处的工作背景共同组成了学校的"革新能量"（innovative capacity）。[④]

除此之外，实施研究者还讨论了教师之间的互动对课程实施的影响。研究者发现，能否建立合作的教师文化（teaching culture）是影响课程实施的一个重要因素。[⑤]哈格里夫斯将教师文化分为四类：（1）个人主义（individualism）文化，教师不愿与同事合作，避免与他人讨论变革；（2）派别主义（balkanization）文化，教师分裂为许多派别，派别内部成员之间联系紧密，但各派别之间教师则漠不关心甚至相互竞争；（3）人为合作（contrived collegiality）文化，教师之间的合作是由外在行政控制的，其目的在于满足科层制度的要求，而不是学校实践的要求和个人的本意；（4）自然合作（collaboration）文化，这是

① 马云鹏：《课程实施探索：小学数学课程实施的个案研究》，东北师范大学出版社，2001。

② Cronin-Jones L. L., "Science teacher beliefs and their influence on curriculum implementation: Two case studies," *Journal of research in Science Teaching* 28, no. 3（1991）: 235–250.

③ Carless D. R., "A case study of curriculum implementation in Hong Kong," *System* 26, no. 3（1998）: 353–368.

④ Leithwood K. A., Jantzi D., Mascall B., "A framework for research on large–scale reform," *Journal of Educational Change* 3, no. 1（2002）: 7–33.

⑤ 尹弘飚、李子建：《基础教育新课程实施的影响因素分析》，《南京师大学报》2004年第2期。

渗透在日常教学中的教师之间自发的、自然而然的合作。[①]在教师效能感方面，近来也有学者讨论了教师集体效能的概念，认为教师集体效能是"教师集体影响学生发展的能力判断"，是教师群体互动的产物和教师的群体特征。他们研究发现，与性别、种族、社会经济地位相比，教师集体效能更能影响学生的学业成就。[②]此外，科伯恩（Coburn）的研究显示，教师的"集体理解"（collective sensemaking）影响着他们对变革政策的诠释、调适和转化。通过与专业社群的互动，教师共同建构起对政策信息的理解方式，决定在课堂中实施哪些变革，并且在与同事的交流中协商有关实施的技术和实践细节。[③]

奥尔森与科特曼的研究更加全面地揭示了教师影响课程实施的作用机制。他们认为，正式的实施策略、学校脉络以及个体教师是影响课程实施的三类主要因素。以往的研究大多关注正式的实施过程和学校脉络，对教师个人因素的分析并不多见。由于忽视了教师对课程实施的个体影响，此类研究只能解释学校、部门或校区层面上的实施差异，难以说明同一所学校内不同课堂之间的差异。为此，他们归纳了七种影响课程实施的个体教师因素：经验、专长、对学习的假定、职业周期、改革周期、个人关系与个人兴趣。这七种因素及其相互作用构成了每一位教师独一无二的"筛子"——个体中介反应，过滤和影响着课程变革的实施过程。[④]

五、小结

近年来，荷兰学者范登伯格（Vandenberg）等人主张用"文化—个体观"（cultural-individual perspective）指导课程实施、学校发展以及教师专业发展。图2-2呈现了"文化—个体观"对课程实施的分析。在这种观点中，三个功能区域之间的相互作用影响并塑造了课程实施过程：作为组织的学校、各类变

---

① Hargreaves A., "Cultures of teaching: A focus for change," in *Understanding teacher development,* Hargreaves A., Fullan M.（New York: Teacher College Press, 1992），pp. 216–240.

② Goddard R. D., Hoy W. K., Woolfolk-hoy A., "Collective teacher efficacy: Its meaning, measure, and impact on student achievement," *American Educational Research Journal*37, no. 2（2000）: 479–507.

③ Coburn C. E., "Collective sensemaking about reading: How teachers mediates reading policy in their professional communities," *Educational Evaluation and Policy Analysis*23, no. 2（2001）: 145–170.

④ Olsen B., Kirtman L., "Teacher as mediator of school reform: An examination of teacher practice in 36 California restructuring schools," *Teachers College Record*104, no. 2（2002）: 301–324.

革促进者提供的干预以及给课程变革赋予个人意义的教师。这种观点倡导教师在实施过程中更加有机的合作和对变革的积极投入。作为社会建构的现实，学校能够更好地利用各种专业关系影响那些参与变革的人士的日常行为。此外，它还有助于我们思考个体教师在促进课程实施方面的潜力和可能性。[①]正是在这里，情绪进入了课程实施研究的视野，因为情绪正是反映课程变革对个体教师意义的重要方面。通过了解教师对课程变革持有的担忧、疑虑、困惑与欣喜等情绪，我们能发现教师对改革赋予的主观意义。[②]简言之，"文化—个体观"强调个体教师对变革情境的诠释以及这种诠释和教师生活与工作脉络之间的互动。

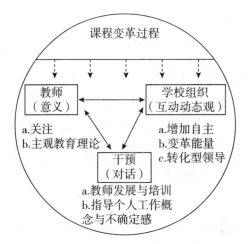

图2-2 "文化—个体观"中课程实施的功能区域[③]

综上所述，无论在课程实施的理论概念抑或实践议题中，教师都是一个不容轻视的要素。随着实施研究的发展，教师在实施中的地位和作用日益为

① Vandenberg R., Vandenberghe R., Sleeger S.P., "Management of innovations from a cultural-individual perspective," *School Effectiveness and School Improvement*10, no. 3（1999）: 323.

② Vandenberg R., "Teachers' meanings regarding educational practice," *Review of Educational Research*72, no. 4（2002）: 617.

③ Vandenberg R., Vandenberghe R., Sleeger S.P., "Management of innovations from a cultural-individual perspective," *School Effectiveness and School Improvement*10, no. 3（1999）: 344.

研究者所强调和重视。事实上，这种现象本来就在情理之中，因为课程变革并非简单的课程标准或教学材料的更替。任何变革方案要对学生学习和学校实践产生效果，最终都必须落实到课堂层面的师生活动中，况且课程标准与教材的变化也必然要求更新学校的组织结构、教师的理念和行为。因此，在确定了新的课程方案之后，方案的实施过程、负责实施变革的人员之间的互动、变革与学校实践以及社会背景的关涉性（relevance）便成为我们关注的焦点。所有这些，都和教师有着千丝万缕的联系，同时也都或多或少地要求教师发生某种程度的变化。因此，教师改变就成为课程实施研究不可回避的问题。

第二节　教师改变

课程实施的研究文献一再指出，教师处于任何期望改善教与学质量的尝试的中心[1]。教师是课程变革的主要实施者，是变革方案与学生学习之间最为重要的中介因素之一。在课程变革中，"教师具有比课程更大的影响。无论是对普通学生还是特殊学生、普通课堂还是特殊课堂来说尽皆如是"。[2]古德森（Goodson）总结了20世纪60年代以来教育变革的发展历程，并运用"社会—历史"分析法考察了变革过程中的不同成分——内部、外部和个人因素。他指出，21世纪的教育变革需要重新考虑变革的内部事务（如课程方案、实施策略、学校情境等）、外部关系（如经济、政治与社会发展的需要）以及教师个人因素之间的平衡，分析变革时应该把教师的个人改变放在首要位置。只有当教师的个人投入被视为变革动力及其必要目标时，教育与课程变革才最有成效。[3]

---

[1]　Calderhead J.,"Teachers: Beliefs and knowledge," in *Handbook of educational psychology,* Berliner D. C., Calfee R. C.（New York: Simon & Schuster Macmillan, 1996）, p. 721.

[2]　Hawley W. D., Valli L., "The essentials of effective professional development: A new consensus," in *Teaching as the learning profession*: *Handbook of policy and practice,* Darling-hammond L, Sykes G.（San Francisco: Jossey-Bass, 1999）, p. 128.

[3]　Goodson I.,"Social histories of educational change," *Journal of Educational Change* 2, no. 1（2001）: 60.

鉴于此，本节将回顾教师改变的相关研究，试图说明教师改变与课程实施的关系、教师改变的维度与过程、课程实施中的教师心理变化等主要议题。

一、教师改变与课程实施

教师改变（teacher change）经常被描述为教师的学习、发展、社会化、成长、改善、实施新方案、认知与情感变化、自我学习等。[①]与课程领域中的许多概念（如课程、课程变革等）一样，它是一个被学者们频繁使用、含义非常广泛，却又缺乏清晰而明确的界定的术语。尽管如此，有一点却得到了研究者的广泛认同：教师改变与课程实施关系密切。

早在20世纪70年代，麦克劳夫林与马什（Marsh）就曾指出，成功的变革实施与教师发展在本质上是一对同义词。一方面，课程变革给教师提出了新的挑战，要求教师有所改变、发展和提高。在某种意义上，课程变革必须通过教师改变进而促使学生学习发生合理的变化。另一方面，教师改变自身的角色行为、提升自己的专业素养、拓展对变革的理解和认识又直接影响着课程实施的进程和结果。因此，教师改变不仅是课程实施的重要途径，而且是课程变革的一个基本目标。二者相辅相成、密不可分，在功能上具有很多重合之处。正如学者指出的那样，实施过程本质上是一个学习过程。[②]当联系到具体变革时，教师的改变与发展和课程实施是并肩而行的。[③]正是出于这些原因，大部分教师改变研究都包含在课程实施文献之中。[④]

尽管教师改变与课程实施在理论上的联系如此紧密，但实践中二者的关系并非人们想象的那么自然。在面对课程变革时，教师是否以及如何改变仍然是令人质疑的问题。

---

① Richardson V., Placier P., "Teacher change," in *Handbook of Research on Teaching*. 4th ed., Richardson V. (Washington, D. C. : American Educational Research Association. 2001) , p. 905.

② Mclaughlin M. W., Marsh D. D., "Staff development and school change," *Teachers College Record* 80, no. 1 (1978) : 71.

③ Lloyd G. M., "Reform-oriented curriculum implementation as a context for teacher development: An illustration from one mathematics teacher's experience," *The Professional Educator* 24, no. 2 (2002) : 51–61.

④ Richardson V., "How and why teachers change," in *The school as a work environment: Implications for reform*, Conley S. C., Cooper B. S. (Boston: Allyn and Bacon, 1991) , p. 66.

（一）教师抵制

课程变革要求教师做出改变，然而在实施过程中我们往往能够感受到来自教师的抵制（resistance）。教师抵制可分为三种类型：（1）挑衅型（aggressive）抵制，教师对变革表示明显的、直截了当的拒绝；（2）消极—挑衅型（passive-aggressive）抵制，教师以缺乏时间、精力不够等为理由委婉地拒绝变革；（3）消极型（passive）抵制，教师对变革阳奉阴违，虽然表面上接受变革，但并不落实在行动中。[①] 正是由于这些广泛存在的抵制现象，教师的公众形象大都被描述为迟钝、懒惰和因循守旧，人们通常认为教师是不愿改变的。[②]

教师抵制变革具有多种成因。瓦格纳（Wagner）从教师职业本身的特征出发，认为以下三个因素导致教师不愿做出改变：[③]（1）风险回避（risk aversion）——进入教育领域的人常常被教学职业的稳定性所吸引，而且教师的培训经历和工作环境也都强化了他们回避风险的倾向。哈格蒂（Haggarty）与波斯尔恩韦特（Postlethwaite，2003）的研究也揭示了教师改变与他们对风险的感知之间的这种关系。（2）"工艺"专长（"craft" expertise）——长期以来教师都被视为一种工匠所从事的职业，吸引着那些愿意独自工作的人。任何威胁教师作为独立个体的变革都会受到他们的质疑。（3）自主与孤立（autonomy and isolation）——前两种特征导致教师不愿改变，而自主与孤立则削弱了教师改变的能力。由于长期处于一种"蛋箱型"（egg crate）组织中，教师对社会变化和外面的商业世界缺乏了解，彼此之间缺少协作，[④] 以致缺乏一些应对变革的能力（如团队合作能力）。哈格里夫斯也指出个人主义和派别主义的教师文化阻碍了学校变革：前者使教师成为一种"孤独的职业"，使个体

① 操太圣:《院校协作过程中的教师专业性：香港与上海的个案比较研究》，香港中文大学，2003，第34页。

② Richardson V., Anders P. L., "A theory of teacher change," in *Teacher change and the staff development process: A case in reading instruction,* Richardson V.（New York: Teachers College Press, 1994），p. 200.

③ Wagner T., "Leadership for learning: An action theory of school change," *Phi Delta Kappan* 82, no. 5（2001）: 378–383.

④ 马健生:《教师：何以成为教育改革的阻力》,《教育科学研究》2003年第10期。

教师无法应对复杂的变革；后者则割裂了学校的课程、教学与教师群体，使学生的学习经验缺乏连贯性和整体性。[1]

教育专家操太圣从教师的个体心理与学校的组织文化两个方面分析了教师抵制的成因。[2]就前者而言，教师抵制变革是因为他们不愿离开自己的"舒适地带"（comfort zone）。所谓舒适地带是指每个人所熟悉的范围和习惯经验。一旦逾越了这个区域，人们就会遇到麻烦、困难、危险和挑战。因此，很多人宁愿留在自己的舒适地带中，而不理会外界的变迁。[3]另外，变革意味着教师要面对不确定的局面。那些对不确定性、模糊性的耐受力更强的、持不确定取向的人会更加乐于从新情境中学习，而那些持确定性取向的人则会对革新持保留态度。[4]就后者而言，与其他的组织一样，学校的组织文化也具有保守性，这使得大部分教师会选择以最少量的变化甚至保持不变作为行事原则，从而在面对变革时采取一种消极态度。

教师抵制变革也是理性计算的结果。前文提到，遵循"实用性伦理"的教师会权衡变革的成本和收益之后做出是否实施变革的决策。表2-3列出了教师在变革中可能付出的代价和获得的收益。如果教师在这种理性分析之后认为变革成本太高，那么他们自然也就不愿改变。

表2-3 教师实施变革的成本和收益[5]

成本	收益
• 投入额外的时间 • 放弃已有的技能而学习新知识、准备新材料	• 教学更有挑战性，带来更多的激励和满足感 • 改善课堂氛围

① Hargreaves A., "Cultures of teaching: A focus for change," in *Understanding teacher development*, Hargreaves A., Fullan M.（New York: Teacher College Press, 1992）: 216–240.

② 操太圣：《院校协作过程中的教师专业性：香港与上海的个案比较研究》，香港中文大学，2003。

③ Bardwick J. M., *Danger in comfort zone*（New York: American Management Association, 1991）.

④ Vandenberg R., Vandenberghe R., Sleeger S. P., "Management of innovations from a cultural–individual perspective," *School Effectiveness and School Improvement*10, no. 3（1999）: 321–351.

⑤ Brown S., "Key issues in the implementation of innovations," *School Curriculum*1, no. 1（1980）: 33; Morris P., "Curriculum innovation and implementation: A cautionary note," *Educational Research Journal*, no. 2（1987）: 49–54.

（续表）

成本	收益
• 采用不熟悉的课程纲要和教学方式 • 重新组织行政结构 • 学生在公开考试中的成绩可能变差 • 专业自主、学科专长可能受到威胁 • 被迫与自己不太喜欢的同事合作 • 师生之间的权力结构发生转变 • 学校人员中人际关系的变化	• 改善学生纪律 • 可能获得更多的时间备课 • 可能获得更多的经费和资源 • 可能获得更多升迁和增加薪酬的机会 • 可能获得更多参与决策的机会 • 通过参与变革提高地位

（二）自愿改变

虽然教师经常在变革中趋于守成，但教师抵制并非我们想象的那样危险和一无是处。一般而言，认同与抵制是教师在面对课程变革时自然而可预测的两种共生反应，只不过前者表示教师在心理上对变革所持的倾向程度，而后者则关注教师外显的负面行为反应。[1]教师抵制反映了他们在面对变革时经历的知识与实践、愿景与现实之间的落差。无论变革倡导者和教师在课程实施之前准备得多么充分，这种落差总是在所难免。[2]

事实上，教师抵制并非总是消极力量，它也具有促进课程实施的积极意义。[3]例如，它表明那些试图让教师发生改变的变革倡导者应该首先处理好一些前提条件：让教师有权力、时间去进行规划、发展课程或使用新的教学法。[4]若是课程变革规划不周、缺乏配套的资源支持或是只关注一些次要问题，教师抵制反而会为我们发现和解决问题提供警示。另外，教师抵制还具有更为深刻的政治意义。在自上而下的、指令性课程变革的大背景中，若教师抵制主流的变革议程，他们就会被他人边缘化和污名化（stigmatized），被冠以

①　Kazlow C., "Faculty receptivity to organizational change: A test of two explanations of resistance to innovation in higher education," *Journal of Research and Development in Education*10, no. 2（1977）: 87–98.

②　Janas M. S., "The dragon is asleep and its name is resistance," *Journal of Staff Development*19, no. 3（1998）: 13–15.

③　Janas M. S., "The dragon is asleep and its name is resistance," *Journal of Staff Development*19, no. 3（1998）: 13–15; 马健生：《教师：何以成为教育改革的阻力》，《教育科学研究》2003年第10期。

④　Janas M. S., "The dragon is asleep and its name is resistance," *Journal of Staff Development*19, no. 3（1998）: 13–15.

懒惰、保守、顽固、学校中的异端等恶名。[①]然而，这些抵制者可能具有质疑预设知识、更清楚地观察主流事物和提出重要问题的能力。因此，富兰认为，"只关注意见相似（like-minded）的革新者不一定是好事。他们的观点会变得更加雷同，并且更加不喜欢组织中其他的人，却错过了许多关于未来的有价值的新线索"。[②]

此外，对教师改变的研究一再指出，教师并非总是抵制变革，恰恰相反，他们无时无刻不在改变着自己的实践行为。这似乎与广泛存在的教师抵制产生了矛盾。为此，理查森（Richardson）区分了两类变革：一类是由学校外部人士发起的指令性变革，另一类是由教师自己发起的自愿改变（voluntary change）。外来的指令性变革采用培训模式，或者说欠缺（deficit）模式发展教师的知识和技能。它假定：（1）有一些行为和技术值得教师在课堂中复制；（2）接受教师教育的学生和教师能够学会或可以改变他们的行为进而可以在课堂中复制这些技术。对于这种变革，教师是十分抵制的。[③]正如一位教师所说的那样，当变革由外人提出或要求时，我们就有受到威胁、遭到袭击的感觉，而自然而然地采取防御态度。[④]基于自己的研究经验，理查森指出，教师时刻都在按照他们对学生需要什么、什么是有效教学的理解经历着自愿变革。一旦我们走进课堂，就会发现教师一直在改变他们的教学，因为他们相信每一年的班级都需要不同的方法和策略。[⑤]他们重新组织课堂，开展不同的活动，

---

① Bailey B., "The impact of mandated change on teachers," in *The sharp edge of educational change*: *Teaching, leading and the realities of reform,* Bascia N., Hargreaves A. (London, New York: RoutledgeFalmer, 2000), p. 115; Marshak D., "The emotional experience of school change: Resistance, loss, and grief," *Nassp Bulletin*80, no. 577 (1996): 72–77.

② Fullan M., *Leading in a culture of change* (San Francisco: Jossey-Bass, 2001b), p. 75.

③ Richardson V.,"How teachers change: What will lead to change that most benefit student learning," *Focus on Basics*2c (1998): 7–11.

④ Richardson V., Anders P. L., "A theory of teacher change, in *Teacher change and the staff development process*: *A case in reading instruction,* Richardson V. (New York: Teachers College Press, 1994), p. 200.

⑤ Bailey B., "The impact of mandated change on teachers," in *The sharp edge of educational change*: *Teaching, leading and the realities of reform,* Bascia N., Hargreaves A. (London, New York: Routledge Falmer, 2000), p. 117.

使用不同的教材，变换课程主题的次序，尝试不同的沟通技巧。[①]然而，这种改变由于范围和幅度都较小，往往容易被研究者、变革倡导者和教育行政人员忽略。

根据改变程度的不同，操太圣区分了两种教师改变形式：渐进性改变和根本性改变。[②]"渐进性改变"是指教师在日常教学实践中不断进行程度和规模上的有限调整，其目标是更有效率地完成教学工作。这种改变本质上是过往行为和实践的延续，而非断裂和背叛。教师所声称其自愿而时刻进行的就是这种改变。"根本性改变"具有更深刻的改变程度。它不是在原有基础上的增减，而是与过往经验的断裂和再造，这种改变在发生之后就不可逆转。由于这种改变会直接动摇教师原有的信念和价值观，并且使教师蒙受巨大的情感危机，因此它很容易遭到教师的抵制。

二、教师改变的维度与过程

诚如上文所言，教师改变是课程实施的重要途径和基本目标，因为在课程变革中，仅仅是课程方案、教学策略、新的课程材料以及学校的组织结构等并不能自行启动、推行和提供有效的变革，它们都是通过参与并投入其中的人来实现的。[③]若处于变革中的教师无动于衷，学校教育系统中其他方面再多的变化最终也会无济于事。那么，教师改变涉及哪些维度？其过程又如何呢？

（一）教师改变的维度

除了概念之间的交叉和重叠之外，"教师改变"这一术语的模糊性还在于它的内涵颇为丰富，囊括了教师作为一个能动者（agent）在课程实施中方方面面的变化。简言之，教师个体水平上的变革是指个体改变其思想和行

---

① Richardson V., Anders P. L.,"A theory of teacher change," in *Teacher change and the staff development process*: *A case in reading instruction,* Richardson V.（New York: Teachers College Press, 1994）, p. 200.

② 操太圣：《院校协作过程中的教师专业性：香港与上海的个案比较研究》，香港中文大学，2003，第225—226页。

③ Norman S. J.（2001），"The human face of school reform," *National Forum of Educational Administration and Supervision Journal*18E, no. 4（2005-03-31）. http://www. nationalforum. com/ Electronic%20Journal%20Volumes/Norman, %20Sharron%20Jenkins%20The%20Human%20Face%20of%20 School%20Reform. pdf.

动方式（thinking and doing）的过程，[①]因此这类研究通常会关注教师思想和实践的发展，如他们在职业生涯中的知识、信念、观点、态度、行为、忧虑（concerns）和兴趣等各种因素。[②]借鉴课程实施研究者的做法，我们可以将这些纷繁复杂的变化归纳为几种不同的维度。

在实施研究兴起的初期，富兰与庞弗雷特曾指出，任何课程实施都至少需要包含以下五个维度：（1）学科内容与教学材料，包括变革期望教师要教授的或者学生要获得的内容，教学内容的范围及编排次序，以及所需要的教学媒介；（2）组织结构，包括形式安排与物理条件的改变，如学生分组、空间时间的分配、担任新角色的人员调配以及提供充足的新材料等；（3）角色或行为，指学校人员中角色关系和行为表现的改变，如变革提倡的新的教学风格、教学任务、师生关系、校长与教师或其他教职员的关系等；（4）知识和理解，指学校人员对变革中不同成分的知识的理解，如变革的哲学、价值观、假定、目标、实施策略等；（5）价值内化，指学校人员对实施变革中不同成分（如学校支持、家长的支持和理解等）的评价和投入。[③]富兰后来又将这五个维度概括为课程材料、教学实践、对课程与学习的信念与理解三个维度。[④]显然，这三个维度与教师改变直接相关。

许多学者都基本上接受了富兰的这种三维度划分方式，并且指出这三个维度上的教师改变并非同步进行的，其中教师信念、思想和价值观等方面的改变最难出现，往往需要耗费很长时间。[⑤]然而，这些学者又在两个方面拓展了对教师改变维度的认识。一方面，学者们进一步强调了教师改变三个维

① Fullan M.,"Change processes and strategies at the local level," *The Elementary School Journal*85, no. 3（1985）: 396.

② Polettini A. F. F., "Mathematics teaching life histories in the study of teachers' perceptions of change," *Teaching and Teacher Education*16, no. 7（2000）: 763–783.

③ Fullan M., Pomfret A.,"Research on curriculum and instruction implementation," *Review of Educational Research*47, no. 1（1977）: 361–365.

④ Fullan M., *The new meaning of educational change,* 3rd. ed.（New York: Teachers College Press, 2001a）, p. 70.

⑤ 王建军，2002: 15；操太圣，2003: 39; Sparkes, 1990; Fullan, 2001a; Norman, 2001; Thompson, 2001; Spillane et al., 2002: 414.

度之间深刻程度的差异。斯巴克斯（Sparkes）将教师改变分为"表层改变"（surface change）和"真正改变"（real change），[①] 他认为除非这三个维度都发生了显著改变，否则教师改变就只是一种表层改变。若要实现真正改变，教师必须超越自身实践和信念的舒适地带，挑战原有的观念与行为方式。另一方面，学者们进一步扩充了教师改变的第三个维度。在原有的知识、信念、理解、价值观等因素的基础上，近年来的教师改变研究一致强调了教师情感方面的变化，从而丰富了富兰的主张。[②]

强调教师情感方面变化的主要原因是由于过去的研究更多地把注意力集中在教师的个体认知风格上，关注的是教师的思维过程、观点（opinions）、规划和决策，[③] 教师的知识、信念、理解等因素也都属于认知领域的心理过程。然而，这种做法往往容易导致我们把变革视为一种产品或技术，从而忽视教育变革中"人性的一面"（human face）。[④] 事实上，有意或无意地忽视教师的情感因素只会使我们对课程变革的认识残缺不全，因为课程变革"不只是技术的工作和行政手段，还必须关心教师对变革的认同感、情绪和理解"，[⑤] 教学也不应仅仅考虑知识、技能和表现的理性方面，也应该包括一个"价值世界"。[⑥] 变革要求教师走出自己的舒适地带，但这会使教师感到失望、挫折和困难。然而，一直停留在舒适地带又会使教师陷入不再成长的状态，最终会

---

① Sparkes A., *Curriculum change and physical education*: *Towards a micropolitical understanding*（Geelong, Victoria: Deakin University Press, 1990）.

② 应该说明的是，富兰并非没有注意到课程实施中教师情感方面的变化。事实上，强调变革的"个人意义"正是他的一贯主张。对变革的"不确定导致的焦虑和掌握带来的喜悦处于教育变革主观意义的中心位置，也是决定教育变革成败的核心"（Fullan，2001a：32）。遗憾的是，富兰并没有把这些因素整合到他的课程实施或教师改变的理论模式中。

③ Vandenberg R., Vandenberghe R., Sleegers P., "Management of innovations from a cultural-individual perspective," *School Effectiveness and School Improvement*10, no. 3（1999）: 340.

④ Evans R.,"The human face of reform," *Educational Leadership*51, no. 1（1993）: 19-23; Evans R., *The human side of school change*: *Reform, resistance, and the real-life problems of innovation*（San Francisco: Jossey-Bass, 1996）.

⑤ 李子建：《教育改革的反思》，《基础教育学报》2001年第10期。

⑥ Thompson M. D., *Teachers experiencing authentic change*: *The exchange of values, beliefs, practices and emotions in interactions. Discussion Paper submitted to the Experiencing Change, Exchanging Experience Virtual Conference*. June 25-July 13,（2001）Australia.

导致沮丧、愤怒等负面情绪。[1]因此，在整个课程变革过程中，情绪会始终伴随着教师。正是在这个意义上，哈格里夫斯指出，教育改革者对教育变革的情绪维度视而不见，但情绪和感受又会从后门（经常以破坏性的方式）重新进入变革过程之中。[2]

鉴于教师改变和课程变革中普遍存在的教师情感因素，研究者认为"真正改变"还不足以全面地反映教师改变，从而提出了"真实改变"（authentic change）这一概念，旨在强调互动、对话和情感因素在教师改变中的重要性。[3]在这种观点中，教师改变由以下三个维度组成：（1）材料与活动的改变——指教师使用新的、修正过的教材与活动；（2）教师行为与实践的改变——指教师使用新的教学技能、方式和策略，即教学实践、教学角色的改变；（3）包括价值、信念、情绪和关爱伦理在内的意识形态与教育思想（pedagogy）的改变。[4]当这三个维度都发生改变，尤其是第三个维度变化显著时，教师的"真实改变"就产生了。

（二）教师改变的过程

就教师改变的过程而言，人们通常假定信念、态度、思想等内部心理过程决定着外部的行为和实践，因而认为信念、态度、思想的改变是教师改变其教学实践的前提。这种观点符合人们的一般常识，而且也得到了一些实证研究的支持。例如，斯迈利（Smylie）的研究表明，教师实践与行为的改变受到三类因素的影响：学校人员的互动、教师的工作环境以及诸如教学效能

① Sparks D., "Change: It's a matter of life or slow death(Interview with Robert Quinn)," *Journal of Staff Development* 22, no. 4（2001）: 49–53.

② Hargreaves A., "The emotional politics of teaching and teacher development: With implications for educational leadership," *International Journal of Leadership in Education: Theory & Practice* 1, no. 4（1998a）: 316.

③ 操太圣：《院校协作过程中的教师专业性：香港与上海的个案比较研究》，香港中文大学，2003，第40页。

④ Thompson M. D., *Teachers experiencing authentic change: The exchange of values, beliefs, practices and emotions in interactions. Discussion Paper submitted to the Experiencing Change, Exchanging Experience Virtual Conference.* June 25–July 13,（2001）Australia.

感、对实践的确定性的感受等教师已有的心理状态。①库尼（Cooney）对数学教师改变研究的回顾也表明，"一般而言，信念的改变或者超前于教师行为的改变，或者与其同时发生"。②因此，这种认为信念、态度和思想等因素首先发生改变的观点一度广为人们所接受。在中国的新课程改革中，"课程改革，观念先行"的想法在教育行政人员、省市教研人员以及一部分研究者中也十分盛行。这些人士认为，转变观念在课程改革中发挥着关键作用，③更新教师的教育思想观念是改变其教学实践、进而推进课程改革的先导和前提条件。④

　　然而，格斯基（Guskey）指出，上述基于传统的心理测量理论的观点是不正确的，至少不适用于具有丰富经验的教师在改变过程中所表现出来的特征。在教师信念和态度、教师课堂实践和学生学习成就的关系上，格斯基的一系列研究表明，教师信念与态度的变化出现在学生学习的改善之后。⑤这意味着，教师往往是以试误（trial and error）的方式首先改变自己的教学实践，若这种实践带来学生学习的积极变化，教师就增强了对这种教学方法与策略的信心，同时改变了原有的一些对自己以及教学的信念和态度（如教学效能、对变革的态度等）。据此，格斯基强调，"教师信念与态度的改变首先是学生学习成就发生变化的结果，而不是原因"。富兰也提出了类似的观点，认为教

①　Symlie M. A., "The enhancement function of staff development: Organizational and psychological antecedents to individual teacher change," *American Educational Research Journal* 25, no. 1（1988）: 1–30.

②　Cooney T. J.,"Considering the paradoxes, perils, and purposes of conceptualizing teacher development," in *Cooney T. J. Making sense of mathematics teacher education,* Lin F.（Dordrecht: Kluwer Academic Publishers, 2001）, p. 19.

③　冯茁：《新课程改革背景下教师教学观念的转变》，《教育科学》2003年第19期。

④　许多由教育行政部门或省市教研人员发表的文件、指导意见以及文章的题目更加充分体现了这种观点。例如，"以更新教育思想观念为先导 扎扎实实推进课程改革"（南宁市基础教育课程改革领导小组办公室，2002）；"更新教育思想是基础教育课程改革的先导"（陈健兴，2002）。

⑤　Guskey T. R., "Staff development and teacher change," *Educational Leadership* 42, no. 7（1985）: 57–60; Guskey T. R., "Staff development and the process of teacher change," *Educational Researcher* 15, no. 5（1986）: 5–12.; Guskey T. R., "Attitude and perceptual change in teachers," *International Journal of Educational Research* 13, no. 4（1989）: 439–453; Guskey T. R., "Professional development and teacher change," *Teachers and Teaching*: Theory and Practice 8, no3/4（2002）: 381–391.

师观念和对变革拥有感的改变出现在成功经验、技能发展之后。[①]这一教师改变的模型如图2-3所示。

图2-3 格斯基的教师改变的模式

如此一来，教师改变的过程成了一个颇有争议的问题。若我们把教师改变放入课程变革、学校改进的脉络中，这个过程会显得更加复杂。麦肯齐（McKenzie）与特比尔（Turbill）分析了教师发展、课堂实践与学生学习的关系。他们指出，学校是复杂的动态系统，在教师改变与学生学习之间建立起直接的因果链条是不可能的；使用传统的"前测—实验处理—后测"设计来测量这些改变是行不通的，任何使用这种设计来"证明"因果关系的做法都是值得怀疑的。变革过程、教师改变与学生学习之间的关系如下：（1）如欲改善学生学习，教学实践必须首先发生改变；（2）反过来，教学实践受到教师信念的影响和塑造，尤其是他们对学习、教学、课程的目的和性质的信念；（3）在课堂实践改变之前，教师必须首先检视和修正自身的信念系统；（4）上述改变伴随着学校文化的变化，学校文化在向内和向外两个方向发生影响，它不仅决定学校准备采用的教师发展计划的性质（向外影响），而且也影响着学校内部的各个层面（向内影响）。图2-4呈现了他们主张的教师改变的过程模型。[②]

---

① Fullan M.,"Change processes and strategies at the local level," *The Elementary School Journal* 85, no. 3（1985）：409.

② McKenzie B., Turbill J., "Professional development, classroom practice and student outcomes: Exploring the connections in early literacy development," in *Paper presented in the Joint Conference of Australian Association for Research in Education & New Zealand Association for Research in Education*, Melbourne, Nov 29– Dec3,（1999）.

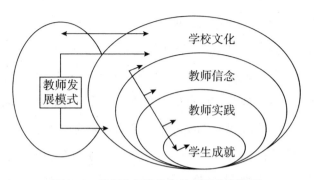

图2-4　麦肯齐与特比尔的教师改变模型

　　究其实质，麦肯齐与特比尔的观点是把课程变革、教师改变、学生学习三者之间的关系视为一个相互作用的动态过程，这反映了近年来学者们关于教师改变过程的理解的一个新趋势。理查森基于其研究结果提出了教师改变的相互作用观，认为教师信念和教学实践的变化是一个动态的互动过程。根据变革的类型和教师自身的情况，教师改变也许会始于信念，也许会始于行为。因此，对教师改变来说，确定何者先变或许并不重要，重要的是确定教师改变涉及哪些方面，以及有哪些因素影响了教师改变。[①]安西斯（Ancess）研究发现教师学习、教学实践、学校变革与学生学习成就之间存在着互惠关系。他指出，在考虑这些因素之间的关系时，采取"鸡和蛋孰先孰后"式的分析是错误的，因为它们之间的关系不是线性的、静止的，而是相互依赖、相互影响的，而且这种关系依附于特定情境，是非模式化的、动态互惠的。尽管研究者可以从这个整体中抽出部分进行分析，但在分析之后必须将其合为一体。[②]这种相互作用观提醒我们，在思考教师改变过程时仅从一个因素入手而忽视其他环节影响的做法是不可行的，因为教师发展绝非一个可以简化的线性连续体。[③]

---

　　① Richardson V.,"The consideration of teacher's beliefs," in *Teacher change and the staff development process: A case in reading instruction,* Richardson V.（New York: Teachers College Press, 1994）, p. 90, p. 102.

　　② Ancess J.,"The reciprocal influence of teacher learning, teaching practice, school restructuring, and student learning outcomes," *Teachers College Record*102, no. 3（2000）:615.

　　③ Day C.,"Pennington A. Conceptualising professional development planning: A multidimensional model," *Journal of Education for Teaching* 19, no. 2（1993）: 251-260.

三、课程实施中的教师心理变化

理查森与普莱斯尔（Placier）概括了课程实施中教师改变研究经历的三个发展阶段。[1]第一阶段即富兰所谓的"采用时期"，它以20世纪五六十年代的课程改革为代表。这些改革把焦点集中在课程包（curriculum package）的开发上，极少考虑教师与课堂教学的实际情况。第二阶段以20世纪70年代的兰德变革动因研究为开端。在这一阶段中，教师成为关注的焦点之一，然而他们还只是以学校组织结构的被动者身份出现在课程实施之中。在近年来出现的第三阶段中，课程实施研究开始朝着两个方向发展：一个方向是继续探讨影响教师改变的组织和结构变革，另一个方向则关注影响教师改变的个体因素。

强调教师的个人因素意味着把教师视为一个独立的、能够支配自己的行为，同时也可赋予外界事物特有的个人意义的行动主体，这使研究者对教师的外显的行为实践和内隐的心理现象产生了极大兴趣。事实上，前文提到的教师改变的三个维度亦可概括为这两个方面：前两个维度体现了教师的教学实践及其衍生物（如所使用的教材、活动与方法）的变化，第三个维度则对应教师的心理变化。相对于行为变化来说，教师的心理变化更加抽象、更加复杂，也更难发生。然而，教师行为变化绝非如行为主义假设的"刺激—反应"那么简单。如果不了解主体内部的心理过程，我们就无法理解教师赋予课程变革的个人意义，从而也难以理解教师在实施过程中的行为及其变化。正是由于这个原因，研究者纷纷指出，教师的"真实改变"必须包括教师信念、情绪、态度、价值观等心理过程的显著变化。然而，这些研究大多是简单地罗列或选择某些心理过程，缺乏一个清晰稳固的理论框架。因此，本部分将借鉴心理学、课程实施以及教师改变的相关研究，简要地归纳课程实施中教师心理变化的主要类型。

（一）心理过程的分类

长期以来，心理学界一直认为心理过程或心理现象可划分为三个领域：

---

① Richardson V., Placier P.,"Teacher change," in *Handbook of Research on Teaching*. 4th ed, Richardson V.（Washington, D. C. : American Educational Research Association. 2001），pp. 905–950.

认知（cognition）、情感①（affection）和意动（conation）。这种分类方式被希拉德（Hilgard）称为"心灵三部曲"（the trilogy of mind）。它不仅可以在莱布尼茨（Leibniz）和康德的哲学作品中找到依据，甚至还可以追溯到古希腊（如亚里士多德，奥古斯汀）和古印度哲学家的思想和理论中。②事实上，这种将心理过程分为认知、情感和意动三个领域的分类传统在今天仍然得到了众多心理学家的认同。③

认知是一个描述有机体产生意识或获得客体知识过程的类别术语，能够概括所有形式的认识（knowing）与知晓（awareness），如感知、设想、推理、判断、规划、记忆和想象等。④库尔（Kuhl）认为，认知通常是指那些调节知识的获得和再现的过程，它与客观世界之间存在着表象关系。⑤

情感是一个难以界定的术语，这不仅是因为它难以辨别、很不稳定，而且还因为情感的感受和表达之间的联系非常密切。⑥一般而言，情感指那些具有不同程度的情绪反应，并且通常伴随着较为强烈的身体运动表征的心理状态，同时它还具有评价客体与事实的个人意义的功能。

意动是指与努力（effort）和目的性行动有关的心理过程，包括各种内驱力、意欲、本能和动机。尽管意动和客观世界之间具有行动关系，但意动并不包括个体的外显行为，而是指控制这些行为的内部心理过程。

值得注意的是，尽管认知、情感和意动三个亚系统之间各有侧重，在功

———————————

①　在英文文献中，学者在描述"情感"时使用了多个词汇，如feeling, affect, emotion, affection等。因此，当这些词与认知、意动并列出现，描述心理现象的一个类别时，本文将它们视为在语义上可以互换的，并统一译为"情感"。若这些词出现在其他语境，描述情感领域中的一个具体心理现象时，则依次译为感受、感情、情绪、情感。

②　Hilgard E. R., "The trilogy of mind: Cognition, affection, and conation," *Journal of the History of the Behavioral Science* 16（1980）:107–117; Eagly A. H., Chaiken S., *The psychology of attitude*（Fort Worth, TX: Harcourt Brace College Publishers, 1993）.

③　参考 English & English, 1958; Fishbein & Ajzen, 1975: 12; Kuhl, 1986: 407; Kolbe, 1990: 9.

④　Corsini R. J., *The dictionary of psychology*（Philadelphia: Taylor & Francis, 1999）, p. 179, p. 324, p. 199.

⑤　Kuhl J., "Motivation and information processing: A new look at decision making, dynamic change, and action control," in *Higgins E T. Handbook of motivation and cognition*: *Foundation of social behavior,* Sorrentino R. M.（New York: The Guilford Press, 1986）, pp. 404–434, p. 408.

⑥　Gorman P., *Motivation and emotion*（New York: Routledge, 2004）, p. 8.

能上也有许多差异，然而，心理活动是这三个亚系统共同作用的结果，并且三者之间有着极为密切的交互作用。事实上，我们很难严格区分三者之间的界限。这至少是出于以下原因：首先，认知系统的支持为情感与意动的发生和发挥作用提供了基础。情绪的"认知—动机—关系"理论认为，认知是情绪产生的基础。只有认识到自己失去或得到了某物，并且该物与自己的目标有关，我们才会产生情绪。[1]动机理论中的"期望—价值"（expectancy-value）理论、归因（attribution）理论等也都属于认知观的动机理论。其次，情感与意动也影响着认知活动的发起、维持及其结果。以学生学习为例，如果失去了情感投入、动机激励和意志坚持，我们很难想象这种认知活动将如何进行。再次，情感与意动之间的关系也非常密切，许多情绪本身就可以作为行为的激发因素。二者之间的这种天然联系甚至使许多研究者把意动和情感视为同一心理过程。[2]最后，认知、情感与意动之间还存在大量的重叠地带。例如，在韦纳（Weiner）提出的动机理论必须遵循的原则当中，"包括全面的认知过程"和"包括全面的情绪"就是其中的两项原则；[3]认知心理学家也意识到"信息处理不仅限于认知过程，还包括动机和情感过程"。[4]

综上所述，并借鉴库尔的研究，图2-5呈现了心理过程的认知、情感和意动三个领域及其相互关系。

① Lazarus R. S., "Cognition and motivation in emotion," *American Psychologist*46, no. 4（1991a）：352-367; Lazarus R. S., "Progress on a cognitive-motivational-relational theory of emotion," *American Psychologist*46, no. 8（1991b）：819-834.

② Farr M. J.,"Cognition, affect and motivation: Issues, perspectives and directions toward unity," in *Aptitude, learning, and instruction*: *Volume 3. Conative and affective process analysi,* Snow R. E., Farr M. J.（New Jersey: Lawrence Eblbaum Associates, Publishers, 1987）, p. 347.

③ Weiner B.,"Attribution, emotion, and action," in *Handbook of motivation and cognition*: *Foundation of social behavior,* Sorrentino R. M., Higgins E. T.（New York: The Guilford Press, 1986）, p. 292.

④ Kuhl J., Helle P., "Motivational and volitional determinants of depression: The degenerated-intention hypothesis," in *Volition and personality*: *Action versus state orientation,* Kuhl J, Beckman J.（Bern, Seattle: Hogrefe & Huber Publishers, 1994）, p. 284.

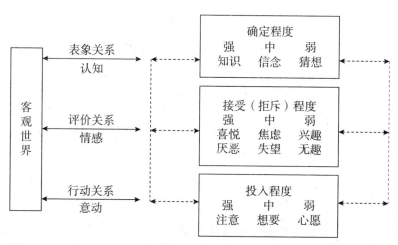

图2-5　心理过程中的认知、情感、意动三部曲 [1]

（二）课程实施中的教师信念、情绪、动机和态度

心理过程的分类方式为我们提供了理论基础。然而，这种分析必须和课程实施与教师改变的研究脉络结合起来才能准确地概括课程实施中的教师心理变化。

1.教师信念

随着认知心理学的兴起，20世纪70年代以来的教学研究重心由行为主义的"过程—结果"范式转向教师思维和决策领域。[2]这种研究重心的转换带来的一个后果就是我们对教师信念的关注。一般而言，信念是其持有者自以为真的关于世界的理解、假设和命题。[3]虽然信念具有许多情感和评价的成分，[4]但从心理过程分类的角度来看，教师的信念和知识被广泛地用来指代为教师

---

① Kuhl J., "Motivation and information processing: A new look at decision making, dynamic change, and action control," in *Handbook of motivation and cognition: Foundation of social behavior*, Sorrentino R. M., Higgins E. T.（New York: The Guilford Press, 1986）, p. 408.

② 参考 Calderhead, 1996: 709; Richardson, 1994: 90; 1996: 103 的观点。

③ Richardson V., "The role of attitudes and beliefs in learning to teach," in *The handbook of research on teacher education*, Sikul A. J., Buttery T. J., Guytone E.（New York: Macmillan Pub. Co., 1996）, p. 103.

④ Nespor J., "The role of beliefs in the practice of teaching," *Journal of Curriculum Studies* 19, no. 4（1987）: 317–328; Pajares M. F., "Teachers' beliefs and educational research: Cleaning up a messy construct," *Review of Educational Research* 62, no. 3（1992）: 307–332.

认知,[①]二者是紧密联系、共同运作、相互整合的认知图式。[②]

时至今日,教师知识和信念研究已经成为探询教学性质的一个实质性的探究领域,对教师信念的研究也可谓层出不穷。然而,这些研究大多是在日常教学情境中理解教师信念,将教师信念和课程变革与实施的脉络结合起来的研究却仍是少数。在这些为数不多的研究中,对教师效能感(teacher efficacy)的讨论成为一个颇具规模和特色的课题,从20世纪70年代以来便得到了学者们的持续关注。

教师效能感是教师拥有的一种特定的信念,指教师所具有的能对学生有积极影响的信念。[③]早在课程实施研究兴起的初期,兰德计划的研究者就发现,教师效能感是预测变革实施成功与否的最重要的变量之一。[④]近来的一些研究发现,教师效能感和教师对变革的态度之间具有显著的正相关,[⑤]高效能感的教师更愿意尝试和实施革新。[⑥]教师效能感的水平和类型不同程度地影响着学校发展,并且与学生的学习结果有着一致的正相关。高水平的教师效能感激励教师尝试革新,掌握和发展新的技能,并且在面临困难时坚持下去,从而促进了课程实施[⑦]。

① Calderhead J.,"Teachers: Beliefs and knowledge," in *Handbook of educational psychology,* Berliner D. C., Calfee R. C.(New York: Simon & Schuster Macmillan, 1996), p. 715, p. 709.

② Eynde P. O., Corte E. D., "Verschaffel L. Framing students' mathematics-related beliefs," in *Beliefs: A hidden variable in mathematics education,* Leder G. C., Pehkonen E., Torner G.(Dordrecht, Boston: Kluwer Academic Publishers. 2002), pp. 13-37.

③ Berman P., Malaughlin M., Bass M., Pauly E., Zellman G., *Federal programs supporting educational change: Vol. VII. Factors affecting implementation and continuation*(Santa Monica, CA: Rand, 1977); Shton P. T., "Motivation and teacher's sense of efficacy," in *Research on motivation in education: Vol. 2. The classroom milieu,* Ames C., Ames R.(Orlando, FL: Academic Press, 1985), pp. 141-174.

④ Mclaughlin M. W., Marsh D. D., "Staff development and school change," *Teachers College Record* 80, no. 7(1978): 85.

⑤ Guskey T. R., "Teacher efficacy, self-concept, and attitudes toward the implementation of instructional innovation," *Teaching and Teacher Education* 4, no. 1(1988): 63-69.

⑥ Evers W. J. G., Brouwers A., Tomic W., "Burnout and self-efficacy: A study on teachers' beliefs when implementing an innovative educational system in the Netherlands," *British Journal of Educational Psychology* 72, no. 2(2002): 227-243.

⑦ Ross J. A., "Strategies for enhancing teachers' beliefs in their effectiveness: Research on a school improvement hypothesis," *Teacher College Record* 97, no. 2(1995): 227-251.

2.教师情绪

从已有的研究文献来看，情感（affection）是一个关于感受（feeling）、情绪（emotion）、心情（mood）、性情（temperament）的宽泛而一般的概念①，而情绪则是人们在描述或研究心理过程的情感领域时更加常用的术语。

20世纪中期发生的"认知革命"使认知研究成为当时心理学研究的主流，并且一度忽视了对情感和意动领域心理现象的研究②。然而，近20年来不同学科，如哲学、社会学、历史和人类学等，对情绪都表现出极大的兴趣，心理学自然也不例外。20世纪80年代以来关于情绪的心理学研究迅速增加，萨顿与惠特利将这种现象称为心理学的"情绪革命"③。

从20世纪90年代以来，一些学者意识到教师情绪在教学和教育变革研究中的匮乏，并对教师情绪表现出普遍而持续的关注④。这些研究者尝试对教师情绪这一新的领域展开了许多探讨，下文将详细讨论这些研究。

3.教师动机

动机和意志（volition）是意动领域中最基本的两个心理结构，前者包括个体做出决策之前的那些作为形成目标、决定与行动意向基础的需要和过程；后者则包含了执行过程、坚持性以及对"意向—行动"系统的保护⑤。确切地说，动机是指包括冲动、驱力、意欲等内部力量的发起、维持和引导我们活动的心理过程⑥。动机与认知、情感有着十分密切的关系，并且往往需要借助

① English H. B., English A. C., *A comprehensive dictionary of psychological and psychoanalytical terms*: *A guide to usage*（London: Longmans, 1958）; Snow R. E., Farr M. J., "Cognitive–conative–affective processes in aptitude, learning, and instruction: An introduction," in *Aptitude, learning, and instruction*（*Volume* 3: *Conative and affective process analysis*）, Snow R. E., Farr M. J.（New Jersey: Lawrence Eblbaum Associates, Publishers, 1987）, p. 4.

② Kuhl J., Helle P., "Motivational and volitional determinants of depression: The degenerated–intention hypothesis," in *Volition and personality*: *Action versus state orientation,* kuhl J., Beckman J.（Bern, Seattle: Hogrefe & Huber Publishers, 1994）, p. 284.

③ Sutton R. E., Wheatley K. F., "Teachers' emotions and teaching: A review of the literature and direction for future research," *Educational Psychology Review* 15, no. 4（2003）: 328.

④ Hargreaves, 1994, 1998a, b, c; Nias, 1996.

⑤ Snow R. E., "Self–regulation as meta–conation?" *Learning and Individual Differences* 8, no. 3（1996）: 261–267.

⑥ Corsini R. J., *The dictionary of psychology*（Philadelphia: Taylor & Francis, 1999）, p. 611.

于认知、情感得到解释。

研究者指出，教师动机能够巩固教学有效性和学校改善效果[1]。对教师动机的研究大多遵循了心理测量传统，使用问卷调查与统计分析的方法揭示教师动机与课程实施之间的关系，例如凯莉（Kelley）等人对"校本表现奖励"（school-based performance award）[2]、艾布拉米（Abrami）等人对实施合作学习的研究[3]。此外，利思伍德、斯坦巴克（Steinbach）与詹特茨的研究更是综合考虑了认知、情感、脉络等因素对教师实施问责制的动机的影响。他们发现，学校人员的动机受到两类变量共五种因素的影响：第一类变量解释那些与人们建构理解有关的动机过程，即感受到的政策结果；第二类变量侧重于解释动机和外显行为之间的关系，包括目标、能力信念、脉络信念和情绪唤醒过程。[4]

4.教师态度

态度是指个体以一种持续的赞成或不赞成的方式对某一客体做出评价性反应的习得性心理倾向。[5]在态度的结构上，研究者普遍认为态度由认知、情感和行为意向三种成分构成。[6]态度的这种三维结构导致人们对其归属的心理过程领域产生了分歧。一些学者将态度划归认知领域，[7]另外一些学者则将态度划归情感领域。[8]

那么，态度究竟属于哪个领域呢？以上学者的观点虽然各有道理，但都

---

① Ofoegbu F. I., "Teacher motivation: A factor for classroom effectiveness and school improvement in Nigeria," *College Student Journal*38, no. 1（2004）：81–89.

② Kelley C., Heneman III H., Milanowski A., "Teacher motivation and school-based performance awards," *Educational Administration Quarterly*38, no. 3（2002）：372–401.

③ Abrami P. C., Poulsen C., Chambers B., "Teacher motivation to implement an educational innovation: Factors differentiating users and non-users of cooperative learning," *Educational Psychology*24, no. 2（2004）：201–216.

④ Leithwood K., Steinbach R., Jantzi D., "School leadership and teachers' motivation to implement accountability policies," *Educational Administration Quarterly*38, no. 1（2002）：94–119.

⑤ Eagly A. H., Chaiken S., *The psychology of attitude*（Fort Worth, TX: Harcourt Brace College Publishers, 1993）, p. 1.

⑥ Triandis, 1971; Ajzen, 1988: 20; Olsen & Zanna, 1993; Corsini, 1999: 76.

⑦ Pajares M. F., "Teachers' beliefs and educational research: Cleaning up a messy construct," *Review of Educational Research* 62, no. 3（1992）：316.

⑧ Fishbein M., Ajzen I., *Belief, attitude, intention, and behavior: An introduction to theory and research*（Reading, MA: Addison-Wesley Publishing Company, 1975）, p. 11.

忽视了态度中的意动成分，因而都有片面之嫌。事实上，意动成分在态度中占据着十分重要的地位，因为态度就是作为试图理解人类行为的解释工具而被引入社会心理学的，而且人们一直坚持人类行为取决于态度的基本假设。与认知和情感相比，意动与外显行为之间的关系更加直接。此外，研究者早已指出，尽管态度中三种成分之间高度相关，但各自都有其相对独立性，因此应该分别定义和测量。[①]因此，态度应被视为一种综合的心理结构。

教师对待变革的态度是教育学者较早关注的一个问题。就课程实施而言，对教师认同感（receptivity）的分析从20世纪80年代后期兴起以来一直持续到现在，并且在澳大利亚、中国等国家都造成了很大影响，成为课程实施中教师态度研究的一个重要分支。沃、李子建等学者都对其做出过大量研究。

四、小结

综上所述，我们可以用图2-6描述课程实施中的教师改变。在这个过程中，教师改变的三个维度之间是相互作用的：材料与活动方式的改变要求教师行为发生相应的配合，并影响到教师原有的心理结构；在对新材料的长期使用和新的教学行为的长期配合中，教师会逐渐拓展自己的知识，改变自己对变革的信念、情绪、动机和态度等心理过程；同时，这种深层转变又会巩固教师在变革中习得的行为方式，进而影响教师对新材料和活动方式的理解和使用。

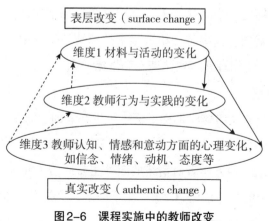

图2-6　课程实施中的教师改变

---

① Triandis H. C., *Attitude and attitude change*（New York: John Wiley & Sons, Inc, 1971）, p. 3.

在这里，情绪走进了教师改变研究的关注范围。如果我们期望教师在课程实施中发生真切改变，我们就必须了解包括情绪在内的教师心理变化，而这些变化和教材、教学活动程序、教学行为方式等维度的改变是相互作用的。虽然本研究主要集中在教师情绪方面，但我们仍然能够通过情绪看到其他维度的改变给教师情绪带来的影响，这恰恰体现了教师改变的相互作用观。

然而，即使我们使用这种相互作用观理解教师改变过程，并且证明了教师改变包含的各主要成分，许多深入细致的问题仍然有待探讨。就教师情绪这个新兴的研究领域来说，它为何会引起研究者的兴趣？教师情绪与教师的专业生活有何关系？哪些因素影响了教师情绪？它在课程实施中又扮演何种角色？这些都要求我们更加近距离地审视教师情绪。其中，情绪及其在社会生活中的角色构成了我们理解教师情绪的前提。

第三节　情绪概述

前文已述，20世纪80年代兴起的情绪革命并不只局限在心理学领域，而是在多个学科中均有体现，其中以社会学的探讨尤为深入。在这场革命中，情绪超越了个体心理的范畴，与更为广阔的社会文化、权力制度乃至个人生活的各个方面都发生了普遍联系。鉴于此，本节将采取跨学科的视角，以社会学理论为主，辅之以心理学、人类学、哲学对情绪的认识，旨在证明教师情绪研究的理论基础，其中将介绍近年来教师情绪研究中频繁出现的一些术语，如情绪智力、情绪理解、情绪劳动和情绪法则。

一、何谓情绪

正如我们自身的情绪体验那样，情绪至少在表面上看来是一个复杂多变、难以捉摸的概念。学者们对情绪做出的界定也多种多样，各具特色。例如，博勒（Boler）总结了西方学者对情绪的四种主要话语（discourses）：（1）反映在西方哲学传统中的理性话语；（2）产生于医学、生物学、心理学、社会科学以及神经科学等现代科学的病理学（pathological）话语；（3）体现在宗教和艺术传统中的浪漫（romantic）话语；（4）肇始于20世纪60年代美国民权运动，特别是20世纪70年代的女权主义政治和教育实践的政治话语。[①]赞比拉斯（Zembylas）曾归纳了感受理论、概念与认知理论、生物学与神经生理学理论、社会建构主义和女性主义理论对情绪的解释，并且发展出情绪的后结构主义理论。[②]事实上，在上述学派内部还有更多的有关情绪的不同界定。对于这些五光十色、异彩纷呈的情绪定义，本文自然不必一一罗列。然而，总体看来，学者们对情绪的观点基本上可以分为两类：一类是把情绪看作个体心理现象，另一类则将情绪视为社会文化建构。

（一）情绪作为个体心理现象

毫无疑问，情绪首先是一种个体心理现象，因为我们只能从个体及其内部观察和体验到情绪。情绪的理性话语和病理学话语大体上可以划归这类观点，感受理论、概念与认知理论、生物学与神经生理学理论都是其中具有代表性的几种理论。在感受理论中，情绪被当作个体的感受或者生理感觉，甚至是生理紊乱（disturbance）；在概念与认知理论中，具有情绪就是个体对情境持有一种规范性判断，[③]情绪被视为认知的结果，或者从逻辑上、因果关系上取决于认知；生物学和神经生理学理论强调情绪的生理基础，关注情绪在个体内部是如何产生的。

从语源学上来说，情绪一词具有三种含义：（1）激发热情或敏感性，经常包括一些心理变化；（2）任何主观的而非通过有意识的心理努力而产生的强烈感受；（3）使个体兴奋、开始行动、鼓动和移动。[④]这意味着，情绪经常伴随着生理和心理变化，如血压、心率等变化以及积极或消极的情绪体验（如喜悦、愤怒、害怕、忧伤等），而且这种体验常常是不受意识或理性控制的，这导致情绪的病理学话语认为个体是情绪的消极被动者，它就像天气一样影响

①　Boler M., "Disciplined emotions: Philosophies of educated feelings," *Educational Theory* 47, no. 2（1997）: 203–227.

②　Zembylas M., "Emotions and elementary school science teaching: Postmodernism in practice,"（Unpublished Ph. D. Dissertation. Urban, Illinois: University of Illinois at Urbana–Champaign, 2000）, pp. 85–90; Zembylas, 2003a, 2003b, 2003c.

③　Soloman R. C., "Emotions and choice," in *Explaining Emotions,* Rorty A. O.（Berkeley: University of California Press, 1980）, p. 258.

④　Denzin N. K., *On understanding emotion*（San Francisco: Jossey–Bass Publishers, 1984）, p. 16.

着我们而我们却无法控制。[1] 出于对这种失控感的担忧，情绪甚至被视为对个体颇具威慑力和破坏性的"洪流"（flood）。[2] 此外，情绪具有激发个体行动的能力，与动机的关系十分密切，因此许多研究者会像前文提到的那样把情感和意动视为同一心理过程，将二者结合起来一起使用。[3]

作为个体心理现象，学者们普遍认为情绪是一种复杂的、多维度、多侧面的人类综合体。[4] 克莱因娜·P.R.（Kleinginna P.R.）与克莱因娜·A.M.（Kleinginna A.M.）在回顾了92种情绪定义的基础上，归纳了学者对情绪的一致意见：情绪是受到神经或激素系统调节的主观与客观因素之间复杂的相互作用的结果，它能够产生情感体验，产生与情绪相关的认知解释，激活广泛的生理调节并经常导致有表情的、目标指向的、适应性的行为。然而，这个被研究者达成共识的界定侧重于对情绪的产生机制及其后果的描述，并没有揭示情绪现象内部所应包含的成分。[5] 萨顿与惠特利在这方面进一步明确了情绪的内涵，指出情绪主要包括以下五种成分：[6]

• 评估（appraisal）：情绪包含某种判断和评估，涉及对个体目标、动机的意义或关联性的诠释。简言之，评估是个体对正在发生的事情及对我们关心的人的意义的评价。

• 主观体验（subjective experience）：指个体心理状态的一些显著类型，如惊讶、愤怒、害怕、焦虑、内疚等。

• 生理变化（physiological changes）：情绪过程还包括体温、心率、血压、内分泌系统等方面的生理变化。

---

① Boler M., "Disciplined emotions: Philosophies of educated feelings," *Educational Theory*47, no. 2（1997）: 203–227.

② Hochschild A. R.,"Emotion work, feeling rules, and social structure," *American Journal of Sociology*85, no.（1979）: 553.

③ *English & English*, 1958: 15; Far, 1987; Kupermintz, 2002.

④ Williams S. J., *Emotion and social theory*（London: SAGE Publications, 2001）, p. 132.

⑤ Kleinginna P. R., Kleinginana A. M., "A categorized list of emotion definitions, with suggestions for a consensual definition," *Motivation and Emotion*5, no. 4（1981）: 345–379.

⑥ Sutton R. E.,"Wheatley K. F. Teachers' emotions and teaching: A review of the literature and direction for future research," *Educational Psychology Review*15, no. 4（2003）: 329–332.

● 情绪表达（emotional expression）：是指当个体体验到情绪时以可预测的方式表现出来的表情或其他非言语表达。

● 行动倾向（action tendencies）：也可称为行为意向，是指行为的准备状态或反应倾向。它集中体现了情绪的行为唤醒和激发功能。

除了情绪之外，常见的用来描述情感领域心理现象的还有几个术语，如情感（affection）、感情（affect）、感受（feeling）、心情（mood）。这些术语的含义并不相同。研究者指出，情感是用来概括情绪、感受、心情等情感领域心理现象的一般术语。[①] 与情感相似，感情也是一个含义广泛的术语，可用来指称情绪、感受和心情等各种情感反应，是个体对某一客体或情境有关的所有表达和体验，[②] 因此可与情感互换使用。感受可理解为个体的感觉（sensations），侧重于描述个体对情绪的主观体验。[③] 心情和情绪的区别主要体现在三个方面：强度、持续性和分布。具体而言，心情比情绪持续时间更长，但强度更弱，在特定的客体和行为反应方面也缺乏明确性，[④] 是超越特定情境体验的情绪状态，[⑤] 而情绪是强烈的、迅速的心理变化，并且是对特定事件的回应。[⑥]

（二）情绪作为社会文化建构

虽然情绪具有明显的生理和心理学基础，但在许多今天的社会心理学和社会学研究者看来，情绪主要是一种社会文化建构（construction）。他们认为，尽管个体是情绪的所在地（locus）——我们只能在个体中测量情绪，但社会脉络（matrix）决定了谁在何时何地、以何种基础、为何种原因、以何种表达模式体

① English H. B., English A. C., *A comprehensive dictionary of psychological and psychoanalytical terms*: *A guide to usage*（London: Longmans, 1958），p. 15; Snow R. E., Farr M. J., "Cognitive-conative-affective processes in aptitude, learning, and instruction: An introduction," in *Aptitude, learning, and instruction*（*Volume* 3: *Conative and affective process analysis*），Snow R. E., Farr M. J.（New Jersey: Lawrence Eblbaum Associates, Publishers, 1987），p. 4.

② Santos F. M. T. D., Mortimer E. F.,"How emotions shape the relationship between a chemistry teacher and her high school students," *International Journal of Science Education*25, no. 9（2003）: 1098.

③ Hochschild, 1983: 17; Denzin, 1984: 3; Damasio, 1994: 139.

④ Weiss H. M., Cropanzano R., "Affective events theory: A theoretical discussion of the structure, causes and consequences of affective experiences at work," *Research in Organizational Behavior*18,（1996）: 18.

⑤ Denzin N. K., *On understanding emotion*（San Francisco: Jossey-Bass Publishers, 1984），p. 3.

⑥ Briner R. B., "The neglect and importance of emotion at work," *European Journal of Work and Organizational Psychology*8, no. 3（1999）: 326.

验到何种情绪。[①]对于情绪这种看似先天的人类特征来说，文化和历史差异是它的试金石。当历史与社会文化脉络发生改变时，如果这种现象没有改变，那它就是先天的，否则便不是。对情绪的研究表明，无论它们看起来多"自然"，它们都依附于特定的时代和社会文化。[②]因此，这些研究者大都同意罗纳尔多（Rosaldo）从人类学角度对情绪做出的界定，认为情绪是"自我关注（self-concerning），是伴随着道德或意识形态同时发生的身体反应；情绪既是感受建构，又是认知建构，将个人、行动和社会脉络联为一体"。[③]

将情绪理解为社会文化建构是社会建构主义、女性主义和后结构主义的共同特征。社会建构主义认为，人类情绪是由文化塑造和形成的，文化能够深刻地渗透到情绪的每一个组成过程。从整体上来说，作为心理过程的情绪可以被视为社会和文化过程。[④]"情绪的体验和表达取决于习得的惯例（convictions）和法则。在这个意义上，谈论和理解情绪的方式在各种文化中是有区别的，我们如何体验和表达情绪在不同文化中也有差异"。[⑤]简言之，这种观点把文化大体上视为个体和心理过程的一部分，特别是情绪过程的一部分；而情绪则显著地受到文化观念、实践和制度的塑造。[⑥]图2-7呈现了情绪与社会文化间的互动关系。

由图2-7我们可以看到，一方面，每一个文化群体都有一些从历史中、集体中形成的核心观念，它们被用于选择和组织自己的社会心理过程，体现

[①] Kemper T. D.,"Sociological models in the explanation of emotions," in *Handbook of emotions,* Lewis M., Haviland J. M.（New York, London: The Guilford Press, 1993）, p. 41.

[②] Margolis D. R., *The fabric of self : A theory of ethics and emotions*（New Haven, London: Yale University Press, 1988）, p. 134.

[③] Jenkins J. H.,"Culture, emotion, and psychopathology," in *Emotion and culture: Empirical studies of mutual influence,* Kitayama S., Markus H. R.（Washington, DC: American Psychological Association, 1994）, p. 308.

[④] Kitayama S., Markus H. R., "Introduction to cultural psychology and emotion research," in *Emotion and culture: Empirical studies of mutual influence,* Kitayama S., Markus H. R.（Washington, DC: American Psychological Association, 1994）, p. 17.

[⑤] Cornelius R. R., *The science of emotion: Research and tradition in the psychology of emotion*（Upper Saddle River, NJ: Prentice-Hall, 1996）, p. 188.

[⑥] Markus H. R., Kitayama S., "The cultural shaping of emotion: A conceptual framework," in *Emotion and culture: Empirical studies of mutual influence,* Kitayama S., Markus H. R.（Washington, DC: American Psychological Association, 1994）, p. 349.

在社会习俗、规范和制度中，这些制度或规范进而通过支持或限制特定的、依附于文化的日常现实而影响群体习以为常的情绪倾向；另一方面，个体行动反过来也会引起直接的社会现实和文化群体的集体现实的变化。从这种观点出发，社会学者对情绪的考察表明，情绪并非是简单的由个体生理"本能"和"冲动"驱使，社会因素更影响着情绪的产生和表达，同时也引导着我们对情绪的标定（labeling）、诠释和管理等微观活动。更重要的是，我们对情绪的体验和表达都服从于一些社会法则。[①]

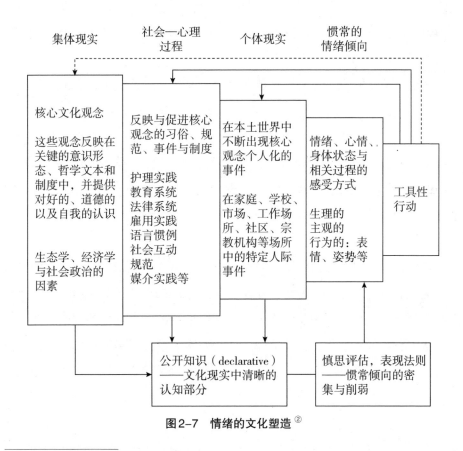

图2-7 情绪的文化塑造[②]

① James N., "Emotional labour: Skill and work in the social regulation of feelings," *The sociological Review*37, no. 1（1989）: 15–42.

② Markus H. R., Kitayama S., "The cultural shaping of emotion: A conceptual framework," in *Emotion and culture*: *Empirical studies of mutual influence,* Kitayama S., Markus H. R.（Washington, DC: American Psychological Association, 1994）, p. 342.

借鉴福柯特（Foucault M.）对规训、权力、主体性的考古学和系谱学分析，赞比拉斯提出了情绪的后结构主义理论。[①]这种观点认为情绪是一种话语实践（discourse practice），是由个体工作的组织方式建构起来的社会和政治经验，并且强调语言和文化在建构情绪体验中的作用。概言之，后结构主义情绪理论有四个基本假设：（1）情绪不是私人的或普适的，也不是受害者（sufferer）的简单冲动，而是形成于语言并且关系更广阔的社会生活；（2）"情绪谈论"中隐含着权力关系，它允许我们感受某些情绪而禁止其他情绪，从而塑造我们的情绪表达；（3）我们可以利用情绪创造社会和政治抵制；（4）身体在情绪体验中发挥着重要作用，它将情绪具体化为自我形成的一部分。

（三）情绪类型

无论将情绪视为个体心理现象还是社会文化建构，情绪类型都是我们难以回避的问题：面对纷繁复杂的情绪片段（fragments），我们应该如何将其统合起来呢？通常而言，心理学家认为不同文化背景中的人都有一些相同的情绪状态，并且情绪具有两极性，可大致分为"积极"（positive）和"消极"（negative）两类。所谓积极情绪指在个体趋近某个目标时产生的令人愉悦的情绪，如喜悦、满足等；消极情绪则与之相对，是指发生在个体远离其目标时的令人不快的情绪，如愤怒、沮丧等。[②]

然而，用"积极—消极"这种二元对立的单一维度来划分情绪，就将情绪的复杂性过于简化了。为此，普鲁契克（Plutchik）认为应该从强度、相似性和两极性三个维度对情绪进行归类：任何情绪都能表现出不同的强度（例如，从忧心到苦恼）；任何情绪与其他情绪的相似程度都各有不同（例如，快乐与期待要比厌恶与惊奇更为相似）；所有的情绪都有两极性（例如，憎恨与

① Zembylas M.,"Caring for teacher emotion: Reflections on teacher self–development," *Studies in Philosophy and Education*22, no. 2（2003a）: 103–125; Zembylas M., "Interrogating 'teacher identity': Emotion, resistance, and self–formation," *Educational Theory*53, no. 1（2003B）: 107–127; Zembylas M., "Emotions and teacher identity: A poststructural perspective," *Teachers and Teaching*: *Theory and Practice*9, no. 3（2003c）: 213–238; Zembylas M., "The emotional characteristics of teaching: An ethnographic study of one teacher," *Teaching and Teacher Education*20, no. 2（2004a）: 185–201.

② Sutton R. E., Wheatley K. F., "Teachers' emotions and teaching: A review of the literature and direction for future research," *Educational Psychology Review* 15, no. 4（2003）: 327–358.

接受是对立的）。他用一个倒置的圆锥体来形容这种情绪的三维度类型，但是他同时承认，在不同强度水平的锥体横截面的中心区域代表着情绪之间的冲突，这意味着即使是具有两极性的情绪之间也并非完全对立的（如图2-8）。因此，"积极"和"消极"并不足以区分所有的情绪。

图2-8　普鲁契克情绪锥体的横截面

久负盛名的拉扎勒斯（Lazarus）对情绪类型的分类方式同样说明了"积极—消极"二元对立模式的局限。在他的"认知—动机—关系"理论中，个体对外界事物与自身关系的评估是情绪产生的基础。依据这种评价，他区分了四类情绪：（1）积极情绪，在"个人—环境"关系的评估中被视为对自己健康（well-bing）有利的情绪，如幸福、骄傲、爱等；（2）消极情绪，在"个人—环境"关系的评估中被视为对自己状况不利的情绪，如愤怒、焦虑、内疚、羞耻、悲伤等；（3）边界（borderline）情绪，尽管在关系评估中被认为对自己状况有利，但实际上产生于不利关系情境中的情绪，如希望、同情等；（4）非情绪（non-emotions），这是一类更富争议的情绪状态，它们在"个人—环境"关系的评估中无法得出有利或不利的结果，其中包括六种情况：复杂状态（如忧伤）、模棱两可的积极状态（如满足）、模棱两可的消极状态（如失望、无助）、功能性心理混乱（如迷惑）、无内容指向的兴奋或情绪唤醒（如紧张、不安）以及前情绪状态（如兴趣、好奇）。虽然名为"非情绪"，但这只是由于它们不是个体对"个人—环境"关系评估的结果，至于它们本身仍然"毫无疑问是情绪的"。[①]

显然，拉扎勒斯的"非情绪"恰好对应了普鲁契克情绪锥体横截面中的"冲突"部分，它反映了处于特定情境中个体由于某种原因无法或难以对"个人—环境"关系做出评估时内心经历的矛盾、冲突的情绪状态。因此，它们成为一种复杂的、难以二元区分的情绪类型。事实上，用"积极—消极"来区分情绪的局限还根源于"积极"与"消极"本身的含义就是模糊不清的。一方面，我们可以把积极、消极视为对"个人—目标""个人—环境"关系评估结果的判断，这种评估是情绪产生的原因；另一方面，积极、消极又和情绪的后果联系起来，具有伦理意义上的好与坏、对与错、善与恶的含义。[②]这样一来，一些原本性质明确的情绪就失去了它的特性，例如，"害怕"虽然是消极情绪，但从它使人远离危险的意义上，它又是一种"好"情绪。因此，情绪并不能简单地分为积极的或消极的。[③]就其本身来说，情绪无所谓积极或消极，而且研究表明，即使是某些当下有损个人健康的消极情绪也能产生积极结果，阻止这些消极情绪的表达反而会影响个人健康。[④]

达马西奥（Damasio）另辟蹊径，放弃从"积极—消极"维度划分情绪，着重从情绪的"生理—社会性"上进行考察。[⑤]他区分了我们在早期生活中体验到的"初级（primary）情绪"和我们成人后体验到的"次级（secondary）情绪"。前者指一些最普遍的基本情绪，如快乐、悲伤、愤怒、害怕和厌恶，具有较强的生理基础；后者是上述五种情绪的变体（如欢欣和狂喜是快乐的变体），发生在一种评价性的、自觉的心理过程之后，受到个体经验的调节，

---

① Lazarus R. S., "Progress on a cognitive-motivational-relational theory of emotion," *American Psychologist* 46, no. 8（1991）: 819-834.

② Solomon R. C., Stone L. D., "On 'positive' and 'negative' emotions," *Journal of the theory of social behavior* 32, no. 4（2002）: 417-435.

③ Izard C. F., *The psychology of emotions*（New York: Plenum Press, 1991）, p. 19.

④ Dafter R. E., "Why 'negative' emotions can sometimes be positive: The spectrum model of emotions and their role in mind-body healing," Advances: The Journal of Mind-Body Health 12, no. 2（1996）: 6-19.

⑤ Damasio A. R., *Descartes' error*: *Emotion, reason, and the human brain*（New York: A Grosset/Putnam Book, 1994）.

因而基本上是文化性的。[1]

总之，情绪类型的划分是一个远比我们想象的要复杂的问题，简单地用积极或消极来区分情绪是不可行的。只有在我们充分意识到两极性的局限，并且明确我们在何种意义上使用这一组词语时，积极情绪和消极情绪才有其意义。此外，对持社会建构论者的情绪研究来说，情绪是积极还是消极并不重要，重要的是激发或抑制个体产生某种情绪的社会、文化或情境原因。

二、情绪的社会角色

随着学术界情绪革命的兴起，学者对情绪的理解已经超越了个体心理的范围，进一步把它放置在更广阔的社会文化脉络之中。研究者发现，情绪扮演着积极的社会角色，与许多社会和文化建构具有密切联系，如理性、自我与身份、权力和地位、社会控制与社会秩序等。这些关系分别引出了目前情绪研究中的四个重要议题：情绪智力、情绪理解、情绪劳动与情绪法则、情绪的应对策略。

（一）情绪与理性——情绪智力（emotional intelligence）

人们对情绪和理性之间关系的理解经历了一个持续的发展演化过程。法恩曼（Fineman）把二者之间的关系归结为三种形式：情绪干扰理性；情绪为理性服务；情绪与理性相互交织。[2]第一种形式认为情绪是"行动机械中的沙砾"，损害了我们的理性决策，因此需要被消除或更严密地控制，这主要体现在传统的哲学和心理学研究之中。第二种形式认为情绪润滑（lubricate）而非损害了认知所代表的理性，为思维提供了帮助，因此要让情绪处于意识和理性的引导之下，这通常是20世纪80年代情绪革命兴起以来认知心理学者所持的观点。这些学者认识到缺乏情感、意动的认知研究的局限，开始尝试将它们纳入研究视野。他们发现，情绪对认知有着多种影响，如发起、结束和干扰信息处理；会导致信息的选择性处理；会组织回忆；会为社会认知提供信息；

---

① Santos F . M . T . D., Mortimer E. F., "How emotions shape the relationship between a chemistry teacher and her high school students," *International Journal of Science Education*25, no. 9（2003）: 1095–1110.

② Fineman S., "Emotional arenas revisited," in *Emotion in organizations*. 2nd ed. Fineman S.（London: SAGE Publications, 2000）, pp. 11–12.

会影响决策和问题解决等。[①]这种受到情绪、动机影响的认知活动通常被称为"热认知"（hot cognition）[②]。此外，拉扎勒斯关于情绪的"认知—动机—关系"理论也具有这种特征。它认为，人们对所发生事件的个人意义的评估是情绪产生的基础。只有认识到自己失去或得到了某物，并且该物与自己的目标有关，我们才会产生情绪。[③]

上述两种形式的共同特征是把情绪从理性中分离出来，赋予理性绝对的优势地位，而把情绪作为理性的对手或仆人。这种情绪与理性之间的二元对立思想在西方哲学和文化史中具有悠久的传统，其根源可以追溯到苏格拉底、柏拉图对清晰观念和理性判断的强调，以及亚里士多德认为女性的心灵更少理性而更多激情的观点。在近代，笛卡儿的身心二元论和康德关于观念、智识与感官、感觉的区分进一步加剧了情绪和理性之间的分离。尽管哲学史中也有另类的声音，如怀疑论者休谟（Hume）认为"理性是而且应该是激情（passion）的奴隶"，然而这种声音毕竟太过微弱。事实上恰恰相反，"主人与奴隶"是西方哲学史中形容理性与情绪之间关系最长久的隐喻。在这种二分法中，理性被认为是客观的、普适的、分析的、冷静的，情绪则是主观的、个人的、综合的、温暖的。[④]

然而，情绪与理性不是相互对立的，也不仅仅是后者为前者服务的关系，二者的关系比我们想象的要密切得多。近年来兴起的"情绪智力"便是整合情绪与理性之战的一种尝试。[⑤]其倡导者认为，"边缘系统和新皮质、杏仁核

① Hoffman M. L.,"Affect, cognition, and motivation," in *Handbook of motivation and cognition: Foundation of social behavior,* Sorrentino R. M., Higgins E. T.（New York: The Guilford Press, 1986）, pp. 260–264.

② Dunning D. A., "Newer look: Motivated social cognition and the schematic representation of social concepts," *Psychological Inquiry*10, no. 1（1999）: 1–11.

③ Lazarus R. S., "Progress on a cognitive–motivational–relational theory of emotion," *American Psychologist*46, no. 8（1991b）: 819–834.

④ Solomon R. C.,"The philosophy of emotions," in *Handbook of emotions,* Lewis M., Haviland J. M.（New York, London: The Guilford Press, 1993）, pp. 3–15; Zembylas M., "Emotions and elementary school science teaching: Postmodernism in practice,"（Unpublished Ph. D. Dissertation. Urban, Illinois: University of Illinois at Urbana–Champaign, 2000）, p. 7.

⑤ Mayer J. D., Salovey P.,"Caruso D. R. Emotional intelligence as zeitgeist, as personality, and as a mental ability," in *The handbook of emotional intelligence: Theory, development, assessment, and application at home, school, and in the workplace,* Bar–on R., Parker J. D. A.（San Francisco: Jossey–Bass, 2000）, p. 92.

与前额叶都是相辅相成的，彼此合作无间时，情绪与智力自是相得益彰"。简言之，情绪智力是指与我们处理情绪信息有关的一组能力，它们包括：（1）精确地感知、评价和表达情绪的能力；（2）能及时产生促进自我和他人理解的情绪体验的能力；（3）理解情绪及其产生的知识的能力；（4）调节情绪以促进情绪和智力成长的能力。[1]

如果说情绪智力仍然有着较强的个体心理色彩的话，那么社会学与组织社会学研究者走得更远。在他们看来，情绪与理性是相互渗透的，它们在同一模型中融合在一起。没有所谓的纯粹的、情绪中立的认知，思维和决策总是充满着情绪。[2]这种观点并不只是哲学思辩，它还得到了脑科学和神经生理学研究证据的支持。达马西奥对脑、情绪、理智（reason）等神经过程的研究表明，情绪并非理智堡垒的入侵者，笛卡儿在身与心、情绪与理性的关系上犯了一个错误，具体来说，是把心灵中最精致的操作从生物有机体的结构和操作中分离出来。[3]人类意识是思维和感受、理智和情绪之间天衣无缝的融合。在这种新的观点中，情绪不是外围的、边缘的，而是普遍的、基本的。[4]

（二）情绪与自我——情绪理解（emotional understanding）

自我（self）与身份（identity）是紧密相连的一对概念，对身份的社会学探讨大抵始于对自我的研究。尽管二者都是在回答"我是谁"的问题，但前者往往指向单个的个体自身，旨在强调个体与他人的差异；后者在表达这种含义的同时，还把个体和周围具有相同属性的他者联系起来，从而包含了一个描述群体共享特征的集体维度。例如，利科（Ricoeur）把身份分为"作为自我（selfhood）的身份"和"作为共性（sameness）的身份"，[5]吉登斯（Giddens

① Bodine R. J., Crawford D. K., *Developing emotional intelligence*: *A guide to behavior management and conflict resolution in schools*（Champaign, Illinois: Research Press, 1999）, p. 35.

② Fineman S., "Emotional arenas revisited," in *Emotion in organizations*. 2nd ed. Fineman S.（London: SAGE Publications, 2000）, p. 11.

③ Damasio A. R., *Descartes' error*: *Emotion, reason, and the human brain*（New York: A Grosset/Putnam Book, 1994）, p. 250.

④ Beatty B. R., "Emotion matters in educational leadership: Examining the unexamined,"（Unpublished Ed. D. Dissertation. Toronto: University of Toronto, 2002）, p. 43.

⑤ Ricoeur P., "Narrative identity," in *On Paul Ricoeur*: *Narrative and interpretation*, Wood D.（London, New York: Routledge, 1991）, p. 189.

A.）认为身份包括"自我认同"和"社会认同"，①其中"作为自我的身份"和"自我认同"均对应于身份中描述的个体差异的维度——自我。具体而言，自我可被界定为：（1）在一个特定时间中所有能称之为"我"的事物，包括"我"的感受、行动、拥有物、身体、与他人的关系等；（2）在"我"存在的任何时刻，作为一个独特的客体和主体，"我"对"我"自己的意义；（3）当"我"在反思和自我理解中转向自己时，"我"的存在对"我"自己的意义。②

在社会学者看来，自我是社会互动的产物，反身性（reflexivity）——个体反作用于自身的过程，在自我形成中发挥着至关重要的作用。利里（Leary）与坦尼（Tangney）指出，自我的本质属性就是个体反身思考、把自己作为其注意和思维客体的能力。③库利（Cooley C. H.）用"观镜"的隐喻作为自我感受的来源，提出了"镜中我"（looking-glass self）"的观点。米德（Mead G. H.）延续了这种传统，并且突出了社会互动的作用，认为自我的形成是在"角色扮演"（role taking）中完成的：个体从心理上把自己放在他人的位置上，并且把自己作为一个客体反观自身。可见，正是在这种反观自身的过程中，个体发展出对自我的意识。因此，肯珀（Kemper）把反身性作为描述角色扮演过程及其效应的替代性术语。④

正是这种反身性把情绪和自我紧密地结合在一起。罗森伯格（Rosenberg）指出，反身性在人类情绪中发挥着基本作用，至少体现在以下三个方面的情绪过程中：（1）情绪辨别（identification），反身性在其中表现为一种诠释过程；（2）情绪呈现（display），反身性在其中表现为对表情和行为的自我调节；（3）情绪体验（experiences），反身性在其中表现为内部唤醒状态的形成。⑤可以说，反身性对情绪过程的任何环节都是必不可少的。在反身性中，个体

---

① Giddens A. 著，赵旭东等译：《社会学（第四版）》，北京大学出版社，2003，第38-39页。

② Denzin N. K., *On understanding emotion*（San Francisco: Jossey-Bass Publishers, 1984），p. 51.

③ Leary M. R., Tangney J. P., "The self as an organizing construct in the behavioral and social sciences," in *Handbook of self and identity*, Leary M. R., Tangney J. P.（New York, London: The Guilford Press, 2003），p. 8.

④ Kemper T. D., "Sociological models in the explanation of emotions," in *Handbook of emotions*, Lewis M., Haviland J. M.（New York, London: The Guilford Press, 1993），p. 49.

⑤ Rosenberg M., "Reflexivity and emotions," *Social psychology Quarterly* 53, no. 1（1990）: 4.

认识、体验和呈现着自身的情绪和感受，了解他者或周围环境的个人意义，从而形成对自我的认同。情绪体现并传递着关于自我的生物和社会信息。学者指出，就像我们的感官能够对物理现象做出反应一样，情绪让我们对周围的社会现象保持敏感，让我们知道在自我的边界上发生了什么。无论情绪如何演化，它们似乎都是让人类建构、维持或消解自我界限的能力。[①]正是在这个意义上，丹津（Denzin）认为，"情绪的栖息之处是自我。情绪是自我感受。情绪临时体现在、坐落在、产生于人们指向自我或他人指向自我的情绪的、认知的、社会行动之中的自我感受"。[②]

理解是个体之间交流信息、达成共识从而维持社会互动的基本途径。正如自我和情绪在人际互动中得以塑造一样，人际互动还要求我们理解情绪传递的社会信息，这涉及两个方面：一是个体如何理解他人的情绪体验和表达；二是这种理解反过来又如何影响了个体。这个互动过程需要情绪理解，即"个体进入他人经验领域，使自己体验到与他人相同或相似体验的主体间过程。从个体自身的立场出发对他人情绪经验的主观诠释是情绪理解的核心"。[③]情绪主体间性（emotional intersubjectivity）是指在情绪体验的共享领域中对集体自我（selves）的认识和感受，为情绪理解提供了基础。

丹津还区分了理解的两个理想型：情绪理解和认知理解——尽管现实中二者是相互交织的，其中诠释和共享体验是情绪理解的两个核心术语。他指出，情绪诠释是瞬间完成的（monothetically），个体迅速将他人放入情绪框架，从而近乎直觉地诠释和理解他人赋予情绪的意义；与之相对，认知诠释是逐步进行的（polythetically），个体逐个语词、逐个动作地仔细分析他人的行为，试图找出其精确的顺序及其背后的动机。[④]

---

① Margolis D. R., *The fabric of self*: *A theory of ethics and emotions*（New Haven, London: Yale University Press, 1988）, p. 25.

② Dezin N. K., *The research act*: *A theoretical introduction to sociological methods*3rd ed.（Englewood Cliffs, NJ. : Prentice Hall, 1989）, p. 49.

③ Dezin N. K., *The research act*: *A theoretical introduction to sociological methods*3rd ed.（Englewood Cliffs, NJ. : Prentice Hall, 1989）, p. 137.

④ Dezin N. K., *The research act*: *A theoretical introduction to sociological methods*3rd ed.（Englewood Cliffs, NJ. : Prentice Hall, 1989）, pp. 142–143.

（三）情绪与权力、社会控制——情绪劳动和情绪法则（emotional labor and emotional rules）

在社会学者看来，情绪是人际互动的产物，其中由权力和地位构成的社会关系脉络是形成情绪的重要源泉。肯珀指出，社会关系可以表述为权力和地位两个维度，而大量人类情绪都可以理解为对权力、地位的意义和情境含义的回应。权力（power）可被理解为一位行动者真实或潜在地强迫另一位行动者去做他自己不愿做的事情的关系状况；地位（status）则可被理解为自愿顺从他人的愿望、利益和要求的关系状况。社会交往中权力与地位的消长至少会导致下列情况：（1）自我的权力，权力增加产生安全感（security），但权力的过分使用会导致内疚（guilt）；（2）他人的权力，这与自我权力的变化形成对比，如他人权力的减少会产生自我的安全感；（3）自我的地位，他人地位的减少会导致愤怒（anger），而自我地位的减少则会导致羞耻（shame）；（4）他人的地位。个体对他人地位的情绪取决于个体喜欢他人的程度，若个体喜欢他人，那么他人地位的增加会增加个体满足感（satisfaction）。[①]

一方面，权力和地位状况产生了不同的情绪感受；另一方面，一些情绪（如羞耻、骄傲、内疚等）还发挥着社会控制的职能，以维持现有的权力关系、社会秩序和道德规范。情绪的本质就在于它对个人自我的内部道德意义。[②]谢弗（Scheff，1990）认为，社会控制的基本机制就处在情绪之中。[③]根据他人对我们是否遵守社会道德的判断，我们处于一种持续的骄傲（pride）与羞耻的交替状态中。当我们顺从这些规则时，我们感到骄傲；当我们违背这些规则时，我们感到羞耻。内疚可以分为压迫性（persecutory）内疚和剥夺性（depressive）内疚，前者源于做一些违禁的事，或者不能按照外界权威的期望去做某事；后者则是因为个体感到他们忽视、背叛或不能保护那些象征着内

① Kemper T. D., "Sociological models in the explanation of emotions," in *Handbook of emotions*, Lewis M., Haviland J. M.（New York, London: The Guilford Press, 1993）, pp. 42–43.

② Denzin N. K., *On understanding emotion*（San Francisco: Jossey–Bass Publishers, 1984）, p. 107.

③ Scheff T., "Socialization of emotions: Pride and shame as causal agents," in *Research agendas in the sociology of emotions*, Kemper T. D.（Albany: SUNY Press. 1990）, pp. 281–304.

部美好客体的人或价值观。[①]伊泽德（Izard）指出，虽然所有情绪都会影响个体道德和良知的发展，但内疚对道德认知和道德行为发展来说是最基本的情绪。[②]图2-9呈现了这几种发挥社会控制功能的情绪的发生机制。简言之，个体会根据对自己的行为是否符合既定的组织或社会法则的评价而产生相应的情绪：当个体发现自己的特定行为不符合社会法则时，个体会感到内疚，反之则感到骄傲；当个体发现自己的普遍行为均不符合社会法则时，个体会感到羞耻，反之则产生狂妄。

图2-9 自我意识情绪的产生机制 [③]

需要指出的是，情绪既可以导致顺从和使社会有秩序，又具有颠覆现存权力结构的潜力。一方面，如果我们不能感受到爱、内疚和羞耻，道德和社会秩序就会崩溃；另一方面，过多的内疚、羞耻又会导致我们对组织法则的怀疑、嘲讽甚至愤怒，从而引发个体或集体的自我解放行动。

霍克希尔德对情绪劳动和情绪法则的研究最为全面地揭示了情绪与权力、社会控制以及意识形态之间的关系。她指出，随着服务行业在当代社会的普及，雇员不仅要做基本的体力劳动和脑力劳动，还要做大量的"情绪劳动"。所谓的情绪劳动是指个体管理自身的感受以产生公共可见的表情和身体表达。情绪劳动可以出售以获得薪水，因此具有交换价值；情绪工作、情绪管理是

---

① Hargreaves A., *Changing teachers, changing times*: *Teachers work and culture in the postmodern age*（London: Cassell, 1994）, p. 143.

② Izard C. F., *The psychology of emotions*（New York: Plenum Press, 1991）, p. 355.

③ Lewis M., "Self-conscious emotions: Embarrassment, pride, shame, and guilt," in *Handbook of emotions*, Lewis M., Haviland J. M.（New York, London: The Guilford Press. 1993）, p. 566.

指个体所做的具有使用价值的相同行为。①需要雇员从事情绪劳动的工作通常具有三个特征：（1）它们需要和公众面对面、声音对声音；（2）它们要求雇员使他人产生某种情绪状态，如感谢或害怕等；（3）它们允许雇主通过培训和监督对雇员的情绪活动施加某种程度的控制。②从事情绪劳动的人通常是服务行业中的雇员，如空乘人员，然而许多专业人士，如护理人员、社会工作者甚至医生、律师等也是情绪劳动者——尽管他们并没有直接的情绪监督者，但对他们情绪的控制来自非正式的专业标准和顾客期望。情绪法则是指文化、社会或组织情境中界定或重构情绪的准则和规范体系，通过建立管理情绪交换的权利和义务感而引导情绪工作③。它通常是隐性的，反映了意识形态中处理情绪与感受的那个侧面，告诉我们自己的感受和情绪表达是否适合特定情境。

（四）情绪应对策略（coping strategies）

由于情绪与理性、权力、社会控制等存在着上述关系，"应对策略"也就自然成为人们在谈论情绪时经常涉及的主题。所谓应对策略是指个体为实现某种目标或适应情境限制所采用的方法和途径。④为减弱或消除情绪给个人健康、组织以及社会带来的消极影响，并将其转化为个人与组织发展的动力，人们往往会运用一系列的应对策略。

若说情绪法则反映了社会的权力结构对个体情绪表达与感受限制的话，应对策略则体现了个体作为社会主体所具有的能动性（agency）。"结构"与"个人"之间的互动通过这一概念得以彰显。为此，哈格里夫斯提醒我们应对

---

① Hochschild A. R., *The managed heart*: *Commercialization of human feeling*（Berkley, Los Angeles, London: University of California Press, 1983），p. 7.

② Hochschild A. R., *The managed heart*: *Commercialization of human feeling*（Berkley, Los Angeles, London: University of California Press, 1983），p. 147.

③ Hochschild A. R., "The sociology of feeling and emotion: Selected possibilities," in *Another voice*: *feminist perspectives on social life and social science,* Millman M., Kanter R. M.（New York: Anchor. 1975），pp. 280–307; Hochschild A. R., *The managed heart*: *Commercialization of human feeling*（Berkley, Los Angeles, London: University of California Press, 1983），p. 56.

④ Woods P., "Teaching for survival," in *Classrooms & Staffrooms*: *The sociology of teachers & teaching,* Hargreaves A., Woods P.（Milton Keynes: Open University Press, 1984），p. 48.

策略具有以下显著特征：①

- 应对策略是建构性（constructive）与创造性活动的产物；

- 应对策略不仅是建构性的，而且是适应性的；

- 应对策略是个体行为的概括性定义，而不能被还原为一组简单的控制技术；

- 当个体界定了自己所要应对的问题时，应对策略就成为一个十分激进的概念；

- 社会限制受到制度性因素的调节，因此也要求我们不能以过于简单的方式使用应对策略这个概念；

- 个体经验是验证应对策略之有效性的依据；

- 虽然应对策略具有建构性和创造性，但它们也基于一些习以为常的假设。

应对策略体现了个体和社会组织在情绪管理中所付出的努力。在个体层面上，霍克希尔德借鉴了高夫曼（Goffman E.）的拟剧理论（dramaturgical theory），指出我们通过表层扮演（surface acting）和深层扮演（deep acting）两种策略顺应情绪法则的要求：前者是指我们改变自己的外在表现，有意表现出适宜的情绪——这往往导致情绪的表达与感受之间出现失调；后者是指我们改变情绪体验的那些决定因素而使我们产生相应的体验，如想象、自我劝诫、内化情境的情绪法则等。②法恩曼总结了护理人员应对职业焦虑的一些策略：（1）疏理，与患者保持距离，从而减少相互之间的熟识程度；（2）非人性化，将患者还原为一些量化数据；（3）自我提醒，发展一套关于应对和冷漠的话语；（4）控制与对抗，避免对患者做最后决定；（5）仪式，通过任务清单将工作常规化。③

组织同样会成为情绪管理的主体，在这种情况下，制度机制取代了个体

---

① Hargreaves A., "The significance of classroom strategies, in *Classrooms & Staffrooms*: *The sociology of teachers & teaching,* Hargreaves A., Woods P.（Milton Keynes: Open University Press, 1984），pp. 84–85.

② Hochschild A. R., *The managed heart*: *Commercialization of human feeling*（Berkley, Los Angeles, London: University of California Press, 1983），pp. 33–38.

③ Fineman S., "Organizations as emotional arenas," in *Emotion in organizations*, Fineman S.（London: SAGE Publications, 1993a），pp. 29–30.

进行不同的扮演。[1]组织既要使个体产生那些符合组织利益的"积极情绪"，又要抑制那些有可能危及组织结构的"消极情绪"，为此，组织需要采用多种策略应对其成员的情绪。法恩曼指出，组织的本质就是秩序和控制，作为情绪舞台（emotional arenas）的组织会采用一系列手段调节那些不可接受的情绪。这些手段通常包括：（1）抑制，阻止情绪的形成或升级；（2）分离，情绪被分离出来以使它不会干扰正常活动；（3）规定，详细说明那些可被接受的情绪；（4）规范化，以可接受的方式扩散或重构情绪以维持现状。[2]阿什福思（Ashforth）与克雷纳（Kreiner）进一步将规范化策略分解为四种调节手段：（1）扩散，驱散不可接受的情绪；（2）重构，重新塑造情绪情境，以使这些情绪变得能够接受；（3）调适，重复出现情绪性情境，从而减轻其影响；（4）仪式化，实施标准化程序以增强控制感。[3]

三、小结

本节简要概括了情绪的含义以及情绪在社会互动中扮演的角色。霍克希尔德曾将学者对情绪的解释分为有机论（organism）和互动论（interactionalism）两大流派：达尔文（Darwin C.）、詹姆斯（James W.）以及早期弗洛伊德（Freud S.）的观点都是有机论的代表，生理因素在很大程度上解释了他们提出的问题；高夫曼、肯珀、丹津则代表了互动论者，主张用社会和文化因素理解情绪。将情绪视为个体心理现象大致反映了有机论者的观点，而把情绪看作社会文化建构则体现了互动论的视角。这两派观点各有所长，因此，我们需要在这两派之间取得必要的平衡，因为"情绪受文化影响的程度高于有机论所想象的，但情绪比互动论所认为的更有实质性"。[4]这意味着，仅从一个角度理解情绪是不全面的。

---

① Hochschild A. R., *The managed heart: Commercialization of human feeling*（Berkley, Los Angeles, London: University of California Press, 1983），p. 49.

② Fineman S., *Emotion in organizations*（London: SAGE Publications, 1993a）.

③ Ashforth B. E., Kreiner G. E., "Normalizing emotion in organizations: Making the extraordinary seem ordinary," *Human Resource Management Review*12, no. 2（2002）：215–235.

④ Hochschild A. R., *The managed heart: Commercialization of human feeling*（Berkley, Los Angeles, London: University of California Press, 1983），p. 29.

可见，情绪是复杂的、社会的、个体内部和个体之间的、价值负载的和情感性的。[①]尽管情绪就其性质而言，其中一部分是一种心理和生理现象，但它同时也是一种社会建构。对这种复杂现象来说，范登伯格等人提出的"文化—个体观"或许更有助于我们理解。在这种观点中，情绪既是一种个体心理现象，又是一种社会文化建构：一方面，它有着具体的生理和心理基础，受到本能、内驱力以及神经生理机制的推动和调节；另一方面它又受到社会文化脉络的深刻影响，反映着特定历史脉络的文化观念、社会制度和权力关系。正如赞比拉斯所言，"情绪的一部分是由社会建构的，但是这种建构具有生物学基础，这个基础深深地依赖于我们生活中的文化"。[②]霍克希尔德在综合了生理、心理和社会文化因素之后对情绪的界定与"文化—个体观"不谋而合："我把情绪界定为我们通常会同时体验到的四种因素的意识：（1）对情境的评估；（2）身体感觉的变化；（3）表情姿态的自由或抑制的显示；（4）应用于前三种因素之集合的文化标签。这就是情绪的定义。"[③]

综上所述，情绪在社会生活中发挥着广泛而积极的作用，能够加深我们对许多社会现象的理解，对教育领域来说亦是如此。教师情绪为我们提供了理解教育现象的一条新的途径。或许正是由于这个原因，近年来关于教师情绪的研究迅速增多。

第四节　教师情绪

或许是由于学术界"情绪革命"在教育领域中的延伸，教育学者近年来对教师情绪表现出极大的研究兴趣，有关教师情绪的研究也迅速增多。可以说，关注教师情绪已经成为许多教育研究分支领域（如教学、教育领导、教

---

① Stocker M., *Valuing emotions*（Cambridge: Cambridge University Press, 1996）, p. 54.

② Zembylas M., "Emotions and elementary school science teaching: Postmodernism in practice,"（Unpublished Ph. D. Dissertation. Urban, Illinois: University of Illinois at Urbana–Champaign, 2000）, p. 90.

③ Hochschild A. R., "Ideology and emotion management: A perspective and path for future research," in *Research agendas in the sociology of emotions,* Kemper T.（Albany, New York: SUNY Press, 1990）, pp. 118–119.

育和课程变革等）的一个共同趋势。这种趋势不仅体现在西方学者的研究文献中，近年来我国学者的一些研究也开始意识到教师情绪的重要性，指出教师情感因素在课程变革中发挥着不容忽视的作用，实施研究者有必要加强对教师情绪的分析。[①]鉴于此，本节将对现有的教师情绪研究做出回顾。

一、教师情绪的忽视与重视

毋庸讳言，情绪长期以来都受到教育研究者的忽视甚至回避。在教育领域，当前从研究到教学等教育工作的主流话语都着重于理性分析，讲求教育及其发展的逻辑性、目的性和准确性，而忽视人的情绪、感觉、道德和工作价值等。虽然心理学的"认知革命"使教学研究者把重心由教师外在的行为序列转向内部的思维和决策，但它同时也限制了对情感因素的分析，这导致目前对影响教师改变的个人因素的探讨大都沿袭了认知取向的研究策略，其研究对象也主要集中在教师的认知领域，如教师的知识、信念、观点、概念等，而很少考虑教师的感受和情绪。因此，尽管教学研究者熟悉教师"做什么"和"如何思考"，但很少知道他们在教学时"如何感受"，很少了解促使他们投入工作的情绪和愿望。[②]

这种倾向同样出现在教育变革的理论和实践之中。大多数教师、家长、管理者、校委会成员都明显低估了变革的复杂性，关注的几乎只是变革过程外部的、理性的和技术的元素，认为学校变革遵循的是一种线性的、理性的模式，从而忽视了人们对变革的情绪体验。[③]哈格里夫斯指出，情绪是教育变革中最受忽视的维度之一。"教育和组织变革经常被视为追求理性、认知的过程。即使情绪得到承认，它也只是被当作人际关系或者背景氛围。学习、教学和领导中那些更难以预测的情绪通常被排除在变革图景之外。"[④]事实上，忽

---

① 参考操太圣，2003; 李子建、尹弘飚，2005 的研究。

② Hargreaves A., *Changing teachers, changing times: Teachers work and culture in the postmodern age*（London: Cassellm, 1994）, p. 141.

③ Marshak D.,"The emotional experience of school change: Resistance, loss, and grief," *NASSP Bulletin*80, no. 577（1996）: 72–77.

④ Hargreaves A., "The emotion of teaching and educational change," in *International handbook of educational change,* Hargreaves A., Lieberman A., Fullan M., Hopkins D.（Dordrecht, Boston, London: Kluwer Academic Publishers, 1998c）, p. 558.

视情绪并非教育领域独有的现象，工作与组织心理学、组织社会学开始关注情绪也只是20世纪90年代的事。直到最近还有学者指出，"社会学研究长期以来都未好好探讨怨恨、嫉妒、愤怒、羞耻、恐惧等各种在我们日常生活中不时出现的情绪，更没有尝试通过对情绪的社会学分析，来理解各种社会现象或集体行动的出现"。①

概言之，研究者忽视教师情绪的原因主要可以归纳为以下几个方面：②

首先，西方哲学与文化传统对情绪具有很强的偏见。理性与情绪在西方长期盛行的二分法中并非势均力敌的两极，其中理性拥有绝对优先的特权，而情绪总是作为理性的威胁隐藏在背景中③。作为追求知识的理性事业，学术研究对情绪一般采取"警惕"或"利用"的态度，前者意味着要消除情绪对理性思维的干扰，后者则试图发挥情绪在解决问题中的积极作用。因此，在教育变革中，教师情绪通常被视为非理性事物而遭到压制。只有当它们有助于变革倡导者管理或为了消除教师对变革的抵制时，才会得到承认和讨论。

其次，情绪具有多变易逝、很不稳定并且难以测量的特征。它既可以作为某事的结果，又可以迅速转变为个体行为的原因，这导致研究者很难使用量化研究偏爱的自陈问卷进行调查。相对而言，研究者更愿意研究相对稳定、可被明确区分为自变量或因变量的变量，而不是这种动态变量。

最后，由于认知、情感与意动之间的互动与重叠，情绪与许多心理结构在表面上看起来十分接近，如信念、动机、态度、认同感、工作满足感等，这导致一些学者混淆了这些心理结构之间的区别。例如，麦克劳德（Mcleod）认为信念、态度和情绪是情感领域中的三种成分。④然而，信念与态度均不是情感领域的心理结构，动机、认同感和工作满足感与情绪也大相径庭。⑤这种

---

① 吕大乐：《以"情绪社会学"观察特首补选》，《明报》2005年5月16日。

② Briner, 1999; Sutton & Wheatley, 2003; Zembylas, 2003a.

③ Solomon R. C.,"The philosophy of emotions," in *Handbook of emotions,* Lewis M., Haviland J. M.（New York, London: The Guilford Press, 1993）, p. 3.

④ Mcleod D. B., "Research on affect in mathematics education: A reconceptualization," in *Handbook of research on mathematics teaching and learning,* Grouws D. A.（New York: Macmillan, 1992）, pp. 575–596.

⑤ Weiss H. M., Cropanzano R.,"Affective events theory: A theoretical discussion of the structure, causes and consequences of affective experiences at work," *Research in Organizational Behavior*18,（1996）: 1–74.

混淆致使许多学者误以为情绪已经得到了研究。

同时，不可否认的是，教育研究目前在很大程度上还需要借鉴和依赖其他学科的理论与研究方法，如哲学、心理学、社会学、人类学等。这些学科领域中晚期才发生的情绪革命在影响教育研究之前还需要一段时间。因此，教师情绪直到20世纪90年代才被应用到教学、教师教育、教育领导以及教育变革等研究当中。

虽然学者们只是在最近十年才明确提出教师情绪的重要性，但教师情绪的一些早期研究却可以追溯到20世纪80年代。借鉴赞比拉斯的分析，我们可以把过去20余年来涉及教师情绪的研究分为以下两个阶段：

1.第一阶段研究（从20世纪80年代到90年代早期）

这一阶段的研究致力于使人们意识到情绪在教学和课程变革中的作用。在这一阶段，研究者基本上没有使用"情绪"一词，而是把研究集中于对教师压力与倦怠（stress and burnout）、关注阶段（SoC）的分析。前者是指教师在长期压力下产生的一种心理和行为反应，包括情绪衰竭（emotional exhaustion）、非人性化（depersonalization）、个人成就感偏低（reduced personal accomplishment）三种成分，其中情绪衰竭是倦怠的核心成分，[①]它体现了教学中的教师情绪研究。后者则是课程变革与实施领域的重要议题，指教师在实施变革时所要经历的不同阶段中的情绪、动机、挫折感和满足感。可以说，正是这些研究引起了人们对教师情绪的注意，把情绪带入教育研究的主流之中，[②]它们可谓是教师情绪研究的前身。

第一阶段的研究在方法论上秉承了量化传统，编制了一系列标准化量表，如马氏职业倦怠量表（MBI）和关注阶段问卷（SoCQ）。然而，这种貌似严谨客观的设计在各国学者的长期研究中表现出许多问题。例如，在教师关注阶段研究中，霍尔等人最初提出了一个包括低度关注、信息、个人、管理、后

---

① Leiter M. P., "Burnout as a developmental process: Consideration of models," in *Professional burnout: Recent development in theory and research,* Schaugeli W. B., Maslach C., Marek T.（Washington, DC: Taylor & Francis, 1993）, pp. 237–250.

② Zembylas M.,"Caring for teacher emotion: Reflections on teacher self-development," *Studies in Philosophy and Education* 22, no. 2（2003a）: 103–125.

果、合作和再关注的七阶段模式，然而这种僵硬的、决定论式的、等级性的发展阶段在今天已经失去了确定性特征，正在变得越来越富有弹性。①张善培等人的研究表明，现有的几种关注阶段问卷的测量素质也存在许多缺陷。此外，许多学者都指出关注阶段理论具有许多文化偏见，在不同的文化情境中运用这一理论会有不同的结果。②因此，英国、荷兰、中国、美国的学者都编制了不同版本的、适用于地方情境的关注阶段问卷。更重要的是，古德森认为关注阶段表面上描述的是教师的情绪和忧虑，但实际上是按照变革组织的意愿安排这些发展阶段，因此混淆了机构关注和个人关注的界限，把二者视为同一。③

无论压力与倦怠还是关注都只是教师情绪的一些片段，并且它们都把情绪视为教师的个体心理现象，忽视了社会文化情境对教师情绪的影响，因而没有考虑教师情绪与其他因素的互动，如教师行为、教师知识、课堂与学校所处的社会和政治脉络。研究者一再指出的教师关注阶段的文化适应性恰恰反映了社会文化对教师情绪的影响。法恩曼提醒我们，情绪研究的"一些理论的死胡同应该避免，特别是'新行为主义'取向——它观察、测量和归类情绪表达的一些片段"。④这对我们反思第一阶段的教师情绪研究大有裨益。

2.第二阶段研究（20世纪90年代中期以来的十年）

在第二阶段中，"情绪"作为教育研究的一个专门问题被正式提了出来。这一阶段的主题是政治、权力、社会关系与教师情绪的联系。课堂与学校脉络中的社会关系成为理解教师情绪的首要因素。人们意识到教师情绪不仅取决于个体的内部因素，而且更多地受到人际互动、社会关系的影响。因此，

① Richardson V.,"Placier P. Teacher change," in *Handbook of Research on Teaching*. 4th ed. Richardson V.（Washington, DC.：American Educational Research Association. 2001）:912; Vanderberg R., "Teachers' meanings regarding educational practice," *Review of Educational Research*72, no. 4（2002）: 594.

② Marsh C., "Implementation of a social studies curriculum in an Australian elementary school," *Elementary School Journa* 871, no. 4（1987）: 476–486; Cheung D., Hattie J., NG D., "Reexamining the Stages of Concern Questionnaire: A test of alternative models," *The Journal of Educational Research*94, no. 4（2001）: 226–236.

③ Goodson I., "Social histories of educational change," *Journal of Educational Change*2, no. 1（2001）: 55.

④ Fineman S., "An emotion agenda," in *Emotion in organizations,* Fineman S.（London: SAGE Publications, 1993b）, p. 223.

教师情绪研究出现了一个显著的理论转向，即把教师放置在社会互动的世界中理解其情绪表现。[①]在这一阶段，情绪作为社会文化建构的观点逐渐得到了学者们的认同。

总体来看，第二阶段的教师情绪研究在研究设计、分析视角、涉及范围等方面都有着许多突破。在研究设计上，这一阶段的研究几乎全部遵循了质化传统，访谈、观察、传记、叙事、课堂录像、自我研究（self study）甚至在线论坛（online forum）等质化手段取代了问卷调查成为研究方法的主流；在分析视角上，这一阶段的研究超越了心理学、社会心理学的范畴，将社会建构主义、女性主义、后结构主义引入对教师情绪的分析之中；在涉及范围上，教师情绪研究已经渗透到教学、教育变革、教育领导、教师教育等各个主要领域。这一阶段的研究为我们理解教师情绪提供了许多新的途径，并且发展出许多富有洞察力的观点。

在这一阶段中，教师情绪研究出现了一些代表性的事件：一是1996年《剑桥教育评论》（*Cambridge Journal of Education*）有一期教师情绪专刊，发表了一组关于变革、教学中的教师情绪研究；二是哈格里夫斯及其同事在这十年中对教学、变革中的教师情绪进行的持续研究；三是赞比拉斯从后结构主义视角出发对教学中教师情绪所做的系列分析；四是贝蒂（Beatty B. R.）针对教育领导中情绪问题进行的一系列探讨。此外，许多独立的相关研究近年来也频频见诸文献，使教师情绪研究显得颇为繁荣。在接下来的部分中，我们将对这些研究做出详细讨论。

二、变革中的教师情绪

严格说来，情绪问题引起课程变革研究者的注意并非新近发生的事。早在实施研究的初期，富兰与庞弗雷特就提醒我们，"需要指出的是，人们没有'重视'变革，也许并非因为他们认为变革是不可理解的，而是因为他们觉得实施过程过于痛苦和令人沮丧"。[②]然而，在发出这一提醒的20年后，富兰仍

---

① Carlyle D., *Woods P. The emotions of teacher stress*（Stoke on Trent: Trentham Books, 2002），p. xiv.

② Fullan M.,"Pomfret A. Research on curriculum and instruction implementation," *Review of Educational Research*47, no. 1（1977）: 365.

然发现，变革中的情绪侧面要么被忽视，要么遭到了不恰当的对待，致使教师的异化、倦怠和小群体化（balkanization）不断增加。[①]

直到20世纪90年代中期，人们对教育和课程变革中的教师情绪才展开了比较全面的研究。最初的研究大都是描述性的，旨在呈现教师在变革中产生的消极情绪，因为这些情绪会影响到变革的规划、实施及其管理。例如，马沙克（Marshak）指出，若要成功地再造学校，我们就必须关注教师和管理者的情绪体验，尤其是变革过程中抵制、损失（loss）和忧伤（grief）之间的相互作用。[②] 变革意味着新事物的获得，但同时学校人员也会失去原本拥有的一些东西。对损失的主观感受导致教师产生忧伤这种复杂的情绪综合体，其中包含着悲伤、希望、愤怒、苦闷、后悔、担心、内疚、羞耻和无助感。

然而，这些消极感受并不能完全归因于个体的心理运算，在很多情况下，它们还是社会、政治和文化建构。这意味着，变革所处的宏观社会脉络以及政策本身已经预先决定着教师在实施变革时会经历某些消极的情绪体验。在全球化、市场化的宏观背景中，当前各国改革表现出一些共同趋势，如评定雇员表现、为实现特定成功而增加公共问责制、在分权（decentralization）中出现的新的集权控制和规范形式。[③] 这些强调表现和问责的教育变革导致教师的工作日益"去专业化"（deprofessionalization）。所谓去专业化包括失去或削弱技能、工作程式化、操作性的责任取代概念性的责任、分割取代整体、超负荷的工作与行政事务、缺乏时间和空间、失去反思和从压力中恢复的时间、控制感与自主权的削弱等。总之，教师的地位由专业人员沦为技师。可想而知，实施这种去专业化的变革自然会使教师产生大量的消极情绪。杰弗里（Jeffrey）与伍兹（Woods）的研究表明，英国教育标准部（OFSTED）的一

---

① Fullan M., "Emotion and hope: Constructive concepts for complex times," in *Rethinking educational change with heart and mind,* Hargreavese A.（Alexandria, VA: Association for Supervision and Curriculum Development, 1997）: 217.

② Marshak D.,"The emotional experience of school change: Resistance, oss, and grief," *NASSP Bulletin* 80, no. 577（1996）: 72–77.

③ Mahony P., Menter I., Hextall I., "The emotional impact of performance–related pay on teachers in England," *British Educational Research Journal*30, no. 3（2004）: 435–456.

系列改革措施使教师体验到：（1）专业上的不确定感，包括迷惑、焦虑、专业不足、积极情绪的边缘化；（2）失去自我，受到羞辱、受到非人性化的对待、失去教育价值、失去和谐以及责任感的改变。[①]对英国另外一项教育变革——"阈限评定"（Threshold Assessment）的研究表明，这种强调表现和问责的变革使教师处于一种高监控、低信任的氛围中，他们对阈限评定感到厌烦、警惕、怨恨、愤怒，觉得受到了侮辱，对它冷嘲热讽。事实上，"阈限评定"不仅没有实现激励教师的初衷，反而使教师的注意力离开教学；师生关系失去了原有的意义，学生变成教师达到目的的手段。[②]

除了这些宏观层面的社会文化因素之外，变革的实施过程和学校、社区脉络也会影响教师情绪。利特尔（Little）的研究表明，以下三种学校层面的因素会导致热情支持变革的教师产生情绪变化，并使其工作出现转折点：（1）与同事或他人交往时产生的与变革有关的冲突的性质和范围；（2）压力与支持之间的平衡程度；（3）管理变革步伐、规模与动力的制度。[③]哈格里夫斯对变革中教师与家长互动的分析表明，家长在教育变革中的怀旧心理使他们怀疑教师的专业能力，而家长对教师专业技能、判断、地位以及目的的质疑使教师产生了大量消极情绪。此外，变革意味着挑战和压力。面对这些压力，教师需要的是一个支持性的实施环境，包括物质、知识、技能、制度和情感等方面的支持。当支持不足时，教师难免会背负沉重的情绪负担，从而影响他们的教学和实施变革。[④]挑战、压力和支持的互动关系直接影响着教师在实施中的情绪和行为表现，这一点在变革文献中广有论及。[⑤]图2-10呈现了不同挑战或压力与支持条件下教师的情绪和行为特征。

[①] Jeffrey B.,"Woods P. Feeling deprofessionalised: The social construction of emotions during an OFSTED inspection," *Cambridge Journal of Education*26, no. 3（1996）: 325–343.

[②] Mahony P., Menter I., Hextall I., "The emotional impact of performance-related pay on teachers in England," *British Educational Research Journal*30, no. 3（2004）: 435–456.

[③] Little J. W., "The emotional contours and career trajectories of（disappointed）reform enthusiasts," *Cambridge Journal of Education*26, no. 3（1996）: 345–359.

[④] Hargreaves A., "Beyond anxiety and nostalgia: Building a social movement for educational change," *Phi Delta Kappan*82, no. 5（2001a）: 373–377.

[⑤] 操太圣，2003; Csikszentmihalyi, 1990; Barber& Phillips, 2000.

图2-10　挑战、压力与支持互动中的情绪和行为特征 [①]

　　鉴于情绪在变革研究中的缺失，哈格里夫斯在20世纪90年代中期首次对教师情绪展开了较大规模的研究，研究对象涉及加拿大安大略省多伦多市四个校区的32位七年级和八年级教师。在这项研究中，哈格里夫斯指出情绪是教学的核心，是教育变革中最重要而又最受忽视的维度。教育变革影响着教师与学生、家长以及他人的关系，进而影响着教师的情绪。对访谈资料的分析表明，教师与学生的情绪关系对变革产生了重要影响，其作用主要体现在三个方面：对教学（pedagogy）、课程规划以及学校组织结构的情绪。简言之，教师与学生的情绪关系影响着他们如何教学和评价学生、如何为学生规划和提供课程，以及采用何种组织结构作为教学脉络。基于这些发现，他为教育变革的发起者、领导者以及教师提出了一些能更充分地考虑情绪以改善变革实施的建议。[②]戈尔比（Golby，1996）也曾指出学生对教师情绪的重要意义：教师对学生具有复杂的责任感，并且从中获得了大量的情绪安全，同时倾向于把教学之外的学校事务（包括某些变革措施）视为干扰。[③]近年来，哈格里夫斯（2004）还用情绪政治学的术语分析了学校失败（school failure）的现象

---

　　① 所谓心流（flow），又译神驰、畅态，是一种最佳的心理体验，指人们被某项活动深深吸引，并且完全沉浸其中时体现出来的情绪或精神状态（Csikszentmihalyi，1990）。

　　② Hargreaves A., "The emotional practice of teaching," *Teaching and Teacher Education* 14, no. 8（1998）：835–854.

　　③ Golby M., "Teachers' emotions: An illustrated discussion," *Cambridge Journal of Education* 26, no. 3（1996）：423–434.

及其蕴含的问题。[①]

借鉴霍克希尔德、丹津等社会建构论者的观点，哈格里夫斯指出我们在理解教师情绪时应该注意以下七个方面：[②]

- 教学是一种情绪实践[③]；

- 教学与学习涉及情绪理解；

- 教学是一种情绪劳动；

- 教师情绪和他们的道德目的以及实现这种目的的能力不可分离；

- 教师情绪植根于并且影响着他们的自我、身份以及与他人的关系；

- 教师情绪受到权力或者无权体验的影响；

- 教师情绪因文化脉络而差异悬殊。

三、教学中的教师情绪

教学与课程变革存在着十分微妙的关系。教学是教师在日常专业实践中进行的常规活动，而课程变革往往是针对这些常规活动进行的改变。可以说，教学既是课程变革试图改变的目标，又为变革提供了日常专业背景。正是在这个宏观背景之下，一次次的课程变革形成了一波又一波的变革浪潮。

然而，课程变革及其实施和教学又有着十分密切的联系。以富兰对课程变革阶段的划分来看，教学可以被视为变革的常规化或制度化阶段。即使是在变革的实施阶段，大规模课程改革往往是在国家、地方、学校以及课堂等多个层面上同时发生的[④]，教学在此时就表现为课堂层面上的课程实施。这也就是部分学者把课程实施视为教学的原因。由此看来，把课程变革与实施和教学完全分开的观点是不明智的。正是由于这种密切联系，当变革研究开始

---

① Hargreaves A.,"Distinction and disgust: The emotional politics of school failure," *International Journal of Leadership in Education*: *Theory and practice*7, no. 1（2004）: 27–41.

② Hargreaves A., "The emotional politics of teaching and teacher development: With implications for educational leadership," *International Journal of Leadership in Education*: *Theory & Practice*1, no. 4（1998a）: 315–336; Hargreaves A., "The emotional practice of teaching," *Teaching and Teacher Education*14, no. 8（1998b）: 835–854.

③ 情绪实践（emotional practice）是丹津（1984）提出的概念，指一种产生于人际互动、体现着他人实践的嵌入性（embedded）实践。它使个体的内部和外部情绪经验产生预期或非预期的变化。情绪实践渗透在个体的身体和体验中，使个体的思想、感受和行动带上情绪的色彩。

④ Fullan，2003；尹弘飚、靳玉乐，2003；尹弘飚、李子建，2005.

关注教师情绪的时候，教师情绪也会在教学研究中浮现出来。

教学是一种强烈的情绪事务，情绪位于教学的核心。[1]为何教师与教学之间有如此深刻的情绪关系呢？这是因为：首先，教学是一项涉及人际互动的工作，因此不可避免地具有情绪维度；其次，教师会把他们的"自我"投入教学工作当中，会把个人和专业身份融为一体，因此教学成为他们获得自尊和自我实现的主要来源，同时也成为其脆弱性的主要来源；最后，除了"自我"之外，教师还对教学投入了太多，如对学生的关爱、自己的信念和价值观等伦理性事物，这也使教师对教学产生了复杂的感情。[2]

同时，教学工作自身的性质及其所处的组织和文化脉络也会使教师在教学中产生大量的情绪反应。哈格里夫斯指出，对关爱目标的责任感、教学工作的无休止性、问责制度与工作激烈化（intensification）以及追求尽善尽美的完美主义人格使教师在教学中时常产生内疚体验。[3]凯尔克特曼（Kelchtermans）对教师脆弱性的分析表明，教育行政和政策、学校中的专业关系以及教师效能感的限制，教师的教学活动只能决定学生学习的一部分结果，许多影响学生学习的因素超出了教师控制的范围，导致教师在情绪上很容易受到伤害，而且这种脆弱性总是具有政治和道德根源。例如，教师要想成为"一个合格的教师"，就需要获得校长、同事、学生、家长等对自己的专业技能和道德上的认可。由于这种认可取决于他人的意念，因此教师在建立和维持这种社会认可的过程中就容易受到争论、质疑的伤害。[4]

然而，承认情绪对教学的影响、关注师生课堂互动中的情绪侧面只是新近发生的事。斯托（Stough）与埃默（Emmer）检视了测验反馈中师生的情绪反应，发现学生的情绪反应会影响教师的评论和反馈过程，而且会与教师情

---

[1] Jeffrey B.,"Woods P. Feeling deprofessionalised: The social construction of emotions during an OFSTED inspection," *Cambridge Journal of Education* 26, no. 3（1996）: 325–343.

[2] Nias J., "Thinking about feeling: The emotions in teaching," *Cambridge Journal of Education* 26, no. 3（1996）: 293–306.

[3] Hargreaves A., *Changing teachers, changing times*: *Teachers work and culture in the postmodern age*（London: Cassell, 1994）, p. 145.

[4] Kelchtermans G.,"Teacher vulnerability: Understanding its moral and political roots," *Cambridge Journal of Education* 26, no. 3（1996）: 307–323.

绪产生互惠效应，不过，当教师面临学生的挑战时也会经历多种消极情绪。[①] 这些情绪的性质与教师课堂规划的独立性、维持学生活动以及对情绪在教学中重要性的认识有关。[②] 桑托斯（Santos）与莫蒂默（Mortimer）分析了一位中学化学教师和她两个班的学生之间的情绪互动过程，发现两个班级的学生有着不同的情绪和背景感受，这导致两个班级的学生对化学所持的态度差异悬殊。这表明，教学不仅是一项认知活动，也是一项情绪活动。与认知一样，情绪也普遍存在于教学活动中，并且对教学产生了显著影响。[③]

虽然在总体上教师情绪只是教育研究新近出现的一个范畴，但近十年中仍有一部分学者对教学中的教师情绪展开了持续而深入的探讨，提出了一些颇有见地的主张和理论架构，如教学的情绪地理、情绪系谱和情绪法则。

（一）情绪地理（emotional geographies）

情绪地理是哈格里夫斯及其同事基于"教学与教育变革的情绪"（The Emotions of Teaching and Educational Change）计划提出的一个术语。在早期研究的基础上，哈格里夫斯在这项计划中进一步扩展了教师情绪研究。他们访谈了加拿大安大略省15所学校的60位中小学教师，最后得到53位教师的有效访谈记录。在访谈中，他们请教师描述自己在教学情境中与他人交往时经历的积极和消极的情绪事件，其内容集中于三个方面：教师对教学的情绪关系；教师的专业发展；教师的生活、身份和教育变革。[④] 基于这项研究，哈格里夫斯提出了教学的"情绪地理"，并且应用这一概念分析了教师和学生、家长、同事以及管理者之间的互动过程。

简言之，情绪地理是指"人际互动和人际关系中的接近或疏远的空间和体验模式，这种模式有助于创造、形成和渲染（color）我们对自己、世界以

---

① Stough L. M., Emmer E. T.,"Teachers' emotions and test feedback," *International Journal of Qualitative Studies in Education* 11, no. 2（1998）：341–361.

② Ria L., Sève C., Saury J., Theureau J., Durand M.,"Beginning teachers' situated emotions: A study of first classroom experiences," *Journal of Education for Teaching* 29, no. 3（2002）：219–233.

③ Santos F. M. T. D., Mortimer E. F.,"How emotions shape the relationship between a chemistry teacher and her high school students," *International Journal of Science Education* 25, no. 9（2003）：1095–1110.

④ Hargreaves A.,"Mixed emotions: Teachers' perceptions of their interactions with students," *Teaching and Teacher Education* 16, no. 8（2000a）：811–826.

及相互之间的感受和情绪"。① 使用"地理"这样一个颇有自然现象色彩的术语来描述情绪这种人文现象似乎有些难以理解，然而这个概念恰好反映了20世纪80年代以来地理学出现的"文化转向"。以社会空间取代自然空间、研究具有种种价值属性的各类社会群体的社会空间是地理学在文化转向之后的一个显著特征。② 因此，哈格里夫斯提醒我们在理解教学的情绪地理时应该注意以下三点：首先，教学的情绪地理中没有所谓"普适"的自然法则；其次，人际互动的情绪地理不仅是物理现象，还是主观现象；最后，接近和疏远不仅是塑造人际互动的结构或文化条件，还是人际互动的产物。③

哈格里夫斯认为，人际互动中的情绪理解和情绪误解都是情绪地理的产物。这个概念有助于我们确认情绪关系中的支持和危险，并且从人际互动和关系的角度理解学校教育。他归纳了五种影响教师与学生、家长、同事以及管理者的情绪地理：④

• 社会文化（sociocultural）地理：社会文化与阶级差异使教师和他人（如学生、家长等）相互之间感到陌生和难以理解，因此产生消极的情绪体验。

• 道德（moral）地理：当教师感到他们的目的受到威胁或者与他人的目的产生冲突时，并且缺乏讨论和解决这些差异的机制时，教师就会产生消极的情绪；反之，则会产生积极的情绪。

• 专业（professional）地理：教学的专业主义是按照经典模式界定的，认为教师作为专业人士应该和他人保持距离并且避免情绪的"牵累"，这在很大程度上限制了教学中的关爱伦理。

• 政治（political）地理：情绪与教师的权力或无权状况密切相关，权力关系影响了教师与他人交往中的情绪理解和情绪关系。

• 物理（physical）地理：情绪理解和建立情绪联系要求教师和他人保持一

---

① Hargreaves A., "Emotional geographies of teaching," *Teachers College Record* 103, no. 6（2001b）: 1061.

② 唐晓峰：《文化转向与地理学》，《读书》2005年第6期。

③ Hargreaves A., "Emotional geographies of teaching," *Teachers College Record* 103, no. 6（2001b）: 1061–1062.

④ Hargreaves A., 2000a, 2000b, 2001b, 2001c.

定程度的密切、频繁而持续的互动。时空距离会影响教师与他人的情绪关系。

（二）情绪系谱（emotional genealogies）

情绪系谱是赞比拉斯在对一位科学教师进行为期三年的族志学研究的基础上提出的概念。在借鉴了福柯的观点的基础上，赞比拉斯发展出情绪的后结构主义理论，主张把情绪看作一种受到权力关系、话语结构以及规范性实践影响和塑造的话语实践，课堂与学校中的情绪法则以及教学中的情绪文化都是某种规训教师情绪霸权（hegemony）的产物，由此提出了教学的情绪系谱。近年来，他运用后结构主义情绪理论和情绪系谱分析了课程与教学中的情绪现象、情绪与教师身份的关系以及情绪在信息技术和网络学习中的意义。

考古学和系谱学的任务在于揭示话语实践的法则及其背后的权力关系，以及它们产生和形成话语实践的方式。[1]情绪系谱可被界定为"对情绪实现过程中在场和缺席的事件、客体、任务及其关系的描述，以及体验这些情绪与自我（个体现实）、他人（社会互动）和一般世界（社会政治脉络）相联系的方式"。[2]这要求我们展示情绪经验的形成、发展和变化过程，发现那些支配教师认识和感受方式的事物。我们可以通过以下步骤建构教学的情绪系谱：（1）探寻某种情绪（如喜悦、沮丧）是如何在课堂中建构和发展变化的（受到价值观、哲学、信念等的调节）；（2）发展出对不同情绪表达的意义，以及与教学中文化和权力关系有关的法则的丰富理解；（3）记录那些使某些情绪在场而另一些情绪缺席的不同事件的独特性，同时发现这些事件及其涉及的情绪是如何体现在教学情境中的。[3]

情绪系谱提醒我们同时在个体内（intrapersonal）、个体间（interpersonal）和群体间（intergroup）三个水平上思考和描述教师情绪：个体内水平是指教师如何体验和表达情绪；个体间水平是指教师如何在自己与他人的关系中使

---

① Zembylas M.,"Emotions and elementary school science teaching: Postmodernism in practice,"（Unpublished Ph. D. Dissertation. Urban, Illinois: University of Illinois at Urbana–Champaign, 2000）, pp. 38–40.

② Zembylas M.,"Emotions and elementary school science teaching: Postmodernism in practice,"（Unpublished Ph. D. Dissertation. Urban, Illinois: University of Illinois at Urbana–Champaign, 2000）, p. 9.

③ Zembylas M.,"Constructing genealogies of teachers' emotions in science teaching," *Journal of Research in Science Teaching* 39, no. 1（2002c, 2002a）, pp. 83–84.

用情绪；群体间水平是指教学情境中的社会文化对教师情绪的影响。表2-4呈现了这个框架。

表2-4 教师情绪在教学中的作用[①]

个体现实 （个体内水平）	社会互动 （个体间水平）	社会政治脉络 （群体间水平）
教师情绪建构的历史： • 情绪作为评估 • 情绪与行动准备 • 表达情绪的方式（心理的、行为的）	教师情绪如何在教学中得以利用，以及它们为教师和学生提供的可能性： • 情绪作为个体间现象 • 情绪与信念和知识之间的联系（认识论方面） • 情绪与价值观（价值论与伦理方面） • 自我身份的观念（本体论方面） • 科学教学中情绪的历史与系谱学	教师情绪是关系性的、历史的和社会的： • 情绪法则、规范、权力关系和学校文化 • 在行动和变革开始时产生情绪体验的可能性 • 情绪认识论与学校政治之间的关系

（三）情绪法则

自从霍克希尔德提出情绪劳动和情绪法则以来，这些概念在组织社会学、工作社会学以及教育研究中产生了广泛的影响。在教育领域，尽管哈格里夫斯、赞比拉斯等人都指出教学涉及情绪法则，但并未揭示这些法则的具体内容。相对而言，威诺格拉德（Winograd）的研究在这方面能给我们更多的启示。

威诺格拉德指出，教师是情绪劳动者。教学是一种情绪劳动，它满足情绪劳动的三个特征：面对面的接触、使他人产生情绪反应、来自文化和社会期望的情绪控制。在学校和教学情境中，教师需要遵循以下情绪法则：（1）教师对学生有感情，甚至爱自己的学生；（2）教师对学科知识有热情；（3）教师在工作中需要保持镇静以避免公开显示喜悦或悲伤等极端情绪，尤其是愤怒等灰色情绪；（4）教师爱他们的工作；（5）教师具有幽默感，会调侃（laugh at）自己和学生的错误。[②]

---

① Zembylas M.,"Emotions and elementary school science teaching: Postmodernism in practice,"（Unpublished Ph. D. Dissertation. Urban, Illinois: University of Illinois at Urbana–Champaign, 2000）, p. 320.

② Winograd K., "The functions of teacher emotions: The good, the bad, and the ugly," *Teachers College Record*105, no. 9（2003）: 1652.

在教学工作中，教师情绪有功能良好（functional）和功能不良（dysfunctional）两个维度。在前一种情况下，情绪使教师对学校和教学中的问题保持警觉，从而使其采取有效的行动来解决这些问题；在后一种情况下，情绪（尤其是愤怒、厌恶等灰色情绪）不能产生积极的行动，而是导致教师责怪自己或者埋怨别人，并且进一步引发了消极情绪。教学的情绪法则禁止教师情绪的自由表达，避免教师集体讨论和检视情绪，尤其是避免那些指向学校组织和管理者的灰色情绪和后续行动。这样，情绪法则尽管实现了社会控制，阻止了教师对工作环境的批评，但也限制了教师改善学习、教学和变革的潜能。

四、教育领导中的情绪研究

与变革和教学一样，主流的教育领导话语是认知主义、理性主义和行为主义的，很少考虑学校情境中固有的情绪维度。[①]因此，情绪在教育领导中长期处于沉默状态。然而，这种状态近年来被打破了。

在"教学和教育变革的情绪"计划中，施密特（Schmid T.M.）和贝蒂专门分析了教育领导中的情绪现象。施密特发现领导者在与教师或他人的互动中同样会经历紧张、孤独、情绪误解以及来自无权感的愤懑等消极情绪。[②]贝蒂指出，情绪法则对教育领导者同样有效，因为管理他人情绪以及自己对这些情绪的反应是领导者的基本事务，为了实现情绪理解他们必须形成某种情绪并限制其他情绪。然而，缺乏情绪的组织文化使个体和组织都发生了功能不良的现象。在情绪方面，教育领导和学校组织需要的是沟通文化而非沉默文化。[③]此外，研究者还发现，校长不公平对待（mistreatment）教师的行为经常会给学校带来显著的间接破坏，其中很大一部分是持久的消极情绪体验，如普遍的担心、怨恨、不信任和士气低落等。[④]

---

① Beatty B. R.,"Emotion matters in educational leadership: Examining the unexamined,"（Unpublished Ed. D. Dissertation. Toronto: University of Toronto, 2002）, p. 2.

② Schmid T. M., "Role theory, emotions, and identity in the department headship of secondary schooling," *Teaching and Teacher Education*16, no. 8（2000）: 827–842.

③ Beatty B. R., "The emotions of educational leadership: Breaking the silence," *International Journal of Leadership in Education*3, no. 4（2000b）: 331–357.

④ Blase J., *Breaking the silence*: *Overcoming the problem of principal mistreatment of teachers*（Thousand Oaks, California: Corwin Press, Inc, 2003）, p. 94.

基于对50位教师和25位校长的质化研究，贝蒂提出了一个以自我为核心的"情绪认识论"（emotional epistemologies）理论框架。在这个框架中，人们对情绪的假定、对自我及他人情绪的认识会经历以下四个阶段：（1）沉默（silence），个体认为情绪理解是毫无价值的，自我感受不能被自己或他人认识；（2）绝对的情绪认识（absolute emotional knowing），个体应适应外部权威制定的情绪法则，并用这些法则来进行感受；（3）过渡性相对主义（transitional relativism），情绪理解带来自我之间的沟通和协调，以及对情绪法则的认识，然而，打破情绪法则的羞愧也会导致个体退回到绝对主义状态；（4）弹性相对主义（resilient relativist），当情绪理解被接受并应用于日常反思时，它会产生更为深刻的情绪认识论形式，即关联性的、情境性的对自我和他人的情绪认识。近年来，她建议把情绪认识论应用于教育领导培训课程当中，以促进领导者检视情绪在自己的领导实践中的作用。图2-11呈现了情绪认识论的螺旋进程。

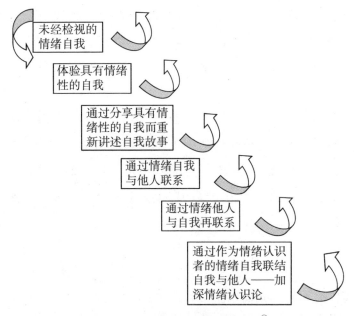

图2-11　情绪认识论的螺旋进程 [①]

---

① Beatty B. R.,"Emotion matters in educational leadership: Examining the unexamined," (Unpublished Ed. D. Dissertation. Toronto: University of Toronto, 2002), p. 487.

五、教师教育中的情绪研究

除了上述变革、教学与领导三个领域之外，教师教育领域近年来也开始对情绪研究产生了兴趣。学者认为，现有的研究很少涉及教师情绪的重要性及其与教师专业发展的关系。如果我们把情绪视为教师个人素质的一个要素的话，我们就需要对情绪进行系统的研究，特别是那些与教师知识和教学能力直接相关的方面。例如，我们通常把关爱伦理视为教师教育的中心事项。因此，师范生对关爱伦理的预先理解就可以作为他们教学实践的富有建设性和教育意义的出发点。[①]此外，作为一种教师实践知识，情绪鹰架（emotional scaffolding）在教师教育中应该得到更充分的研究和应用——它是指教师运用类比、隐喻和叙事等手段来帮助学生与特定的学科内容建立情绪联系。[②]

导致教师教育忽视情绪的一个原因是目前盛行的"专业"话语，即哈格里夫斯所谓的"专业地理学"。这种主流话语假定：第一，情绪会妨碍专业判断；第二，专业人士对顾客付出太多情绪容易产生倦怠；第三，专业化的一个标志是在工作中保持冷静、超然事外和不带感情。这使师范生和教师认为强调教学的情绪维度会降低专业地位，而真正的"专业人士"能够克服自己的情绪，冷静地、理性地面对教学问题。[③]然而，这种想法大大低估了情绪对师范生和教师学习教学的影响。黑斯廷斯（Hastings）对教师实习中师范生与合作教师的情绪经历的研究表明，虽然师范生在实习中体验到的并非全是消极情绪，但积极情绪的影响远远小于消极情绪的影响，如内疚、焦虑、失望、压力等。这些消极情绪的产生大多与合作教师无暇支持师范生有关。[④]

---

① Goldstein L. S., Lake V. E., "Love, love, and more love for children: Exploring preservice teachers' understanding of caring," *Teaching and Teacher Education*16, no. 8（2000）: 861–872.

② Rosiek J., "Emotional scaffolding: An exploration of the teacher knowledge at the intersection of student emotion and the subject matter," *Journal of Teacher Education* 54, no. 5（2003）: 399–412.

③ Noddings N., "Stories and affect in teacher education," *Cambridge Journal of Education*26, no. 3（1996）: 435–447.

④ Hastings W., "Emotions and the practicum: The cooperating teachers' perspective," *Teachers and Teaching*: *Theory and Practice*10, no. 2（2004）: 135–147.

为了使我们重视情绪在教师教育中的作用，戴（Day）与利思（Leith）提醒我们：①

- 情绪智力是良好专业实践的核心；

- 情绪与理性决策密不可分；

- 情绪健康（emotional well-being）对有效的教学专业生涯十分重要；

- 情绪与认知健康受到个人经历、社会脉络与政策因素的影响；

- 目前与个人和专业有关的、关注职业情绪的研究还很匮乏。

六、小结

20世纪90年代以来，"情绪"日益受到教育学者的关注，在变革、教学、领导以及教师教育领域中成为一个十分活跃的研究范畴。与早期的情绪研究相比，这一时期的研究者不再追求作为个体内部心理现象的情绪片段（如教师压力与倦怠、教师关注）与其他因素因果关系的描述——这也显示了早期量化研究表现出来的方法论缺陷，转而采取更加整体的（holistic）理论视角和更有弹性的研究方法论，探讨情绪在教师专业和社会场景中发挥的作用。在这一时期，情绪的社会学理论被广泛地引入教师情绪研究。借鉴了社会建构主义、女性主义与后结构主义的观点，教育学者把情绪放在学校与课堂的社会互动脉络之中，分析人际关系、组织结构、社会文化、意识形态与权力关系等因素与教师情绪的相互作用，情绪智力、情绪理解、情绪劳动和情绪法则也成为教师情绪研究的一些关键概念。

然而，教育学者对其他学科理论的借鉴并非简单的移植和应用，他们也提出了许多富有洞察力的新颖见解，例如情绪地理、情绪系谱和情绪认识论。这些理论架构之间并非相互独立的，而是有着密切的联系。赞比拉斯认为，情绪系谱和情绪地理对帮助我们理解情绪在生活中扮演的不同角色方面是相互补充的：情绪系谱放弃了关于情绪的任何目的论（teleologies）假设和静止的情绪观点，要求我们积累大量资料，把握情绪的多种可能性和身份；情绪

---

① Day C., Leith R., "Teachers' and teacher educators' lives: The role of emotion," *Teaching and Teacher Education* 17, no. 4（2001）：403–415.

地理帮助我们辨别那些威胁学校教育中情绪理解和情绪联系的因素。[①]同时，情绪认识论把情绪和自我结合起来，有助于我们认识情绪理解在教师自我和身份形成中发挥的作用。此外，这些理论架构无一例外地强调教师情绪需要遵循的一些情绪法则。

差别恰恰在这里。在情绪系谱中，情绪法则强调的是权力结构；在情绪地理中，情绪法则体现为社会文化、道德目的、专业期望、权力地位以及物理空间等方面的接近和疏远。尽管二者存在交叉和重叠，但赞比拉斯所强调的权力结构远远超出了个体的控制范围，反映了处于更深层次的、同样支配着情绪地理的权力关系。因此，将二者结合起来理解教师情绪的影响因素是十分必要的。

就现有的研究来看，情绪至少会对教师专业和社会生活的三个方面造成影响：专业决策、自我和身份形成、教学实践与行为——它们分别反映了情绪与理性、自我和行为之间的互动关系。可见，教育领域中的情绪研究虽然历时较短，但所涉甚广。

尽管如此，人们仍然遗漏了情绪研究中的一个重要主题——情绪应对策略，这是教育学者在情绪研究中很少触及的问题。总体看来，20世纪90年代以后的教育学者在情绪研究上大多持"社会文化建构"取向，他们所讨论的也都侧重于社会、文化、政治与组织因素对情绪的影响与限制，如情绪地理、情绪系谱、学校人员的情绪劳动等。至于教师对这种结构限制的调适，体现着教师作为社会主体之能动性的"应对策略"，现有的研究却少有论及。正如哈格里夫斯所言，应对策略是沟通"结构问题"与"互动论问题"的联结点。缺少了对"应对策略"的分析，结构与个人之间的互动链条则无从形成，教育学者对教师情绪的理解也无疑欠全面。[②]

综上所述，我们不难发现教师改变构成了课程实施与情绪之间的桥梁。

---

① Zembylas M.,"Emotions and elementary school science teaching: Postmodernism in practice,"(Unpublished Ph. D. Dissertation. Urban, Illinois: University of Illinois at Urbana–Champaign, 2000)：10.

② Hargreaves A.,"The significance of classroom strategies," in *Classrooms & Staffrooms*: *The sociology of teachers & teaching*, Hargreaves A., Woods P. (Milton Keynes: Open University Press, 1984)，p. 65.

正是通过教师改变这一论题，务实的课程实施与抽象的情绪研究联系起来。然而，我们也可以看到，课程变革与实施中的教师情绪研究还只是处于初期阶段，远不如教学领域中的情绪研究成熟。如果我们承认教师情绪是一个富有潜力的论题，并且试图完善课程实施理论的话，我们就有必要对变革中的教师情绪进行更深入的研究。

第三章　研究设计与方法

研究设计的拟订和方法的选取是保证研究可靠性和可信赖程度的重要环节。它能够整合一项研究中的各个要素，同时把这项研究与已有研究联系起来，形成一个连续的、历史的研究流。在回顾已有文献的基础上，本章将提出本研究的主要问题和理论框架，然后确定收集、分析资料中将使用的研究方法，最后反思本研究涉及的可靠性、伦理和限制等问题。

第一节　研究问题与理论框架

一、研究问题

今天，人们大多接受了课程变革的复杂性。我们已经认识到，课程实施不仅具有理性的、线性的一面，更有情绪的、人性的一面，后者要求我们必须考虑课程实施中复杂多变的、难以预测的人性因素，特别是情绪。虽然许多学者指出，情绪在教学、教育变革、教育领导乃至社会生活的各个方面都发挥着重要作用，然而由于多种原因，它在课程变革与社会组织中处于受压制的、被边缘化的地位，在很大程度上仍然在研究者，尤其是实施研究者的关注范围之外。这导致课程实施中的教师情绪对变革的研究者、促进者乃至教师自身来说仍然是一个"黑箱"。

此外，在我以往对中国新课程改革进行的调查中，我能够深深地感受到教师对新课程改革表现出的热情、忧虑、疑惑和责任感，学校中的所见所闻经常使我产生一种强烈的感情和冲动。可以说，正是这些切身体会激发了我对"情绪"的兴趣，并成为我研究"课程实施中教师情绪"的动因。与学术研究中通常的做法相反，我并不认为这些主观因素"干扰"了我的判断，反而把它们当作推动我选择并从事此项研究的原动力。因为，一个好的研究问题，应当不论对于理论发展或实践改善，还是对于研究者自身的发展来说，都是"真"问题，是同时符合"外在标准"与"内在标准"、"客观标准"与"主观标准"、"利他性标准"与"利己性标准"的问题。①

前文已述，本研究旨在描述教师在课程变革与实施中的情绪体验，分析影响教师情绪的若干主要因素以及教师采取的应对策略，探讨教师情绪与课程实施之间的互动关系。为此，本研究拟对三个方面的主要问题进行探讨，其中每一个主要问题又包含若干次级问题：

1.教师在实施高中课程改革过程中的情绪体验。

（1）教师表现出了哪些积极情绪？

（2）教师表现出了哪些消极情绪？

（3）除上述两种情绪之外，教师还具有哪些情绪体验？

2.支配或影响教师情绪的因素。

（1）情绪地理是如何影响改革中的教师情绪的？

（2）支配高中课程改革中教师情绪的情绪法则是什么？

3.面对改革带来的挑战和情绪冲击，教师在课程实施中的应对策略。

在此需要说明的是，上述问题都是从教师入手获得资料的，并且这些资料大都是回溯性（retrospective）信息，这意味着本研究所能反映和揭示的只是从教师的角度看到关于已发生事件的"部分真实"。虽然这看似是对本研究的一个限制，但它并未削弱这项研究的价值，因为个体是情绪的所在地，教师才是描述自身情绪体验的最佳人选，而且通过教师的回忆拣选和提取的正是他们在过往的课程实施中经历的那些更为重要的事件的信息。

二、研究的理论框架

正如康德所言，"没有理论的具体研究是盲目的，而没有具体研究的理论

---

① 吴康宁：《教育研究应研究什么样的"问题"——兼谈"真"问题的判断标准》，《教育研究》2002年第11期。

则是空洞的"。[①]这句话道出了理论构想与经验研究之间关系的真谛。为此，我将首先陈述本研究秉承的理论视角与概念框架。

基于范登伯格等人的观点，本研究拟从"文化—个体观"探讨课程实施及其中的教师情绪问题。这意味着，我将以教师情绪为切入点，一方面探讨教师对系统性课程变革的个人诠释与意义；另一方面理解社会文化、变革脉络、学校组织等宏观因素对教师情绪产生的影响，并分析教师情绪与课程实施之间的互动关系。为此，本研究以中国高中新课程改革为背景，从"结构—个人"互动的角度设计前文所述三个研究问题，研究问题一主要从"个人"角度入手探讨教师的情绪体验，研究问题二主要从"结构"角度出发，分析课程实施的宏观脉络对教师情绪的影响，研究问题三则通过"应对策略"把结构与个人因素联系起来，展现二者的互动情况。

对已有研究的回顾表明，情绪是个体心理与社会文化现象的综合体。这意味着，我们应该从个体和社会两方面因素出发分析教师情绪。然而，本研究在探讨影响教师情绪的因素时主要关注社会的、文化的、政治的、组织的因素。这是因为，此类研究能够打破我们对情绪习以为常的假定，并且具有促进教师意识觉醒、改善教师工作环境的潜力。同时，在社会建构主义、女性主义和后结构主义看来，那些影响情绪的个体因素事实上也充满着社会、文化和政治的色彩。此外，从这个角度进行研究也顺应了近年来教师情绪研究的发展趋势。

综观前文所述，我们可以用下图（见图3-1）概括本研究的理论框架，需要指出的是，图3-1中的两条虚线箭头反映了课程改革、教师以及学校组织对情绪法则、情绪地理的反作用：前者通过变革政策、各级实施脉络影响了情绪法则和情绪地理的作用方式，例如改变现有的专业标准、学校文化，进而对教师情绪产生影响；后者通过教师与学校组织的意识觉醒、解放性的政治行动对现有的权力关系和学校中的意识形态产生作用。然而，囿于本研究的主旨，它们并非讨论的重点。此外，学术研究总是由理论负载的，体现着

---

① Bourdieu P., Wacquant L. D. 著，李猛、李康译：《实践与反思——反思社会学导引》，中央编译出版社，1998，第214页。

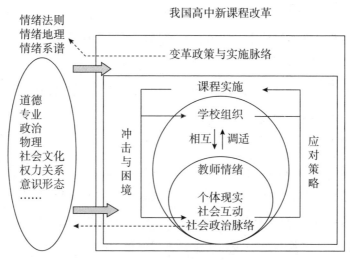

图 3-1　课程实施中的教师情绪理论框架

已有研究的理论视角和研究发现。然而，这并不意味着它将禁锢在这个范围之中，也不是对既有理论的验证或重述。上述框架只是为我们理解实践提供了一些敏感概念（sensitizing concepts），来自实践和一线的声音才是我们最终形成结论，进行理论上的再概念化的坚实基础。

三、重要术语的说明

（一）教师情绪

本研究把情绪视为一种"文化—个体"现象，采用霍克希尔德的主张界定情绪，即情绪是对以下三种因素的意识：对情境的评估、身体感觉的变化、表情姿态的显示以及应用于这三种因素之集合的文化标签（详见第二章第二节）。[①]

在情绪类型上，本研究借鉴普鲁契克、拉扎勒斯等人的研究，将情绪划分为三种类型：（1）积极情绪，指在"个人—环境"关系评价中被视为对自己有利的情绪，如幸福、喜悦等；（2）消极情绪，指在"个人—环境"关系评价中被视为对自己不利的情绪，如愤怒、焦虑等；（3）复杂情绪，指由于多

---

① Hochschild A. R., "Ideology and emotion management: A perspective and path for future research," in *Research agendas in the sociology of emotions,* Kemper T.（Albany, NY: SUNY Press, 1990）, pp. 117–142.

种原因，个体在无法对"个人—环境"关系做出明确评价的情况下产生的冲突的或模棱两可的情绪状态，以及拉扎勒斯所谓的"边界情绪"，如无助、希望等。

一般而言，情绪有着具体的内容指向。在本研究中，教师情绪特指教师在实施高中课程改革的过程中体验与表现出的与课程改革有关的情绪。

（二）课程实施

尽管课程实施具有多个水平，本研究中的课程实施是指教师在课堂和学校情境中把变革方案付诸实践的过程，及其在日常教学实践中取得的效果（详见第二章第一节）。这些效果并非课程变革的最终结果，而是过程性的、形成性的，为教师改善其教学实践和实施行为提供了参照。

在研究取向上，本研究持相互调适观，将课程实施视为课程方案和学校、课堂情境相互调整、适应的过程。然而，在分析教师情绪的影响因素时，本研究将根据高中课程改革实施的实际情况，兼顾课程实施中的文化因素（如教师文化）、政治因素（如教师参与决策）和技术因素（如资源支持）。这种做法一方面与本研究所遵循的"文化—个体观"相一致，另一方面也考虑了豪斯、科比特与罗斯曼的建议。[1]

（三）情绪地理

本研究将情绪地理由教学领域引入课程变革与实施领域，分析课程实施中的人际互动和人际关系对教师情绪产生的影响。借鉴哈格里夫斯的观点，本研究从两个维度分析课程实施中的情绪地理：（1）教师人际互动的同伴或对手（adversary），包括同事、学生、家长以及管理者；（2）情绪影响源，包括社会文化、道德、专业、政治和物理等方面的地理特征。[2]

---

① House E. R., "Three perspectives on innovation: Technological, political, and cultural," in *Improving schools*: *Using what we know,* Lehming R., Kane M.（Beverly Hills: Sage Publications, 1981）, pp. 17–41; Corbett H. D., Rossman G. B., "Three paths to implementing change: A research note," *Curriculum Inquiry* 19, no. 2（1989）: 163–190.

② Hargreaves A., "Emotional geographies of teaching," *Teachers College Record* 103, no. 6（2001）: 1056–1080.

（四）情绪法则

在本研究中，情绪法则是指支配教师在课程实施中情绪体验与表达的隐性准则和规范体系，权力结构是其核心。借鉴霍克希尔德、马库斯（Markus）与北山（Kitayama）、赞比拉斯的研究①，本研究将从以下三个方面入手探讨课程实施中的情绪法则：教师在变革中的社会和道德期望；有关情绪的教师专业文化；教师对情绪之地位与作用的假定。

（五）应对策略

在应对策略上，本研究借鉴伍兹、哈格里夫斯的研究②，帮助教师与学校组织实现目标，或帮助他们寻找到方法、途径与策略来适应改革所带来的挑战和情绪冲击。这些策略体现了教师与学校为情绪管理所做的努力。

（六）新课程改革

新课程改革特指中国在 2001 年 6 月颁布《基础教育课程改革纲要（试行）》之后进行全国范围的课程改革。本研究关注 2004 年 9 月付诸实施的高中阶段课程改革。

第二节　研究方法

一、质化取向

众所周知，量化研究与质化研究素来是方法论领域中的两大对峙力量。与强调理论预设和统计技术、试图发现因果关系和普适事实的量化研究相比，质化研究"是以研究者本人作为研究工具，在自然情境下采用多种资料收集方法对社会现象进行整体性探究，使用归纳法分析资料和形成理论，通过与研究对象互动对其行为和意义建构获得解释性理解的一种活动"。③

在教师情绪研究的早期阶段，研究者在方法论上基本秉承了量化取向，

---

① Hochschild, 1983; Markus & Kitayama, 1994; Zembylas, 2000.

② Woods, 1984; Hargreaves, 1984.

③ 陈向明：《质的研究方法与社会科学研究》，教育科学出版社，2000，第 12 页。Carlyle D., Woods P., *The emotions of teacher stress*（Stoke on Trent: Trentham Books，2002）.

使用标准化问卷对教师压力与倦怠、关注阶段等进行测量。然而，在各国学者对这些问卷的长期使用中，量化方法逐渐表现出一系列难以解决的问题，并且许多研究都发现这些标准化问卷具有明显的文化适应性。于是，在第二阶段的情绪研究中，学者对上述"新行为主义"取向进行检讨，将其视为情绪研究中"理论的死胡同"。[1]在社会互动的世界中理解情绪成为教师情绪研究中一个显著的理论和方法论转向。[2]概言之，在"情绪"作为专门课题被明确提出以后，教师情绪研究在总体上体现出鲜明的质化取向——前文所提的变革、教学、教育领导与教师教育中的情绪研究无一例外地使用了质化研究方法便是一项明证（详见第二章第四节）。

选择质化取向的根本原因在于情绪自身的性质。对情绪这种复杂、抽象、依附于文化并且为人们提供着丰富社会信息的现象来说，研究的重点在于把握人们对情绪的感受、诠释、赋予的意义以及人们所处社会情境的习俗和内隐法则。这些都是量化研究难以企及的，而质化研究对铺陈细致复杂的现象、揭露并解释一些表面之下鲜为人知的现象却颇为得心应手。它为我们理解"人们如何对他们的生活进行意义建构（make sense），他们经历了什么，他们如何诠释这些经历，他们如何建构其社会世界"提供了一条重要途径。[3]对本研究来说，丹津对情绪研究的一些忠告也坚定了我对质化取向的选择：[4]

- 情绪必须作为生活体验在互动个体的现象学和互动流中进行研究；
- 情绪必须作为一种情节性的（episodic）、事件性的社会经验进行研究；
- 有关情绪的自然科学态度必须被悬置；
- 情绪研究必须尽可能地把握它的整体性；
- 作为一种具有自己轨迹和经验的过程，情绪必须从内部去理解；
- 情绪的现象学理解不是因果性的，而是描述性的、诠释性的和过程性的。

---

① Fineman S., "An emotion agenda," in *Emotion in organizations*, Fineman S.（London: SAGE Publications, 1993b）, pp. 216–224.

② Carlyle D., Woods P., *The emotions of teacher stress*（Stoke on Trent: Trentham Books, 2002）.

③ Merriam S. B., *Qualitative research and case study applications in education*（San Francisco: Jossey-Bass, 1998）, p. 6.

④ Denzin N. K., *On understanding emotion*（San Francisco: Jossey-Bass Publishers, 1984）, pp. 11–12.

对事件和故事的强调是近年来教师情绪研究在方法上表现出的一个共同趋势。例如，哈格里夫斯的情绪地理要求教师叙述自己在与学生、同事、领导者以及他人互动中发生的情绪事件；赞比拉斯的情绪系谱要求描述教师情绪形成、发展和变化的历程，并且记录那些使某些情绪在场而其他情绪缺席的独特事件；贝蒂的情绪认识论也主张从"领导者—教师"互动中的情绪事件入手探讨情绪在教育领导中的作用。研究者认为，事件是情绪反应的直接原因。[1]个体生活中有一些涉及关键决策、被体验为转折点的"关键事件"（critical incidents）。这些事件促使个体选择特定行动，这些行动反过来又把个体引向特定方向，从而对个体的自我和身份产生影响。[2]关键事件与现有的状态、正常的模式产生冲突，并且强迫教师重新思考它们，同时也激发着忧伤、不适、怀疑和不确定等情绪。[3]出于以上考虑，本研究将主要围绕着教师在课程实施中的关键事件收集关于教师情绪的数据。通过对高中课程改革中教师情绪的描述，本研究试图揭示在这种全国范围内的、自上而下的课程改革中，权力关系和意识形态如何渗透在社会文化、专业、政治等因素中，并且支配了教师对课程实施的情绪体验和表达。

此外，质化取向的选择还意味着本研究在未来的理论建构阶段将采取"扎根理论"（grounded theory）的态度，即在系统地收集和分析资料的基础上，寻找反映社会现象的核心概念，然后在这些概念之间建立联系，从而使其形成理论。[4]因此，谨慎地选择个案、尽可能全面深入地收集资料成为本研究能否取得理想结果的前提。

二、个案选择

质化研究的抽样通常采取"目的性抽样"或"理论性抽样"的方式，即

① Weiss H. M., Cropanzano R.,"Affective events theory: A theoretical discussion of the structure, causes and consequences of affective experiences at work," *Research in Organizational Behavior*18,（1996）: 1-74.

② Measor L., "Critical incidents in the classroom: Identities, choices and careers," in *Teachers' lives and careers,* Ball S. J., Goodson I. F.（London, Philadelphia: The Falmer Press, 1985）, p. 61.

③ Kelchtermans G.,"Teacher vulnerability: Understanding its moral and political roots," *Cambridge Journal of Education*26, no. 3（1996）: 307-323.

④ 陈向明：《质的研究方法与社会科学研究》，教育科学出版社，2000，第103、327页。

按照研究目的选择那些能够为研究问题提供最多信息的研究对象。教师是本研究的最终分析单位，因此我在选择个案时需要考虑变革项目、学校与教师三个水平上的因素。

（一）变革项目的选择

本研究以我国于2004年9月付诸实施的高中课程改革作为变革项目。这一选择基于下列理由：

1.情绪是普遍存在于日常生活中的个人体验，相对来说显得平凡、普通，具有稍纵即逝、不易察觉的特征。同时，情绪又是一种体现个体自我的、深层的、隐蔽的和私人的现象，并且和道德、伦理、政治等文化结构具有密切关系。这导致教师一方面难以意识到情绪对自己的影响，另一方面对那些正在发生着的、对自我构成威胁的、反映着自己与他人的利益冲突和权力地位差异的情绪持隐瞒态度。因此，如果试图发现那些有意义的、比较敏感的情绪，被访者需要和这些情绪经历保持一定的时空距离，这样才能够体会到情绪对自己的影响，并且获得一定的安全感。然而，这段时间间隔又不能太长，否则教师难以记起当时的情绪经历。

2.课程变革对教师的情绪冲击最强烈的阶段应该在变革实施的初期，因为教师骤然失去了往日熟悉的"舒适地带"，面对许多陌生的课程材料、教学和评价方式，会产生许多不适感。此外，教师在这段时期也会十分注意变革中的一些新颖做法。在本次新课程改革中，义务教育阶段改革于2002年9月付诸实施，高中阶段改革则于2004年10月付诸实施。从理论上讲，高中教师目前的情绪波动应该更为强烈，并且对这些情绪经历的记忆相对来说也更加丰富、鲜明。

（二）参与学校和教师的选择

本研究选择广东省广州市S1、S2、S3、S4四所高中作为个案学校，每所学校各选择若干教师，由此形成嵌入式多个案研究设计。[①]在选择个案学校时，广东省教育厅教研室的负责人根据学校在高中新课程改革中的态度和表现向

---

① Yin R. K., *Case study research*: *Design and methods*, 3rd ed.(Thousand Oaks: Sage Publications, 2003)，p. 40.

我推荐了S1、S2、S3三所学校。此外，为增加样本的异质性，并且消除"教研室负责人推荐"可能带来的影响，我在田野调查期间又选择了第四所学校：S4。四所个案学校的背景信息大致如下：

S1是广州市六所重点高中之一，并且是一所广东省普通高中新课程实验的"样本校"①。S1位于广州市的政治文教名区东区，主要的市政部门、文化机构均设于该区。S1素来以积极参与课程、教材和教法的改革闻名，并将之作为自己的立校宗旨。S1不仅师资优良，各学科都有一些全国特级教师，而且其招生时的学生素质也为其他学校所称道。在广州市"中招"考试成绩的五级分类中，S1招收的都是A类的学生，同时S1历年的高考成绩也都在广州市甚至广东省名列前茅，尤其是在2005年的高考中，S1出现了高考状元。另外，S1的硬件资源相对于其他学校也十分突出，教室中都有电脑、互联网、投影仪等设备，并且各科实验室、活动室也相对充足。在广东省教育厅教研室的印象中，这是一所在高中新课程改革中态度积极、表现突出并且值得其他学校效仿的高中。

S2位于广州市西区，也是一所重点高中。在受访者的眼中，该区的基础教育水平相对于东区、北区都稍微逊色一些。在广州市以往的各项评比，尤其是统考成绩中，西区学校的整体实力也不如东区和北区。近年来，由于西区着重发展基础设施建设，财政相对吃紧，在教育方面的投入也相对较少。然而，作为一所广州市的重点高中，S2师资优良，所招收的学生在"中招"考试中处于A类或B类，在高考中向来成绩斐然，曾出现过不少广东省高考状元。在硬件资源上，S2由于高中"扩招"的原因，实验室、活动室较少，教室中的电脑、互联网也相对缺乏。在我调查期间，S2正在进行扩建校舍的工程。在省教研室的印象中，这是一所在新课程改革中面临困难较多、阻力较大的高中。

S3是同样位于广州市东区的一所具有百年历史的普通高中，在包括中国

---

① 这是广东省为高中新课程改革专门区分的一类学校。2004年7月，广东省教育厅颁布《关于建立普通高中新课程实验样本校的通知》，要求在全省各地区在"学校自愿的基础上推荐"若干所样本校，旨在"深入领会普通高中新课程理念……创造性地实施国家普通高中新课程方案……探索行之有效的学校推进新课程实施办法，总结经验，辐射推广"。9月，广东省教育厅确定了54所中学作为样本校。

香港、中国澳门在内的华南地区都享有一些声誉。悠久的校史使S3积淀了深厚的文化底蕴，学校的行政楼、图书馆均被列为广州市的文物保护单位。S3师资队伍较好，学校硬件资源也相对充足，所招收的学生在"中招"考试中处于C类左右，前两年也曾有高考状元在该校出现。虽然不是广东省高中新课程实验的样本校，但S3在课程改革中也因表现积极而受到上级部门的重视，曾在2004年9月新课程实施之际就迎接了教育部基础教育司组织的对"高中新课程实施准备状况"的评估。在省教研室的印象中，S3在新课程改革中的态度和表现反映了大部分学校的情况。

S4是广州市的一所普通高中，也是广东省高中新课程实验的样本校之一。S4位于广州市经济发展最为突出的北区，规模与前三所学校相比较小，因为受制于所处的地理位置，S4没有多少富余空间拓展学校建设。然而，在高中"扩招"中，S4仍然由原来的每年级6个班扩展为8个班。为壮大师资力量，S4近年来从外省调入了一些比较优秀的教师，这些教师在原来省份大都已经获得高级教师职称。S4招收的学生在广州市"中招"考试中基本上处于C类或D类。不过需要注意的是，尽管S4看上去实力似乎不如前三所学校，但它仍然是广东省教育厅确定的一所样本校。将S4作为个案学校，恰好能丰富我们对高中课程实施中教师情绪的认识。

选定个案学校之后，我在每一所学校中选择了6～9位高二年级教师（共30位教师），对其进行深入的访谈和观察。由于这些学校都实行"跟班制"[①]，这些教师在访谈之前都已经具有了至少一年的实施新课程的经验。在选择教师时，我考虑了教师的性别、年龄、教龄以及任教学科等因素，尽量增加同一所学校中受访者的异质性。此外，在每一所学校中，我又选择了一位主管教学事务的教导主任，对其进行访谈，以了解学校管理层的一些观点和做法。需要指出的是，这些教导主任同时也是任课教师，都有自己任教的学科，并非一位全职负责校务管理、不再从事教学的学校管理者。四所学校的性质和

---

① "跟班制"是目前中国高中普遍实行的一种制度。为增加师生之间的相互了解，更主要地，使教师及时掌握学生的学习情况，一个班级的各科教师一般在高中一年级就会确定下来，并且在高中三年基本保持不变。于是，随着学生升入更高年级，教师也会"跟随着"学生在更高年级任教。一般，教师们对这样一个把一届学生从高一入学教到高三毕业的整个过程，称为一"轮"或一个"循环"。

受访人员结构如表3-1所示。

表3-1 个案学校的性质与受访人员结构

学校代码	学校性质	受访人员
S1	重点高中，样本校	1位教导主任，9位教师
S2	重点高中，一般学校	1位教导主任，7位教师
S3	非重点高中，一般学校	1位教导主任，8位教师
S4	非重点高中，样本校	1位教导主任，6位教师

总之，在选择参与学校和教师时，我考虑了下列因素：

1.有研究者建议在选择个案时应尽量采取多个案研究设计（Yin，2003），这样可以避免"把所有鸡蛋放在一个篮子里"，并且从多个不同背景的个案中获得的相同结论会增强研究发现的外部推广性（external generalizeability）。[①]虽然本研究无意追求普适结论，然而这种多个案设计可以提供更加丰富的信息。

2.为获得更多信息，我们在选择个案时应该考虑学校和教师的典型性、差异性等特征。这四所学校基本上代表了广州市重点高中和普通高中、新课程改革中"样本校"与一般学校的情况。在教师背景方面，我考虑了教师的性别、教龄、任教科目、对变革的态度等因素，因为这些因素可能会影响本研究收集教师情绪经历的信息。例如，一些研究表明[②]，男性教师在学校中更多表达负面情绪；女性教师更愿意讲述自己的情绪经历，在回忆情绪事件会辅之以更多的表情、姿态、语音语调等。表3-2呈现了30位受访教师的基本信息。

---

① Yin R. K., *Case study research*: *Design and methods*, 3rd ed.(Thousand Oaks: Sage Publications, 2003)，p. 53.

② Hargreaves, 1998b, 1998c, 2000; Beatty, 2000b, 2002; Winograd, 2003.

表3-2　受访位教师的背景信息

学校代码	教师代码	性别	教龄（年）	任教科目
S1	TF-1	女	4	化学
	TF-2		2	政治
	TF-3		21	语文
	TF-4		19	历史
	TM-1	男	10	化学
	TM-2		15	数学
	TM-3		10	政治
	TM-4		7	语文
	TM-5*		33	语文
S2	TF-1	女	2	英语
	TF-2		12	语文
	TM-1	男	6	地理
	TM-2		12	数学
	TM-3*		35	物理
	TM-4		34	语文
	TM-5		17	英语
S3	TF-1	女	22	化学
	TF-2		14	政治
	TF-3		16	政治
	TF-4		32	数学
	TM-1	男	4	物理
	TM-2		4	语文
	TM-3		8	历史
	TM-4		5	语文
S4	TF-1	女	15	英语
	TF-2		17	英语
	TF-3		10	语文
	TM-1	男	9	政治
	TM-2		21	数学
	TM-3		16	化学

注：带有"*"者为拥有特级教师职称的教师。

3.在选择实验省区时，由于目前并无任何针对先期进入高中课程改革的四个省区的比较研究，同时，考虑到四个省区不同的地理、文化、经济和社会发展特征，因此，对任何一个省区的课程实施情况进行研究都具有独特意义。本研究选择广东省广州市作为调查地点，这主要是出于研究的便利以及我事先积累的研究经验。广东省是2004年9月首批进入高中课程改革的实验省区之一，广州市的高中教师在实施新课程改革方面已经积累了许多经验，具有比较丰富的情绪经历。此外，相对其他省区，我距离广州更近，并且曾在2004年10月对广州部分高中的课程改革现状做过先期调查，对这些学校的情况比较了解，并且与这些学校保持了一些联系。

从2005年9月下旬到12月中旬，本研究对上述四所个案学校的教师们进行了田野调查。在调查即将结束之时，我对广东省教研室的一位教研员和广州市某高校的一位课程研究专家进行了访谈，并和他们讨论了我对本次调查的基本印象以及我在调查中的一些主要发现。这两项访谈对丰富本研究的资料也提供了很多帮助。此外，我于2006年5月末重返田野调查点，对个别教师进行了简短的补充访谈，对他们在田野调查期间提供的部分信息做出说明。

三、资料收集

访谈、观察与文件收集是质化研究常用的资料收集手段，对本研究来说亦是如此。

（一）访谈

访谈是一种有目的的对话，旨在发现别人头脑中的信息[1]。与实证主义研究传统不同的是，质化研究认为访谈能够获得关于受访者感受和观念中深度的、丰富的理解，而不仅仅是由研究者控制的、收集的客观数据[2]。

前文已述，本研究试图描述教师在实施高中课程改革中的情绪经历，进而分析教师情绪与课程实施之间的关系。为此，研究者必须获得两种信息：

① Merriam S. B., *Qualitative research and case study applications in education*（an Francisco: Jossey-Bass, 1998），p. 71.

② Kidd J. M., "Emotion in career contexts: Challenges for theory and research," *Journal of Vocational Behavior* 64, no. 3（2004）: 450.

一是教师在实施高中课程改革以来发生的"关键事件";二是教师在这些事件中的情绪体验。访谈是获得这些信息的最适宜的途径,因为它能够使我们走入他人的观念之中。"我们访谈别人是期望从他们那里获得无法通过直接观察获得的东西,我们不能观察感觉、思想和意图。我们不能观察发生在过去某个时刻的行为。我们不能观察人们如何组织他们的世界以及从中获得的意义"①。

根据研究者对访谈过程的控制程度,伯纳德(Bernard)将访谈分为由低到高的四种类型:非正式访谈、非结构访谈、半结构访谈和结构访谈,其中后面三种又可称为开放型、半开放型和封闭型访谈②。在本研究中,由于教师情绪的影响因素、情绪对教师的影响大都处于隐性的、无意识的状态,教师对这些事物也大多是习以为常的,因此研究者会以非结构访谈甚至非正式访谈作为开端,通过一些开放的、非正式的问题打开教师的"话匣子"。在对这些资料进行初步整理之后,研究者根据其中的敏感信息再使用半结构访谈了解一些更加深入、直接的问题,力求获得更加丰富的资料。

由于教师情绪的敏感性与隐蔽性,研究者在访谈过程中要尽量照顾到教师的心理,并且使教师对这些问题不致产生"离奇古怪"的感受。因此,研究者应该考虑好问题的措辞、访谈的场所、自己的服饰和态度等因素。一般来说,从日常可见的事件入手,在非正式的场合中进行访谈是研究者常用的策略。此外,为尽可能多地了解教师内心的真实感受,研究者在进入现场之后并不急于进行访谈,而是用一些时间和教师"交朋友"。在与教师建立了一些情感联系、对教师有一些了解之后,研究者再进行与研究主题有关的访谈。

基于研究问题,并考虑了上述因素,我设计了本研究的访谈提纲。然而,这个提纲的主要目的在于打开受访者的"话匣子",引出本研究所希望了解的信息。在访谈过程中,问题的呈现次序、措辞都会有所调整,甚至会在谈话

---

① Patton M. Q., *Qualitative evaluation and research methods*(Newbury Park, Calif : Sage Publications, 1990), p. 196.

② Bernard H. R., *Research methods in cultural anthropology*(Newbury Park, Calif : Sage Publications, 1988), pp. 204–205.

过程中浮现一些新的访谈问题。

（二）观察

情绪并非只是个体的内部感受，它还体现在个体的言语、表情、姿态以及行动中，构成了个体的情绪表达。萨顿与惠特利指出，对情绪这种多成分结构来说，综合使用多种研究方法是必要的。[①]观察是获得有关教师情绪信息的主要途径，而且这种关于教师当前情绪活动的信息在很多情况下也能印证和补充通过访谈获得的信息。

此外，由于教师往往难以察觉那些影响日常情绪活动的隐性法则和因素，访谈得到的资料总是不全面的。研究者的观察在这种情况下就显得非常必要。因为，与教师不同的是，研究者是带着理论预见走进研究现场的。"你能不能观察到眼前的现象取决于你运用什么样的理论，理论决定着你到底能观察到什么。"[②]通过这种理论透镜，研究者会发现教师难以察觉的事物。

质化研究中的访谈可分为参与式观察和非参与式观察两种类型。在前者中，研究者和被观察者一起生活、工作，在密切的相互接触和直接体验中观看他们的言行；在后者中，观察者通常置身于被观察者的世界之外，作为旁观者观看事情的发展动态。然而，这两种观察并不能截然分开，实地研究者通常都是在两种极端情况之间进行观察。[③]本研究也不例外。虽然研究者在大多数情况下使用参与式观察，了解教师与他人交往中的情绪事件，但也会使用非参与式观察的方法，如课堂观察。

在研究者看来，使用参与式观察也是一种和教师"交朋友"的策略。通过参与教师的日常活动，研究者不仅体验到教师所处的文化氛围，增强了对教师情绪的理解能力，而且在这一过程中与教师建立起更加深厚的情感联系。这能够在更大程度上消除教师的顾虑，对访谈也会起到许多促进作用。

---

① Sutton R. E.,"Wheatley K. F. Teachers' emotions and teaching: A review of the literature and direction for future research," *Educational Psychology Review*15, no. 4（2003）: 327–358.

② 赵慕熹:《教育科研方法》，北京教育出版社，1991，第44页。

③ 陈向明:《质的研究方法与社会科学研究》，教育科学出版社，2000，第228–229页。

（三）文件收集

文件收集是本研究采用的一种辅助性的资料收集手段。梅里亚姆（Merriam）将文件分为三类：公开或者档案性的记录、个人文件、物理材料。[①] 本研究获得的主要是前两类文件信息。

由于情绪在社会与专业生活中的特殊角色，教师的很多情绪体验会表达在一些非正式的、个人的文件中（如日记）。借鉴贝蒂在博士论文研究中采用在线论坛（online forum）收集有关校长情绪信息的做法，我在征得受访教师允许的情况下，查阅和收集到三位教师（分别隶属S1、S2、S3三所学校）在个人网络日志（blog），以及他们在不同网站论坛上发表的帖子。根据这些"个人文件"的发表时间和讨论内容，我将其中涉及新课程实施中发生的情绪事件的日志与帖子拣选出来，作为本研究的资料来源。

虽然正式的文本文件中很少包含教师情绪的信息，但从教师的一些公开课、观摩课的录像中也可看到教师对情绪的利用和应对。因此，我也收集了部分访谈教师公开课和观摩课的录像作为视听文本。

（四）资料编号

本研究共使用了三类资料：访谈资料、文件资料和观察笔记。为了能够清楚地显示这些资料的特征，我将这些资料分别加以编号。其中，访谈资料与文件资料的编号由以下四个部分组成：资料获得途径—受访者单位—受访者身份—受访者序号。各部分代码的含义如下：第一，资料获得途径包括访谈（I）与文件（D）。第二，受访者单位包括学校（S1-4）、省教研室（O）与大学（U）。第三，受访者身份由职务和性别两部分组成：前者包括教导主任（A）和教师（T），后者包括男性（M）与女性（F）。第四，当受访者是教师时，我在资料编号中加上教师序号（1、2、3……）以示区别；当受访者是教导主任、教研员和课程研究专家时，由于此类人员在各单位中只有一个，因此在资料编号中省略这一项。

观察笔记是我在调查期间，对四所个案学校中不同场合下发生的事件的

---

① Merriam S. B., *Qualitative research and case study applications in education*（San Francisco: Jossey-Bass, 1998）.

记录。观察笔记的编号也由四个部分组成：资料获得途径—单位—场合—序号。各部分含义如下：第一，资料获得途径指观察笔记（N）；第二，单位指四所个案学校（S1-4）；第三，场合包括会议（M）、课堂教学（C）和办公室闲聊（T）；第四，序号是指同类场合在不同时间发生事件的序号（1、2、3……）。

概括起来，各种编号及其含义可示例如下：

（1）I-O-AM：省教研室男性教研员的访谈资料；

（2）I-S1-AM：S1学校男性管理者的访谈资料；

（3）I-S2-TF-1：S2学校1号女性教师的访谈资料；

（4）D-S3-TM-5：S3学校5号男性教师的文件资料；

（5）N-S4-T-1：对S4学校的办公室闲聊中所发生的1号事件的观察笔记。

第三节　研究的可靠性与研究伦理

在本研究中，我试图把自己当作主要的研究工具，处理的又是对教师来说比较敏感、私人的情绪问题。那么，我如何确保这项研究真实有效？又如何避免我的受访教师因此项研究而受到不良影响？这涉及研究的可靠性和伦理问题。

作为一项质化研究，我虽然不必拘泥于量化研究的可信度、有效性、推广性等标准，但仍旧需要考虑教师访谈的一致性和真实性以及从意义上诠释教师情绪的准确性和可靠性（trustworthiness）——这些都是质化研究在处理效度问题时常用的术语。[①]为使阅读此项研究的人产生移情理解，本研究采取下列方法确保研究的可靠性：

一、加强反思，消除研究者可能出现的偏见与疏漏

注重反思是质化研究的一个显著特征。波格丹（Bogdan）与比克伦（Biklen）指出研究者在进行观察时应该对以下几个方面进行反思：[②]（1）反思

---

① 陈向明：《质的研究方法与社会科学研究》，教育科学出版社，2000，第389页。

② Bogdan R. C., Biklen S. K., *Qualitative research for education: An introduction to theory and methods,* 4th ed.（Boston: Allyn & Bacon, 2003）, pp. 115–116.

自己的分析过程;(2)反思自己使用的方法;(3)反思观察中的伦理问题;(4)反思自己的问题前设、生活经历、社会地位等因素对观察的影响;(5)厘清那些自己仍然感到困惑的地方。虽然这些提醒是针对观察而言,但它们无疑也适用于整个研究过程,对提高本研究的可靠性也大有帮助。

二、运用三角验证,增强研究的可靠性

三角验证(triangulation)是质化研究在保证研究效度时的惯用策略。丹津把常见的三角验证分为四类:资料三角验证、调查者三角验证、理论三角验证和方法(methodological)三角验证。[①]本研究主要运用了资料三角验证和方法三角验证两种。在前者中,研究者把受访教师在不同时间、地点讲述的信息进行对照,同时也从他人那里获得有关受访教师的信息,然后做出比较和印证;在后者中,研究者对比通过访谈和观察两种方法获得的资料,然后做出权衡。另外,在条件允许的情况下,研究者也会把自己对情绪事件的口头或书面描述交给受访教师确认,看是否符合事件的原貌。这时,教师成为对自己访谈的旁观者和审阅者,从而起到了调查者三角验证的作用。下表(表3-3)呈现了本研究使用三角验证的一些例子。

表3-3 三角验证示例表

类型	示例1	示例2	示例3
资料三角验证	教师、教导主任和教研员对新课程即将实施之际"迟到的新教材"事件的描述	教师、教导主任和教研员对教师在新课程实施之初所持的热情的描述	教师、教导主任和教研员对高中教育中盛行"考试文化"的描述
方法三角验证	分别通过访谈和观察获得的S1、S2教导主任关于"迟到的新教材"事件的描述,I-S2-AM、N-S1-M-1	分别通过访谈和文件收集获得的S1-TF-4关于"教师培训者"事件的描述,I-S1-TF-4与D-S1-TF-4	分别通过访谈和观察获得的S1中从校长、教导主任到教师对高考成绩的重视,N-S1-M-2、I-S1-AM和I-S1-TM-2
调查者三角验证	受访教师重新审阅访谈转录,其中一些教师对访谈资料提出修改意见,澄清自己所表达的信息。这时,教师成为关于自己的访谈的一个旁观者或评阅者,客观上起到了调查者三角验证的作用。这些教师如S1-TF-1、S2-AM、S3-TM-1、S3-TM-4、S4-TF-1等		

① Denzin N. K., *The research act: A theoretical introduction to sociological methods*, 3rd ed.(Englewood Cliffs, NJ: Prentice Hall, 1989), p. 237.

三、收集丰富的原始资料

收集丰富的原始资料也有助于研究者检验研究的可靠性。[①]除了访谈和观察教师日常情绪活动之外，研究者还要提高自己的敏感性，记录大量稍纵即逝的相关信息，如学校中的偶发事件、学校中的各种活动、学校中有关课程改革的规章制度、师生课堂互动的场景细节和言语行为等。

研究伦理是另外一个本研究需要特别谨慎的事项，因为研究者试图并且大都获得了进入他人观念世界的特权，况且情绪在很多情况下已经成为受访教师的个人隐私（如教师与同事、管理者互动中的情绪体验），教师不愿意向别人公开自己的情绪体验。因此，研究者首先遵循自愿原则，邀请教师参与此项研究。在访谈录音时，我先要征求教师意见，向教师承诺这些资料不会被泄露，并且只会用于此项论文研究，在获得允许的情况下再进行录音。访谈结束后，我会把一些涉及敏感因素的文字转录或把事件描述交给教师，请教师确认是否符合实情或是否需要删改。此外，为保护受访教师和参与学校，本研究对所涉及的人名、校名一律进行匿名处理。总之，在研究伦理方面，我恪守被研究者第一、研究第二、研究者第三的原则，确保此项研究不会给受访教师带来不良影响。

第四节　研究限制

对一项研究造成限制的因素大体可分为两类：源自客观条件的因素和源自研究者自身的主观因素。对本研究来说，其局限性主要体现在以下几个方面：

首先，时间的限制。课程变革，特别是大规模课程变革，是一个漫长而复杂的过程，往往需要花费几年的时间。尽管本研究在时间上选择教师情绪变化比较强烈的实施初期进行研究，但许多情绪对教师的影响往往在很长一段时间之后才会表现出来。因此，研究课程实施中教师情绪的最佳策略应该是采用长时段的追踪研究。就现有的教师情绪研究来看，一些比较深入的、

---

①　陈向明:《质的研究方法与社会科学研究》，教育科学出版社，2000，第405、435页。

全面的研究也都进行了一年甚至更长的时间，如赞比拉斯、威诺格拉德的研究。

考虑到客观条件，本研究没有采用长时段追踪研究的策略，并且教师访谈所获得的资料也都是关于已发生事件的信息，这显然限制了本研究的开展。为此，研究者采取嵌入式多个案设计以收集更多的资料，试图弥补时间不足的缺憾。从现有研究来看，那些短时段而又相对深刻的研究也都采用了多个案的研究设计，如哈格里夫斯和贝蒂的研究。

其次，研究者的身份、经验和个人倾向的限制。作为一个以情绪为题进行"博士论文研究"的男性，我的身份会对研究男性教师和女性教师的情绪劳动均有一些不利之处：男性教师可能会为了保持专业男性的形象而不愿向我展示他的"情绪"侧面，女性教师可能会认为我不能理解她的情绪经历而心存疑惑。同时，由于缺乏学校教学经历和质化研究经验，我也担心自己对受访教师的故事缺乏移情理解，从而导致教师有所保留。此外，由于情绪法则潜移默化地影响着我们，研究者自己也不能排除这种影响，因此，有可能对某些情绪事件持有偏见或缺乏敏感度。

当然，研究者的另外一些身份和性格特征会对这项研究有所帮助，如年轻、热情、喜欢言谈等。在研究过程中，我也需要通过热情、诚恳的态度争取教师的信任与合作。至于由个人经验和倾向造成的限制，我只有通过加强反思来尽量弥补。

最后，限于理论基础和研究兴趣，本研究主要探讨教师情绪的社会、文化和政治因素，对教师个人特征（如信念、态度、性格等）的影响有所忽视。虽然这在研究者看来并非存在局限性——它反映了看待教师情绪的另一种视角，并且是常常被我们忽视的视角，但也需要在此做出说明。

第四章　课程实施中教师的情绪经历

改革意味着打破常态，改变人们业已熟悉的生存环境、行为模式、角色定位以及思想观念。概言之，它冲击着身处其中的人们的"自我"意识，并且重塑着人们的"自我"疆界——那些原本被认为是归属于"我"的事物如今可能已与"我"形同陌路，而"我"也需要接纳这个结果、适应和融入一些新的因素。自我是情绪的栖息之所。如同我们的感官一样，情绪体现并传递着关于自我的信息[①]。自我意识的每一处细微变化都会不可避免地牵动、扰乱和激荡着我们的情绪。当改革由外界发起，并且和人们所处的现有情境存在较大差异时，自我意识受到的冲击会更加显著，情绪反应也往往更加强烈。那么，在这场大规模课程改革中，处于改革旋涡中心的高中教师具有哪些情绪反应呢？自改革付诸实施的一年多来，教师情绪又经历了何种变迁呢？本章将从受访教师的感受和叙述入手，尝试对这些问题做出回答。

第一节　初识改革

2004年9月1日，对广州市的高中来说，这不仅是新学年开始的第一天，而且也是高中课程改革开始实施的第一天。事实上，广州市的高中教师对新课程改革早有耳闻。作为高中课程改革的首批实验区之一，广东省为迎接这一天的到来已经做了充足的前期准备。7月10日至8月19日，广东省教育厅以"先培训，后上岗；不培训，不上岗"为原则，组织了十批"普通高中新

[①]　Denzin N. K., *On understanding emotion*（San Francisco: Jossey-Bass Publishers, 1984）; Margolis D. R., *The fabric of self : A theory of ethics and emotions*（New Haven, London: Yale University Press, 1988）.

课程学科教师省级培训班"，为全省即将使用新课程任教的高一教师进行了为期三天的培训。在培训前后的这段日子里，各科教师也陆续拿到了新教材。因此，在新课程付诸实施之前，教师对高中课程改革的整体理念和改革措施有了初步了解。本节以教师对这段时期的叙述为背景，描绘高中教师最初结识课程改革时的情绪反应。

一、改革到来

众所周知，普通高中教育连接着义务教育和高等教育，既肩负着完成基础教育，为高等教育机构提供人才的任务，又要为学生的职业定向做好准备，加之高中阶段学生的年龄和心理特征，这使高中的课程与教学在整个基础教育阶段显得极为敏感而重要。在2003年出版的一本对本次高中课程改革具有重要指导意义的著作——《普通高中新课程方案导读》中[1]，作者对高中的"应试教育"积弊做出如下总结[2]：

- 以外在化的知识技能的熟练掌握为课程目标；
- 课程内容繁、难、偏、旧，脱离学生经验和社会生活；
- 课程结构"分科主义"严重，拒斥学生的选择；
- 课程实施过于倚重接受学习、死记硬背、机械训练；
- "一切为了高考"的选拔取向的课程评价；
- 高度集权化的课程管理。

正如教育部高中课程改革的负责人所说，本次改革旨在改变我国普通高中长期以来"千人一面，万人一书"，以高考为基本追求、以升学率为主要目标的被动局面，努力促进学生全面而有个性地发展[3]。因此，高中课程改革在制度层面上以近乎全新的面貌向传统的高中教育发起了全方位的冲击。

改革之"新"首先体现在它的理念上。有学者归纳了高中课程改革的七

---

① 这本书由钟启泉、崔允漷、吴刚平主编，朱慕菊主审。三位主编均是本次高中课程改革专家组的重要成员，而主审者则时任教育部基础教育司副司长一职。此外，该书的主旨就是对本次高中课程改革的基本蓝图——《普通高中课程方案（实验）》进行解释。

② 钟启泉、崔允漷、吴刚平：《普通高中新课程方案导读》，华东师范大学出版社，2003，第60—61页。

③ 刘然、余慧娟、赖配根：《普通高中课程改革的整体走向——访教育部有关方面负责人》，《人民教育》2004年第11期。

大理念[①]：

- 强调学生的主体性，关注学生全人发展的课程价值观；

- 强调科学与人文的整合，建立科学人文性课程文化观；

- 回归生活世界，寻求人、自然、社会和谐统一的课程生态观；

- 注重课程整合化，采取综合取向的课程设计观；

- 倡导教学与学生对课程知识的建构，采取创生取向的课程实施观；

- 合理处理高中课程评价与大学入学考试的关系，采取符合素质教育要求的新的课程评价观；

- 赋予每一所学校合理而充分的课程自主权，采取民主化、科学化的课程政策观。

显然，这些理念为本次改革渲染了民主、科学、进步并且富有人文气息的理想色彩。若是这些理念真的能够在高中的课程与教学中得以贯彻，我们完全有理由相信，一个崭新而充满生机的高中教育将会出现在我们面前。那么，当教师通过各种渠道（包括官方政策、培训、媒体等）了解到即将进行高中课程改革时，他们做出了哪些情绪反应呢？

（一）积极情绪

1.喜悦、兴奋与热情

课程改革为人们描绘了一幅理想的蓝图。因此，许多教师在刚听到这个消息时都感到十分兴奋，并且充满热情地投入这场改革。这种兴奋和热情不仅是个人身心的一种愉悦感受，而且富有很强的责任意识和道德色彩。教师这样形容自己当时的情绪反应：

我觉得很兴奋！毕竟这个改革来了之后，能够像打开一个小窗口那样让人看到一些希望。就我个人来说，我是比较兴奋的。(I-S4-TF-3)

在学校管理者和教研员的印象中，教师整体在课程改革之初的情绪状态与教师的上述描述也十分符合。

一开始，老师们都是兴奋的，因为有机会参加培训，接触到新的理念。

---

① 靳玉乐、张丽：《普通高中课程改革的理念与策略》，《浙江师范大学学报（社会科学版）》2005年第1期。

而且，这种新的理念从一开始接受培训的时候，也能够感受到它是科学的，因为它符合我国人才发展的需要，让人感觉到心情激动，跃跃欲试。(I-S1-AM-1)

一开始，老师们的热情还是挺高的。原因很简单，新课改确实是引进了一些比较好的理念。所以，当新课改开始的时候，老师普遍持欢迎的态度。(I-O-AM)

2.希望、期待

与兴奋和热情密切相关，部分教师以充满希望的心情期待着高中课程改革的到来，这同样是出于对新课程改革的憧憬。不过，与兴奋和热情相比，这种情绪的强度似乎稍显微弱。

刚开始是很期待的。因为我自己从读书的时候开始就对教育改革很关注，一直觉得目前的教育存在很多弊端，需要改进。其实中国之前也进行了很多次的教育改革，但只是在教育方式上的改动，改不了多少。不过这次是很大的一个课程改革，是以课程改革为载体的。这个改革可能实行起来会有一些根本性的变化、深刻的变化。(I-S1-TF-1)

(二)消极情绪

1.茫然、缺乏信心

与教师日常教学的现实相比，课程改革所秉承的理念似乎显得有些过于遥远，难以理解。然而，教师都能感受到改革描绘的理想蓝图与自己的日常教学存在着巨大的差距。因此，当改革来临时，一些教师感到茫然，对自己能否胜任新课程的教学也缺乏足够的信心。

我那时候刚带完高三，学校安排我带实施新课程的高一。在没有培训之前，我对新课程什么都不了解，觉得高一用新课程，可能教材什么的都改变了。这要怎么教? 一片茫然! 不清楚，不了解。去年八月份，我去××师大进行新课程培训，专家就只解释了一些新课程理念性的东西，说新课程主要是引进芬兰等国外的一些做法。有些也听不懂，不知道他在说什么。(I-S1-TM-3)

这种情绪在一些有着多年教学经验的中年教师身上表现得更为突出。在这个时候，教学经验不再是他们值得炫耀的资本，而是变成了一种负担，导致教师对自己的能力产生了怀疑。

刚开始是一片空白，就觉得这么新的东西，我能接受它吗？而且，是不是年轻老师更好驾驭呢？白纸上好画画嘛！有十几年教龄的老教师是不是更难改变？（I-S1-TF-3）

2.厌烦

改革在很大程度上意味着要重新开始，教师不得不放弃许多原来已经拥有的事物，包括多年积累的教学经验、应试窍门，甚至是日常教学中使用的课件，而不得不付出精力掌握新事物。这使得一部分教师在听说改革来临的消息时本能地产生一种厌烦。

我也没有什么可讲啊，反正就是觉得，又改了！原来的课件又没用了，又要重新学了。因为课改老师就要进修啊。唉，好烦啊！（I-S3-TF-2）

我自己原来也带过几届高三，接下来就感觉比较好操作。我们政治学科，高一，经济；高二，哲学；高三，政治常识。已经这样教了好几年了，对这个教材已经驾轻就熟了，可以说是，你都不用备什么课，就知道哪一页是什么。所以一开始搞这个新课程的时候，当然是比较烦了。这意味着我要重新开始学习，这个肯定是比较烦的。（I-S4-TM-1）

3.怀疑、抵制

尽管同属消极情绪，但与即将呈现的这种情绪相比，茫然和厌烦就显得要温和得多。这些教师对高中教育有着自己的一套十分清晰的认识，对课程改革充满怀疑。他们在改革之初就迅速摆明了立场——抵制。

刚听到课程改革的时候，我觉得这是一厢情愿的事情，至少在北方地区是行不通的！……现在一切都是围着高考转的，这怎么行得通呢？而且它的很多东西都是从国外照搬过来的（敲桌子），它是不是适合中国的国情？我一直都在怀疑！（I-S2-TM-5）

（三）复杂情绪

面对改革，教师或者会产生积极情绪，或者会产生消极情绪，这些本来也在意料之中。然而，情绪的复杂性不仅表现在它会稍纵即逝，或者它是一种深层的心理反应，更表现在个体针对同一种情绪客体会同时产生相互冲突、相互矛盾的情绪。这就是普鲁契克在情绪锥体横截面中命名为"冲突"的部分。面对高中课程改革的到来，教师也产生了这样的情绪反应。

一位教师用"又欢喜又害怕"来形容自己在课程改革之初的情绪状态：

我对新课程改革的情绪基本上是又欢喜又害怕的。为什么呢？因为现在的课程继续这样教下去的话，肯定是不行了。就我们历史这一科来说，对历史这个科目极端不重视、教学内容僵化、有些史学观点早就已经过时了。以这样的教法再继续下去，我们教得都很累，也没有多大的意义。在这种情况下，新课程来了，大家肯定是比较欢喜。随着新课程而来的是新课程下的新评价。我们经过了比较长的时期，已经适应了旧的评价体系，所以我们除了要（适应）新课程的内容，还要面对这个新的评价体系。在新的评价体系下，我们能不能有原来的成就？我们能不能适应？所以我们害怕，而且焦虑。应该说这种情绪非常复杂。(I-S1-TF-4)

教师对高中教育中的弊端有着深刻的认知，感到原有的课程和教学有许多需要改进的地方。改革的及时到来使教师"欢天喜地"，这种积极情绪同时也包含着强烈而深刻的道德责任。然而，改革同时也使教师产生了焦虑：在新的课程体系和高中教育中，"我"是否还能适应？欢喜与焦虑构成了一种颇具特色并且十分强烈的情绪冲突。正如教师所言，这种情绪变得"非常复杂"。

事实上，这种复杂情绪并非这位教师所独有。在改革之初的一段时间里，有相当一部分教师都对高中课程改革抱有这样的情绪反应。一位教师这样描述他的同事在改革之初的情绪状态：

刚开始，大家都很兴奋，觉得课程改革给我们带来一种新的希望，或者新的教学生活，或者是一种新的教学体验，大家感到很兴奋。我记得当时进行了为期三天的广东省高一新教师的培训——就是那个为马上就要在高一任教的教师进行的新课程的培训。感觉好像烫手的山芋啊！抓也不是，不抓也不是。这个情绪还是比较复杂的。(I-S3-TM-4)

"复杂"又一次被用来描述教师的情绪反应，而且教师用了一个十分形象的比喻来描述这种状态：虽然感到兴奋，但是课程改革就像一个"烫手的山芋"，让教师"抓也不是，不抓也不是"。通过这个比喻，教师内心深处发生的情感冲突就跃然于我们面前了。

二、初遇新教材

高中课程改革的到来如同向平静的湖面投下一颗石子，在教师的内心深处激起了一圈圈涟漪。然而，理论与现实之间毕竟存在距离：理念冲击即使巨大，教师仍然对改革带来的挑战缺乏切身体会。当改革真正触动了教师日常世界中的每一项具体事物时，这种体验就显得更加深刻而生动。在这些变化中，教材的变动对教师而言自是首位的。那么，当教师最初遇到这些新教材[①]时，他们产生了哪些情绪反应呢？

（一）知识更新的挑战：教师感受

在呈现教师的情绪反应之前，我们不妨先听一听一位教师在刚刚拿到新教材时的感受：

我是在去年的七月中旬参加的培训。我刚带完高三毕业班，培训之后我就拿到了新教材。新教材的必修一是《政治文明》。看到这本新教材，大家都有一种感觉，是震撼！为什么？它所涉及的知识跟我们十几年来所教的东西已经完全不同了！它的深度、它的广度、它所涉及的知识面都远远超越现在的教材。我想各科面临的挑战都是这样的。（I—S1—TF—4）

教师在浏览新教材时发现，其中涉及的知识与教师业已形成的知识体系"已经完全不同了"，而且各个学科都可能面临类似的情况。教师用"震撼"来形容这种知识更新给教师带来的冲击，由此我们可以想象得到冲击的剧烈程度。在这里，教师将这种知识更新命名为"挑战"，这无意中也呼应了巴伯（Barber）与菲利普斯（Phillips）在分析变革中的教师情绪时所使用的"挑战—支持"矩阵[②]。由于此时变革尚未付诸实施，我们暂且将"支持"问题放在一

---

① 这里的"新教材"是指本次高中课程改革中各出版社组织人员根据新的课程标准编写的、教师在实施改革以来使用的各科教材。

② Barber M., Phillips V.,"The fusion of pressure and support," *Journal of educational change*1, no. 3（2000）: 277–281.

边，首先来看这种挑战下的高中教师产生的情绪体验。

1.积极情绪：惊喜、喜悦

新课程以时代性、基础性和选择性为原则，对高中课程内容进行了重新选择，而且教材编写与出版权力的放开使高中课程变得更加丰富。面对这些变化，许多教师都为之振奋。一位学校管理者这样回忆本学科教师看到教材时的惊喜之情：

化学教材就有三种版本：江苏版的、山东版的、人教版[①]的——见到这些教材后，都会有一种惊喜，觉得很多东西都变了。（I-S4-AM）

令这些教师感到喜悦的不仅是教材的丰富多样和知识的更新变化，而且还因为新教材体现了一种新的专业追求，即对"学无止境"和"艺无止境"的尊重和肯定，从而使教师的积极情绪具有了更为深刻的专业内涵：

这就涉及你提的一个问题："它对我们老师的专业有什么冲击？"应该说会直接冲击老师的专业体系。还用旧的东西是站不住脚的，就没有可能再站在讲台上！新课程根本就教不了！比如，历史，就根本教不了。为什么？大学学的那一点东西早就忘掉了，年轻老师也就是学了一点皮毛。老师是学院式的，就是那么一本书在那里。这是第一。第二，知识在那里，你怎样呈现给学生？我昨天才给他们讲了，史学的解释是"学无止境"；怎样呈现课堂艺术，是"艺无止境"——"艺术"的"艺"。这是两个无止境的东西。新课程最值得肯定的就是对这两个无止境的东西给予了尊重和肯定，让老师去追求这样的东西。它提出了这样的理念，而且强烈地轰炸了老师旧的专业体系，所以我非常喜欢新课程。（I-S1-TF-4）

2.消极情绪：抵制

教材知识的更新换代意味着教师原本的学科知识体系很多已经过时，不适用于今天的高中教学。这种情况不仅影响了中老年教师，甚至也让年轻教师认识到自己的不足。一位只有三年教龄的年轻物理教师说：

---

① 分别指由江苏教育出版社、山东教育出版社和人民教育出版社出版的新教材。

新课程高估了我们教师的能力。比如我们新课标①是把很多大学的内容放到了高中里面的，很多教师得自己先学习一遍，再来教学生。比如，相对论、量子力学这些比较前沿的东西，我们也不是不懂，可我们是教不好的。以己之昏昏使人昭昭，不行嘛！自己去讲之前也得先买一大堆的书来看。(I-S3-TM-1)

如果刚从大学毕业的年轻老师对新教材的部分知识已有"昏昏"之感的话，那么中年教师和老教师对新教材的大幅度知识更新就更加不适应了。这种不适应虽然在很大程度上可以归因于知识的自然淘汰，但是也有很多社会、历史因素的影响。当这些因素产生综合作用时，知识结构上的"不适应"就会成为教师的一个共同体会，这导致一部分教师产生了抵触情绪。在一位学校管理者的印象中，这种现象在中老年教师群体中比较普遍：

说实话，我们的知识结构是比较单一的。从现在的课程体系来看，我们的知识结构，如果自己不去进修、不去提升知识结构的话，其实是很难应付正常的教育教学的，所以老师肯定不适应。像我们这种三四十岁的教师，毕竟也读过大学，教育经历上我们大概也都是20世纪70年代末读的小学，应该说我们读书求学的整个过程还是比较完整的。那些比我们早十年的教师，他们那个时候的大学和现在的这种是完全不一样的嘛！那些人的整个知识结构比我们要单一、残缺不全。真的！我们有一些老师，现在的很多东西他从前都没有学过。他现在四五十岁了，你要他重新拿起来，对他来讲，压力是很大的，需要很强的适应能力，所以这种抵触的情绪自然就出来了。(I-S2-AM)

3.复杂情绪："积极的"焦虑

新课程在学科知识方面的调整并不仅仅是某一学科内部知识的更新换代。在课程组织方面，主张以学习领域、科目和模块的三层结构代替原有的分科形式的。于是，原有的分科教学、专科专教的传统已经难以为继，跨学科知识的融合与统合整理使教师感到十分焦虑。

这个矛盾比较凸显，就是它对文化积累要求很高，需要一个很综合性质

---

①　指新课程标准。

的（知识结构）。我感觉到新课程需要语文老师成为一个文史哲专家，但是实际上是不可能的。在工作了之后，你真的会有那么多时间充电吗？有那么多时间去吸收吗？不可能的。这也会带来一种职业焦虑。我觉得是有这种情况的。（I-S4-TF-3）

然而，这位教师也意识到，这种让自己感到不适的情绪状态虽然从表面上看来是消极的——它是个体对"个人—环境"关系做出负面评估后产生的情绪反应，但在功能上却具有积极的含义——它让教师意识到自身的不足从而努力加以改进。于是，这种焦虑情绪的性质就变得复杂起来。

我觉得在这场改革里面，这个焦虑应该是最为凸显的。如果一个人想把他的工作做好，他肯定会知道自己的不足在哪里，会产生这种情绪。我觉得这种情绪是焦虑，从字面上听起来它是负面的，但实际上它是积极的。如果没有这种焦虑，那他在这场改革里面一点都不动也是可能的。（I-S4-TF-3）

（二）意外的不和谐音：屡屡迟到的新教材

2004年9月1日，新学年开始，高中课程改革也开始付诸实施。根据广东省教育厅颁布的《广东省普通高中新课程实验实施意见》，学校在第一学年主要开设必修模块，从第二学年开始将要大规模地开设选修模块供学生修习。按照往年的模式，各科教师早应该拿到必修和选修模块的新教材了，对本学科的整体设计思路已经有了基本的了解。然而，令人不可思议的是，当年部分学科的教师竟然在这个时候连必修模块的新教材都没有拿到！而且，在改革实施一年多以来，教材迟到的事件多次发生。如果把高中课程改革的进程比作一部乐曲的话，那么这些事件就构成了不时浮现的、意外的不和谐音符，使整部乐曲失去了协调性与流畅性。两位学校管理者这样回忆当时的经历：

当时新教材出得很迟嘛！我刚才说有的教材9月1日都没有收到啊！当时《广州日报》为了宣传新课程改革，要在头版里面放几张学生拿到新教材的照片，但没有教材啊！原来想在××学校现场拍题，结果他们教材不齐，拍不了！报社打电话问我："你们那里行不行啊？"其实我们也有一两个学科还没有教材。那你想一想，正常的话9月1日应该开学了，那个时候还没有教材，老师还准备啥？所以有那么几天是"真空期"啊！（I-S2-AM）

特别是我们第一轮，已经开课了，课本都没到！课本都没到！必修课的教材都没到，选修课教材就更加没到。到现在为止[①]，我们的老师要开选修课了，选修课的教材都没见过。那我怎么开选修课啊？（N-S1-M-1）

毫无疑问，这样的意外事件必然会影响教师对课程改革的情绪。在这样的"真空"状态中，教师的情绪反应无一例外是消极的——这一点却也在我们的意料之中。

1.愤慨、"怨声载道"

新教材的迟到让教师觉得在本次课程改革中，很多必要的准备工作还很不充分，因此质疑改革者的组织和领导能力。一位教师在回忆起这件事时，愤然之情仍然溢于言表：

你知道吗？我们在上必修二的时候，上了差不多一个星期了，教材还没到！为什么没有到？可能人家还没印好，反正就是拖拖拉拉的。准备得很不充分！（I-S3-TM-4）

2.怀疑、担忧

新教材的迟到也让教师认为高中课程改革过于匆忙。这种"匆匆忙忙地赶出来"的教材让教师对其质量产生了怀疑和担忧。一位学校管理者这样说：

课改[②]给人的感觉是比较匆忙的，很多专家私下里对这次的课改都有这样一个共识。教材匆匆忙忙地赶出来，甚至我们已经开学了有些教材还出不来！出不来肯定影响教学，而且这样匆匆忙忙赶出来的东西，它的质量肯定有问题——这也是我们的一个担忧。（I-S1-AM）

其实，让教师怀疑的不仅是新教材的质量，还有改革者对本次高中课程改革的决心和态度。在教师看来，改革者的态度是自相矛盾的：一方面信誓旦旦地要厉行改革，另一方面却都不能保证让教师及时拿到新教材，这难免让教师对改革者失去了信任。

它有一个很明显的滞后性，比如说明天要上课，今天才拿到教材，甚至

---

① 研究者做这份田野笔记的时间为2005年9月27日，这已经是高中课程改革付诸实施的第二个学年了。

② 指本次高中课程改革。

已经上课了，教材还没有来。他们对此的回答是"没办法"！但这些事就影响了我们的情绪嘛！(I-S3-TF-2)

从实施以后的实际情况来看，新教材的迟到的确对教师实施高中课程改革产生了负面影响。由于缺乏部分必修或选修模块的教材，教师无法掌握新课程的整体设计思路。因此，教师在第一学年必修模块的教学中增加了许多第二年在选修模块的教学中将要涉及的内容，这不仅让新课程的教学显得繁复拖沓，而且让学生在学习中也觉得有些厌烦。

为什么我们当初在高一的时候就开始深挖它呢？原因很简单，就是因为没有教材啊！我没有后边的选修教材，我怎么知道到时候讲什么内容啊？在不知道的情况下，有些内容我肯定要讲……我们以前不知道选修是在搞些什么，现在书已经到了，我看到选修的教材，其实就是根据以前的书来的，只不过是把某些内容抽了出来，选修又重新讲了一遍前面的内容，所以学生就学得厌烦了。(I-S3-TF-1)

第二节　实施以来

无论对高中课程改革期待还是反对，兴奋还是焦虑，教师都必须接受的一个事实是：从2004年9月开始，广州市的每一位高中教师都要在自己的课堂教学中实施新课程了。虽然迟到的新教材给实施进程带来了些许干扰，但课程改革的步伐依然在按部就班地向前迈进。对教师而言，实施新课程意味着自己的日常专业实践将至少发生以下几种显著的变化[1]：

• 课堂教学使用新教材，并提倡自主、合作、探究的学习方式；

• 适应学习领域、科目、模块的三层课程结构，以模块为单位完成每学段（10周）的教学，并评定学生的学习情况；

• 将包括研究性学习、社区服务和社会实践在内的综合实践活动纳入高中

---

[1]　当然，除了这几项显著变化之外，高中课程改革还给学校人员提出了许多新要求，如把"情感、态度、价值观"纳入课程目标、建立以校为本的教学研究制度、加强校际以及学校与社区之间的课程资源共享等，与之相关的要求更是难以例数。这里列举的只是学校和教师在改革中必须应对的一些基本要求。

的必修课程，并在原有的学科系统中增加技术、艺术等新兴科目；

• 实行学分制，以学生修习的学分数量作为衡量高中生能否毕业的标准，同时由各个学校对学生进行自主的学分评定；

• 开设选修课，从事校本课程开发，使学生获得毕业要求的至少28个选修学分，并对学生进行选课指导；

• 采用发展性评价，为学生建立成长记录手册，将学生学业成绩与成长记录相结合。

"纸上得来终觉浅。"接受培训和浏览教材虽然也对教师产生了许多强烈的冲击，但这些感受和认识还只是停留在一个初步而虚浮的层面上。当教师按照改革方案和课程标准的要求，脚踏实地地在自己的专业实践中实施这些业已预设的变革时，教师发现，这些冲击来得更加真切了。随着实施进程的展开，教师对高中课程改革各项措施的体会和理解也日益深刻。根据田野调查实录，本节将教师情绪反应最为显著的若干事项归纳为四个主题，由此呈现教师内心对实施一年多来的课程改革实施的情绪体验。

一、新教材：让我欢喜让我忧

实施改革以来，教师把新教材与原有的高中教材进行了对比，发现新教材的确有了一些可喜的变化。这主要表现在两个方面：一是内容的与时俱进，二是种类的丰富多样。无论是教师还是学校管理者都认为，这些变化对学生、教师乃至国家的发展都有着很多好处。

在我刚当教师的两三年里，我觉得大学里学的东西好像也没什么用，反而要把以前高中用过的一些练习内容拿回来再用。如果还是这样几十年都不变、因循这样的路的话，那么我们的教育从现在的这种信息社会的角度来看，显然是不行的。因为这样就等于你一代一代的人都裹步不前啊！那就永远落后于人嘛！所以我觉得老教材这一点是明显不好的。第二个就是老教材的内容比较单一，强调统一，这就忽视了人的差异性。我觉得老教材这一点也是明显不行的。所以新教材就像医生治病一样，针对老教材的一些明显不足，或者说按照现代社会的要求做了一些与时俱进的修改和调控。新教材的改进，在某种意义上来说是与社会发展同步的。在这一点上，应该说它有它的优越性。所以这就是我为什么说它这种方向是可以走下去的：提供了多样性，教材出版也没有什么垄断。中国这么大，从前只有一家出版社出版教材。现在我们放开，可以多点竞争，应该说这也是一件好事。(I-S2-AM)

我看了这五本书，我就觉得新教材的立意是很好的，给我的感觉是提升了，与时俱进了，这个感觉特别强烈。这个新教材试图让学生接受新的事物，这个出发点是好的。如果一本书教了几十年都没有变，知识陈旧，那么就和这个社会脱节了，学生学起来也没有多少兴趣。这个新教材也起到了促进教师学习的作用，让年轻教师在离开大学校园以后，能不断学习和提高，能用上大学里学到的东西。(I-S3-TF-4)

1.失去控制的茫然失措

虽然有着这些好处，教师对新教材的感觉毕竟还是十分陌生。在刚开始教学的那段日子里，有相当一部分教师都不知道该如何处理新教材，这使教师对原本熟悉的教学失去了控制感。失去控制后的尴尬和茫然失措成为许多教师的共同感受。这种感受在具有多年教学经验的教师身上更加突出：

尤其像我们教原来的老教材，已经教得很上手了。现在搞这个东西，就会觉得有一点不知所措!(I-S1-TM-2)

最重要的是把握不了教材。上一节把握不了教材的课，你心中是很没底的嘛! 作为一名教师，那是一件很尴尬的事。我们都上九个星期了，上了那么多节课，我才明白，哦，这个教材啊，应该这样处理才更好。好，这还不行，五个班还有五种风格，你还得再调整。但是这也太不可控了吧! 本来学生就已经不可控了，课程还要不可控!(I-S3-TF-2)

教学是教师的常规工作，然而新教材却让教师对这份工作不再熟悉，这种落差难免会使教师怀疑新教材在实践中的可行性。于是，一些教师开始抱怨。一位教师对其同事的描述形象地反映出教师们在面临这种落差时的心态：

刚一拿到教材上课的时候，很多老师就感慨：半个学期教完一本书，怎么教? 而且刚开始，我们这个广东教材体例给大家的感觉是上起来总觉得很难落实。通常第一个问题就是课程设置，教材中的课程设置跟教学实践很难吻合，所以我们的第一个感觉就是：是不是太理想化了？我们还把这些新课程叫作"心课程"——心里面想的课程！（笑）就是这种感觉。反正抱怨的很多，抱怨老是搞什么新课程，搞得连书都不知道该怎么教了。(I—S3—TM—4)

2.令人失望的教材编写

教师在使用新教材时逐渐发现，新教材在编写与设计上还存在着许多问题。首先就是新教材的系统性不强，学科之间也缺少衔接，这给教师的课堂教学带来了很多不便。

现在打破了横向科目结构以后呢，说小一点吧，有时候同一个年级不同学科之间的老师自然而然就产生了一种埋怨。比如，我作为一个物理老师，本来有些知识是该数学老师讲的，我用就行了，我不知道他为什么不讲，我不了解数学教材。（笑）事实上数学老师也有他的难处："我是按课标走的，那我不可能为了将就物理，专门去提那个知识。"但这样就使学生学习的难度增加了。那没办法！你要搞这个，就只有让学生自学，或者物理老师补一点数学知识。只能这样！(I—S2—AM)

我觉得新的教材没有以前的好。比如，数学以前的教材注重的是训练学生的思维能力等，但是现在，从教材的编排来看，很难达到这个目的，知识的连贯性处理得不好。(I—S4—TM—2)

每一套教材在最初使用的过程中总会存在一些问题，知识体系方面的系统衔接问题更是要通过长时间的磨合和修订才能解决。教师对新教材出现的这种问题也表示理解。然而，令教师难以把握的是，新教材究竟是否体现了课程标准的要求呢？当本来就缺乏信心的教师遇到新教材与课程标准存在背离之处时，教师就会感到烦躁和愤慨。

教材有很多的版本，不是每个版本都能准确领会课程标准，而且课程标准也不是对每个学科都说得那么清晰和明白……教师很难把握这个要求，特别是新教师。究竟要讲多深？现在的教材是面面俱到，又匆匆忙忙地赶进度，所以老师感觉到必修课是没底的，整个必修课的教材现在都感觉很没底。(N—S1—M—1)

新课程允许教师在实施中对教材做出删减、增补，然而这对高中教师来说始终是一件具有风险的事情。一方面，新教材在编写设计上存在缺陷；另一方面，教师在使用新教材教学时也有许多不愉快的体验。当这些因素综合作用时，一种极端的消极情绪——愤怒就出现了。

教材要让我们能用才行啊！我没有整合教材的能力，我又不是全才啊！应该是上面做好了给我们的，而不是这么粗糙地推下来……有时候一节课根本就备不好。那个时候你的情绪也上来了：生自己的气，觉得这教材很难用。这个教材不好，怎么编的啊？（生气，拍桌子）（I-S3-TF-2）

3.疑虑与担忧：经济利益的侵扰？

教材编写与出版权力的放开为新教材增加了多样性，同时也意味着市场经济的因素对新教材会产生更大的影响。新教材出版的匆忙、编写设计的问题、频频出现的错漏等迹象，都让教师对新教材的质量、性质产生了疑虑与担忧："教材"与"商品"，新教材究竟更多地站在哪一边？

教师的担忧并非毫无道理的空想和臆测。在教研员的眼中，教材编写权力放开之后，各家出版社争相抢夺市场份额的现象不可避免地影响了新教材的质量。

二、课堂教学："摸着石头过河"与"奔跑中前进"

新课程的实施改变了高中的课堂教学实践，自主、合作、探究的学习方式在课堂教学中得以展开。无论教师欢迎还是反对高中课程改革，他们都或多或少地感受到新的课堂教学带来的转变。这些转变包括：关注课堂教学的三维目标；发挥学生在学习过程中的主体作用；采用丰富多样的教学方法和教学形式；评价学生时具有多元意识；在教师群体中形成有利的教育教学氛围等。教师感到，这些都是新课程带来的一些良好的转变。

我上课的风格也变了，以前更多的是一种"我讲、你接着"，现在我经常会采用像电视上那种访谈节目的风格。我跟学生交流，如果他说得好的话，其他学生会给他掌声。他会产生一种愉悦感，会对这个有一种自信心。我觉得这也是课改带来的吧！你也不能把课改说得一无是处，这也是它带来的一种好的现象吧！（I-S3-TF-3）

新课程好在哪里呢？就在于无形中形成了一种教学氛围，对老师有所激励。我们在实施过程中，时不时会觉得"新课程应该这样，不应该那样"。这就是它的教育氛围，一种无形的力量。上课的时候，我们也会努力设置一些新课程要素、教学环节、教学设计等。（I-S3-TM-4）

然而，让教师离开他们的舒适地带，去适应一种新的专业实践毕竟在情绪上是一件十分痛苦的事情。正如一位教师所说：

上半年我在学校所做的一次发言中有这么一句话："新课程带给学生的应该是快乐，带给教师的应该是痛苦，因为我们教师要做出很大的改变。"真的，我们要对自己以前的教法做出很大的改变，因为新教材对我们来说难度非常大，所以我们感觉是非常痛苦的。（I-S3-TF-2）

那么，教师所说的痛苦究竟指的是什么呢？

1. "摸着石头过河"

实施改革意味着教师要拥抱变革带来的不确定。教师对新的专业实践的掌握总是需要一个适应期。在这段时期中，教师对课堂教学变得瞻前顾后、畏首畏尾、无所适从。一位教师这样回忆道：

反正给我的感觉就是第一年一开始的几个星期确实是有点无所适从，对着学生很迷茫的样子，你不知道怎么弄！并且你当时拼命地在那里讲新课标怎么样、怎么样，那种压抑啊！有时候自己会怀疑自己原来的教学方式方法和新课标不符。你不强调的话我还不觉得，我这样子上课，学生也不觉得闷，我同样能培养新课标要求的那些能力。我就很自信，是吧？你现在反反复复地去讲，就好像觉得我们老师不行。那我就需要去想一想到底我这样子行不行！这就让各方面的东西积压在这里，慢慢地变成一点都不敢轻举妄动的样子。（I-S4-TF-1）

旧的模式受到质疑，新的模式尚未掌握。在这段时期，教师对自己的教学也缺乏信心。本应是教师最擅长的课堂教学忽然之间成了一件最无法肯定的事情，这对教师来说颇具讽刺意味。教师的这种困惑情绪几乎表现在课堂教学的各个方面：

在实践中我们也出现了一些困惑：实施新课改是不是多让学生活动？学生活动越多，新课改理念贯彻得就越充分？教学方法、形式越丰富是不是学生就越能落实知识、考试就能考好？课堂上是不是老师问得越多，学生主体作用体现得就越充分？讲授式是不是就是灌输式？实施新课程是不是要淡化教师讲授？教学改革与评价机制如何衔接？教学改革和教学质量是不是成正比关系？学生的情感、态度、价值观如何评价？（D-S1-TM-3）

课堂教学的效果是通过学生学习表现出来的。课程改革以前，教师可以通过省、市、区或部分学校之间组织的测验、联考、会考等，对学生的学习情况进行横向比较，从而调整自己的课堂教学。但是，高中课程改革实行学分制，并且由学校和教师自主评定学生能否获得学分。在这种情况下，教师对学生是否已经掌握了本学段的学习内容也不敢肯定。

原来还有一个省里面的会考，那我就可以知道学生学得怎么样。但是现在，我就好像老鼠跌到天平里，我怎么知道自己有多重啊？现在都不知道。（I-S3-TF-1）

"摸着石头过河"常常被用来形容改革中人们的心态。当课堂教学中的一切都失去了确定性时，难怪教师普遍会用这个词语来形容新课程改革了。

新课程改革就是摸着石头过河，没人教你。编教材的人，他们也没给你一些具体的操作过程啊！（I-S3-TM-1）

因为这是第一年，谁也不知道，都是摸着石头过河呢！所以这东西就很难把握。（I-S4-TF-2）

2."奔跑中前进"

新课程提倡自主、合作、探究的学习方式，教师们承认这种方式对培养学生独立思考、动手能力是十分有利的，然而，教师在实施中很快就发现，运用这些学习方式进行课堂教学要花费更多的时间，这经常导致教师在课堂上无法完成预定的教学任务。

教了几个礼拜之后就发现，课程的内容跟课时的冲突是非常剧烈的。现在的新课标，我只说我们这一科，它非常提倡探究的教学模式，就是要具有开放性，上课的时候多让学生动手动脑，但是以它这样的课时编排、这样的探究内容，课时远远不够，放开了就很难收回来，所以觉得教学模式如果按照新课标提倡的那种，基本上是不可能完成教学任务的。（I-S3-TM-1）

新课程同时规定了每9周要完成一个学段的学习，第10周就要评定学生在这一学段的学习情况，以决定他们能否获得学分。教师认为，新课程在教学时间上的这种安排过于机械。一方面，教师的教学进度本身就是有弹性的，9周完成一个学段的教学有些苛刻；另一方面，由于学年安排的原因，每一学期并非恰好都有20周，有时可能一个学期只有18周。加上节假日的影响，这使得教师感到时间更加紧张。新的学习方式需要花费更多时间，同时教学进度又有明确而严格的时间规定，于是，赶进度、赶时间带来的紧张情绪几乎成为各科教师的一种共同感受。

9周基本上就要完成一个模块，一本书啊！这个在以前是不可想象的，一个学期的内容！当然内容是少了一点，但仍然是非常紧张，老师教得非常紧张，学生学得更为紧张。因为我们要赶课程，总是赶赶赶赶赶！唉，好不容易赶完了，就考试了，没有时间去复习及做其他的教学活动。这是一件让人非常困惑的事情！(I-S1-TM-4)

老实说吧，高一的教学很多的时候都是在赶时间、赶进度，因为课时比较少，又要求去探究，又要学生动手，这个进度肯定就慢下来了，很多内容就没有时间去讲。整个教学都是在赶进度。(I-S2-TM-2)

它的一些理念提得很好，但是安排的容量太大，学生没有时间去思考，甚至没有时间去把知识沉淀下来。我们教研活动中提出来的问题基本上就是太赶、太匆忙，学生根本就没有时间去落实知识。(I-S3-TM-2)

在这样紧张的时间限制下，课堂教学变成了一件苦差事。一位教师把新教材比喻成"压缩饼干"，学生和教师则是课堂教学中的"匆匆过客"，最终导致学生在学习中产生了严重的"消化不良"的现象。

新教材好像是个"压缩饼干"，压缩了传统的推理、严格的证明等环节，但是这些知识点又都已经体现了。这样就造成知识点一个不少，时间却比原来少了很多的矛盾，课堂上就比较紧张。学生和老师都感觉现在新课改就是"匆匆过客"。9周一个模块，这个时间是很紧的。学生呢，因为他接受的知识量、知识点多嘛！每一个知识点对他来讲都是新的嘛！他就像"匆匆过客"一样，就这样匆匆过去了，那就会严重消化不良。哪个地方没理解、断掉了，

就会成为一个盲点，连接不上。就是这种症状——消化不良。(I-S1-TM-2)

"摸着石头过河"意味着教师要小心翼翼、谨慎慢行；"奔跑中前进"则恰好相反，意指教师迅速前行、不敢稍事休息。然而，在本次课程实施中，这两个比喻却被同时用来形容教师所处的状态。这样我们就不难理解，高中教师为何会在课程改革中感到痛苦、疲惫与烦躁了。

所以就是疲于奔命嘛！……但是我的原则还是，我要把我自己的事情处理好。这是我对自己的要求。只是有时候一天到晚这样忙忙碌碌，也挺烦的。就一个字——累！(I-S1-TM-1)

我历年带高三很累，我以为带高一的这一年可以轻松度过，但是感觉比带高三还辛苦！而且是没有目标的、很迷茫的那种辛苦。(I-S3-TF-1)

三、高考方案：千呼万唤出不来

从理论上来说，高考方案并非高中课程改革所能处理的一个环节，高考针对的是高等院校的人才选拔，而课程改革针对的则是高中阶段的课程与教学，二者分属不同的范畴。然而，由于应试传统在高中教育中的长期影响，高考方案成为高中课程改革最关键的一个配套措施，也是影响课程实施中教师情绪的一个最重要的因素之一，并且显著地影响了课程改革许多措施的实施情况。在研究者对田野调查资料的编码分类中，其中有94个段落谈论的都是高考方案，使其成为所有编码中资料最为丰富的一个。因此，高考方案是我们在讨论教师情绪经历时无法回避的一个问题。

截至2005年11月下旬研究者结束田野调查时，高中课程改革已经在广东省实施了将近一年零三个月。在此期间，2007年的高考方案①始终未能出台。在田野调查中，几乎所有的受访教师与学校管理者都提到这是他们最关心，同时也是最担心的一件事。

我们的这个课改到现在还没有配套的东西，去年课改把我们搞得很被动，未来你去评估教学的成果、效果怎么样，是要看高考成绩的。始终心中没有底，就是没有底啊！这是很可怕的！每次开会吵的最多的就是这个。广东

---

① 首届使用新课程的高中毕业生将在这一年参加高考。

2007年高考评价方案到现在还没出来，还有课改以后的教材，考试内容几乎是没有触及的。(I-S1-AM)

广东省是否真的在高考方案的制订方面毫无作为呢？事实并非如此。广东省教育厅早已意识到高考方案对高中课程改革的重要意义。自2003年8月开始，教育厅就组织专门的课题研究小组从事高考改革的研究工作。2005年7月15日，《广州日报》公布了《2007年广东省普通高考改革方案（征求意见稿）》，提供了三个备选方案供公众讨论。在研究者的田野调查即将结束之时，《广州日报》又于2005年11月8日公布了《广东省实施普通高中新课程实验的普通高考改革方案（征求意见2稿）》，提供了一个备选方案①以收集社会各界的反馈意见，并表示将在近期内完成2007年高考方案的审批工作，争取早日公布最终确定的高考方案。虽然高考方案还没有正式公布，至少教师已经看到了最终方案的雏形。那么，教师关心的究竟是什么呢？

那个是高考的科目设置，早都已经听说了，但是每一科的考试说明还没有。设置不是我们最关心的，我们最关心的是高考怎么考？考哪些内容？你得有说明嘛！(I-S1-TM-2)

这个综合，你不管它是文基础、理基础，还是以前的什么，我觉得这个从大的方面来讲，没有看出有什么区别。我觉得它的区别应该在于卷子里面的内容上。这个科目组合和它未来招生时哪些学校选哪些科目，我觉得这是看不出来的。(I-S3-TF-3)

原来，教师关心的不仅是高考的科目设置，更重要的是高考的内容、选题、设问等细节。具体而言，面对众多的选修模块，高考内容将在这些模块中做出怎样的选择？自主、合作、探究的学习方式能否体现在高考之中？综合实践活动作为必修学习领域，与高考具有何种关系？高考是否会参考学生的成长记录手册？所有这些疑问，目前没有任何人员或机构能给教师做出解答。那么，教师对此的反应是什么呢？

---

① 这个方案以"必考科目"（3门基本科）、"指定选考科目"（文科基础或理科基础）及"专业选考科目"（X科）为科目搭配，即通常所说的"3＋文综或理综＋X"。广东省现行的高考科目组合是"3＋大综合＋X"，其中"大综合"是指包括文、理各科在内的综合能力测试。因此，在科目设置上，教师认为这个高考方案并没有做出多少变动。

1.情绪转折点

教师认为，高考方案的不明朗是教师情绪历程中的一个转折点。随着实施进程的展开由此造成的焦虑、担忧与困惑等消极情绪逐渐在教师群体中弥漫开来。

在这个过程当中，大家仍然存在焦虑，导致我们情绪的转化：高考方案没有出来，一直没有出来。比如历史，我们有四个版本的教材去对照，课程目标就一句话，对这一句话怎么阐释啊？有些人说是大同小异，按我的看法是南辕北辙。大家把这些版本一看，高考怎么考啊？怎么考？同一个省份里面用什么教材的人都有，你怎么考？(I-S1-TF-4)

这个高考怎么考？我们心里真的是很不安。你该教给学生什么？高考，不管你怎么认为，我们就是认为它是指挥棒。考试大纲没出来，反而先出了教材的话，我觉得这样子对我们教育来讲好像也有一点点滑稽的感觉，是吧？一般都是一套出来的嘛！现在谁都是一种很不踏实的感觉：老师不踏实，学生不踏实。(I-S4-TF-1)

最令我们困惑的还是考试，真的是考试！这些矛盾的焦点都在考试上，这个解决了，所有问题都能迎刃而解。真的是这样。现在之所以还不能那样积极大胆地去做，就是因为考试。真的不知道2007年的指挥棒指向哪里！谁也不敢拿学生的前途开玩笑！对不对？老师们意见最大的还是考试。你让我这么教，你怎么考？(强调，音调升高，手指敲桌子)你拿你的考纲来，再跟我说！假如不这样的话，我怎么给学生交代？(I-S1-TF-3)

改革之初，教师对新课程充满希望；而在实施过程中，由于高考方案的限制，教师感到"美好的幻象好像都被打碎了"。渐渐地，失望和无助取代了原有的希望和欣喜。

从一开始充满希望，觉得"哎呀，很好"，到现在，现实一步一步地告诉我们，那些很美好的幻象都好像被打碎了，基本上一步一步做下来，还是要跟着高考这根指挥棒走，绝对是跟着它走，一步一步都要跟着它走！这个定不下来，我们想做什么，根本是有心无力！(I-S3-TM-2)

如果考试不改革的话，高考制度不改革的话，选拔制度不改革的话，老

师只会越来越辛苦，压力越来越大。（I-S2-TM-5）

情绪上经历了这样一个过程：从欣喜到困惑，再后来，有一部分人就有些放弃了。因为我们的国情决定了高考还是必定要考的。所谓思想上有点放弃，是因为高考制度。高考这根指挥棒左右了我们的一些教师。（I-S1-AM-3）

2.潜在的行为转折点

高考方案的不明朗构成了教师情绪的一个转折点，然而，高考方案对教师的影响远远超过了情绪。教师意识到，一旦高考方案不能与高中课程改革相匹配，它就会构成实施行为的一个转折点。虽然此时首届使用新课程的学生还未进入高三，但教师已经猜测到，一到高三，复习备考将是高中教学的首要任务，新课程实施则只能放在一边了。那么，究竟应该怎么样做呢？

我们这些老师揪心的就是高考。然后我们就处于两个标准之间了：一个标准是要改，评课的时候说要按照新课标来评；但是另一个又没有改，评价老师又按照旧的方式来评。这样做的结果就是高一、高二的老师忙得要死，高三呢，全部停止。所以你说我们累不累？在这样的环境里面找不到一个真正的目标啊！（I-S3-TF-2）

无论学者们如何分析、批判"应试"传统，它在目前的高中教育中仍然是一个既成事实，不仅支配着教师，也影响着学生。教师对广东省迟迟不出高考方案的原因做出了推测，认为高考方案一旦明确，高中课程实施就有可能告一段落。

大家都很务实。高考现在考小综合，不考大综合，文科学生就不学物理和化学，你给他上他也不学。他说"老师，那个不考"。所以，这也可能是上面不出高考方案的一个原因。（I-S1-TM-3）

教师的这种推测在学校管理者那里得到了印证。学校管理者提及的关于广东省教育厅某官员的一则传闻更加清楚地表明，高考方案有可能是高中课程实施的一个潜在的转折点。

四、选修课与学分制：令人遗憾的蜕变

选修课与学分制是本次高中课程改革对课程设置和学生管理制度做出的

重大调整，也是高中课程改革中最显著的制度变革了。在选修课方面，《方案》设置了按各科课程标准规定开设的选修I和由学校自主开设的选修II；同时，在学分制方面，《方案》要求学生在毕业时必须在选修II中获得至少6学分，而且把评定学分的权力赋予学校，要求学校在学分评定时采用发展性评价，把学业成绩和学生成长记录结合起来。与原有的高中课程相比，这显然是一大创举，也为本次高中课程改革增色不少。那么，在课程改革实施一年多来，教师对此反应如何呢？

1.选修课

当设置选修课的消息传来时，长期束缚于呆板的高中教学的教师们感到十分兴奋，认为这是自己大显身手的好机会。因此，许多学校也大张旗鼓，纷纷开设了大量的选修课，有的学校开设的选修模块甚至号称达到100门之多。

作为我来说，在刚开始的时候我是觉得挺兴奋的。有选修课挺兴奋的，有选修课多过瘾啊！作为老师来讲，我喜欢诗歌，我就专门讲这个选修。这多过瘾！我当时一想到选修课，我还说："唉，如果我的课没有人选，那多丢脸！"那时候我一拿到那些东西，就开始想我该怎么办。(N-S4-0-1)

然而，教师很快就发现，开设选修课并不像自己原来设想的那样能够随心所欲。受制于学校资源、教师能力等因素，所谓的"选择性"更多的是针对学校而非学生或教师而言的。

就语文这门课来说，有13本选修教材，13本！不可能都让教。而且，既然是选修，你就可以让各地各学校自己来选，可以让学生自己选。课标是这样写的，但实际操作上呢？不可能是学生自己选的。因为没有那么多老师，13本啊！我们一个科组，一个老师负责一门课就需要13名老师，没有那么多资源去搞！而且，现在我们广州市的一个对策就是全市通选，那实质上，就是把选修变成必修了。(I-S3-TM-2)

在选修课上呢，你给他这个选择权，但学生用不了多少，或者说不知道怎么用。现在一年下来以后呢，我们现在也感到为难的地方就是，我们这个学期的校本课程的开设就大打折扣了。(I-S2-AM)

除了学校自身条件的限制之外，更重要的是，高考方案的不明确使教师不敢轻举妄动。在教师看来，如果开设的选修课与高考无关，让学生浪费大量时间在选修课上，这岂不是害了学生吗？在高考方案尚未明确的情况下，"全市通选"的做法成了一种风险分担的明智之举。于是，原本旨在增加课程多样性和学生选择性的选修课在实施中就蜕变为一种区域性的"必修模块"了。

我现在搞不懂它那个选修课那么多，那几个系列里面有十几本书，或者几本书，这个到时候在试卷里面怎么体现？这个是最可怕的。我说你考什么我教什么，这个不完全对，但是也不全错。到头来，如果我教了什么你却不考什么，那我认为你是错误的。你害了很多人！让学生大呼上当。现在大家的想法是，"谁那么笨，自己搞一套？你上面没有一个很明确的意向让我们怎么开选修课"。（I-S1-AM）

2.学分制

选修课如此，学分制又如何呢？学分由学校自主评定，并且在评价学生时要参考学业成绩和成长记录手册，这要求教师在日常教学中为学生建立完善的成长记录手册。为此，有些学校专门购买了教育软件开发公司设计的一套软件系统，为学生的日常学习表现打分；那些没有购买这套软件系统的学校，则要求教师为每一位学生填写大量的评价表。在一所学校，这种表格竟然有17份。更重要的是，在教师看来，用这种做法建立起来的成长记录手册并不能达到"发展性评价"的目的。

有那么一个系统，就是我们刚才看到的那个：每节课哪个学生积极发言的3分，正常情况下认真听课的2分，睡觉的、走神的1分。每节课上完之后老师就去点那个软件做记录。我觉得是完全没有可操作性的。那时候国家教育部，还有省教育厅的都下来检查，我们有那么一个系统，突出了过程的评价，但是我们在一线的就觉得这些纯粹是给人看的！每节课这样去点，又费时，意义又不大，学生也得不到什么反馈，也不知道自己哪里做得好，哪里做得不好。（I-S3-TM-1）

有软件系统帮助的教师尚且如此，那些完全依赖人工填表的教师就更不用说了。对在"奔跑中前进"的教师来说，为每一个学生建立成长记录手册的工作大大地增加了教师的工作负担，成了一件毫不现实的事。而且，高考时会参考学生的成长记录手册吗？这个问题不得而知。

我觉得所谓的成长档案袋、记录袋，你哪里有时间搞啊？你说我一周18节课，还有一个下午要去政治学习，一个下午是教研，我还有什么时间去弄啊？还有两节课的班主任会，对不对？我是不可能完成的嘛！那评价报告就随便了，反正不就是一个分嘛！(I-S3-TF-3)

评定学分要参考学生的成长记录手册，而教师对成长记录手册只能如此敷衍了事。那么，在学校自主评定学分的情况下，教师究竟让不让学生获得这些学分呢？如果学生不能获得足够的学分，学生就不能毕业；如果学生不能毕业，这对学校来说意味着什么呢？考虑到这些，教师在评定学分时就很难"铁面无私"了。于是，学分变成了几乎每一位学生都能拿到的囊中之物，这让学校人员对学分制产生了怀疑。

学校有没有权力认定这个学分？下放给中学去认定学分，必然会碰到一个问题：没有多少学生是拿不了学分的。这个说白一点，就是在这个大的背景下，我们的诚信度怎么样。所以学分认定这一块的权威性、公正性和公平性，我认为是有问题的。(I-S1-AM)

由此可见，选修课与学分制在实施中都蜕变得与改革的初衷大相径庭了，并且二者的蜕变都和高考有关。在局外人看来，教师这种做法或许是杞人忧天——为了一个不明确的高考方案使选修课与学分制半途而废。然而，在教师看来，他们之所以这样做是因为有前车之鉴。在本次高中课程改革之前，研究性学习于2002年9月开始在全国高中开展了。用教师的话来说，当时的局面也是"轰轰烈烈"，教师满腔热情地投入研究性学习。然而，教师后来发现高考与研究性学习并无关系。于是，它在今天也就慢慢"淡化了""不提了"。那么，谁能担保现在的选修课、学分制、综合实践活动、成长记录手册能够不重蹈覆辙呢？这仍然是悬在教师心中的一个结。

老师最迷茫的是：我不管课标怎么样，只关心高考怎么改。因为以往，像这个新课标之前，研究性学习早出来了，每周三节课给大家，让大家去学，结果学下来以后，你没有摆在高考里面。也就是说，我进行三年研究性学习之后，在我高考应试的时候用不上。所以，老师不愿意去从事这方面的工作。
（I—S3—TM—3）

第三节　四类教师的心路历程

回顾了一年多来的实施历程之后，让我们再次回到本研究的起点。正如在开篇所建议的那样，变革已是当今时代的基本形态。因此，我们不妨用"变革时代"来取代种种冠之以"后"的、稍显晦涩的术语为这个时代命名，此起彼伏的教育改革浪潮即是变革时代在教育领域中的一个集中反映。在这个时代中，我们拥有了更多差异、选择和自由，然而，也失去了原有的稳定、舒适和安全。"不确定"成为我们每个人都会面对而且必须面对的日常之物。高中课程改革也将广州市的高中教师们卷入这样的状态之中。

情绪与自我息息相关。改革使教师忽然之间对自己原本熟悉的专业情境丧失了熟悉感和控制感，成了一个陌生的事物。自我的平衡被打破了，教师必须在实施改革中调整或重构自己的身份方能恢复平衡。然而，这个过程充满了坎坷，并且始终在进行着。表现在情绪上，高中课程改革的实施既让教师感到欣喜、振奋，也让教师为之犹豫、困顿，甚至怀疑、苦恼和失望。

鲍曼在《从朝圣者到观光客——身份的简短历史》一文中阐述了后现代社会给人们的身份认同带来的转变。在充满确定的现代生活中，人们在建构身份时要解决的是"如何从此处到彼处"的问题；而在处处都是不确定的后现代生活中，人们失去了明确的目的和坚韧意志，如同漫游者、流浪者、观光者和游戏者那样回答着"我要去哪里"的问题[①]。随后不久，鲍曼又向我们指出，观光者是后现代性的英雄，而流浪者则是后现代性的受害者。尽管他们都在不停地移动，导致他们移动的原因却截然不同。观光者的移动是因为他们厌倦了原有的家，希望得到更多的空间，外面的世界对他们来说具有"不可抗拒的吸引力"，因此他们"想要"移动。流浪者的移动是因为他们发现世

---

① Bauman Z.,"From pilgrim to tourist – or a short history of identity," in *Questions of cultural identity*, Hall S., Dugay P.（London: Sage, 1996）: 18–36.

界已经"冷漠得难以忍受",除了流浪,他们"别无选择"。对他们而言,找到家园以结束流浪更加令人向往。①他提醒我们,在后现代社会中,我们每个人都在移动——无论是身体的还是思想的,当下还是未来,自愿还是被迫。根据我们在所选择生活路线上所拥有的自由,我们都处在"完美的观光者"和"不可救药的流浪者"构成的连续体之间的某一个位置上。②然而,有一点是确定的——在今天,坚定、清晰地建构自己的身份对我们来说已经变成了一个遥不可及的梦想。

鲍曼的观点对我们区分课程实施中教师不同的情绪经历提供了直接的概念基础,这首先是因为人们在后现代和课程实施中建构身份时的共通性,即他们都处在一个充满不确定的情境之中。在变革时代中,此起彼伏的教育改革浪潮使教师赖以生存的专业情境失去了稳定性,实施改革意味着教师必须拥抱改革带来的不确定性。去掉鲍曼理论中的那些耀眼夺目的"后现代"光环,在更加平实的变革背景中反观高中教师们,我们会发现,他的观点对我们理解教师在课程实施中的身份建构以及由此产生的情绪变化都有帮助。

高中课程改革为教师描绘了一幅宏伟壮观、充满人文色彩的理想蓝图。实施改革意味着教师要改变现状,离开已有的家园,向理想的彼岸世界不断迈进。那么,当梦想已经湮没于变革时代的不确定性之中时,教师在重构自我时究竟会经历何种心路历程呢?借鉴鲍曼的这些关键概念,我们可以将教师划分为四种类型。不过,正如鲍曼所说的那样,由于"后现代生活"过于杂乱而缺乏统一,我们很难用一种模式将之完全概括,因此每种类型也只是讲述了无法整合为一个整体的故事的一部分。③

一、"领头羊":从容的观光者

在同行眼中,课程改革的"领头羊"是这样的一类教师:他们有着丰富

---

① Bauman Z., "From pilgrim to tourist – or a short history of identity," in *Questions of cultural identity*, Hall S., Dugay P.（London: Sage, 1996）: 92–93.

② Bauman Z., "From pilgrim to tourist – or a short history of identity," in *Questions of cultural identity*, Hall S., Dugay P.（London: Sage, 1996）: 93.

③ Bauman Z., "From pilgrim to tourist – or a short history of identity," in *Questions of cultural identity*, Hall S., Dugay P.（London: Sage, 1996）: 26.

的教学经验和精湛的教学技艺，其专业素质深为同行所赞许；他们有着超前的教育理念，尽管这种理念与高中课程改革并不同步；他们或许没有正式的行政职务，但他们却是教师群体公认的"无冕之王"。在课程实施中，他们是教师群体效仿的楷模。在我的观察中，这类教师并不限于教龄的长短、学校的优劣，甚至职称的高低。上自30余年教龄在重点中学任教的特级教师，下至五年教龄在普通中学任教的新手教师都有可能成为高中课程改革中的"领头羊"。虽然这类教师在课程实施中发挥着巨大的示范作用，但他们为数甚少，十分难得。

与其他教师相比，这类教师对课程改革所持的态度非常积极。与时俱进、积极进取是他们在课程实施中表现出来的总体特征。对此，这类教师也有着比较清晰的自我认识。

"圣人能不凝滞于物，而能与世推移。"其实就是世道怎么进步，你就跟着怎么进步。与时俱进！渔夫都知道这个道理，就是跟屈原对话的那个渔夫。我们这些做学问的怎么能不跟呢？(I-S1-TM-5)

大家比较被动地适应这个状态，但是每个人不同。就我自己来说，我是一个比较淡定的人，我觉得在成长的过程当中呢，都应该主动适应、积极进取。(I-S1-TF-4)

之所以被称为"领头羊"，是因为这些教师在专业实践中发挥着领导和示范作用。当教师在课程实施中遇到问题时，都会效仿这些教师的做法，或者向他们请教。他们发挥"领头羊"作用的方式不是通过一些行政的、正式的途径，更多的是通过一些非行政的途径，在非正式的场合中（如在办公室、学校餐厅中的教师日常交流）体现出来的。虽然他们并不担任行政职务，但他们的确在教师群体中发挥着课程与教学领导的作用。同事们的言论反映了他们享有的这种专业地位：

我们这里有个老师（指I-S1-TM-5），是大师级的人物，他早就这样做了。他已经出了好几本书了。关于学生自主学习，学生的成果等的论文集都有好几本了。我们有他这样的老师的指导，感觉还好点。(I-S1-TM-4)

一个学校的老师风格会比较相近，但个别老师做得比较好。像×老师

（指I-S1-TF-4）是新课改的先锋者，她就做得比较好。我没有去听她的课，但是从她的备课、言谈中我能感受得到，会有一种触动。虽然是不同的学科，但我可以借鉴。私下里在饭堂，我经常会跟×老师聊一聊，有一个思想上的碰撞。（I-S1-TM-3）

如果将传统的高中教育比作教师原有的"家"的话，那么这类教师早已厌倦并离开了这个家，他们在探索着走出一条更好的高中教育之路。然而，这条路将要通往的精神家园与高中课程改革预设的那个理想家园似乎并不一致，例如，在他们的精神家园中并没有选修课、学分制、发展性评价、综合实践活动、三层课程结构等概念，但这丝毫没有妨碍他们走在课程改革的前列。对这类教师，他们这样评价：

对优秀的教师来讲，不存在课程改革，为什么？因为人家老早就是那样了。那些特级教师，真的，人家的做法早就符合课程改革了。辽宁的×××、我们广州的××（指I-S1-TM-5），都是那样，早就符合了。（I-S1-TF-3）

这类教师对课程改革乃至高中教育都有着自己的理解。这种理解虽然和课程改革倡导的理念有些出入，但也颇有契合之处。例如，他们会把高中课程改革的精髓理解为"科学与民主"，或者把课程改革与倡导"以学生为本"的"生本教育"结合起来。

中国教育这100年来，大家都在努力，经过几代人，从最早的叶圣陶他们开始，也在"科学与民主"方面下了大功夫，编了许多新教材。到了最近这一段时间，引进了外国的先进的教育理念，同时继承了中国文化的传统、中国教育的传统，于是推出了新课标，其实这就是一个最新的大纲。这个大纲我觉得是非常好的，我概括它的精髓就是"科学与民主"。（I-S1-TM-5）

概括起来就是要做到为了学生、依靠学生和尊重学生。所谓"生本"就是：1.教育立场以学生为本；2.教育目的以学生的发展为本；3.教育对象以生命为本；4.教学内容以生活为本；5.教学设计以学生好学为本。（D-S3-TM-4）

与其他教师一样，这类教师同样能觉察到课程改革还存在着一些问题，例如编写教材的仓促杂乱、出版时间的紧张等，而且由于具备优秀的专业素质，他们对这些问题的认识和感受更为深刻。然而，在他们看来，这些问题都是可以原谅并且能够克服的，关键在自己用何种心态来看待这些问题。即使是教师普遍认为无法解决的高考困惑，他们也不以为意。

做事其实就是一种心态。就我个人来讲，新课程还是一个很好的平台。关键是你有没有投身进去，你有没有把它当成一个施展的平台。（I-S3-TM-4）

你死守老旧的一套肯定不行，因为高考以及整个大局都必须跟随新课标，你还落后的话，就会被淘汰。我们一点都不害怕，没什么担忧的。（I-S1-TM-5）

这类教师早在高中课程改革到来之前就已离开了"家"，开始了自己的旅程。他们对高中教育有着独到的见解。事实上，高中课程改革就像他们的观光旅程中的一个景点。在课程实施中，他们无所畏惧、从容不迫，并且所到之处，都会受到同行、专家，以及教育管理者的欢迎、欣赏和礼赞。总之，他们是课程实施中从容的观光者，是人们心中的英雄和改革先锋。

总要有人去做这件事啊！你出来做做，无所谓，玩玩而已。玩得高兴就高兴，玩得不高兴就不高兴，无所谓的。（笑）就是玩，也是一种乐趣。至于你玩过，你觉得"哇，好难玩哦"，你不是去批评那帮学生；而是要想，我该怎样使这一类学生玩得上手呢？我有所事事啊！也挺好玩的！要不你说有啥事干啊？（笑）不就干些事嘛！（I-S1-TM-5）

一个学生总是学不会，我想那就是考验我的时候到了，我就想方设法玩不同的花招，试一试自己能不能搞定他。这样玩一玩，比较有意思。我对玩有自己的理解，我觉得：三流的老师被学生气，二流的老师对学生管，一流的老师陪学生玩。（D-S3-TM-4）

二、"适应者"：无奈的流浪者

这个类型在教师群体中为数众多。它代表了这样的一类教师：他们对传统高中教育的弊端有着清晰的认识，对新课程描绘的理想家园充满了憧憬。因此，当课程改革到来之际，他们为之振奋鼓舞，义无反顾地踏上了改革期望的道路。对他们来说，亲手将改革描绘的理想家园变为现实不仅会升华自己，实现自身的专业成长，而且关系着国民素质的提升。在改革之初，他们是一个坚定的支持者。然而，随着实施进程的展开，他们遭遇到一系列的问题、冲突和矛盾，不折不扣地实施改革也变成了一件难以企及的事情。当无法按照预定的设想改变高中教育时，改变自己以适应环境就成为无奈却又合理的选择。将他们命名为"适应者"，也是由于受到一位教师的启发：

老师还是很会改变自己去适应环境的，历来都是这样，因为老师历来都是在改变自己以适应高考。现在改变自己以适应新课程与高考的矛盾，也是能适应的。（I-S1-TF-1）

从表面上看，适应者们也在"适应"改革，这似乎与领头羊颇为相像，区别是：领头羊的适应是主动的，他们怀着与时俱进的态度，使自己走在课程改革的前列，并且能够轻松地应对改革提出的挑战；适应者的适应是被动的，是在自己无法实现改革目标后做出的无奈的选择。对他们来说，改革提出的挑战很大程度上超出了自己的能力范围。因此，他们只能试图找到改革和原有的实践的"结合点"，有选择地实践改革提出的要求。于是，结合兼顾、折中妥协成为他们在实施中的态度以及行为上的主要特征。

学生的主动参与意识、自主性调动起来了，他就会深入地探究一些东西。但是呢，一些基础的东西、非常重要的东西，我们就必须去给他传授，那么这可能就是坚持一种原来的教学方式。这样的一个妥协或者一种结合，我觉得还蛮好。（I-S1-TM-4）

改革不是革命，它只能是一个渐进的过程，所以你原来的东西还是有很大的作用。找到一些结合点，那就行了。任何东西它都是有结合点的，它不可能是全新的。（I-S4-TM-1）

我现在就会在新课标的理念下从以前的传统教法中找一些结合点，我觉得这是我今年比较大的变化。例如，我们现在已经讲到必修3了，政治、经济和思想文化是分开的，三条线三本书。那么我现在就要找出一个结合点，就是在讲这个专题的时候，把整个体系的东西带出来。就是说，要按以前的教法、从以前的通史里面把我需要的东西搬回来。（I-S3-TM-4）

适应者们大都经历了一个转变的过程。改革之初，他们都是高中课程改革的拥护者。他们对课程改革的到来感到兴奋和欣慰，并对课程改革的前景充满希望，因为他们已经认识到了原有的高中教育的弊端。因此，他们最初也想按照高中课程改革设计的那样离开此岸之"家"，坚定地迈向彼岸之"家"。这是令人欣慰的，因为此岸之"家"存在缺憾而不值得留恋，况且旅程的前方始终有清晰的目标在指引方向。然而，当他们发现现实中存在着难以克服的困难，并且似乎改革自身也有问题时，原本清晰的目标就变得越来越模糊。一位教师这样描述他们的心路历程：

> 我也听了他对课程改革的一些设想，可以说是宏伟蓝图吧！当时我就想，有了这样一项改革，每个老师心里都是很激动的。很多老师就想，马上就要改革了，很好的事情呀！但是……与我们现在这种实施新课改的距离很大，就是理想的课改与我们实际上实施的课改，差距很大。我感到困惑。平常我们都说，摸着石头过河。那么我过哪条河呢，我得知道我的目标在哪里，我才能摸着石头去尝试。但是给我的感觉，这次课改呢，"过河"之后，目标在哪里，谁也不知道！（I-S3-TF-1）

一方面，原有的"家"已经离开了，而且也不能回去，因为这是改革所不允许的；另一方面，自己向往的，并且也是改革描绘的理想家园又变得虚无缥缈、无法捉摸。迷失了方向的拥护者也就只能成为一个无奈的流浪者，困惑、疑虑、担忧、失望是他们为迷失方向付出的情绪代价。课程改革的实施不仅淘汰了他们的知识，使他们的专业技能出现不足，而且也让他们在情感上更加容易受到伤害。

> 在实际操作中就可以发现，实际操作起来跟新课改的初衷有很严重的矛盾，逐步感觉到有点失望，就是从当初抱着比较大的希望去参加，到现在觉得有点失望，很多东西没有协调好。到底要怎么样？就是心里没有底，做什么事心里都没有底。那种感觉越来越不踏实，就是不知道自己做的这些东西到底有没有用！失望，真的是失望！（I-S3-TM-2）

诚然，"适应者"是四个类型中为数最多的一个群体，但我们不应对这种现象过于悲观。因为实施研究早已表明，相互调适是成功实施的一个显著特征。[①]此类教师适应的水平、方式与性质将决定着高中课程改革的最终结果。

---

① Mclaughlin M. W., "Implementation as mutual adaptation: Change in classroom organization," in *The curriculum studies reader,* Flinders D. J., Thornton S. J.（New York: Routledge, 2004）.

认识到这类教师在课程实施中的实际处境，有助于包括改革的领导者、管理者和研究者在内的各类促进者更加谨慎地处理课程实施中的问题。从这个角度来看，这些为数众多的适应者对课程实施来说具有十分积极的意义。

此外，失望毕竟不是绝望。无论这些流浪者如何无奈，他们毕竟在改革之初是一群坚定的拥护者：他们对旧的家园感到不满，并且在改革中看到过希望。即使在课程实施中，前方的目标已经模糊了，许多憧憬也都已幻灭，仅存的些许希望仍然鼓舞着他们艰难前行。

关键是打破了以前的僵局，给人们看到了一点变动。尽管有方向问题、进程问题、各种理论的争论问题，这些一定要改下去。高考搞了20多年了，我们能不能在这里面起到促进作用？能不能在我们的教书生涯中不仅做了，而且感受到它的改善？这是我们内心的希望。希望能够看到实效，可是现在，遥遥无期，好像看不到效果——当然也是刚开始。(I-S1-TF-4)

三、"小卒子"：冷漠的流浪者

在课程实施中，有这样的一类教师：他们认为自己只是改革的一个执行者，对实施进程来说无足轻重，他们用"小卒子""棋子"等来形容自己在课程实施中的位置。在我的观察中，各种类型的学校中都会有一些这样的教师，也就是说，即使是广东省高中课程改革的样本校也同样会存在这样的"小卒子"。

既然自己在课程改革中微不足道，只是改革中的一个"小卒子"，他们就会表现得十分顺从。服从指挥、按章行事成为他们在课程实施中的行为上的主要特征。

我们无足轻重！在整个课程改革里面作用不大。(I-S4-TM-1)

怎么改？有时候总感觉这个问题不在我们考虑的范围之内。我们就是一个改革的执行者，你让我做什么，我照着做就是了。的确，我们就是一个"小卒子"，跟着指挥棒走就是了。(I-S1-TM-1)

然而，行为上服从指挥并不意味着态度上支持改革。相反，这类教师对高中课程改革持有一种说不清的态度。对"小卒子"来说，在改革已是大势所趋的情况下，改是必要的。至于如何改，他们认为新旧制度都各有它的优点和弊端。这种看似客观、辩证的说法其实是他们回避问题的借口。事实上，他们在如何改革这个问题上是"摇摆不定"的，并没有清晰的考虑，因为他们觉得这是"上面的领导"需要把握的问题。

中国这个教育呢，应该说，必须要改。这个改呢，到底是多数学西方，还是多数立足于本国，我自己有时候都摇摆不定，反正就是说每一种教育体制都有它的优点。(I-S4-TM-1)

这种改革是国家的一种政策，势在必行。就我个人而言——我不是要抨击应试教育，应试教育有它的好处，也有它的弊端。如果你太注重应试教育，你就会忽视学生能力的提高。我这个人，无论新事物还是旧事物都容易接受，客观地去看待。(I-S3-TM-1)

在内心深处，"小卒子"们从一开始就和前两类教师出现了本质上的区别：无论是"领头羊"还是"适应者"，他们都对改革的到来持欢迎态度，为之欣喜、振奋、激动、憧憬；而这类教师则对课程改革有些反感，认为频繁到来的改革增加了教师的负担，教师要不断地重新学习，因此对改革的到来感到厌烦。即使是那些没有消极情绪反应的"小卒子"，也认为课程改革对自己来说"无所谓"。

对原有的"家"，他们并没有多少归属感。虽然离"家"出走、面对陌生世界的感觉是令人不适的，但是他们会听从"指挥棒"的调遣。问题是，他们知道自己要前往何方吗？他们会完全听从调遣，做一次改革期望的旅程吗？很不幸，答案是否定的。

那个变化应该说是从不接受到后来的接受，接受了以后怎么办呢？想办法适应课改。怎么说呢？适应就是接受这个现实，然后合作起来。人为的分工：你一个单元，我一个单元，承包了。除了这个课堂上的适应以外，就是看看哪一些课你是可以用新课标的，如果考点都在这里，那就不动了。(I-S3-TF-2)

这类教师也说要"适应课改"，但这种适应显然是有保留的，而且是有预谋的保留——这与"适应者"们无可奈何的保留是不同的。可见，他们在实施改革时就没有打算要抵达改革描绘的理想家园。他们已经离开了那个原本就缺乏归属感的此岸之"家"，却并不想前往彼岸之"家"，这使得他们的出走和鲍曼形容的流浪产生了区别：[①]在鲍曼的界定中，流浪者对"家"充满了渴望，他们的全部目的就是为了找到家园以结束流浪；然而，"小卒子"对"家"似乎十分冷漠，此岸和彼岸之"家"都是不值得留恋的。因此，他们是一群特殊的流浪者。虽然他们顺从课程改革的要求离家出走，但是在内心深处，他们对课程改革却态度漠然。

"小卒子"和"适应者"都是高中课程改革中的流浪者。对改革者来说，从表面上来看，"小卒子"是值得信赖的，因为他们顺从；"适应者"是危险的，因为他们的热情在减退、行为在蜕变。然而，吊诡之处恰恰在此。"适应者"的流浪是因为无奈，他们不愿再回到原有的"家"，并且流浪途中会在希望的鼓舞下勉力前行，因此，这种流浪依然会带来转变。"小卒子"的流浪是出于对"家"的冷漠，这种冷漠甚至让他们的流浪带上了一种自愿的色彩。他们是一群无"家"之人：在这次改革中，他们会顺从地选择离开；当下次改革来临时，他们会同样顺从地离开。他们的停留不是为了"居住"，他们的离开也不是为了"到达"，流浪是他们已经"习惯了"的存在状态。因此，这种顺从恰恰是无法依靠的。

四、"演员"：激进的怀旧者

任何改革都会有抵制者，高中课程改革也不例外。抵制既可以是情绪上的，也可以是行为上的。表现在情绪上，它就是怀疑、嘲讽和反对。这种情绪是我们即将讨论的第四类教师——"演员"首先具备的一个特征。与"小卒子"一样，这类教师一开始就对课程改革持有消极情绪，只不过来得更为激烈：

我不是那个水平，我凭什么去带头啊？别人都不跟你学，你就在那里孤芳自赏。你现在搞得基本上是孤家寡人了。就像是一帮理想主义者在崎岖的小路上攀登啊！(I-S2-TM-3)

既然内心对高中课程改革有着如此强烈的不满，这类教师在行为上就应该彻底抵制改革才对。然而，他们在行为上却显得要温和得多，并非在任何场合都坚决抵制改革。在一些公开场合，他们会给大家留下一个顺应改革的

---

① Bauman Z.,"Tourist and vagabonds: The heroes and victims of postmodernity," in *Postmodernity and its discontents,* Bauman Z.（New York: New York University Press, 1997）, pp. 83–94.

好印象。但是，在平常的课堂教学中，他们仍然是"新教材、老思路"，认为改革最后还是要回到应付高考的老地方，这让他们在课程实施中的表现具有了鲜明的表演性质。

无论我们在理论上如何质疑"应试教育"这一概念能否成立，[1]应试传统在高中教育中的长期存在都是一个难以辩驳的事实。在这次高中课程改革中，从教育管理者到课程改革的专家组都希望教师能抛弃"一切为了高考"的旧传统，拥抱新的理念、新的制度、新的做法，创造出一个崭新而富有活力的理想家园。那么，对这类教师来说，他们是否愿意抛弃传统、离"家"出走呢？

当然我会有一些变化，我会适当地在教学中做些调整——要跟得上改革，但我会有一些继承，我不会彻底抛掉。我认为过去有用的，我肯定继承。如果高考存在的话，如果高考这样考的话，这个问题永远是重要的。(I-S2-TM-5)

显然，他们在内心深处从来就没有离开过原有的"家"。虽然他们也讲"变化"和"继承"，但是对他们来说高考才是最重要的，因此继承原有的应试传统是首要的。与"小卒子"不同，他们是有"家"之人。只不过，在变化着的现实世界中，他们是一群怀旧者，一群对原有的"家"心存依恋的人。怀旧是以过去为导向的，是对承认并归属于过去情境的"家"的渴求。[2]当改革强烈地冲击了旧的传统，并要求他们离开原有的"家"时，他们内心的抵制就会更加激烈。

尽管怀旧，但他们知道，在这股声势浩大的改革洪流中，不做任何改变是不可能的。行为上不得不做，内心却又怀着强烈的抵制情绪，这些教师似乎陷入了一种十分尴尬的境地。然而，他们知道在何时何地表现出何种行为，因此得到"演员"之名。

概言之，虽然教师在实施高中课程改革中的情绪经历各有特点，但大体

---

① 王策三：《保证基础教育健康发展——关于由"应试教育"向素质教育转轨提法的讨论》，《北京师范大学学报（人文社会科学版）》2001年第5期；王策三：《认真对待"轻视知识"的教育思潮——再评由"应试教育"向素质教育转轨提法的讨论》，《北京大学教育评论》2004年第3期。

② Bauman Z.,"From pilgrim to tourist – or a short history of identity," in *Questions of cultural identity*, Hall S., Dugay P.（London: Sage, 1996），p. 30.

上他们都可以归纳为这四类：领头羊、适应者、小卒子和演员。借助鲍曼界定的观光者和流浪者的概念，我简要地勾勒了这四类教师的特征，以及他们在课程实施中情绪变化的大致经历。由此，我们可以把受访的四所学校中30位教师逐一归类。需要指出的是，在S1和S2中各有一位受访教师（分别是S1的TF-2和S2中的TF-1）无法归入上述任何一个类别，这是因为她们都是在2004年9月刚参加工作的新手教师。她们入职后就开始使用新教材，缺乏新旧教材的对比经验，并且关注的也主要是如何适应教师角色而非实施高中课程改革的问题。因此，她们并不具备上述四类教师的特征。表4-1呈现了对四所学校受访教师的分类结果。

表4-1　对四所学校受访教师的分类

学校	类别	教师	简要描述	典型言论
S1（重点高中，样本校）	领头羊（2人）	TM-5*	1.改革的冲击是教师乃至高中教育发展的契机，"科学与民主"是课程改革的精髓 2.改革虽然存在着一些问题，但和主流相比，这些问题都是微不足道的。长远来看，高考也会和课程改革配合起来 3.面对改革要与时俱进，把实施中遇到的困难视为游戏和乐趣，同时，要把改革当作一种长期的任务 4.在同事眼中，他是大师级人物，在改革之前的许多做法就已经体现了高中课程改革的理念	1.圣人能不凝滞于物，而能与世推移 2.没有什么担忧
		TF-4	1.改革对改善国民素质来说迫在眉睫，"学无止境、艺无止境"是课程改革最值得肯定之处 2.面对改革要主动适应、积极进取，改革带来的压力是个人成长的动力 3.改革的到来令人振奋，但实施中的一些问题（如教师培训）也让教师感到失望。总体来说，她认为改革打破了僵局，并且必然会持续下去 4.在同事眼中，她是课程改革的先锋，她的观点和做法都值得效仿	1.我是一个比较淡定的人 2.关键是打破了以前的僵局
	适应者（4人）	TF-1	1.刚开始对课程改革充满期待，认为它能够带来一些根本性的变化 2.实施以来，逐渐发现改革有着许多硬伤，并且深受高考方案不明朗的折磨，感到实施改革十分困难 3.在课程改革中通过公开课实现了专业发展，获得了自信，因此仍然愿意在课程实施中尝试新的做法	1.老师还是很会改变自己去适应环境的 2.我觉得非常幸运

（续表）

学校	类别	教师	简要描述	典型言论
	适应者（4人）	TF-3	1.改革的理念是有利于学生的发展，但高考让自己不能完全放开手脚 2.由于是老教师，在改革之初对自己能否适应改革表示担忧。在实施了一个学期之后，发现新课程并非一个全新的东西，逐渐大胆起来 3.围绕新课程设计了两次公开课，学生在公开课上的优异表现让自己深感自豪，从而坚定了实施改革的想法	我们同时兼顾两条线：课改的要求我们努力去做，但同时也要关注考试
		TM-3	1.改革的理念符合自己的想法，因此改革的到来使人振奋 2.实施了两个月后，发现有很多困难，如资源、教材、高考方案等，因此产生了很多困惑 3.在向同事请教如何更好地实施改革的同时，也试图把改革和原有做法结合起来，找到平衡点	1.新课程，我从内心里是非常喜欢的 2.把这两点结合起来，达到一个平衡点
		TM-4	1.学校为改革做的准备工作和同事的指引为自己适应改革提供了帮助 2.在第一个学期的实施中，过于强调活动、探究让自己的教学失去了学科特色，为此深感困惑 3.把改革和原有做法结合起来，在实施中慢慢摸索和改善，使二者形成互补	新课程在实施过程中会变成一种妥协啊
	小卒子（1人）	TM-1	1.对改革的到来持无所谓的态度，但是实施改革给自己的情绪带来许多影响 2.时间不足使自己难以采用新的教学方式，并且影响了自己的教学效果 3.任教班级增多，减少了自己与学生交往的机会，从而使教学工作失去乐趣、失去价值	1.我们就是"小卒子"，跟着指挥棒走就是了 2.就是疲于奔命
	演员（1人）	TM-2	1.抵制新课程 2.在初遇新课程的时候感到不知所措。在实施中，感到新课程存在很多缺陷，于是转而采用原有的做法 3.认为新教材的质量存在很多问题	感觉有点失望
	无类别（1人）	TF-2	1.感到新课程要求教师具备很高的专业素质 2.由于是新手教师，关心的主要是如何适应教师角色，而非如何实施改革	想办法适应改革
S2（重点高中，普通校）	适应者（2人）	TF-2	1.刚开始接触改革的时候，并不十分理解改革的理念。通过自己阅读相关资料、与同事讨论，认为改革更强调一个开放的知识体系，让学生好学、乐学 2.激烈的人口竞争和生存压力使应试传统还会持续影响高中教育，也影响到改革的实施 3.尽管实施改革面临重重困难，教师还是要保持宽容的心态，适应改革	我肯定是要不断适应的，适者生存嘛

（续表）

学校	类别	教师	简要描述	典型言论
	适应者（2人）	TM-1	1.课程改革的到来让人欣慰，因为它对年轻老师来说是一个机遇 2.实施改革十分困难，同时改革的步伐又太大，在实践中难以落实。虽然自己做的有关成长记录袋的课题曾在广州市获奖，但由此对实施改革的困难有了更加清楚的认识 3.第一个学期对实施改革颇有热情，但是由于在开设选修课时受到挫折，热情逐渐消失	1.一些相关的东西不是很配套 2.不断地赶，太赶了
	小卒子（1人）	TM-2	1.一线教师在课程改革中是被动的，只能顺从改革者的指令实施改革 2.改革给教师提出了很高的专业挑战，增加了教师的负担，却没有必要的补偿和激励措施，并且学校管理者对改革理念也不甚了了，这些都导致改革难以实施 3.领导权威迫使教师必须实施改革，但是自己不必按照改革的要求认真贯彻改革	觉得有一点不知所措
演员（3人）		TM-3*	1.课程改革并不重要，重要的是高考如何改革。但是，目前的改革抛开高考，一味要求改革，这根本行不通 2.根据以往高考的经验，新教材根本无法让学生应付考试，只能逼迫师生购买辅导教材 3.高中课程改革在启动和实施阶段都缺乏教师参与机制，这导致教师无法真正参与改革	就像是一帮理想主义者在崎岖的小路上攀登啊
		TM-4	1.课程改革脱离了中国的国情，尤其是在当今社会竞争日趋激烈的情况下，改革的理想和现实必然是脱节的 2.课程改革只是一幅理想蓝图，其实施过程缺乏操作性。在课程实施中，改革者和教师之间缺乏沟通 3.教师会通过作秀来应付上级检查，但平时还是采用原有的做法，强调知识的落实	你尽管心里知道新课标操作起来比较虚，但你还是要操作呀，一定要改革呀
		TM-5	1.一开始就不认同改革，因为改革是从西方移植来的，不符合中国的国情。在高考仍然存在的情况下，改革肯定是行不通的 2.在实施中也会做出一些调整，使自己看起来跟得上改革，这在教研员来听课的时候尤其重要。但是，那些过去有用的东西，现在仍然必须继承下来	比如说今天教研室的人来听课，我们就是在演戏
	无类别（1人）	TF-1	1.感到新课程和自己曾接受过的高中教育有很多区别 2.新手教师，关心的主要是如何适应教师角色和进行班级管理	我真的是很不适应

（续表）

学校	类别	教师	简要描述	典型言论
S3（非重点高中，普通校）	领头羊（1人）	TM-4	1.对改革持有热情，认为高中课程改革为教师发展提供了很好的平台，并且和自己以往进行的"生本教育"改革有很多共通之处 2.信念和热情对教师实施改革影响巨大。在改革的挑战面前要转变心态，用游戏的、研究的心态处理实施中的困难，这样就会有所收获 3.教材问题（如质量低劣、出版时间仓促等）影响了教师情绪 4.在同事看来，他是一位十分特殊的教师：虽然年轻，但已经拥有卓越的专业能力，并且善于处理工作上的压力，因此值得学习	1.做事其实就是一种心态 2.一流的老师陪学生玩
	适应者（4人）	TF-1	1.改革的到来让教师感到十分激动，愿意投入到课程改革之中。然而，在课程实施中，教师受到了诸多因素的限制，逐渐迷失了方向 2.在实施了一个学期的新课程后，教师感受到改革的理想和现实之间存在着巨大差距，这让教师深感困惑 3.实施改革给教师增加了很多负担，并且使其陷入许多困境之中：如何保证学生的升学率？如何检验学生的学习质量？如何使探究取得实效？同时，教材、教学时间、任教学生的数量都使教师感到难以实施改革	我摸着石头过河，但是岸在哪里呢？谁心里都没有底
		TF-4	1.虽然新课程还缺乏系统性，但它对原有的高中课程做出了许多改善，如贴近社会生活、更新课程内容、富有时代特色等，从总体上看是值得肯定的 2.教学时间、考试的限制给教师实施改革带来了困难，学分制、选修课和成长记录袋缺乏操作性，这让教师产生了许多困惑 3.虽然是即将退休的老教师，她还是愿意在教学过程中不断适应，向年轻同事请教	"老革命"遇到新问题还得学习
		TM-2	1.对改革的到来充满期待，认为改革描绘的蓝图十分美好，但是在实施中越来越感到改革缺乏操作性，对改革也日益失望 2.实施之初，迟到的新教材就让教师感到无法接受 3.在第一个学期的实施中，他发现很多问题难以解决，如虚伪的选修课和学分制、有限的教学时间、教材质量不佳、不明确的高考方案等。教师认为，课程改革缺乏应急预案	就是一个蓝图抛出来，就像盖一栋楼，只有一个外观设计图，没有施工图，没有配备的材料仓子和安全系数这些规定
		TM-3	1.改革给年轻教师带来机遇，因此，自己愿意在改革中抓住机会，实现个人成长 2.在初中任教时，曾在课程改革中取得了成绩，这给教师带来了信心，但是，在高中课程改革中，教师发现实施改革十分困难。教材体系杂乱、教学时间不足、班级人数多、高考评价限制等问题，都让教师难以放开手脚	觉得对自己是个机会，有点投机主义

（续表）

学校	类别	教师	简要描述	典型言论
	小卒子 （2人）	TF-2	1.频繁的改革使人疲惫。当高中课程改革来临之际，教师因为增加负担而感到厌烦。但是，个人的力量无法抗拒改革，因此只有顺从和接受 2.在实施之初，教师因为无法把握新教材而感到恐慌。通过分工合作，教师逐渐熟悉了新课程。为应付高考，教师保留了原有的一些做法，而不会完全实施改革提出的要求 3.在人事制度改革的情况下，教师已经面临着巨大的生存危机。当教师又遭遇改革时，就会产生大量的情绪困扰	1.你个人力量也抗拒不了啊 2.这新课改只不过是导火线
		TM-1	1.虽然表示容易接受改革，但认为应试教育和课程改革各有优劣，因此改不改革取决于教师自身 2.实施了一两个月后，发现改革和现实（如课时、班级人数、高考方案等）存在矛盾，于是对改革采取了听之任之的态度	（课程改革）做好还是不做好？我觉得两样都好
	演员 （1人）	TF-3	1.曾对改革抱有希望，但发现他们对教师关心的问题事先准备不充分，并由此放弃了实施改革的想法 2.认为改革只是教育产业化的工具，是经济利益的产物。而且，改革是移植于西方的，不符合中国的国情 3.在上级检查等公开场合，要表现出符合改革要求的言论和行为	怎么做？反正兵来将挡，水来土掩嘛
S4（非重点高中，样本校）	适应者 （4人）	TF-1	1.改革给教师提出很高的专业挑战，因此在刚开始接触新教材的时候感到一筹莫展、无所适从。第一个学期的教学一直让自己不敢轻举妄动 2.一个学期之后，逐渐找到改革和原有做法的结合点，并且也收集到了更多的有关新课程改革的信息，逐渐感到心中有数。在第一学年结束时，和其他学校联合进行的统考让教师感到踏实，从而恢复了以前的自信 3.人事改革制度给教师带来生存压力，实施新课程改革后，教师的生存环境越来越恶劣了	任何东西它都有结合点的，它不可能是全新的
		TF-2	1.虽然认为改革蕴含着好的转机，但学生素质让教师对实施新课程改革感到担忧。教师认为改革没有充分考虑学情、师情、校情等实际情况 2.课程改革缺乏配套措施（如教材、高考等），而广州市的人事制度又增加了教师的压力，这让教师从一开始就无法完全投入改革。因此，结合兼顾成为教师应对改革的做法	对老一套我觉得还是需要结合起来，两个（新与老）结合起来比较好

（续表）

学校	类别	教师	简要描述	典型言论
		TF-3	1.改革的到来让教师感到兴奋，但她意识到这和学校整体的教学氛围似乎不合拍 2.改革付诸实施之后，教师很快就感到迷失了方向，感到很多改革措施难以实施，并且也得不到改革者的帮助和指导 3.在实施一年来，教师始终处于困惑状态，这主要是由于高考方案的不明确造成的。为了应付高考，教师不得不把改革和原有的做法结合起来	1.你总得现实一点嘛 2.现在，高考那根指挥棒还在，并且大家都不知道它是怎么样的一根指挥棒
		TM-3	1.愿意接受改革，感到每经历一次改革都会受到新理念的推动，但是教师的教学是具有功利性的，不得不关注社会对教师的评价 2.由于考试文化、教师能力、学生素质的限制，教师无法完全实施改革的要求，而是根据教学的时间、内容安排，有选择地把改革和原有的做法结合起来。这是教师在课程实施一开始就采取的做法	一是要出成绩，另一个呢，又要把新课程的理念给落实下去。老师在教学中只能尽可能地向新课标靠近
小卒子 (1人)		TM-1	1.改革意味着要重新学习，因此对改革感到厌烦 2.表面上顺从改革，认为改革很有必要，但实际上却摇摆不定，对如何进行改革没有清晰的想法，认为这并非自己要考虑的问题 3.教师在课程改革中无足轻重，只需要顺应形势做出相应的改变	我们只不过是（课程改革）里面的一枚棋子
演员 (1人)		TM-2	1.教材编写得十分混乱，缺乏系统性和连贯性，再加上教学时间、考试文化的限制，教师其实无法实施改革 2.虽然对改革心存不满，还得按照改革的要求去做，但这种做法只是一时之举，因为从长远来看，改革还是要回到应付高考的老地方	1.心里虽然有反感，但是还得按照它的要求去操作 2.我估计最后还是要回到老地方去的

注：带有"*"者为拥有特级教师职称的教师。

本章小结

　　课程实施是改革方案付诸实践的过程，亦是教师改变自我、重塑身份的过程，因此，这个过程充满着教师的情绪。通过这些情绪，我们能够看到教师对同样一项改革的不同感受，以及这些感受的变化历程。由此，改革对教师具有了不同的主观意义。学者①告诫我们，教师对变革赋予的主观意义是实施研究应该关注的一个重要议题。

本章简要地呈现了高中课程改革前后，尤其是课程实施一年多来教师们的情绪经历。第一节描述了改革即将到来时教师们的情绪反应；第二节则以那些教师反应相对强烈的各主要事项为专题，描述了教师情绪在实施进程中的变化与发展；第三节主要借鉴了鲍曼在论述不确定情境中身份建构时的一些关键概念，分析了四类教师在课程实施中的自我及情绪变化历程。

通过上述回顾，我们可以看到教师在课程实施中不仅有大量的积极情绪和消极情绪，而且产生了很多复杂情绪，包括教师在同一时刻对改革产生的相互冲突的情绪状态、茫然无措的状态、混乱的心理状态（如实施中的困惑）、弥漫在整个实施进程中的心理紧张和压力等。严格说来，按照拉扎勒斯的观点②，教师在改革来临以及实施进程中的希望与期待都是一种边界情绪，因为它们是教师在不利的现状下对"个体—环境"关系做出有利评估之后产生的情绪状态。由此看来，仅用积极和消极区分所有的教师情绪的确是非常困难的，即使我们在情绪类型中加入"复杂情绪"来笼统地概括那些难以区分的情绪状态，这也只是一种权宜之举，并且我们也不能弥合情绪产生原因上的积极、消极和情绪功能之积极、消极之间的可能存在的不一致。因此，我们不妨接受所罗门（Solomon）与斯通（Stone）的建议③，在使用积极、消极划分情绪时应该更加谨慎，因为，情绪自身并不存在"积极"与"消极"之分。

在对课程实施一年多来教师的情绪经历进行整体回顾之后，本章根据教师改变自我、重塑身份的特点，把教师归纳为领头羊、适应者、小卒子和演员四个类别，并简要概括了四类教师在课程实施中的情绪变化历程。依据这

---

① Fullan, 2001; Van den Berg et al., 1999; Van den Berg, 2002.

② Lazarus R. S., "Cognition and motivation in emotion," *American Psychologist*46, no. 4（1991a）: 352–367; Lazarus R. S., "Progress on a cognitive–motivational–relational theory of emotion," *American Psychologist*46, no. 8（1991b）: 819–834.

③ Solomon R. C., Stone L. D., "On 'positive' and 'negative' emotions," *Journal of the throry of social behavior*32, no. 4（2002）: 417–435.

个分类系统，本章对四所学校受访的30位教师一一做出归类。表4-2总结了这种分类结果。

表4-2　教师分类情况汇总

	S1	S2	S3	S4
领头羊	2	0	1	0
适应者	4	2	4	4
小卒子	1	1	2	1
演员	1	3	1	1
无类别	1	1	0	0

分类结果表明，每所学校中四类教师的分布情况是存在差异的。作为质化研究，本章无意对四所学校中各类教师分布数量做出过多推论，但就这30位受访教师来说，我们仍然能够得到以下几点认识：

1.总体而言，"适应者"在课程实施中是相当普遍的一个群体。在本研究中，几乎半数教师（14人）都可归入此类。相对来说，"领头羊"是一个十分罕见的教师群体。这类教师在课程实施中不仅人数极少，而且并不一定出现在每所学校的教师之中。

2.学校性质和教师分布之间并无必然联系。在本研究中，虽然S4是广东省高中课程改革的样本校，但该校受访教师中并无"领头羊"；S2虽然是广州市的重点高中，该校受访教师中不仅没有"领头羊"，反而有三位"演员"。相反，在既非样本校和重点高中的S3中，受访教师中却出现了一位"领头羊"。

3.尽管学校性质似乎与教师分布之间并无关联，但我们仍然能够推断，学校层面的因素对教师在课程实施中情绪、言论和行为具有重要影响，否则我们便无法解释相同性质的学校之间在教师分布上的区别。例如，S1与S4同为广东省高中课程改革的样本校，但S1中出现了两位"领头羊"，而S4中却没有此类教师；再如，S1和S2同为广州市的重点高中，但两所学校中的教师分布却有着明显的区别。已有的实施研究表明，教师文化、学校组织结构、学校领导对课程改革的态度都会影响课程实施。[①]因此，学校层面上影响教师情绪的因素还有待进一步探讨。

4.囿于质化研究的性质，本章无法断言教师个人特征和教师分类之间的关系，但本研究对教师的归类表明，性别、教龄、职称和教师类别似乎并无必然联系。例如，四类教师中均有男性和女性教师；同为拥有特级教师职称的男性教师却可以分别是"领头羊"（S1-TM-5）和"演员"（S2-TM-3）；具有30年以上教龄的老教师（S1-TM-5）和仅有五年教龄的年轻教师（S3-TM-4）都可以是课程实施中的"领头羊"。此外，本研究也发现，对刚入职的新手教师来说，他们关注的重点可能是如何适应教师角色，而不是自己在课程实施中的表现。

诚然，情绪的产生既受到社会文化因素的影响，又有个体心理因素的作用，然而，正如我在前文中说明的那样，本研究将从情绪作为社会文化建构的角度，关注社会、文化、专业、政治以及组织等结构因素对教师情绪的影响。因此，在回顾了教师的情绪经历之后，我们将转而探讨课程实施中教师情绪的影响因素。

---

① 参考Fullan, 1991; Hall & Hord, 1987; 李子建、黄显华, 1996; 尹弘飚、李子建, 2004的观点。

第五章　情绪地理与情绪困境

情绪不仅是一种个体心理现象，更是一种社会文化建构。它并不完全是个体在外界情境刺激下产生的、由个体认知控制或调节的纯粹的"生理—心理"反应，它还负载着大量的组织、专业、道德、政治以及社会文化信息。在建构论者看来，我们的情绪正是由这些超越个体的社会性因素塑造而成，并时刻受其控制。

过去一年多来实施历程的回顾向我们展现了课程改革给教师带来的情绪冲击，并且简要勾勒了教师在重新建构自我过程中的情绪经历。赞比拉斯提醒我们，在理解教师情绪时应该同时考虑个体内、个体间以及群体间三个水平，[①]这意味着我们不能仅仅关注教师对自身情绪的体验和表达，更要超越个体教师的水平，在更广阔的范畴中探寻教师情绪形成和变化的原因。因此，在倾听了教师对自身感受的描述之后，本章将试图把情绪放在更为宽广的人际关系和实施脉络之中，对那些影响教师情绪的因素做出归纳和分析。

第一节　高中教师的情绪地理

情绪是人际互动的产物，哈格里夫斯在这方面的见解尤其独到。在情绪地理中，他指出由人际关系的亲疏远近构成的社会空间模式影响着我们的情绪。一方面，就教师的人际互动同伴而言，他提醒我们在教师与学生、家长、同事以及管理者的互动中把握情绪事件；另一方面，就情绪影响源的性质而

---

① Zembylas M., "Constructing genealogies of teachers' emotions in science teaching," *Journal of Research in Science Teaching* 39, no. 1（2002a）: 79–103.

言，他区分出了社会文化、道德、专业、政治和物理五种主要的情绪地理（详见第二章第四节的相关内容）。这为我们理解教师情绪的影响因素提供了一个十分有用的分析工具。

在我对田野资料的编码过程中，首先得到的就是这样一类与人际互动有关的情绪事件，其中涉及高中教师在课程实施与学生、家长、同事以及管理者的互动过程表现出的积极或消极情绪。将这些事件加以归类、整理之后，一个与哈格里夫斯的情绪地理相呼应的分类系统便产生了。因此，本节将针对这些情绪事件，呈现教师在课程实施中的情绪地理，[①]并分析导致教师产生特定情绪状态的影响因素。

一、政治地理

情绪与人们所处的权力和地位状况紧密相关，权力是理解情绪中政治话语的核心关键词。[②]一般而言，自我权力的增加或者自身的地位得到他人的肯定是个体积极情绪的来源。[③]受到一些政治因素影响，教师所处的权力和地位状况如何呢？

中国的课程改革是一个很宏大的工程。但是，现在大家赖以支撑的支点是什么？是这个体系里面最薄弱的环节，就是课堂和教师。课堂和教师虽然是最活跃的因素，它也是最脆弱的因素，因为它没有力量去改变其他东西。（I–S1–TF–4）

在市场化对学校教育的影响日益加剧的今天，家长和学生获得了更多的权力。如家长和学生已经拥有择校、择班、择师的权力（I–S3–TM–3）。虽然教师对课堂教学拥有支配性权力，但正如这位教师所说的那样，他们实在"没有力量去改变其他东西"。但教师在与他人互动中形成的情绪的政治地理就十

---

① 在英文中，"geography"包含"地理"和"地理学"双重含义，二者的界限并不像中文中的那样泾渭分明。在中文语境中，一旦在某词后面添加上"学"这个字，它多指那些关于该词所指代之事物的抽象而体系化的理论知识，并由此在知识的等级序列中获得更高的地位。在这里，"情绪地理"只是用来描述高中教师在人际互动中形成的情绪分布状况，而不是指那些超越现象、解释现象的理论体系。

② Boler M., "Disciplined emotions: Philosophies of educated feelings," *Educational Theory* 47, no. 2（1997）: 203–227.

③ Kemper T. D., "Sociological models in the explanation of emotions," in *Handbook of emotions*, Lewis M., Haviland J. M.（New York, London: The Guilford Press, 1993）, pp. 41–51.

分复杂。其中，教师与教材编写者、教师培训者和改革决策者三类人员的互动最具特色。

（一）教材编写者

教材的更替是课程改革首先做出的变革。在教师看来，新教材的编写者大都是身处象牙塔中的大学教授，他们对高中教学的实际情况缺乏了解，因此他们依照新的课程标准编写出来的教材总是让教师觉得不好用（I-S4-TM-2），在实施过程中也存在疏漏。教师在课程实施中发现新教材存在很多问题，然而当他们向教材编写者提出意见时，教师感受到了他们与教材编写者之间的距离。这让教师们感到无助。

由于编写者对高中教学的实际情况缺乏了解，新教材难免在实施中会出现疏漏。伴随着教材出版权力的放开，加之一些教材又编写得十分仓促，教材市场变得鱼龙混杂、良莠不齐。

（二）教师培训者

为更新教师的观念、知识和技能，高中课程改革在教师培训这个环节上着力甚多。在广东省各级教育行政部门组织的教师培训项目中，大学教师成为其中的主力军。

（三）改革决策者

实施研究者一再强调，增加教师的拥有感、使教师广泛地参与决策是影响课程实施的一个重要因素，[①]作为一种政府行为，本次高中课程改革主要采取了行政主导的、自上而下的实施策略。虽然教育部在发起高中课程改革之前也组织过大学专家、教研人员、学校管理者以及部分教师进行过多次讨论，并委托大学专家预先做过一些调查[②]，但在高中教师的决策参与方面并没有取得理想效果，高中教师也并没有多少参与感。

二、专业地理

专业是指那些因具备某些独特性质而在职业序列中占据较高位置的职业

---

① Snyder et al., 1992; Fullan, 2001.

② 钟启泉、崔允漷、吴刚平主编的《普通高中课程方案导读》中就有体现。

社群。[①]教师在人际互动中的情绪状态和情绪理解也会受到这些与专业标准或特性有关的因素的影响。例如，主流的"专业"话语假定情绪会侵害专业判断，专业人士在工作中应保持冷静和理性。[②]因此教师在专业化道路上的不断迈进不仅意味着自身知识、技能和素养的提高，还意味着能够谨慎地对待自己与他人的情感联系。不过，当这些专业规范发生转变时，教师情绪就会有新的表现。因此，在专业地理学中，哈格里夫斯提醒我们，专业主义的定义和规范既可以使从业人员与他人产生疏离，又可以为他们之间共同探讨专业问题寻找到契机。对教师来说，当自己的知识素养、教学技艺和专业判断得到他人的肯定时，教师就会产生积极情绪；反之，当自己的专业能力受到他人的挑战或质疑时，教师就会产生消极情绪。[③]

（一）教师专业的特殊性

普拉特（Pratte）与鲁里（Rury）把教学界定为"手艺型专业"，认为与医生、法律等"专家型专业"相比，教学具有缺乏稳固的知识基础、工作高度不确定等特征。[④]

更为重要的是，教师专业与其他专业的区别之处还在于它对情绪所持的独特见解。与医生、律师等行业相比，教学是一项倡导并充满"关爱伦理"（caring ethics）的工作。[⑤]与其他专业要求从业人员排除情绪干扰的做法不同，教学工作要求教师能够移情地理解学生，和学生建立深刻的情感联系和情绪理解。用教师的话来说，教学要求教师"时时刻刻用心去做"。正是在这一点上，教师专业和其他专业有了根本上的区别。

教师专业的这些特性让教师情绪处在一种非常尴尬的位置：教师需要对

① 曾荣光：《香港教育政策分析：社会学的视域》，三联书店，1998。

② Noddings N., "Stories and affect in teacher education," *Cambridge Journal of Education* 26, no. 3（1996a）：435–447.

③ Hargreaves A., "Emotional geographies of teaching," *Teachers College Record* 103, no. 6（2001b）：1056–1080.

④ Pratte R., Rury J. L., "Teachers, professionalism, and crafts," *Teachers College Record* 93, no. 1（1991），pp. 59–72.

⑤ Noddings N., *The challenge to care in schools: An alternative approach to education*, 2nd ed（New York: Teachers College Press, 2005）.

教学工作倾注自己的感情，然而这又让教师专业在社会的整个职业序列中所处的地位受到影响。于是，教师无法获得社会上其他专业人员所具有的殊荣。在这里，情绪的专业地理和政治地理交织起来，令教师感到十分困窘。

（二）对教师专业能力的认可或质疑

专业特性影响了教师社群整体的情绪状态。对个体教师来说，当自己的专业能力受到他人的质疑时，教师情绪的变化更为明显、直接。高中课程改革的实施意味着教师需要接受新的专业标准的衡量，原来曾经广为教师群体所接受的专业行为在今天可能已经失去了合法性。于是，教师业已具备的专业能力开始处于险境之中。这对教师情绪会产生怎样的影响呢？

1.受到认可

公开课①是我国常见的一种教师专业发展的表现形式。在课程改革中，公开课又一次凸显了它的作用，因为同行与专家的检验是衡量教师是否具有合格的专业能力、是否能够体现课程改革精神的可靠途径。也正是由于它的评价功能，原本旨在促进教师专业发展的公开课却给很多教师带来了巨大的痛苦。

然而，当教师在公开课中受到同行、专家的肯定，巩固了自己的专业地位时，教师又会产生许多积极的情绪体验。一些教师甚至会把公开课的经历当成他们专业生涯的一个转折点。

特别是那个全国公开课，有100多名专家，各个省的教研员和大学的课程研究的专家，相关出版社的主编什么的都来了。我觉得非常幸运，得到很多锻炼的机会。（I-S1-TF-1）

"有朋自远方来，不亦说乎。"教研员、大学专家和教材编写者的关注使教师感到欣慰，专业能力受到认同又增强了教师的自信。因此，这段经历让教师觉得得到了很多锻炼的机会。事实上，教师之所以认为公开课是促进自己专业发展的有效途径，不仅是因为它能促使教师在备课和授课的过程中集

---

① 在我国，学校或地区的教育行政部门经常会组织一些公开的观摩课和示范课，其共同特点是由一位教师公开授课，课后接受前来听课的同行与专家的批评、建议或评价。教师将这些课统称为"公开课"。它一来可以检验授课教师的专业能力，二来也可以促进跨学校、跨地区教师之间的交流。

中精力、认真对待，更重要的是，教师在公开课的前后都能够从同事或专家那里接触到很多不同的观点，和他们深入地探讨一些专业问题。这种合作的教师文化也是高中课程改革带来的一个转变。改革的挑战和知识的统整要求教师突破封闭的"蛋壳型"组织文化的外壁，在相互合作和相互学习中共同发展。教师之间的这种专业合作氛围也让教师感到十分快乐。

我不只是和我们科组接触，还有化学、语文啊，都是一个年级组的，他们都愿意跟我交流。这也是很欣慰的，我们老师相互之间合作得特别愉快。（I-S1-TF-2）

出现这么一种积极向上的氛围。真的，我觉得这个是非常可贵啊！老师们之间的关系好得不得了，非常融洽，你开我的玩笑，我开你的玩笑。没有说我给你使一个绊子、给你穿一个小鞋。没有，不存在这样的现象。老教师把机会让给新教师，有什么比赛，让新教师上，年轻教师上；有什么可能获奖的，让新教师上。老教师你问他什么，他毫无保留，他全盘给你端出来。教师之间有着非常好的关系！在这样的环境里，我觉得很快乐！（I-S1-TM-4）

2. 遭到质疑

课堂教学是教师最有信心的领域，因为这是教师的专业所长。然而，由于改革提倡新的专业标准、教学理念、教学行为，教师的专业能力是否合格又变成了一个有待检验的问题。面对课程实施中出现的种种问题，改革者们往往会把原因归咎于教师的专业能力不足。教师在与教材编写者的交往中就体会到了他们对教师专业能力的不信任。

我们以前也参加过教材编写交流的活动，编写者由于不了解教师工作的具体细节，从而质疑教师的专业能力，他们不知道教师在做的过程中遇到了很多问题，有时候甚至根本做不下去。（I-S1-TM-1）

其实，教材编写者和专家之所以会质疑教师的专业能力，也是因为他们在等级性的权力关系中拥有更高的地位。一方面，专家和教师之间存在着权力差异；另一方面，教师最为自信的专业能力又受到了专家的质疑。于是，政治地理和专业地理又一次结合起来发挥了负面效应：他们根本无法理解对方的感受，情绪误解导致了一系列的消极情绪。

我跟你说，专家只要是跟老师、有思想的一线老师对话，就会吵架。为什么呢？专家根本不能回答一线老师所提出的问题。他最后得出的结论就是："这一线老师怎么是这样子的？不积极努力地配合我们，不积极努力地推进教学，净提一些千奇百怪的问题。"（I-S1-TF-4）

在日常教学中，教师也会和他人（如家长）在专业能力问题上产生分歧。当教师的专业能力受到他们的质疑时，消极情绪就出现了。

上次开家长会，有一位家长就向我们校长反映，学校什么都不好，老师不好，学校管理也不好。本来大家是应该相互配合的，但你这样给校长反映，就好像你在怀疑我们的能力，那老师心里肯定会很难受的。（I-S2-TF-1）

三、道德地理

情绪与道德密切相关。对个体而言，情绪是我们顺从或违背某种外在的或内心的道德规范的产物。[1]在尼亚斯（Nias）看来，教师在工作中持有大量的、复杂的情绪是因为他们把自己的信念、价值观等伦理性事物投入到了教学工作中。"关爱伦理"不仅是教学的专业标准，更是教师必须遵循的道德规范。[2]由于教师是否具有合格的专业能力和道德素养往往取决于他人的社会认可，因此，教师在人际互动中为维护这种社会认可需要付出许多努力，并且经常容易在情绪上受到伤害。

道德反映了我们所持的价值判断。对个体而言，这种价值判断主要体现在我们所追求的目标之中，因此，目的上的分歧或一致反映了人们在道德判断上的差异与接近。在道德地理中，哈格里夫斯指出，当教师和他人为追求共同目的而一起努力时，积极情绪就会产生；反之，消极情绪的产生则是由于教师发现自己的目的受到威胁，并且缺乏解决这种冲突的机制。[3]人们之间

---

① Kemper T. D.,"Sociological models in the explanation of emotions," in *Handbook of emotions,* Lewis M., Haviland J. M.（New York, London: The Guilford Press, 1993）, pp . 41–51.

② Nias J., "Thinking about feeling: The emotions in teaching," *Cambridge Journal of Education*26, no. 3（1996）: 293–306.

③ Hargreaves A., "The emotional geographies of teaching,"（Paper presented at the annual conference of the American Educational Research Association. New Orleans, 2000b）: April 21–28; Hargreaves A., "The emotional geographies of teachers' relations with colleagues," *International Journal of Educational Research*35, no. 5（2001c）, pp. 503–527.

的信任或背叛源自道德目的上的一致或背离。以常理喻之，"志同道合"使人们产生积极情绪，"众叛亲离"则导致消极情绪。

（一）目的一致

所谓目的一致是指教师与他人产生道德上的共鸣，使人们感到他们在追求共同的道德目标，这通常会使不同群体之间保持密切的情感联系。事实上，教师对这一点也深有了解，并且他们在教学中也会有意运用这种手段拉近自己与学生之间的情感距离。

然而，真正促使学生从内心里、从情感上接受教师的是他们之间有共同的目标，学生意识到教师和他们是"站在同一个战壕里面"的。一致的目标使师生产生了积极的情绪体验。

教学如此，改革亦是如此。前文已述，许多教师在改革之初都感到兴奋、喜悦和期待，这是因为他们从改革方案中看到了改革者与教师所追求的目标是一致的，都是"为了中华民族的复兴，为了每位学生的发展"。改革目标上的共鸣使教师产生了积极的情绪体验，并且也给这些积极情绪赋予了浓重的责任意识和道德色彩。教师在访谈中表示，改革的理念符合教师内心的价值观，这让教师感到十分振奋。另外一位教师在访谈中表示，原有的高中教学让大家丧失了意义感和价值感，在这种情况下，新课程的及时到来使大家"欢天喜地"（I-S1-TF-4）。这也从另一个侧面说明了道德目的和情绪体验之间的关系。

新课程的一些想法，我们听了之后，真的感觉非常好。这个理念符合老师内心的想法，所以说，新课程，我从内心里是非常喜欢的！觉得这种教育模式对我们国家将来的发展很有好处。刚一接触，老师们就感到很振奋，觉得要大干一场。（I-S1-TM-3）

（二）目的背离

既然目标一致，改革者在课程实施中就应该和教师携手并肩，共同承担改革的风险，共同解决实施中出现的问题。因此，在教师出现困惑和疑虑时，以各级教育行政部门为代表的改革决策者就应该向教师施以援手。然而，教师在实施中感到并没有从决策者那里得到多少帮助，反而是他们给教师增加了更多的检查和监督的压力。

我觉得任何一种决策在实施过程中可能都会出现一些问题。那怎么去协调？我觉得最关键的是后期的处理。大家共同努力，有问题就解决，然后不停地去纠正我们的方向、明确我们的目标，这样做的话就是一件好事。（I-S2-TF-6）

课程改革是一项公共的社会性事务，其成功实施有赖于所有参与者的同心协力。然而，课程实施把教师推到了改革的前沿，使教师处于孤立无援的境地，让教师从情绪上受到了伤害。

我们更多的是希望新课改给我们武器，但是现在等我们真正去面临它的时候，人家就对我们说："你们不要在这里'等、靠、要'，你们要去创造，你们要去发明，你们要自己去实践。在实践中积累武器。"我们就发现，我们在这个时候是赤手空拳！（惊讶）（I-S1-TF-4）

教师情绪的脆弱性有着深刻的政治和道德根源。[①]在这里，政治地理和道德地理交织起来，给教师情绪造成了巨大的消极影响。

四、物理地理

在情绪地理中，物理地理相对来说是最直观、最易懂的一种。情绪理解和情绪关系的建立要求个体和他人保持一定程度的密切、频繁与持续的互动。[②]当这种人际互动的强度和持续性受到侵扰时，双方都会产生消极情绪；双方的时空距离超出这些人际互动阈限的容忍范围时，二者之间的情绪理解将难以甚至无法建立。将这种情绪地理命名为"物理"，是因为影响情绪的因素，诸如时间、空间、互动密度等，都具有更多的自然或物理属性。

在日常专业场景中，学生是教师最普遍的互动同伴。已有的研究也表明，师生之间的情绪关系对教育变革具有重要影响。[③]我的访谈资料显示，教师情绪很容易受到学生的激励或打击。教师的许多积极情绪都来自于学生的认可和肯定，并且这种认可具有复杂的专业、政治和道德根源。教师认为，课

① Kelchtermans G.,"Teacher vulnerability: Understanding its moral and political roots," *Cambridge Journal of Education*26, no. 3（1996）: 307–323.

② Hargreaves A.,"Emotional geographies of teaching," *Teachers College Record*103, no. 6（2001b）: 1070.

③ Hargreaves, 1998a, b, c.

堂教学是"体现老师价值的主阵地"（I-S3-AF），学生的认可不仅是对教师专业能力的肯定，而且是对教师作为"好老师"这一身份和地位的认同。教师的专业和道德规范要求他们关爱学生，反过来，他们也很容易从学生的认可、尊敬中获得道德上的回馈。当他们无法获得学生的认可时，教师就会体验到大量的消极情绪。正如尼亚斯所说，教师把他们的"自我"投入教学工作、暴露在学生面前，从中他们既可能获得自尊和自我实现，也可能使自己的情绪受到伤害。[①]

我觉得最快乐的时候是这样的，比如讲一节很生动的课，学生们的气氛起来了，我讲到精彩的地方学生鼓掌，这时候就很快乐。一节课讲得不好的话，就有一种失落感。（I-S2-TM-1）

作为一名老师，能得到学生的认可就是最好的。到了课堂里面，你只有让学生满意，你才是一名好老师。你连你的学生都教不好，连你的学生都不信服你，这就永远不是一名好老师。如果按照我的这种方法去教，教出来学生成绩好，然后学生对我尊敬，这就让我很高兴。（I-S1-TF-2）

正是由于这些原因，课程实施中的高中教师在与他人的人际互动中，师生之间的物理地理就成为一个极具特色的主题。

（一）接近：情绪理解与积极的情绪关系

无论是否进行课程改革，教师与学生之间的情绪理解都需要师生保持相对密切的交流。教师感到，这种交流有助于学生了解教师的"性格"。当学生能够设身处地地理解教师后，他们在上课的时候就不会给教师"添乱"，这样就使教师避免了许多消极情绪的干扰。

我觉得这也是要看平时和学生的交流吧。你平时和学生交流得多了，学生知道你的性格、了解你，那他上你的课就不会添乱了，所以我就比较少受到这种情绪的影响。（I-S4-TF-1）

一位教师从另外一个侧面支持了这种说法。这位教师感到，师生之间缺乏接触导致教师无法了解学生的"心理"。与那些和学生有着更多交往的班主

---

① Nias J., "Thinking about feeling: The emotions in teaching," *Cambridge Journal of Education* 26, no. 3（1996）: 293-306.

任相比，这是自己的一个缺陷。

跟学生接触得少的话，你就不了解学生。你看我带7个班，接触得少，那你就不了解每个学生的成绩啊，对哪些方面感兴趣啊什么的。交往得少，这的确是任课老师的一个缺陷，不像班主任那样了解每个学生的心理啊。（I-S1-TF-2）

除了课堂教学中的交往，教师在处理突发事件中也会和学生产生直接的、更加密切的互动。教师感到，经历过这类事件的学生与教师在情感上会变得更加接近，并且会和教师建立起持续的情绪关系。这种积极的情绪关系不仅给教师带来情感上的愉悦，而且对自己的教学工作也有很多益处。一位教师回忆起她处理学生受伤事件时的那段经历：

凡是经历了这些事情的学生呢，他好像就从感情上跟老师近了一步似的。像有一个男孩子，我做他高一班主任还没多久，他就受伤了，我送他去医院，又让家长来把他接回去，他返校后我又安排学生帮助他，扶他上楼梯啊什么的。从那以后，这个学生就感觉我和他有更近的情感交流，所以他后来有什么事都会和我说。我每次和他谈话，都还比较轻松愉快。他就感觉老师呢，肯定会为他好，就不会说老师只是站在老师的立场上想让他们怎样做，而是站在他的立场上，他就比较接受一点。我感觉，有时候和学生有了更深层次的交往的话，是有利于开展工作的。（I-S3-AF）

当然，无论是否实施高中课程改革，师生间的这种交往和这类事件都会存在，它们构成了教师情绪中物理地理的背景。然而，当这些背景性的情绪理解和情绪关系因课程实施的介入而受到影响时，教师情绪的物理地理会发生怎样的变化呢？

（二）疏远：失去乐趣、热情与价值

课程改革改变了原有高中教学的学科组合，在课程设置上增加了一些新的学习领域、科目以及学习活动，如技术、综合实践活动、艺术、选修课等，这必然会带来各个学科教学时间的重新分配。作为这种重新分配的结果，有些学科的周学时比课程改革之前大为减少。化学就是这样的一个例子，它由原来每周每班6节课锐减为每周每班2节课。为保证教师工作量的稳定，化学老师在课程实施中不得不面对至少3倍于以前的学生数量。课时的锐减和学生数量的倍增必然减少了化学老师和学生之间的互动机会。

我现在承担6个班的必修课，每班50多个人，总共300多人，我还要上选修课，我的选修课有100多人，一共就是400多人了。一个简单的道理，就像我记学生：原来有100多个学生，我很快就把他们都记住了，学生的姓名啊什么的，我都能对上号。但是现在我一个人教多少？ 400多个学生啊！我哪里能够记得住？（I-S3-TF-1）

教学是"心的教育"，师生交流是"心的投入"（I-S1-TM-1）。与学生的交流让教师感到教学工作的乐趣，而现在，教师和学生之间已经没有什么深层的、密切的交流了。繁重的工作负担减少了师生交流的机会，让教师失去了往日的快乐。

最让人高兴的还是跟学生进行交流，但现在少多了。作为老师，我宁愿带两个班，每个班10节课，而不愿意带5个班，每个班2节课。那样的话教师的乐趣在哪里？潜在的乐趣没有了，是吧？现在乐趣少多了。现在乐趣只是有时候看到学生了，大家打打招呼、热闹热闹。以前就是学生跟我交流比较多。他了解我，我也了解他。（I-S1-TM-1）

失去了师生之间的深层交流，教师就失去了教学的一部分乐趣，同时，教学专业的"关爱伦理"也难以为继，这导致教师对教学工作的目的和自我价值产生怀疑。在这里，物理地理和道德地理交织起来，阻断了师生之间的情绪理解，也使教师在课程实施中失去了热情。

五、社会文化地理

人们之间的情绪理解也会受到种族、文化、性别、阶级等社会因素的影响。在情绪的社会文化地理学中，哈格里夫斯提醒我们，若互动双方享有相似的社会文化背景，他们就更容易建立积极的情绪关系；反之，则使相互之间感到陌生和难以理解，并且容易形成刻板印象（stereotype）。[①] 常言道，"物

① Hargreaves A., "The emotional geographies of teaching," (Paper presented at the annual conference of the American Educational Research Association. New Orleans, 2000b, April), 21–28; Hargreaves A., "The emotional geographies of teachers' relations with colleagues," *International Journal of Educational Research* 35, no. 5（2001c）: 503–527.

以类聚，人以群分"，而社会文化背景的差异与接近是决定人们能否归属于同一群体的要素之一。

虽然教师与改革的其他相关者群体之间在社会文化背景方面都会存在一些距离，教师与学生之间的文化差异在本研究中显得极为有趣。在这个快速变化的变革时代中，教师和学生由于年龄的差距，他们各自归属的文化之间的距离也越来越远。师生在社会文化地理上的这种差距导致教师在课程实施中产生了许多情绪问题。

在社会因素对学生的影响增强的情况下，教学变成了一个教师和其他力量角逐学生注意力的竞技场。与教师相比，新课程的设计者与学生之间的距离更远。如果新课程设计得过于高远、不切实际的话，无疑会给教师的这场"学生注意力争夺战"带来更多麻烦。

一方面，吸引学生的注意力并非易事；另一方面，教师和学生之间的文化差异又让教师难以捉摸今天的学生究竟对什么有兴趣。于是，教师难免会在"竞技场"上受到挫败，开设选修课就遇到这样的情况。广东省规定在学校为学生列出的选修课菜单中，只要有不少于15人选修，这门选修课就可以开设。平心而论，这是一个相当宽松的人数要求。虽然学校和教师对某些选修课寄予厚望，希望通过这些选修课开拓学生的知识范围，然而由于师生在社会文化背景上的差异，事实上并没有出现他们所期望的"振臂一呼，应者云集"的景象，有些教师看好的选修课甚至由于报选的人数过少而被取消了。教师在开设选修课之前的满腔热情遭到学生的冷遇，这难免让教师感到有些惊讶和失望。

一个年级900多人，15个人选就可以开一门课，但是只有不到10个人选写作！学生认为这个东西懂不懂无所谓。他觉得，"哎呀，天天写文章已经很累了，你还要让我写？"本来我们对一些课是寄予很高期望的，但是现在学生都对这个没兴趣。反倒是对一些热热闹闹的东西有兴趣。比如，我们有一个老师开设了一门《辩论艺术》，讲演讲啊、辩论啊什么的，学生们对这些有兴趣。所以我们开设校本课程，第一是受我们老师的能力所限，第二个也是真的琢磨不透学生究竟喜欢什么。因为我们毕竟跟学生有一定的年龄差距啊，他想啥你是不知道的。你满腔的热情，以为很好的东西，就像我刚才所讲的，但是他不一定这样认为啊！这样教师肯定会有点失望了。(I-S2-AM)

第二节　课程实施中的情绪困境

情绪地理关注的是课程实施中"教师—他人"互动中的情绪事件。然而，除了人际互动之外，本研究的田野调查资料还表明，教师在另外一类场景中也会产生大量的情绪：情绪困境。与情绪地理不同，情绪困境处理的是课程实施中"改革—情境"互动中的教师情绪。课程改革总是在一定的情境中进行的，这些情境包括社会的、文化的、地方的、学校组织的等脉络，而且课程改革也总是试图通过倡导新的教育理念，引入新的教学材料、策略或方法，采用新的评价方式等途径改变现有情境，这导致改革与其所处的情境之间形成了许多张力和冲突，即产生了一系列的困境。改革意欲实现的目标与情境现状之间的距离越远，这种关系就越紧张，冲突也越激烈。作为课程改革的实施者，教师不可避免地会受到"改革—情境"之间各种困境的影响，而情绪就是这些影响的表现之一。

一、情绪困境及其分类

困境是指那些要求参与者在同等合意的或不合意的、相互竞争的备选事物中做出选择的情境。[①]伯拉克二人（Berlak A. and Berlak H.）曾系统地分析了教师在专业场景中面临的各种困境，并将其归纳为三个主要类型：控制困境、社会困境和课程困境。它们分别涉及了困境中的政治的、社会学的和教育的维度。[②]继这两位研究者之后，温特（Winter）根据个体对情境的控制程度，将困境分为"含糊""判断""难题"三类。[③]含糊是由情境中那些深层的、无法避免的张力造成的，它完全超出了参与者的控制范围。不过，参与者之

[①]　Flett J. D., Wallace J., "Change dilemmas for curriculum leaders: Dealing with mandated change in schools," *Journal of Curriculum and Supervision* 20, no. 3（2005）: 188–213, 190.

[②]　Berlak A., Berlak H., *Dilemmas of schooling: Teaching and social change*（London: Methuen, 1981）.

[③]　Winter R., "Dilemma analysis: A contribution to methodology for action research," *Cambridge Journal of Education* 12, no. 3（1982）: 169.

所以能够忍受含糊是因为它不需要参与者做出明显的行为反应，而后两类困境都要求参与者的行动过程。判断是指由困境中的张力造成的复杂而有趣的行动过程。虽然参与者能够在一定程度上控制这种困境，但这些行动需要参与者具有能够做出审慎抉择的技能和知识。难题是指那些被困境中的张力破坏了做出这些行动所需要的效度和理性的行动过程。人们只能对这种困境施加部分控制，因为针对难题中一个侧面采取的行动可能会使其他侧面变得更加难以解决。这些研究为人们理解困境提供了基础。

　　上述两项研究对困境的分类理解颇深，伯拉克二人关注的是困境的性质；温特关注的是参与者对困境的控制程度，然而，他们都未能回答"困境是如何产生的"这个问题。迪莫克（Dimmock）采纳了霍姆斯（Holmes）的观点，认为可以把教育领域中的困境归因于教育和社会之间的不同步变化，这些变化涉及三个分支领域：（1）规范与价值观；（2）制度与行政实践；（3）物质、财政与其他资源。因此，我们可以从这三个分支领域之内或这三个分支领域之间的不同步变化出发来界定困境。①这种观点对我们分析课程实施中教师面临的困境来说十分适合。一方面，改革与其所处的情境在上述三个分支领域内都可能出现不同步变化；另一方面，即使对于同一项改革，三个分支领域的变化之间也可能不协调，这些都会导致教师在"改革—情境"的张力结构中难以抉择。迪莫克将这种困境的分类方式命名为"价值观—制度—资源"（values-institutional-resources）架构。

　　"价值观—制度—资源"分类方式的好处还在于它既能区分各种困境的性质，又能兼顾参与者对这些困境控制程度的差异。例如，改革者对调整现有的资源分配状况比改变现有的社会规范和价值观显然拥有更大的影响力。然而，由于迪莫克等人关注的是学校领导者所面临的困境，因此这个架构遗漏了一类对教师来说十分重要的困境，即与教师的课堂教学密切相关的一些冲突性情境。伯拉克二人将这类困境界定为课程困境。温斯奇特（Windschitl）

　　① Dimmock C.,"Dilemmas for school leaders and administrators in restructuring," *International handbook of educational leadership and administration*, Leithwood K., Chapman J., Corson D., Hallinger P., Hart A.（Dordrecht, Boston: Kluwer Academic. 1996）:144; Holmes B., *Problems in education*: *A comparative approach*（London: Routledge & Kegan Paul, 1965）.

进一步从教师实施建构主义教学实践出发区分了四类困境：概念困境、教学困境、文化困境和政治困境。所谓概念困境是指教师在理解建构主义的哲学、心理学与认识论基础时遭遇的难题；教学困境是指教师在按照建构主义的要求设计和实施教学时遭遇的难题；文化困境是指师生在按照建构主义的要求重新调整课堂教学的角色、功能、价值与期望时遭遇的难题；政治困境是指在上述制度规范和教学常规被打破时，由各方面的抵制造成的难题。在这些分类中，温斯奇特的概念困境、教学困境和伯拉克二人的课程困境都是与教师从事课程与教学专业实践直接相关的困境，因此我们可以将其统称为专业困境，而这类困境正是迪莫克的分类框架中所遗漏的部分。鉴于此，我们可以从文化、制度、专业和资源四个维度①出发归纳教师在课程改革中面临的各种困境。需要指出的是，在迪莫克的困境分类架构中增加"专业"维度，不仅是理论演绎的结果，更是从本研究的田野调查资料中归纳而来的。

作为困境的参与者，教师会受到"改革—情境"张力结构的多方影响，情绪就是教师向这些困境所做的奉献之一。勒科尔尼（Le Cornu）与彼得斯（Peters）对教师实施建构主义教学的研究表明，困境分析让我们发现改变课堂教学是一项繁重的情绪工作。教师在这个过程中会体验到多种不适、焦虑和自我怀疑，这种关注"改革—情境"张力结构的分析有利于我们重视教学中的"社会—情绪"维度。我的田野调查资料也验证了这一点。正是由于这些原因，本研究将它们称为"情绪困境"，并把它们和哈格里夫斯的情绪地理结合起来探讨课程实施中的教师情绪。

概言之，情绪困境区别于情绪地理的特征主要有三点：第一，在情绪地理中，教师情绪受到的影响来自于教师的互动同伴，诸如决策者、管理者、

---

① "文化"维度涵盖了伯拉克二人（1981）的社会困境、迪莫克（1996）的规范与价值观困境、温斯奇特（2002）的文化困境的内涵，这三者的指向基本相同。"制度"维度涵盖了伯拉克二人（1981）的控制困境、迪莫克（1996）的制度困境、温斯奇特（2002）的政治困境的内涵，这三者的指向基本相同。"专业"维度涵盖了伯拉克二人（1981）的课程困境、温斯奇特（2002）的概念困境和教学困境的内涵，这三者共同组成了教师面临的专业困境。"资源"维度则采取了迪莫克（1996）的观点，指由于物质、财政或其他资源造成的困境。

教材编写者、教师培训者、家长、学生等，他们都是课程实施中的个人因素（personal factors）；在情绪困境中，影响教师情绪的是改革与现有情境之间形成的各种冲突，这些是课程实施中的另外一类因素：情境因素。第二，在情绪地理中，他人对教师情绪的影响是直接的，情绪是"教师—他人"互动中的直接"受害者"。在情绪困境中，教师情绪受到的影响是间接的，处于张力结构中的是改革及其所处的情境。然而，由于教师是改革的实施者，教师情绪也就无法逃脱这些困境的影响。第三，在情绪地理中，情绪事件的影响是具有明确的指向性的，受到情绪事件影响的仅限于人际互动的双方。在本研究中，他们就是教师及其互动同伴。在情绪困境中，这种影响是弥漫性的，所有困境的参与者，即处于"改革—情境"张力结构中的人都会受到影响。这意味着，无论这些参与者之间是否进行互动，他们都能感受到情绪困境给自己带来的干扰。

二、文化困境

文化困境是指由改革与其所处情境在规范、期望、价值观等方面的距离和冲突造成的困境。在控制程度上，参与者对这种困境的控制能力最弱。事实上，高中课程改革最令人向往之处就在于它试图使高中教育具有一种全新的文化景象：关注学生的全面发展；倡导科学与人文的整合；重视学生对高中教学的自主选择权利；追求学校教育与社会生活的和谐统一……所有这些都涉及高中教育的角色功能和价值期望。然而，课程改革倡导的这种文化却与其所处的实际情境之间产生了冲突，这给负责实施课程改革的教师带来了许多情绪上的干扰。

考试文化在中国的普遍存在是一个不争的事实。长期以来，考试都是教师作为教育者的功能所在，为师生提供着共同的外部目标和判断其效能的标准，[1]而且学校管理者也习惯以能否帮助学生应试来判断教师的表现。在本研究中，考试文化又一次彰显了它的影响：能否有助于学生应试成为人们衡量学校素质、决定学校存亡的核心指标。在田野调查期间，我恰好遇到一所学

---

① Morris P., Lo M. L., "Shaping the curriculum: Contexts and cultures," *School Leadership & Management* 20, no. 2（2000）: 183.

校召开的全校高一年级的家长会，校长的发言主要就是向家长介绍这所学校在2005年高考中创下的辉煌战果，如升学率、本科率、重点率、高分率、状元人数等，其用意就在于通过这些"骄人战绩"来向家长证明本校的能力（N-S1-M-2）。

学校的生存，不管是学校行政人员还是老师的生存，都依赖社会评价和行政评价。社会评价呢，就看学生来不来选你这个学校；行政评价呢，就是领导的任职呀、业绩的评价及老师的待遇问题等。但不管是来自于行政的评价，还是社会的评价，目前基本上是以考试的标准来评价一个学校的。（I-S4-TM-3）

其实到了毕业班，什么新课程改革都很难推进。唯一的目标，就是复习、备考、高考。（I-S2-AM）

无论是教育部负责人还是专家组成员，他们都明确提出，改变"应试文化"，改变高中教育"一切为了高考"的功利主义价值观是本次课程改革的根本任务。这从根本上决定了高中课程改革与考试文化之间必然存在着不可调和的冲突。事实上，许多教师对改革的这种意图都是赞同的，这也是他们对改革的到来感到欢欣鼓舞的原因之一。

然而，在课程实施中，教师很快便感受到了改革与考试文化之间激烈而持续的角力。更重要的是，高考方案的不明朗让教师根本无从判断新的高考是否会配合高中课程改革而做出相应的调整。

所以我们的课程改革，愿景是好的，但实施起来是不是能达到目的？社会的评价和学生自己的实际情况决定了我们的中学教育不敢放开手脚去大胆地改革。所以我就觉得这是新课标里面的一个比较大的矛盾。（I-S2-TM-4）

在新课标里面，对老师触动最大、帮助最大的就是老师的教学方法以及指导学生的学习方式有了变化。这个应该是老师在新课标理念下最大的变化，但是，我们也不要太乐观，最困惑的也在这个方面：花样多了、形式多样了，但是一想到高考老师就忧心忡忡，怕质量保证不了。这就是一对矛盾。（I-O-AM）

社会对重点中学的期望值是很高的。高考的成绩、高考的升学率是现实

问题！所以说，怎么样使这个课改和高考挂上钩，又要保证教学的质量，这是让我们非常在意的一件事情。(I-S1-AM)

正是由于身处这样的困境之中，教师们才对始终未能出台的高考方案表现出强烈而复杂的情绪反应（详见第四章第二节）。改革与高考像一个"夹板"把教师夹在中间，让教师在课程实施中辗转挣扎却又无能为力。因此，教师感到，若能从这个困境中解脱，那就算幸运了。

高考方案面对的是大学，目的是挑选好的学生；新课标面对的是输出适应社会发展的人才，这中间不是百分之百地衔接的。我们高中的教学就在这两者之间。这就像一个夹板把我们夹到中间：又要面对高中毕业，又要面对高考，压力大就是因为被这两边压在中间。

三、制度困境

制度困境是改革及其所处情境之间由于制度、政策、结构或行政过程等因素的冲突而造成的困境。在这种困境中，参与者在等级性权力结构中所处的地位越高，对这种困境就拥有越多的影响力。在指令式的课程改革中，作为实施者的教师往往会处于新的政策要求和学校与地方现有的制度脉络之间的冲突和角力之中。由于教师在等级性权力结构中的劣势地位，这种冲突使教师在实施中受到了大量的情绪干扰。

（一）课程改革政策

前文已述，高中课程改革的实施要求教师从事一些新的专业实践，比如采用自主、合作、探究的学习方式；以学段为单位完成每个模块的教学；把综合实践活动纳入高中生必修的学习领域；实行选修课和学分制；为学生建立成长记录袋；等等。虽然教师认为这些政策要求的出发点都是值得肯定的，但是由于高中现有的时间安排、学校管理、评价制度等方面的原因，这些举措似乎都显得和现有的情境距离颇远，因而在实施中举步维艰。以时间安排为例，教师认为，自主、合作、探究需要花费更多的时间，这种学习方式在现有的每节课40分钟的情况下根本难以取得实效，反而使得课堂教学更加紧张。同时，新课程又规定了10周完成一个模块的学习和学分认定，这进一步加剧了教师"在奔跑中前进"的窘境。

你让学生探究，又没给学生探究的时间。他不可能有时间嘛！你说让他去思考，只有40分钟。一个真正探究的过程、一个深度思考问题的时间，最少都需要一个小时。这个问题怎样展开？展开之后怎样归纳？归纳之后怎样反思？它得有个讨论的过程嘛！40分钟怎么够呢？(I-S1-TM-1)

所有的老师，不光是我们学校的，都有一种前所未有的负担。就以我们学校的情况为例，新教材要求是第10周考试，但是我们第9周才讲完所有的内容，这就没有时间复习了，把学生赶得很紧。(I-S4-TM-3)

选修课和学分制在实施中也蜕变了。为了减少风险，更重要的是为了应对高考，选修课成了一种区域性的"必修模块"，并且政策要求开设的选修模块数量也大大削减了。学分由学校自主认定意味着"没有多少学生是拿不了学分的"，几乎每一个学生都能拿到毕业所需的最低学分。即使抛开这种做法中隐藏的"人情""护短"等文化心理因素，高中现有的教学管理制度中根本就没有给那些补考、重修的学生留出时间。至于研究性学习、成长记录袋，实施起来不仅费时费力，而且就算做得再好，教育行政部门、家长和社会对学校、教师的评价也不见得因此而改善，于是也就"淡化了""不提了"。总之，这些原本令人激动的政策要求在实施中都变得"很假"，而教师对此感到虽然违心，却又无能为力。

按新课标要求，以我们学科为例，7个选修模块，每一个都必须开设，让学生自主选，然后累积学分。但是由于高考的指挥棒放在这里，它就不可能实现。比如我们现在已经在按高考的方案做一个限定。7个选修模块可能要砍掉4个，只剩下3个模块，让那些选考地理的学生来选它。这样的话呢，就等于在新课标要求当中又后退了一步，是不是？这就是目前老师没办法解决，但又不能不面对的一个问题。(I-O-AM)

大家对原来定的一些很高的目标，都感觉到不切实际，像学分认定，有一些学生本来不能过你也得让他过，因为补考是一个问题。如果补考还不过，要重修，根本没有时间给他重修！(I-S3-TM-2)

在这里，考试文化的阴影又一次浮现出来，和课程改革开始了拉锯战。制度困境与文化困境交织起来，让教师身陷其中又无法自拔。相对于时间安排、学校管理制度来说，高考制度与课程改革之间的冲突更加具有戏剧性。高考方案迟迟不出，这让教师根本无从判断他们的教学是否会有助于学生应对未来的高考。万一自己教的东西和未来的高考不吻合，那岂不是害了学生？这种隐忧让教师时时面对道德上的自我拷问。

最主要的是高考方案没出来，这是全国的学生竞争的时候，如果我们教的东西与高考吻合，那我们的学生在高考中的竞争能力就强了嘛！（I-S4-TF-1）

上述所有制度困境背后隐藏的一个更为根本的困境在于：尽管这些政策要求与现有的制度和行政结构存在冲突，教师也应尽力按照改革政策的要求去做。

（二）地方政策脉络

在由政府主导的指令式课程改革中，地方政策脉络既有可能促进改革政策的实施，也有可能加剧改革与其所处情境之间的紧张关系。在本研究中，教师对高中课程改革的一些消极情绪，例如，对"虚伪的"课程改革感到无力、实施中巨大的生存压力等，在相当大的程度上都可归因于既有的政策。

哈格里夫斯指出，在变革时代，教师不得不同时面对多种变革带来的压力，不断推陈出新的变革项目日益加剧了教学工作的难度。[①]广州市的高中教师对此感受颇深。他们在访谈中提到，近年来教师们都感到越来越累了。2000年，广州市增加了教师继续教育力度，要求教师每学期必须参加至少10次进修课程；2001年之前，教师评职称加试英语和计算机；随后，科研成果也成为教师评职称的一个重要指标，为此教师必须撰写教学科研论文；再其后，评核教师时又增加了公开课这个指标。此外，近年来越来越多的学校开始注意"创名牌""形象工程"，参加一系列的评估，如绿色学校、省一级学校、示范性高中等。所有这些评估也都要求教师投入大量的精力。在这种情况下，教师发觉不仅自己的工作强度加大了，而且教师身份也发生了变化。

---

① Hargreaves A., *Changing teachers, changing times: Teachers work and culture in the postmodern age*（London: Cassell, 1994）.

面对这样的情况，我们老师就觉得有点"变"了。怎么说呢？比如说你是教师，那就要教书育人，但是现在单纯教书育人已经不行了，而是要"多能"。(I-S3-TF-2)

就在高中课程改革实施的同时，广州市有关中小学教师的人事制度改革也在进行之中，要求教师通过"定岗定编、按岗定人"的办法裁去多余人员，这个政策给教师带来了巨大的生存危机。

它现在要给我们"定员定岗"，这么一改革的话，肯定就要裁员，而且裁员的时候它是根据老师的工作成绩、工作效绩这些来评价的嘛！那就造成老师的压力很大喽！(I-S4-TF-1)

人事制度改革也是在新课改的过程中启动的，人事制度改革给教师带来的挑战、压力是蛮大的。这意味着会像国企一样，某些教师会下岗呀，或者有其他的处理方式吧！(I-S4-TF-2)

人事制度改革已经令广州市的教师人心不稳。就在这个时候，高中课程改革的到来进一步扰乱了教师的情绪状态。虽然人事制度改革和高中课程改革原本互不搭界，但下岗、裁员的危机总会或多或少地让教师在课程实施中无法集中注意力。在多种压力汇聚的情况下，课程改革的到来如同一根导火线，让教师积压已久的情绪爆发出来。其实正像教师所说的那样，课程改革政策和地方政策脉络是"两条线"，当二者不能协调时，就会"起火花、起碰撞"。

四、专业困境

专业困境是指由改革与其所处情境在课程、教学等专业事项上的距离和冲突造成的困境。在课程改革中，这类困境与教师有着最直接的关系，它在很大程度上直接影响着教师能否在自己的日常专业实践中实施课程改革要求。课程改革总会要求教师使用新的教学材料、具备新的专业素质。然而，若是这些新的教材与课程标准存在差距，并且实施中又缺乏促进教师专业发展的有效措施的话，教师的情绪就会受到专业困境的干扰。

前文已述，高中课程改革给教师的专业知识和教学能力提出了挑战，使教师意识到"学无止境""艺无止境"。面对这种巨大的专业挑战，许多教师都担心自己是否能在实施中适应新课程的教学。尽管如此，大多数教师仍然认同课程改革的理念，并为改革的到来感到欢欣鼓舞。显然，课程与教学理应是课程改革最为关注的环节。若是改革能为教师提供令人满意的教材，能够帮助教师有效提升自身的专业素质，教师仍然会有信心、有勇气应对这些专业上的挑战。然而，事实似乎并不如我们想象的这么乐观。

（一）新教材

"始生之物，其形必丑"，新教材出现一些疏漏在所难免。教师对此也深表理解，相信这类问题在实施中会逐渐得到改善。在遇到涉及专业性的问题时，教师会适当地加以处理和调整。然而新教材似乎和课程标准存在脱节现象，这个矛盾让教师在实施中无所适从。

每一学科教材中的知识演示与课程目标要求都相距很远，因为课程目标的制定者和编写者是两拨人，这是两件事。尽管现在不是国家统一出版教材了，是由各个出版社组织编写，但是教材是不是完全体现了新课标的精神？这里面还是有一点出入。有时候内容是按课程目标讲了，但例题和配套作业的难度很大。那老师就感觉到，"我要是不给学生讲那么深入的话，学生连题都不会做"。所以现在矛盾很突出的也就是在这些方面：国家是制定出来了课标，但是一些相关的东西不是很配套。这个矛盾使得我们的老师无所适从。（I-O-AM）

（二）教师培训

课程改革难免会使教师现有的专业能力和改革要求之间产生差距，教师培训是弥合这种差距的主要途径。高中课程改革在这个方面用功颇多，"不培训，不上岗；先培训，后上岗"成为改革中的一个基本要求。从教育部到各省、市、区乃至学校都在教师专业发展上有所举措，如教育部和省级的通识培训，市、区的教研活动，各个学校的校本教研。对这些种类多样的培训活动，教师认为还是起到了一定作用的，并且各类培训活动之间也会产生互补。

各有各的效果。譬如全省搞的那个培训是在整个面上，到了学校里面是具体的执行，是在点上。省里是从面上讲，我们是从点上去研究。在市里面搞的那些活动就是纵向一点的，根据各种不同类型的学校，应该怎么去做，

这些又有比较深一点的认识。(I-S1-TM-5)

同时，课程改革使教师意识到专业发展的必要，带动了教师之间自觉的相互研讨、相互学习的氛围。这种草根性的专业成长氛围对各个行政层次上组织的教师培训活动也是一个补充。

以往只是自发的，老师做到哪一步就是哪一步，现在老师研讨的气氛比以往更浓厚了，很多跨学科的内容要求老师必须不断学习才能上好这个课。就是说，从老师的专业更新方面，大家现在也必须这样去做了。那大家就会做得更好一点喽！(I-S3-AF)

然而，并非所有的教师培训活动都能取得良好的效果，尤其是在类似高中课程改革这样的大规模变革中，教师培训的实效性往往是人们关注的一个焦点。实验省区在组织教师培训时，在培训者的选择、培训形式与程序的安排等环节一旦不慎，不仅会导致教师培训效果欠佳，而且会给教师带来许多不良的情绪干扰。前文提到的那位不负责任的教师培训者就是一个例子。在教师的回忆中，这种情况在课程实施中也是屡见不鲜。

许多教师培训、教研活动都聘请了教研员、教材主编、大学教授、课程改革专家组成员等形形色色的专家莅临指导，但没能让教师从这些活动中对如何实施改革、如何进行课堂教学获得启示，不能使教师明确自己在课程实施中的行动方向。

教研活动指导性不强。每次教研活动，我们就听一些实验课，却得不到指导方向。(I-S3-TM-2)

更重要的是，随着课程改革的深入，教师培训应该和课程实施的步伐配合起来，针对实施中产生的问题设计相应的培训活动。正如一位教师所说，最重要的不是"培训一遍"，而是"继续培训"。(I-S1-TM-3)

然而，许多教师表示，这些培训活动大都是一种理念性的培训，缺乏对课堂教学实际过程的关注，并且一年多来始终使用改革之初的培训内容，不能配合课程实施的进展。那么，这样的教师培训又怎么能够弥合教师素质与改革要求之间的距离呢？面对这种困境，一位校长曾强烈表示："我们需要的是'八级技术工'！"

比如××校长，是特级教师，就讲得很强烈："我们需要的是'八级技术工'!"意思就是说需要懂教学实践的那些人，不需要讲大道理的那些"专家"。她说高中课程改革已经进入第二年，还是讲大道理，那是不行的。(I-O-AM)

五、资源困境

资源困境是指由改革与其所处情境之间由于财政、物质以及其他资源方面的距离和冲突造成的困境。虽然参与者对这种困境具有一些控制能力，但这种能力受到参与者的地位、所处地区的发展水平等因素的制约。高中课程改革重视培养学生的实践探究能力，采用选修课和学分制，在课程设置中增加通用技术（含信息技术和通用技术）科目，这些都给学校的硬件资源提出了很高的要求。为保证新课程的顺利实施，学校必须配备充足的教室、实验室、活动室以及教学设备，其中电脑与网络也成为学校必备之物。这些要求使学校原本具备的教学资源在改革中立刻显得滞后了。以选修课为例，为保证选修课的充分开设，学校可能就需要比以前多出数倍的教室和场地，这对大多数学校来说都是一个巨大的压力。

新课程改革需要的硬件的投入相当地大！按照我们一开始的设想，一个教学班有一个教室就够了，永远都是在那个教室里面上课嘛！但是新课程实施下来呢，这种资源应该说是不够的。为什么不够呢？比如选修，按照原来的文件要求，15个人选我就争取要开啊。那好，假设我这个选修课，20个人我就开课了，我们现在班额都50多人啊！这20个人选了这一门，那我开了，剩下的30个人怎么办呢？比如这30个人都选B那一门，那好，这个班就分成A、B了。这已经是最理想的了！但是起码我也需要两个教室啊！我上哪儿去找教室啊？这是最理想的情况，不理想的是什么呢？这个班有10个人选A，20个人选B，10个人选C，有8个人选D。那没办法，只能够拼班了。一拼，20多个人我要开班，两个班一拼就是100多个人。那这样的话，资源怎么调配呢？这个是很大的问题啊！(I-S2-AM)

虽然在一些资源优良的学校中，所有的这些硬件设施的要求都不成问题，但学校之间毕竟是存在差异的。即使都是位于广州市城区的学校，各个学校具备的物质资源的差异也很大。在那些资源优良的学校，学生家庭也大多具备优良的物质条件，而那些资源状况一般的学校，学生经常需要依赖学校的教学设备完成学习任务。城市学校间的差异尚且如此，如果再考虑到那些位于城乡接合部、农村地区、边远贫困地区的学校，这个差异只怕真的要达到"天壤之别"的程度了。这种地区间、学校间乃至学生家庭间的物质资源差距，也令教师为高中课程改革捏了一把汗。

还有资金，我们实验室是要花很大本钱的。要配备足够的实验室，这不是每个学校都能有的。新课程需要创设一个良好的环境，我们刚好又是新建的校区。我们除了按照示范性高中的标准配备了所有的实验室以外，我们学校作为高中课改的样本校，省里也给了我们一些帮助，投入了一个物理、一个化学、一个生物、一个通用技术的"探究性实验室"。所谓探究性实验室就是说里面的一些实验的项目都设计得比较先进，可以做很多的实验。（I-S1-AM）

打个比方，我们这边走过去没多远，××村的一个中学，整个学校就两台电脑，一台是教导处的，一台是校长室的。其实真的离我们很近，就5千米左右，条件的差距就这么大。××区那边甚至有学校提出的口号是"要把网线接到教室，让学生能够拿手提电脑来上课"。它已经超前到这样的水平了！这两所学校都是在广州市啊！（I-S2-AM）

现在班里都有计算机嘛！我就看到每天放学，很多同学都会在班里面用计算机去做作业。我问："为什么你不回家？"他说："家里没有。"家里没有电脑他就做不了。城市的学校都是这样，那么城乡接合部的学校、农村的学校会怎样？（I-S3-TF-4）

受访的教师和教研员都表示，新课程倡导的很多举措都适合在西方的小班教学的情况下开展，这与目前我国普遍的大班教学的现状相距甚远，这种困境让人们看清了课程改革不符合中国国情的现状。再考虑到改革对物质资源的高要求和我国各地区之间的巨大差异，有些教师甚至担心高中课程改革会加剧地区差距和社会的不公平。然而，资源不足与地区差异远远超出了作为实施者的教师的控制范围。身处这样的矛盾之中，教师只能"在困惑中摸索"。

如果说计算机配备是一个数字鸿沟的话，我觉得这个课改加大了我们中国东西部差距和城乡差距。它失去了教育为了追求社会公平的作用，但这又不是我的能力范围所及的。（I-S3-TF-3）

实施一年多来，有一个比较大的困惑是什么呢？就是新课程需要的小班制和走班制跟目前我国——以我省为例，跟我省的大班制不很符合。这就形成了一个矛盾，但这个矛盾不是我们实施新课程的老师们所能解决的。所以，我们的老师，作为执行者，只能在困惑中摸索。（I-O-AM）

事实上，资源困境不仅在高中课程改革中出现，在整个新一轮基础教育课程改革中都十分突出。一些调查表明，资源不足是基础教育课程改革始终面临的问题。[1]早在高中课程改革实施之初，教育部的负责人就意识到了这个问题。为此，教育部和《方案》提出的对策是建立课程资源共享机制，帮助学校与教研部门、高等院校建立一个互通的渠道，并且鼓励学校积极挖掘高校的、社区的、网络的和其他学校的资源。[2]应该说，这种资源共享还是起到了一定作用的，比如广东省广州市的教研部门建立的网络资源库就为教师提供了帮助。然而，这种资源共享仍然要依靠教育行政部门的积极介入。

就好像有一个资源库一样——广州就有啊，有些好的课件你可以拿到广州市教研室的网上去挂，然后就可以下载。我觉得这个就比较实际一点。我觉得最重要的就是资源共享了。（I-S2-TF-1）

本章小结

在社会学者看来，情绪研究的重点不仅在于个体的情绪体验和表达，更在于那些决定了我们在何时何地、以何种基础、为何种原因、以何种表达模

---

① 马云鹏、唐丽芳：《新课程实施的现状与对策》，《东北师大学报（哲学社会科学版）》2002年第5期；课题组：《基础教育课程改革的成就、问题与对策》，《中国教育学刊》2003年第12期。

② 刘然、余慧娟、赖配根：《普通高中课程改革的整体走向——访教育部有关方面负责人》，《人民教育》2004年第11期。

式、体验到何种情绪的社会脉络。[①]在展现了高中教师在课程实施中的情绪状态及其变化历程之后，本章的目的在于超越个体心理现象的范畴，把情绪视为一种个体间现象，在人际关系与变革脉络中探寻教师情绪的形成原因。

通过对田野资料的分析，本研究归纳了影响教师情绪的两大类互为补充的因素。一类是课程实施中的"教师—他人"互动，这类因素可以通过哈格里夫斯等人界定的"情绪地理"得以解释，即由教师与他人之间的人际互动形成的社会空间模式激发或影响着教师情绪。具体而言，根据导致这种社会空间模式因素的性质，情绪地理可分为政治、专业、道德、物理和社会文化五个维度。另一类是课程实施中的"改革—情境"关系，这类因素可以通过本研究所界定的"情绪困境"得以解释，即由改革及其所处情境之间的张力结构造成的困境引出或干扰着教师的情绪状态。根据导致这种困境因素的性质，情绪困境可分为文化、制度、专业和资源四个维度。概括起来，情绪地理关注的是影响教师情绪的人性化的个人因素，情绪困境处理的则是影响教师情绪的非人性化情境因素。

尽管做出上述分类，我们仍然需要注意这些因素之间的交互作用。一方面，情绪地理与情绪困境之间会发生互动。在课程实施中，"教师—他人"互动总是在"改革—情境"张力结构中进行的。由于困境会对所有参与者造成情绪干扰，这成为"教师—他人"互动中预先存在的情绪背景。同时，从人际互动入手解决教师的情绪问题也是缓解困境给教师带来情绪紧张的途径之一。另一方面，情绪地理与情绪困境内部各种因素之间也是相互影响的。正如哈格里夫斯所说，仅在一个维度上增加教师与其互动同伴的接近程度并不一定能够建立情绪理解，而他们在一个维度上的距离可能也会对他们在其他维度上的接近造成威胁。[②]例如，教材编写者、专家与教师的地位差异导致他们质疑教师的专业能力，这使他们无法共同探讨课程实施中的一些专业问题。在情绪困境中，各个维度之间的交互作用同样存在。例如，教师在课程实施

---

① Kemper T. D.,"Sociological models in the explanation of emotions," in *Handbook of emotions,* Lewis M., Haviland J. M.（New York, London: The Guilford Press, 1993）, p. 41.

② Hargreaves A.,"Emotional geographies of teaching," *Teachers College Record*103, no. 6（2001b）: 1076.

中面临的资源困境进一步坚定了他们关于高中课程改革"不符合中国国情"的想法，从而加剧了改革与其情境之间的文化困境。

概言之，对情绪地理和情绪困境中的分析表明，把情绪理解为社会文化建构的观点是完全可行的，它是一种"社会生活的生成性（emergent）产物"[1]。从课程实施中的人际互动和"改革—情境"关系出发审视情绪，有利于我们发现教师情绪负载的社会信息。在接下来的一章，我们将采纳赞比拉斯的建议，进一步拓展研究视野，在群体间水平上分析特定情境中的社会文化规范与教师情绪之间的关系。

---

[1] Lutz C. A., *Unnatural emotions*: *Everyday sentiments on a Micronesian Atoll & their challenge to western theory*（Chicago, London: The University of Chicago Press, 1988），p. 5.

第六章　情绪法则与应对策略

在群体间水平上理解情绪意味着我们需要审视那些制约着教师情绪得以形成、发展和变化的社会政治脉络，这种研究往往会涉及特定文化或社会情境中的一些法则、规范、权力关系和意识形态。马库斯与北山在分析情绪的社会文化根源时建议我们在四个层次上理解它们之间的关系：作为核心文化观念的集体现实；反映这些核心观念的、通常表现为习俗、规范与制度的"社会—心理"过程；表现为本土情境中的人际互动事件的个体现实；个体惯常的情绪倾向。[①] 通过这些层次，核心文化观念逐渐渗透在个体惯常的情绪反应中。显然，这种观点与赞比拉斯在"情绪系谱"中所述的个体内、个体间和群体间三个水平有异曲同工之妙。

通过对发生在课程实施脉络中的人际互动事件的分析，我们呈现了作为实施者的教师所处的个体现实，并且归纳了一些超越个体间水平的情绪影响因素，这些因素和专业的、道德的、政治的、社会与文化的规范与制度有着密切的关联。在本章中，我们将在更为宏观的群体间水平上，分析那些决定着教师的情绪感受与表达的集体现实和"社会—心理"过程，并且探讨教师针对这些制度、规范与核心文化观念所采取的应对策略。

---

① Markus H. R., Kitayama S., "The cultural shaping of emotion: A conceptual framework," in *Emotion and culture*: *Empirical studies of mutual influence*, Kitayama S., Markus H. R.（Washington, DC: American Psychological Association, 1994）, pp. 339–351.

第一节　教师作为情绪劳动者

前文已述，情绪劳动揭示了情绪与权力结构、社会控制之间的关系。这一概念的提出者霍克希尔德认为，情绪是人际互动的产物。服务行业的普及使越来越多的人需要从事人际工作，这要求雇员必须管理自身的情绪体验和表达，以使顾客产生某种合意的情绪。同时，他还指出，除了服务行业中的雇员需要从事情绪劳动之外，许多在职业序列中具有更高地位的专业人士也是情绪劳动者，如医生、律师、社会工作者等。近年来，更有研究者频频指出，教师也是当今社会情绪劳动大军中的一员。那么，他们为什么会做出这个判断呢？

一、情绪在课程实施中的作用

对情绪地理和情绪困境的分析表明，教师情绪是课程实施中的人际互动和"改革—情境"关系的产物。那么，反过来，教师情绪在这两个环节中发挥着哪些作用呢？显然，学生是教师最主要的互动伙伴，而实施进程则集中体现着"改革—情境"关系的变化趋势。因此，我们不妨透过教学和实施进程两个方面观察教师情绪在课程实施中的作用。

（一）情绪对教学的影响：人际互动中的教师情绪

情绪激励着同时也干扰着教学，也同样影响着师生之间的交流和互动。一位教师总结了自己在情绪失落和情绪高涨状态下的师生互动情况以及教学效果：

我觉得如果我处在一种比较失落，或者比较沮丧的情绪状态中时，教学效果就会很差，甚至有时候连自己想讲的课都讲不出来。我在情绪低落的时候，可能关注的就不仅仅是怎么调动学生了，而是总会去想：学生怎么回事？这个在睡觉，那个在说话。这样一来关注点就不一样了。这样情绪就越来越差，后来说不定就爆发出来了。我就会指责他："你怎么回事？"如果我情绪好的时候，或者觉得自己讲得特有趣的时候，或者学生有一定感觉的时候，我的情绪就高涨了，讲起来滔滔不绝、津津有味，感觉和学生互动得特别好，

甚至有时候还会迸发出火花。(I-S3-TM-3)

这位教师的话反映了受访教师们的共同体验：在消极的情绪状态下，教师"连自己想讲的课都讲不出来"，师生互动也出现很多障碍；在积极的情绪状态下，教师"有时候还会迸发出火花"，与学生的互动也显得十分流畅。这种强烈的反差足以衬托出情绪对师生互动的重要性。而且，教师的情绪状态和教学效果之间存在一种互为因果的循环关系：消极情绪和不良的师生互动与教学效果之间存在恶性循环，而积极情绪与良好的师生互动和教学效果之间存在良性循环。

教学活动必然包含师生之间的认知交流。霍夫曼（Hoffman）指出，情绪对认知的影响是全方位的：它会发起、结束和干扰信息处理；会导致信息的选择性处理；会组织回忆；为社会认知提供信息；会影响决策和问题解决等。[①]教师感到，在积极的情绪状态下，教师从语言到思维全被"激活"了。这种高昂的教师情绪也能感染学生，使其更加投入教学。

无论是语言表达还是其他什么都很灵活，而且那时候大脑里面所想的也很多啊！那个语言也很丰富，都激活了！真的是这样的。所以我感觉这还是与老师的情绪有关。确实是这样的。(I-S1-TF-2)

如果老师满怀激情，怀着愉悦的心情来教学的话，是会感染学生的，使学生也能够富有激情、调动思维，同时产生兴趣。作用肯定很大！(I-S1-TF-3)

桑托斯和莫蒂默指出，同一位教师在任教的不同班级中会形成性质迥异的背景感受，这种背景感受对师生的教学活动有着显著的影响。这一结果在本研究中也得到了验证。当教师在多个班级任教时，他们与学生在教学中的情绪"基调"可能是完全不同的，这对他们与学生的人际互动也造成了很多影响。

有的班我一进去，每个同学都昂首挺胸，聚精会神，提个问题，下面同学积极讨论、积极回答。即使你情绪很低落，受到了什么打击，你进去一看

---

① Hoffman M. L.,"Affect, cognition, and motivation," in *Handbook of motivation and cognition*: *Foundation of social behavior*, Sorrentino R. M., Higgins E. T.（New York: The Guilford Press, 1986），pp. 260–264.

到这一班人聚精会神，几十双眼睛都望着我，我自己的精神就一下子焕然一新了。这个时候我的感觉就不同了嘛，精神就会为之一振嘛！但有的班就不是这样，我也想把我的课上得更精彩，但是，他们给我的反馈使我的心情不好，应该说，非常复杂。就是这样。我觉得教学的过程应该是互动的过程。（I-S2-TM-1）

我就觉得一进某班，就感到自身很有活力，感觉就想讲给他们听，而且也感觉学生很乖，所以我讲课方式也很灵活，随时都可以想出很幽默风趣的话给他们讲。去另一个班，我总是感觉印象不好，挺压抑的，每次都是。所以这也是有点老师的情绪化。（I-S1-TF-2）

（二）情绪对实施进程的影响："改革—情境"关系中的教师情绪

作为课程改革的主要实施者，教师在实施进程中占据的地位与他们在教学中所处的位置同样重要。如果教师情绪能给教学带来巨大影响的话，教师情绪对实施进程的作用同样不可小视。这个道理是不言自明的。教师这样总结情绪对实施进程的影响：

对新课改所表现出的一个情绪，也会影响到我们新课改的落实程度。如果大家都抵触它，那就麻烦了！那新课改真的会失败，如果你是从内心抵触它的话。我就说我是从内心里喜欢它。只是它有一些模式不太好，需要改进，我们希望它改进。（I-S1-TM-3）

在教师看来，如果大家对高中课程改革持消极情绪的话，这将会导致实施进程的变异和课程改革的失败。需要指出的是，这并不只是教师的猜测。虽然高中课程改革仅实施了一年多，教师在实施过程中已经体验到了大量的消极情绪，而且许多改革措施在这一年的实施中也发生了许多变化。以选修课为例，当教师经历了无人选修的尴尬和失望后，很多教师在新学年中对开设选修课失去了热情。研究性学习在新学年中也遭遇了同样的问题。总之，它们都变得不再像课程实施第一年时那么"轰轰烈烈"了。

就比如说第一年，我们轰轰烈烈地搞了一下。现在的高一，也有一些老师因为有些课程需要或其他原因，继续教高一。他们就说"哎呀，我去年开的都没有人选，我今年就不开了"。（I-S2-AM）

教师是否对所有的改革措施都持消极情绪？并非如此。那些曾经参加过义务教育阶段课程改革①的教师把自己的感受和高中课程改革期间的感受进行了对比。他们发现，义务教育阶段的一些改革措施让自己获益良多，如成果获奖、学生学习成绩的提高等，这让教师颇为振奋。相比之下，高中课程改革中的一些措施在实施中却逐渐面目全非，甚至在部分学校销声匿迹了。

　　比如初中的课改，现在课程评价强调评价方法要多元，我就用开放性考试。我觉得我是做出了成果的，这个成果对我的影响很大。我的一些成果在各个省都做过交流，有个武汉的老师讲课的时候就把我的课例拿出来了。我说这个课是我的。"啊，是你的?!"他很惊讶。这个时候我就会有很强的满足感。而且做这些以后，学生反应都很强烈，学生觉得也很有兴趣。我教六个班，至少有三个班我觉得是教得很轻松的。一走进去，就有一种如沐春风的感觉，很舒服。这是开放性考试带来的好处，这是从课堂上来看。从结果上来看，他们成绩上来了；从成果上来看，我在广州市得了奖，这都是见得到的。但是相反，同样是课程改革，比如研究性学习，我原来在高一的时候，搞得红红火火的，学校也比较关注，这个时候也拿出来了一些成果。我们研究中国服饰发展史，学生干脆就做了一套先秦的服饰，还做了唐朝的女子服饰、宋朝的女子服饰。当然论文写得也很出色，那成果就出来了。但到高三的时候这些用不上。所以不但自己的信心受到了影响，学校的兴趣也没有了。现在，学校的研究性学习是没有课时的。原来要求是必修课，它很正式，但现在是没有课时的。（I-S3-TM-3）

　　如此看来，教师情绪与实施进程之间也同样存在着一种相互影响的循环因果关系。"改革—情境"之间的困境和冲突导致实施进程步履维艰，这又会进一步恶化教师情绪。教师把这些消极情绪称为实施进程中"隐性的暗流"，它会慢慢地侵蚀整个高中课程改革。

　　那肯定会有影响，而且这影响绝对是慢性的。它绝对是，搞着搞着，消极怠慢，最后不成器就不搞了，而且这种是隐性的暗流，很难办。（I-S1-TF-4）

―――――――――

　　① 义务教育阶段的课程改革首先于2002年9月在38个实验区付诸实施，其后逐渐扩大实验区的范围。

二、教师的情绪劳动

既然教师情绪对教学和实施进程有着如此巨大的影响，那么课程实施就实在没有理由对教师情绪置之不理。这样看来，对教师情绪加以必要的管理就成为一种十分"合理的"举措。事实上，教师情绪从来都处于一种被管理的状态，这主要是通过教师有意识或无意识的情绪劳动来实现的，即教师通过管理自身的情绪体验和表达，使其互动同伴产生某种合意的情绪，从而保证人际互动的顺利进行。究其实质，情绪劳动就是我们通常所说的情绪管理。然而，由于教师在专业实践中的情绪管理是他们获得工作报酬的必要条件，因此这种情绪管理具有交换价值，也正是在这个意义上，我们将其称为"情绪劳动"。霍克希尔德指出，需要雇员从事情绪劳动的职业通常具有三个特征：（1）雇员需要和他人进行面对面或声音对声音的人际互动；（2）雇员需要使他人产生某种情绪状态；（3）雇主可以通过培训、监督等途径对雇员的情绪活动施加控制。[1]教师职业是否满足这些特征呢？

不言而喻，教师在课程实施中要进行大量的人际互动。不仅如此，这种互动还往往要求教师使其互动同伴产生积极的情绪状态。以师生互动这种课程实施中最普遍的人际互动为例，教师就需要在教学中使学生感到快乐。在他们看来，让学生感到快乐不仅是使教学顺利进行的润滑剂，而且是使自己身心愉悦的保障。

作为成年人，我们也能够感受得到，我们也学了这么多年了，是不是？坐在那儿听课，一天听老师讲七八节课。老师天天给学生一个苦瓜脸，学生怎么学得进去呢？（I-S1-TM-3）

对于工作，自然你就要从中找一点快乐嘛，否则人生不就没意思了嘛！比如你要给人家上课，就这样很冒失地跑上去，连个笑容也没有，那等于说这一天你又没有快乐了，对不对？你还是要自己找快乐。（I-S2-TM-2）

然而，使互动同伴产生某种情绪状态是要付出代价的，这个代价就是教师不能随心所欲地表达自己的情绪，即教师要控制自己的情绪表达。上面两

---

① Hochschild A. R., *The managed heart*: *Commercialization of human feeling*（Berkley, Los Angeles, London: University of California Press, 1983）, p. 147.

段引文除了说明教师要让学生感到快乐，同时还意味着教师不能在教学中整天都是"苦瓜脸""连个笑容也没有"。于是，不能随便表达自己的喜怒哀乐成为教师区别于常人的一个显著特征。教师对此深有体会：

其实有时候我能感觉到做老师的这种困难的地方，也可以说常人有时候是不能理解的。如果我们不去讲课的话，我们的喜怒哀乐啊什么的都可以发泄一下，但是作为老师就不行了。我们当学生的时候也知道，有时候老师为一点什么事情很生气，然后又碰上学生捣乱，他可能也会借着这个事来讲一讲，不过这可能就是老师的修养不够喽！（I-S3-AF）

这里又引出了教师职业的第三个特征：教师的情绪活动是处于控制之中的。虽然这种控制表面上是由教师自主施加的，但是它和教师职业的要求有着十分密切的联系。一旦教师对自己的情绪控制不当，就会引发人们对其职业修养是否合格的怀疑。于是，原本属于教师个人范畴的情绪控制成为教师职业的工作内容之一，接受职业要求的限制。同时，只有符合职业要求的情绪才是功能良好的，而那些"单纯的个人情绪"是"不起任何功能的"。因此，当教师表现出这些"低级情绪"时，他们当然会受到人们的指责了。

你要把这种情绪和情感看成是你工作的内容之一，你才会去想怎么做。你不能凭着个人的情绪想怎么样就怎么样，而是要换一种方式，你要调动这种情绪，是有利于学生学习的，你就把它当成一个任务。你不能说是单纯的一种个人情绪，那种我把它叫作——说不好听的，我不会讲专业的词啊，就是一种低级的情绪了。这种情绪是不起任何作用的，就是学生高兴了我也高兴了，学生不高兴了我也不高兴了。（I-S4-TF-1）

在这里，职业要求和社会期望成为一只"看不见的手"，替代了其他服务性行业中的显性监督机制，控制着教师的情绪活动。这成为教师职业和其他要求雇员从事情绪劳动职业的一个显著区别。正是由于教师职业符合上述三个特征，威诺格拉德指出，教师是情绪劳动者。[1]

既然是情绪劳动者，情绪管理就成为教师必须从事的一项工作。在受访

---

[1]　Winograd K., "The functions of teacher emotions: The good, the bad, and the ugly," *Teachers College Record* 105, no. 9（2003）: 1641–1673.

教师看来，情绪管理意味着教师能够控制和利用自己的情绪。这种能力也成为衡量一个教师是否是"好教师"的标准之一。

我就觉得好的老师首先会控制自己的情绪，这一点是很重要的。遇到好的事情、不好的事情，你都必须学会控制你自己。有些东西你不能过火的，有些时候学生很开心、很高兴，但是你又不能放纵他们。第二个，会调动情绪、情感。学生不积极了，你要去调动他。一个总的原则就是，你自己有调节情绪的这种能力。好的老师，我想让它压下来就压下来，想让它调上去就调上去。这就是一种管理。(I-S4-TF-1)

（一）控制情绪

人际互动导致教师会产生积极或消极的情绪体验。当它们有可能对后续的人际互动产生威胁时，教师就需要抑制这些情绪。以师生互动为例，教学中的一些突发事件或者学生不能配合教学活动都会使教师产生消极情绪，如烦躁、生气等。然而，由于这些情绪会干扰教学活动的顺利进行，教师就需要抑制这些消极情绪。这种情况在师生互动中屡见不鲜。

有时候我上课，如果学生做了什么事，或者学生不太配合，我都会很烦躁，但我还是会尽量调整自己的情绪的。如果心里很烦，我就想，他们确实是比较调皮一些，但是反应还是比较热烈的。那我就顺应他们了，尽量把他们的注意力集中起来，然后把自己的课上完。(I-S2-TF-5)

哪怕课堂上有什么突发事件，你也应该控制。学生有时候惹你生气了，你应该忍着。你应该想着：你在帮他们；他是在学东西；那是你的工作。这是你最基本应该做到的。(I-S2-TF-2)

看来，控制情绪需要教师付出不少努力，因此教师会用"忍""强迫"来形容这种情况。更重要的是，教师在控制这些消极情绪时，都采用了一些类似的手段：从认知上重新界定那些导致教师产生消极情绪的情境，如自我劝服、内化教师职业的要求等。于是，这种情境就变得不再那么令人烦躁了。用霍克希尔德的术语来讲，教师在从事这种情绪劳动时采用了"深层扮演"的策略。

（二）利用情绪

为了使互动同伴产生某种合意的情绪，以利于人际互动的顺利进行，教师还要经常利用自己的情绪。在师生互动中，教师就经常需要通过一些手段调动学生的积极情绪，从而使教学进行得更加顺利。

学生有时候情绪不好，我会让他们快乐起来。有时候我上课甚至会停下来讲个笑话。有时候我喊"起立！同学们好！""老师好……"学生的声音都听不到了。行，先别上了，咱们先讲个笑话，然后学生就笑了。行了，有精神啦，那开始上课。有时候就会这样。（I-S1-TM-4）

调动学生积极性也挺简单的，比如讲个故事呀，讲个笑话呀，甚至做些无奈的动作呀，那学生也会笑。笑一下的话，课堂气氛就轻松下来了。有时候自嘲一下，或者自己做一些夸张的动作，有意识地这样做，来吸引学生的注意。（I-S3-TM-3）

总之，无论是控制情绪还是利用情绪，情绪劳动的目的都是为了保证师生互动的顺利进行，而平稳顺畅的师生互动将带来良好的教学效果。一位教师曾对两位同事的教学活动进行了对比。她发现，当教师能够有效地利用情绪时，课堂教学会取得更好的效果。这也正是教师认为情绪具有功能的原因所在了。

我听过其他两个老师的课，有一个老师也说自己的课是比较闷一些。其实这有很大一部分是老师的问题。老师讲话时候的情调，就是你的语调也应该有一定的波折性，要抑扬顿挫。就是要有情绪在里面，而不是干巴巴的。就是说，你一讲这个课，你就要有感情，好像这件事触动你了。为什么觉得那个老师讲得好一些？中间有一个很重要的因素就是他上课的语调。他声音有时候会高，有时候会低，有一种情绪在里面。有时候，学生高兴，他跟着高兴；有时候学生笑，他不笑。就是说，他会带动学生。这跟老师的情绪有很大的关系。就是说，老师讲课的声音啊、语调啊、情感啊很重要，如果这些你自己都没有，干巴巴就这样直白地说话，那可能学生就很闷，他们也不会跟着你去学。（I-S1-TF-2）

由此看来，在教师的人际互动中，从声音到行为、从表情到内心，凡是与教师的情绪活动有关的部分都被动员起来去制造或表现那些符合教师职业要求的情绪——无论教师是否拥有与这些情绪相应的体验，这多少让教师看起来有点像一个演员。对演员来说，扮演剧本分派的角色是他们的分内工作，其中自然包括表现符合剧本要求的情绪。在前文中，本研究用"演员"来为课程实施中的一类教师命名：他们虽然对高中课程改革心存抵制，但十分清楚在哪些场合表现出何种情绪、言论和行为。其实，这种"演员"特征还普遍地出现在教师与他人的人际互动中，受访教师甚至还会直接把教师与演员进行类比。

比如演员，他在上面演，下面全鼓掌，那他在上面就会表现得很有精神啊！但如果你下面没有反应，他在上面也觉得没有精神。老师也是这样的。进入课堂就是像演员上台一样，你要进入角色。老师上课的时候，也必须要有角色意识。有角色意识，你的课才能上得好。如果你把课外不好的情绪带进课堂的话，你也发挥不好的，就像演员忘了台词呀，或者动作不到位呀、感情不到位啊，就是这样的。高明的演员，他是可以很快进入角色的。老师也是一样的。（I-S2-TM-4）

第二节　课程实施中的情绪法则

情绪法则是特定情境中负责界定和重构我们的情绪体验与表达的准则或规范体系。它使处于该情境中的我们感到有权利或有义务体验或表达某些情绪。一旦我们的情绪活动超出了这个范围，我们就会显得和这个情境格格不入。情绪法则通常是隐性的，反映了特定的社会或文化情境对情绪所持的假设、期望与规定。霍克希尔德将这些法则定义为意识形态中负责处理情绪与感受的那个侧面。[①]

作为"潜规则"，情绪法则自然具有约束力，并且这种约束力也是通过一些隐性的、非正式的途径发挥作用的。对情绪地理和情绪困境的分析表明，

---

① Hochschild A. R.,"Ideology and emotion management: A perspective and path for future research," in *Research agendas in the sociology of emotions,* Kemper T.（Albany, New York: SUNY Press, 1990）, pp. 117-142.

导致课程实施中的人际互动和"改革—情境"关系产生紧张的那些因素都具有一些相似的社会学根源，包括文化的、政治的、专业的和道德的等。

事实上，正如教师已经意识到情绪是自己的工作内容之一那样，教师也意识到情绪法则在自己的专业实践中是普遍存在的。它规定着我们在谈论情绪时该说什么、不该说什么，规定着我们在情绪活动中的那些"必须"和"禁止"。

应该这样讲，感情充沛的确是老师上好课的前提，也是这个职业要求的前提。我觉得每个行业都应该对职业有一定的感情要求吧！(I-S4-TF-3)

我跟你谈没有什么顾忌，但调研的时候肯定会有一些顾虑。(I-S4-TM-3)

那么，课程实施中引导和规定教师情绪的法则究竟有哪些呢？

一、要有激情

教师职业的与众不同之处首先在于它要求教师与工作之间建立密切的情绪联系。在田野调查期间，经常会听到教师用"心的教育""人的工作""心与心的交流"等词汇来形容自己的工作，并以此来强调教学与其他职业的区别。前文提到的那位学校管理者就是一例：医生与教师的工作对象虽然都是人，但是医生还可以把"疾病"从患者身上区分开来，针对疾病进行治疗；教师则不然，教师与学生之间是"心灵在起作用、内化在起作用"，这要求教师必须"时时刻刻用心去做"（详见第五章第一节"专业地理"）。因此，情绪成为教师专业实践中无法割舍的一个部分。

就是说，你要让学生喜欢你的课，而不是板着脸去给人家填充一些知识。你要抓住一个心和心的交流的工作要点。你要和学生有沟通，情感上的沟通。教育，尤其是这个高中教育或是基础教育，都是一个心的教育。要动情！你只有动了真感情，你才会把这个东西教好。(I-S1-TM-4)

正是由于情绪与教师职业的这种密切关联，"要有激情"成为教师从事这项工作的首要法则。激情意味着对工作充满感情、对学生充满关爱、对自己充满信心，意味着在课堂有激情、有激情去钻研。总之，无论在日常教学还是在课程改革中，激情都是教师必备的一个基本素质。

第一要有激情。做老师，没有激情可不行。做事业要有激情吧？做老师

更得有激情！有激情包括在课堂有激情，有激情去钻研，有激情去对待学生。就是这样的，第一个要有激情。（I-S1-TF-4）

我常常告诉自己要带着激情踏进课堂，因为激情可以孕育灵感和快乐。没有激情，我们很容易滋生厌教情绪。我的教育情怀就是对教育充满激情，对学生充满关爱，对自己充满信心。（D-S3-TM-4）

课程实施要求教师有激情，显然是因为情绪具有激励课堂教学、促进实施进程的积极作用。在教师看来，"有激情"的潜台词就是意味着教师有感染力。

他在上课的时候能够用他的语言、形体动作，一下子就把学生震慑住，让学生随着他走。（I-S1-TF-3）。

有激情还意味着教师勇于面对改革带来的专业挑战，努力钻研，克服困难实施改革，因为激情需要专业能力的辅助，失去专业能力作为后盾的激情是难以维持的。因此，激情成为教师不断追求专业提升的动力。

"态度决定一切"嘛！你的情绪状态，你是否爱学生，你是否热爱你的职业，自然决定了你的工作质量。这肯定是这样的！你热爱不热爱决定了你的投入，投入大小也是与你的工作业绩成正比的。所以，一个好老师必须爱他的学生，必须爱他的教学工作！（I-S1-TF-3）

有激情的老师他上课的效果就会好些，但是激情又跟他个人的素养有关系。如果一个人光有激情，没有"料"，他是激情不起来的。因为你上课越讲越兴奋，你没有点东西，你肚子里就空了。一空，你讲的就是一些表面的东西，学生第一节课会感兴趣，第二节课他慢慢就看透你这个老师了。所以呢，有激情的老师必须要有"料"，就是说你肚子里要有墨水，你能倒得出来。要不然你上课的时候，忽然讲着讲着没话讲了！他对课堂的控制、他的管理能力、他本身的业务能力，都是在这里面体现的。（I-S4-TF-1）

更重要的是，有激情不仅是为教师提出的专业要求，更是教师必须遵循的道德规范，因为有激情还意味着教师要热爱自己的学生，热爱自己的职业，这集中体现了教师职业的"关爱伦理"。正是在这个意义上，教师成为一种高尚的职业，但教师也因此背负了沉重的道德责任和情绪负担。

我对新教师说："如果你不想吃苦，没有责任心，你最好不要选择这样的道路。既然你选了，就要坚持下去，那就要做好这个准备。你的思想上首先要改变。你坚定，我要做教育这个行业，那就要用爱心去付出。"你付出了，即使没有回报，你看着你的学生成长、桃李满天下，那你也有一种快慰，是不是？人生没有白费，我的思想在流传。（I-S1-TM-3）

这是一个老师的责任：把学生放在第一位。作为教师，追求的应该是"青出于蓝而胜于蓝"。学生的成长应该是最主要的，而不是你作为老师的感受是怎么样的。学生的成长、收获才是最关键的。（I-S2-TF-2）

教师认为，是否有激情反映着教师给他们的工作赋予的意义。激情是教师把工作当作事业的必备要素，而失去了激情，教师就仅仅是一份职业。对事业投入的热情使教师能够维持"好教师"的资格，并且激励他们在长期的专业生涯中持续改善。于是，教师境界在这里分出了高下。

你是把工作当成一个事业，还是只是当成一份工作，它都是一个过程，都是一个从23岁到60岁的过程。你把这个过程当成什么？我把它当成事业，所以我认为要有激情。如果你把它当成一个职业，那不需要有激情也能够过去，但是绝对不能促使你成为一名好老师。（I-S1-TF-4）

就是热爱这份工作吧！我工作了这么长时间，没有这种心态的话，就很容易对这个工作失去热情。没有热情的话，很多的事情你就不想去干，只能保持原来的样子。就像那些年轻老师说的，你老教师就是摆着你那个架子。只剩那个"老"字了，什么都没有了。（I-S3-TF-4）

二、警惕情绪

教师在课程实施中要有激情，但教师又要警惕情绪，这看上去似乎颇为矛盾，但事实并非如此，因为情绪一词通常具有消极含义：在很多情况下，人们提到情绪时往往特指一些消极情绪。于是，虽然人们承认情绪有积极、消极之分，并且意识到情绪具有激励作用，但无论在教学还是在课程改革中，教师都要警惕和排除情绪的干扰，而不能让自己的情绪影响课程实施。

（一）情绪具有消极含义

毫无疑问，情绪原本是一个中性词，但在日常语言中，情绪却往往被人们理解成一个贬义词。这种现象在教师访谈中十分普遍：在没有对自己的情绪状态加以具体说明的情况下，"情绪"通常指一些消极情绪。当教师同时提到情绪和一些具体的积极情绪时，这种对比更能反映人们在潜意识里赋予情绪的消极含义。

> 教师的情绪对课堂教学的影响特别大。教师不应带任何情绪给学生上课，只能是微笑，心情愉快。（I-S1-TM-4）

> 我无法统观全校老师对课程改革的情绪啊，但是作为我个人，我就很自然地接受了这个，我并没有一个情绪变化的经历。可能我个人还是比较倾向这种人文性的、案例教学的方式，所以这次改革出来呢，我一点震动都没有、一点情绪都没有，反而是觉得很兴奋。（I-S4-TF-3）

教师分明感到了兴奋，却说自己"一点情绪都没有"；教师分明在上课时只能微笑、心情愉快，却说"不应带任何情绪"。这些说法虽然自相矛盾得有些可笑，但恰恰体现了人们对情绪的预先假定：情绪是消极的，它会妨碍教师的专业实践。因此，在课程实施中，情绪只能处于边缘位置，情绪问题也就只是一个次要问题。

> 所谓的情绪问题，我觉得，客观来看也很正常，不是什么主流的问题，因为任何行业都有情绪的问题。（I-S2-TF-2）

其实，人们对情绪的这些假定由来已久。在长期的哲学（尤其是西方哲学）和文化传统中，情绪都居于弱势地位，扮演着"理性的对手"的角色。教师的这些言论只不过反映和延续了人们在情绪与理性关系上的不公平假定：情绪是"行动机械中的沙砾"，干扰了我们的理性决策。[①]

（二）排除情绪干扰

既然情绪会妨碍我们的行动，那课程实施自然要排除情绪带来的干扰，这要求教师在教学和实施改革时首先要抛开所有的情绪。因此，控制自己的情绪表达成为教师必须遵守的职业道德。

> 我觉得这是一个职业问题呀！一个真正成熟的教师，你再怎么成熟也会烦，那肯定会有点影响，但影响很小，可以消除到最小。他不会把一些烦恼

---

① Fineman S., "Emotional arenas revisited," in *Emotion in organizations*. 2nd ed., Fineman S. (London: SAGE Publications, 2000) , pp. 1-24.

的事情带到课堂去。比方说，我今天在外面发生了矛盾，受了些委屈，我不可能跑到教室去跟学生发一通牢骚。其他的人我不知道，我是不会的，我不能这么做。课堂就是课堂嘛，不能受其他方面的影响，这是职业道德。（I-S4-TM-2）

虽然教师在课程实施中体验到了大量的消极情绪，但是教师必须排除这些情绪给改革带来的干扰，这就要求教师面对学生时必须格外慎重。"不能影响学生"成为教师的一个共识。

很少会有老师把这种情绪转嫁给学生，说"哎呀，这个新课程毛病太多"。这种情绪肯定不能传递给学生，否则学生肯定会觉得"干吗拿我们当小白鼠、实验品"，是不是？那肯定不能这样。我们也没有老师会这样去做。（I-S1-TM-4）

我肯定不会把自己的情绪带进课堂，这个是专业要求。据我了解，有些老师会在课堂上讲一些信息，或者他们自己的一些困惑，这其实对学生很不好。对他们的心理也会有影响，是不是？他们听了这些感受以后会觉得："连老师都不知道怎么办，我们心里就更没底了。"他们会想："为什么拿我们做实验品呢？"会想很多的。所以你还在这上头浇油就不好了，我是不希望把这种情绪带进课堂的。（I-S3-TM-2）

情绪是不能影响学生的，那么长期积压的情绪难免会流露在教师与同事之间的言谈中。然而，这些同事也只是普通教师中的一员，他们对课程实施中的种种困境同样无能为力。倾诉这些情绪就成了于事无补的牢骚和抱怨，而那些倾诉对象也为此而饱受折磨。于是，情绪的宣泄者会因为扰乱高中课程改革而受到大家的谴责。

他会自己折磨自己啊，还会折磨周围的人啊！会破坏氛围啊！整个学校不就人心动荡了吗？你看人如果不想这些东西，就很单纯了嘛。如果有一个人突然去想这些，那就引得大家都会有疑问嘛！那氛围就不一样了，整个凝聚力就散了嘛！学校里面有几个这样的人就不同了。（I-S3-TF-2）

这样看来，向教育行政部门表达自己的困惑、疑虑和担忧从理论上说应该是最有效的，因为他们在改革中拥有更多的权力，最有可能解决教师在实施中遭遇的困境和难题。然而，这条路在教师看来恰恰是最不可行的，因为情绪是消极的，表达这些情绪意味着教师不支持改革，他们会因此而背上保守、陈旧、不思进取的恶名。

　　情况是这样的，现在有些领导，你说的话，他是听不进去的。因为在大潮流下，你不去改革，你就是保守，就是不思进取。好像就是你这个老师思想陈旧了，你落伍了，你要学习。特别是年纪比较大的老师，他就说："你还是老套路啊！你不行啊，你没有跟上时代步伐，你的知识不够，你要学习呀！"（I-S2-TM-4）

　　总之，情绪的消极含义使教师在面对任何互动同伴时都必须对情绪保持警惕。由于流露情绪会遭到多方谴责，因此教师只能把这些情绪压抑起来、控制起来。这样做虽然表面上使课程实施不受情绪的干扰，但事实上却导致那些无法宣泄的消极情绪成为高中课程改革中潜伏的暗流。

三、保持积极情绪

　　警惕情绪、排除情绪干扰只是第一步。与之密切相关却又形成鲜明对比的是，在课程实施中，教师还必须时刻表现出积极的情绪状态，用这种状态感染他们的互动同伴——即使教师没有体验到这些情绪，他们也必须这样做。

　　让我们仍然从师生互动这种课程实施中最频繁的人际互动入手。在课堂教学中，"让学生快乐"不仅是教师们的一个共识，更是某些学校对教师公开提出的要求。

　　校长经常给我们讲："老师上课时，即使你当时再怎么痛苦，走上讲台，你都要微笑面对学生，给学生一个微笑。"不管你内心多么复杂、有多少事情，都要对学生展露出一张笑脸，来让他有一个好的心情，让他在愉快中学习。（I-S1-TM-3）

　　为了能让学生在快乐中学习，教师在教学中就必须同时做好两方面的情绪工作：一方面，他们要抑制自己的消极情绪；另一方面，他们要努力表现出积极情绪，并且能够调整学生的情绪状态。能够做到这些的教师，在专业群体中更容易受到尊敬。

在学生那一面，你这个压力，我们就是说——这个是后来的体会，你不能跟学生讲："哎呀，我的压力很大！我成天很颓废！"那不行的，你要给学生一个很积极向上的感觉。我上课就是这样的，让学生学得很轻松。我们有一些老师都是这样认为的，即使平时很困啊、很累啊怎么样的，但只要站到讲台上就完全不同了。我们的×老师，发着高烧来上课，一上讲台立即神采飞扬，下来后立即打吊针。所以，我非常佩服这位老师。(I-S1-TM-4)

既然情绪具有感染力，教师在师生互动中也会受到学生情绪的感染。保持积极的情绪状态还意味着，当学生对教师产生消极的情绪影响时，教师有能力转变这种影响的性质。即使不能将其转变为积极影响，教师也要保证自己的"独立"地位，而不能被学生影响。总之，师生之间分享的只能是"快乐"，而教师的"独立"当然也是有选择性的了。

不开心的事肯定会有的，但是我一般不会把这种情绪带给学生。当学生出现这种情况，我也会生气或者怎么样的，但是我会想方设法帮助学生调整情绪，然后我再上课。(I-S4-TF-1)

不过我觉得，受学生情绪影响呢，他高兴你高兴，那当然是好的；但如果他不高兴，你也不高兴，那就不行了，所以老师还是要独立一点。你要明白，尽量给他们快乐。不管是你的情绪怎么样，还是他们的表现怎么样，都应该这样去做，但是不要因为一点小事搞得大家都不开心了——要尽量避免这点。老师还是应该独立一些，不要过于受他们影响，不过可以和他们一起分享快乐！(I-S2-TF-2)

既然如此，教师在课程实施中，无论内心对"摸着石头过河"有着多少复杂的或消极的情绪，他们在面对学生时还是必须表现得满怀信心、有十足的把握。虽然已经发现新课程还存在种种疏漏，但教师对此要尽量避而不谈，要把重点集中在新课程的那些优点上面，从而用这些积极情绪感染学生。

因为我们自己都不相信，所以在实施的过程中呢，我们可能也会让学生感觉到老师的信心不足。如果是这样的话，学生也是抱着一种不相信的态度，那么结果就会很糟糕。所以，我们就要在学生的面前表现得很有把握，不能让他们感觉老师也是迷失方向的。(I-S4-TF-3)

你不能把自己的厌恶、不满告诉你的学生，而是要教给学生一些快乐的、美好的东西，我经常这样想。对新课程我肯定是有些看法。有时候我就对学生说："这里没有的，我补充。"同时我也会讲："这新课程好在哪里呢？有些问题也是结合实际、结合生活的嘛！"我上课主要是向着好的方面去，对吧？不好的，暴露出来的，你跟学生讲也是没有用——学生是被动者嘛！我就不能让我的负面情绪影响了学生，我就不这样。我就把我好的那一面给学生。（I-S3-TF-1）

当教师面对改革的决策者、地方教育管理者时也同样存在这种情况，教师不仅要抑制自己的情绪，更要对高中课程改革表示赞赏。换个角度来看，因为这些人更能够十分轻易地影响教师，教师的这种做法何尝不是"趋利避害"的一种表现呢？

不仅教师在面对教育管理者时会对自己的情绪表达进行自动过滤和筛选，学校也会在组织层面上通过一些手段对教师的情绪活动事先加以选择。这种选择的结果就是，消极情绪被过滤掉了，教师表现出来的都是那些积极的、被组织所期望看到的积极情绪。

当然，教师保持积极的情绪状态能够充分发挥情绪的激励作用：让学生对新课程充满信心，让同事在实施中振奋士气，让决策者获得积极反馈而对课程改革更加乐观。然而，当教师只能表现出积极情绪时，它很容易导致课程实施陷入"虚假繁荣"的险境之中，歌舞升平的背后，也许大多只是一些华而不实的泡沫。

四、利用情绪，而不要被情绪利用

正如教师所说，情绪管理就是要求教师能够控制或利用自己的情绪。因此，利用情绪是教师情绪劳动的基本内容之一。考虑到情绪具有激励学生、提高课堂效率的功能，教师自然要在课堂教学中懂得如何利用情绪。

前文提到，教师为激励学生、吸引学生注意力会使用多种手段，如抑扬顿挫的语调、幽默风趣的语言、夸张无奈的动作或表情等。这些手段具有共同的目的，即利用情绪为教学服务。这些片段犹如师生互动中的"小插曲"——虽然和教学内容没有直接关系，但它们让课堂教学更加和谐、更加顺畅。此外，教师在课堂教学中对情绪的利用还有更高的水平：将情绪和教学内容结合起来，使二者水乳交融、浑然一体。于是，利用情绪本身就构成了师生互动的"主旋律"。在教师看来，这种让情绪投入文本的方式也是防止教师把自己对新课程感到不满的情绪带入课堂的有效途径。

我刚才已经说了，不好的情绪，就是对新课改的种种不满，我们不能带进课堂。那我用什么感染学生？是用我备的课、文本。我绝对不会觉得是因为这个新课程好，我教得就好，而是课本身的原因。我觉得这是一种专业的做法。我就是投入到文章中去，投入到文本中去，投入到我的研究中去。用那种投入来带动学生，你自己投入到文本，学生也会跟着投入进去。所以那些对我来讲，在课堂上是没有影响的。（I-S3-TM-2）

然而，教师在利用情绪时必须时刻明确控制权究竟掌握在谁的手中。一旦过分沉浸在文本、课文营造的情绪当中，利用情绪就变成了被情绪所利用——这种情况教师必须杜绝。只有既能投入其中，又能在恰当的时间从情绪中跳出来，这才能说是教师在利用情绪，教师对情绪具有控制权。

你的情绪最好要能配合作品，就是说能把学生带到那样的意境中去。比如说你讲的作品有一种淡淡的忧伤，你就应该把声音放低缓缓地讲。比如说我讲的一篇课文，一个同学就在日记中写道，当时唱歌的时候，他真的好想哭，但当眼泪刚要流出来的时候，老师就又恰到好处地停住了。就是说他们能够感受到情感，这对他们感受作品很有帮助。但你的情绪不能被课本所控制，应该是你去控制它。比如说你讲的课文是伤感的，你就不能跟着作品一味地去宣扬伤感，你应该能跳出来，教他们从欣赏的角度去体味。就是说，我们既能投入到里面，又能在恰当的时间从里面跳出来。（I-S4-TF-3）

由此看来，利用情绪犹如管理学生，或者处理教学中的突发事件。一旦处理不当，失去了自己在课堂教学中的控制权，教师就会被学生、被情绪"牵着鼻子走"了。因此，情绪利用能力也是教师专业能力的一个体现。

我上课之前就已经讲得很清楚了："我一节课只有45分钟，我一分钟也不能浪费。应该是由我来控制课堂，而不是你。"但是我也知道有些比较情绪化的老师一看到这些情况，可能就会发脾气了，有些甚至会停课不上。经验不足的老师就会让学生牵着鼻子走——学生故意捣乱一下，然后你就要停下来去说他，你就不用上课了。所以呢，这就是老师对课堂的管理能力了，你就必须要有你自己的管理能力。（I-S4-TF-1）

就像教师的专业能力会不断提高一样，教师在利用情绪方面的能力也会经历一个逐渐发展的过程。初入职的、经验少的教师往往容易受到情绪的控制，而经验丰富的教师则能充分地利用情绪。这种利用不仅包括利用自己的积极情绪，更包括利用自己的消极情绪，如发火、生气等。

发火也是一种形式，是一种职业需要，有这个需要你就得发火。你不发火，他就感觉不到事态的严重性。这是一种职业性的发火，并不是真发火，是职业需要。（I-S2-TM-2）

经验少的老师往往对脾气左右得不好，经验丰富的老师对自己控制得很好。举个例子，学生不交作业，如果是经验少的老师马上就青筋暴出，就开始痛骂学生了。经验丰富的老师不是这样的，他也会骂学生，这个骂也是用来教育学生的一个手段。表面上骂学生骂得痛快淋漓，但他内心一点都不生气，他只是用发火的方式来告诉学生：他很在乎，让学生知道要做好这件事情。（I-S3-TM-4）

由此看来，经验丰富的教师发火只是职业性的，"表面上骂学生骂得痛快淋漓，但他内心一点都不生气"。情绪只是他们用来传递信息的途径和为某种目的服务的手段。显然，当教师达到这个境界时，他们就成了一个出色的情绪劳动者——外表"汹涌澎湃"，而内心"静如止水"。只有这样，他们才能充分地利用情绪而不会被情绪所利用。不过，正如这位教师所说的那样，教师在这样做时，他们控制的就不仅是脾气，而恰恰是他们自己。

一个老师要是不懂得利用高兴和快乐去吸引学生，那是浪费了很多资源的！要充分利用可有可无的表扬，来让他们高兴。从深层讲，这是一个老师的修养的问题。不管发生什么事情，他都很镇静、从容。这是一种修养，这是一种境界。我觉得老师要学会利用情绪，而不是被情绪所利用。（I-S3-TM-4）

五、要理性地表达情绪

情绪表达是理性计算的结果。教师在表达情绪时会预先根据场合、对象以及可能招致的后果做出计算，决定自己是否表达以及在何种程度上表达哪些情绪。只有经过这种理性计算的情绪表达，才能得到他人的认同，从而也就避免了情绪表达给自己带来的危险。这条法则又一次彰显了理性与情绪之间的微妙关系：情绪必须接受理性的引导。在课程实施中，教师为表达情绪所做的理性计算可谓比比皆是。

（一）情绪表达要有度

前文提到，教师应该利用情绪营造适合文本需要的氛围，但是他们不能过分地沉浸在这种情绪之中，而必须选择适当的时机"跳出来"，这表明教师在利用情绪时是要注意限度的。一旦情绪表达过度了，利用情绪就会变成被情绪利用。因此，教师在利用情绪时必须和理性计算结合起来，让自己的情绪表达不要过度。事实上，情绪表达的这种度普遍地存在于教师和他人的人际互动之中。以师生互动为例，教师虽然明白良好的师生互动需要他们和学生之间建立密切的情绪关系，但是这种关系并非没有限度。他们在对学生投入感情的同时，又必须和学生保持一定的距离。

课下跟他们打交道的时候，装得比较酷一点啦。上课该搞笑的时候还是要搞笑。就是不跟他们走得太近。现在要当班主任了，如果跟他们没有一点距离是不行的。看那些班主任的"兵法"都说，教师和学生之间的距离是教师的战壕呀！要保护自己呀！如果走得太近，成了朋友，任何事情都要给点面子才听你的。那样的话，对学生不好，对自己也不好。（I-S3-TM-1）

一开始好像我们觉得当班主任呢，跟学生不应该是一种敌对关系，而应该是朋友关系，特别是对我们这些年轻人当班主任。但事实上，真的能做到这一点吗？我觉得不大可能。因为我们如果对他们松的话——朋友关系那当然就松了，松的话他们就不自觉。反正有一些矛盾，我觉得。（I-S2-TF-1）

正如教师所说，如果师生之间距离太近，教师就失去了"战壕"，学生也不会配合教师的工作。考虑到这种后果，教师必须在情绪表达上显得有分寸，这样才能保护自己的"战壕"。相对地，那些在师生互动中没有根据场合、对象、后果计算情绪表达度的教师，当然就会被人们视为不够理智了。

她才刚参加工作，跟学生的关系特别好，下课之后就跟学生打打闹闹。学生特别亲近她，也特别听她的。她带学生去练操，练得特别积极。但她有个毛病，她上课也找学生聊天！在自习课的时候就跟学生聊天，不够理性。（I-S1-TF-4）

在把握情绪表达的度这个方面，经验丰富的教师与年轻教师表现出了巨大差异。在师生互动遭遇到情绪问题时，经验丰富的教师会立即根据情境特征进行全方位的理性计算，从而确定情绪表达的限度。如果教师认为自己的情绪表达无助于控制这种情境，甚至导致问题情境的恶化，教师会选择回避。这种"用之有度"的情绪表达更像一场表演，同时也使教师避免了在情绪上受到真正的伤害。因此，教师认为，能够和理智结合起来的情绪表达反映出了教师专业水平的一个侧面。

（二）情绪表达要负责任

由于情绪会给人际互动带来影响，因此教师在表达情绪时必须预先计算它可能带来的影响，并对这些后果负责。由此，情绪表达具有了责任感和义务感。

情绪表达的责任感与情绪表达的后果直接相关。在课程改革实施中，许多教师都感到自己的情绪表达需要顾及整体氛围，即自己的情绪需要和同事、他人等群体的情绪保持一致。当二者"不合拍"时，教师往往会感到不安。

对我个人来说，我是比较兴奋的，但就是感觉我的这种兴奋和环境有点不合拍。就是说，从学校的整体来讲，从大环境而言，大家也都处于一种比较困惑的形势下，所以导致了像我们这种比较容易接受的人，反而就比较矛盾，因为你不能不顾及整个实际情况，所以现在有一点困惑。（I-S4-TF-3）

大家在这么一个集体里去工作、去生活，好像如果自己做不好，首先对不起自己的学生，这本身就有很大压力了；第二，在这种氛围里，人家都在辛辛苦苦地做，你自己在那里偷懒，你自己心里也会过意不去。（I-S1-TM-4）

这也就是通常所说的"同辈压力"。之所以会产生这种压力，是因为教师预计到了如果表现出与群体不同的情绪，自己就有可能身处"险境"，考虑到这种后果，教师感到他们"必须"表现得与群体相一致。

> 兴奋是因为看到了它描绘的那种前景，但是这种困惑、这种压力是来自于两种状态之间的转换，那肯定还是有的。(I-S4-TF-3)

反之，不计后果的情绪表达会被人们当作不负责任的表现，这是决不可取的。在课程改革实施中，教师在表达自己的困惑、疑虑和担忧时有"提问题"和"发牢骚"的分别：前者是指教师在表达困惑时考虑了后果，旨在通过表达寻求解决办法；后者是指教师在表达困惑时不计后果，仅仅是表达自己的感受。在教师看来，"提问题"是积极的、负责任的，而"发牢骚"是消极的、于事无补的。因此，教师在课程实施中可以"提问题"，但不要"发牢骚"。

> 肯定不一样呀！你提出问题的目的是想要寻求解决，而且提出问题本身就是一种负责任的态度。可是发牢骚呢？发牢骚到底需不需要解决可能还是另外一种情况。也许只是抱怨！很可能就停留在抱怨的层面上。这种抱怨是一种消极的心理，没什么用！与其抱怨，为什么不积极地去解决它呢？我是这样想的。抱怨是没用的，尤其对我们而言，你就想方设法地解决问题。有问题就解决问题，不要在那边发牢骚，发牢骚是没用的。(I-S1-TF-3)

因为情绪表达要负责任，人们在表达情绪时就变得十分谨慎，在表达某种情绪之前要充分考虑它可能带来的影响。于是，在课程实施中，从教育管理者到教师，假如他们的情绪表达会影响他人、妨碍改革时，他们就会抑制这些情绪，不让它们流露在自己的言行之中。由此我们不难理解，为何教师会一再强调自己在课程实施中的情绪"不能影响学生"了。

六、顺应改革，勇往直前

教师在实施这么一场由政府主导的、自上而下的大规模课程改革时，那些支配教师情绪活动的法则背后是否也会存在一些行政权力的影子呢？

虽然在高中课程改革的实施阶段，教育行政管理系统内部出现了一定程度的分权，教育部采用"委托代理"[①]的方式把大部分决策权力移交给各实验

---

① Hanson(1998:112)区分了三种形式的教育分权：(1)权力松绑(deconcentration)，即教育责任和任务在权力组织内部的转换，但不伴随权威转移；(2)委托代理(delegation)，即上级组织把决策权转交给下级组织，但可以随时收回权力；(3)授权管理(devolution)，即权威被转移到一个高度自治的机构，该机构可以独立运作，不必得到其他组织的许可。三种形式的分权程度各不相同。

省区的教育行政部门，但是，无论是地方教育行政部门还是学校领导，他们都知道权力的移交并不等于权力中心的转换。因此，他们无权决定是否实施改革，而只能去考虑如何更好地实施这场改革。换言之，实施高中课程改革已成定局。

各种各样的培训都在给大家打"强心剂"。改是一定要改的了，而且教材也已经出来了。那么在这种情况下，我们只能勇往直前。(I-S1-TF-4)

既然改革已经成为无法改变的事实，那么教师就只有接受改革、适应改革了。

我觉得改革可能是势在必行的，它不是以前的那种小打小闹的。(I-S4-TF-3)

老师肯定还得努力呀，还得按照它的大纲、教学目标去实施，只能是尽自己的努力吧!(I-S4-TM-2)

假如教师在课程实施中表现出的情绪、言论和行为被认为无法适应改革，如公开反对、满腹牢骚、消极懈怠等，他们很快就会面临受到行政权力惩罚的危险。有趣的是，这种惩罚也许并不一定是真实存在的，但教师已经根据他们长期的生活经验，在意识深处完成了关于惩罚的社会学习。

不过，教师的这种想法并非杞人之忧。对那些无法适应者，惩罚措施的力量终究是要彰显出来的，只不过形式可能更加隐蔽，作用也稍显温和。批评、训诫、思想上将其划归另类是通常使用的一种方式。前文曾提到一位教师曾经在具有官方性质的网络论坛①上公布了培训者不负责任的事件，并表达了教师们的不满和愤慨。然而，这份意在引起管理者重视的论坛发言立刻受到了论坛版主的批评。

别乱放炮。广州培训是在广东省广州市新课程第二轮培训的背景下举办的。由于此次培训由各地自行举行，所以在广州只是对培训者进行培训，培训者将对今年教高一的教师进行培训。这样，此次培训者培训当然要重复去年的一些内容，其目的主要是为了照顾到最广大的培训者。此次是培训者培

---

① 该论坛是由教育部基础教育课程教材发展中心主办的"新课程论坛"，而这个中心的两位主任均为教育部官员。

训，不是高考方案公布或解读，所以大家没能得到高考的有关信息属于正常。
（D-S1-TF-4）

总之，借助行政权力，高中课程改革形成了自己的一套筛选机制，同时也是在激励教师能够顺应改革，勇往直前。

第三节　教师的情绪应对策略

如果说情绪法则反映了意识形态、权力关系、社会期望等结构问题对个体的限制的话，应对策略则体现了个体在结构限制中所具有的能动性。借鉴伍兹关于应对策略的定义[①]，我们可以把情绪应对策略界定为人们在特定情境的情绪法则的限制下，为实现某种目标所采用的方法和途径。尽管一些应对策略反映了我们在顺应情绪法则要求管理情绪时所做的努力，但是在很多情况下，应对策略也体现出我们对情绪法则的质疑、抵制和改变。正如哈格里夫斯所说，当个体界定了自己所要应对的问题时，应对策略就有可能成为一个十分激进的概念。[②]因此，我们可以把情绪应对策略作为连接"结构—个人"互动的桥梁。

对课程实施而言，由于实施中的"教师—他人"关系和"改革—情境"张力是导致教师产生情绪的主要原因，我们可以在这两种互动结构中寻找教师采用的应对策略。换言之，教师所要应对的是人际互动中的情绪事件（尤其是情绪冲突）以及改革—情境张力给自己带来的情绪困扰。霍克希尔德将这些应对策略简要归纳为两类：表层扮演和深层扮演。前者指个体控制自己的表情、语调、动作等，按照情境要求表现出那些自己没有感受到的情绪；后者指个体改变那些决定情绪体验的因素，从而使自己产生符合情境要求的情绪。需要注意的是，情绪劳动是个体综合运用表层扮演和深层扮演的结果，

---

① Woods P.,"Teaching for survival," in *Classrooms & Staffrooms*: *The sociology of teachers & teaching*, Hargreaves A., Woods P.（Milton Keynes: Open University Press, 1984）, pp. 38–63.

② Hargreaves A.,"The significance of classroom strategies," in *Classrooms & Staffrooms*: *The sociology of teachers & teaching*, Hargreaves A., Woods P.（Milton Keynes: Open University Press, 1984）, pp. 84–85.

这对长期处于专业场景中的教师来说尤其如此：

说控制呢，就显得它成了一种职业，它就是教师职业所要求的，比如我今天情绪不好，但我要通过各方面努力，我要控制我自己。另外，还是要有一些改善，就是让自身从根本上情绪很好。因为现在我们老师，一周15节课，一天清醒的时间就算12小时吧，那至少有3个小时和学生在一起。所以，你很难在这每天的1/4的时间里把自己伪装起来，所以还是要从根本上改善自己。(I-S4-TM-3)

表层扮演与深层扮演的区分有助于我们理解应对策略的不同性质，但是这种分类还显得过于宽泛。那么，在课程实施中，教师采用的情绪应对策略主要有哪些呢？

一、伪装

伪装（pretending）最符合"表层扮演"的特征。运用这种策略时，教师会有意识地表现出自己没有感受到的情绪，或者在外在表现上夸大自己的情绪体验。因此，这种策略通常伴随着情绪体验与情绪表达之间的不一致。

伪装是教师在日常专业场景中经常运用的策略，其目的在于使教师能够更加有效地利用情绪。例如，教师职业要求教师和学生建立密切的情绪联系，这种联系往往使教师和学生处于一种近似亲情的状态。然而，过于密切的情绪联系又会导致教师在教学中难以实现自己的目的，因此教师必须和学生保持一定的距离。这时，教师就需要通过伪装来疏远学生。

有时候我其实很替家长操心，觉得这小孩这样，家长又那么难受，我就陪他难受。可能我这个人比较感性啊！所以有时候我就想："哎呀，我当自己小孩的妈还不够，还当那么多小孩的妈，还要分担他们的忧愁！"（笑）(I-S2-TF-2)

现在的中学生，你跟他讲道理是没用的。他们不怕那个，你越软弱他越不怕。你要给他一种老师高深莫测的样子，摸不透老师的心是怎么样的。让他觉得我很神秘。就是说，和学生要保持一定的距离，不能让他看透。(I-S2-TM-1)

教师经常会运用发火、吓唬等手段使学生产生消极情绪，从而使他们配合自己的教学工作，但是，教师在表现出这些情绪时，其实内心没有相应的情绪体验。这些场合最能体现伪装的含义，教师所说的"刀子嘴，豆腐心"形象展现了情绪表现与情绪体验之间的巨大差异。更加有趣的是，即使教师在表现出发火时，内心真的有生气的体验，他们也是在发火时有意"投入"这些情绪，从而增加发火的效果，使学生更加惧怕。

他们说我是典型的"刀子嘴，豆腐心"。我当着班主任的面的时候，会非常严厉地批评学生。当时很生气，但是这个气不是"真"气，不是发自内心的、无可解脱的气。(I-S1-TF-4)

吓吓他们了。吓他们其实是要有手段的！你只是吓吓他们而已嘛，不是体罚！但有时候我不装，我就把我的感情投进去。我生气，就真的是很生气。你装出来的感情，人家看得出来。我不是装出来的，所以他们看了更害怕。(I-S2-TM-1)

在实施过程中，伪装也是教师经常使用的策略。课程实施中的人际互动和"改革—情境"张力给教师带来情绪冲击，导致教师对互动同伴暗怀不满或者对课程改革心存抵触，并且难以在实施中完全按照高中课程改革的要求去做，但是出于趋利避害的动机，教师在公开的、正式的场合中又必须表现出积极情绪。于是，言论、行为以及情绪上的伪装就成为一种十分普遍的现象。

除了前文提到的"演戏"之外，教师还把这种伪装称为"作秀""化妆"。这些命名十分传神地刻画出伪装和扮演之间的联系。

从字面上讲，伪装往往会使人们联想起道德上的诚实与虚伪。就其后果而言，伪装策略的普遍存在有可能导致整个课程实施成为一场规模宏大的扮演：教师表面上打着高中课程改革的旗号，实际上却"以不变应万变""穿新鞋走老路"。因此，伪装往往被人们视为消极的、值得批判的。但是，正如教研员所说的那样，导致这种局面的真正原因却是那些教师在课程实施中无法化解的矛盾。此外，人际互动背后蕴含的政治、道德、专业与文化因素也起着推波助澜的作用。如果我们能对这些深层原因加以反思的话，教师的伪装也就有了它的积极意义。

在实际操作中，我们高中老师有三个矛盾无法解决。第一个，课程、科目的设置和学习时间的矛盾。第二个，每一学科教材中的知识演示与该教材中的课程目标要求相距很远，因为课程目标的制定者和教材编写者是两拨人。这个矛盾使得我们的老师无所适从。那么在这种情况下，还是"多讲比少讲要好"。第三个，也是最重要的，刚才我说的那个矛盾就是高考要求与课程标准的矛盾。（I-O-AM）

二、抑制

抑制是教师在阻止那些为情绪法则所禁止的情绪的形成或升级时所运用的策略。在运用这种策略时，教师运用一些强制性手段改变自己内心的感受，维持、缩小或消除不良情绪的影响范围。这通常涉及以下三种手段：

（一）遗忘与压制

当教师意识到有可能产生不良情绪，或者不良情绪处于萌芽状态时，教师会直接压制自己这些情绪，使其终结于酝酿阶段。教师会用遗忘、压制等词语来形容自己所做的这些努力。

有时候也许我心里会很火，那时候自己都讲得不耐烦了。那就先压制一下情绪，其实你不可能做出什么太异常的反应。作为一名老师，你还是要注重一下自己的形象。（I-S1-TF-2）

遗忘与压制做起来并不容易，教师为此要付出许多情绪劳动，而且并不是所有的教师都能做到这一点。这让教学成了一件"很受罪的事情"。

多大的烦恼、忧愁，进教室后我都能忘掉，但偶尔某个瞬间，我可能会想起来，但我会尽力忘掉。上课的时候我是很痛苦的，这个时候我的心情是忐忑不安的。上课之前，我生怕我的戏演得不成功。教室里面的教学，我该怎么做就怎么做。（I-S2-TM-5）

因为有时候你心情不好，你上一节课肯定会不太投入，或者说没有发挥出来。你要把自己的事情全部抛开，全情去备课、上课。（I-S2-TF-2）

对自己在课程实施中遇到的困惑和疑虑，教师在很多时候也只能是先压制下去。

（二）悬置

遗忘和压制并不是每次都能成功的。一旦消极情绪形成，教师又难以抑制这些情绪时，悬置就成为防止不良情绪升级的常用手段。所谓悬置即维持问题情境的现状，等待现有冲突结构构成力量的变化或消解。在这种情况下，教师会通过从事其他活动来暂时搁置现有的不良情绪，不去招惹它们。

在进入课堂之前就要调整自己的心态。如果确实觉得情绪会影响我这节课的话，那我觉得，宁可发张卷子给学生做。因为这种情绪如果控制不了的话，我一进课堂，学生稍微有点不对的话，我就会大发脾气！这样子会影响整个班的情绪。那我觉得这是不可取的。宁可把课停下来，不讲课，就做一个练习，这样也是在调节个人的情绪。（I-S4-TF-1）

面对实施过程中的"改革—情境"冲突，教师感到在这些张力结构没有发生变化的情况下，如果一再讨论某些问题（如高考、改革政策等），不仅无助于情绪困境的消解，而且有可能进一步激化人们的情绪。于是，教师会把一些目前无法解决的敏感问题悬置起来，以待情绪困境有所转机。

等吧！所有老师都在等啊！（笑）其实所有人都在紧张，都在等，其实心里没有什么办法，只有等。很无奈的！（I-S3-TM-2）

我们在培训时就说到将来高考的问题，跟新课改肯定会有冲突！预想不到的，我们就随机应变；预料之内的，可能会更难解决。那我们只能等待了，从多方面去解决。它现在只是开始了一年，所以我们现在在等待、观望嘛！看有没有进一步的措施。我们自己也尽可能努力，不能不努力。但上面怎么解决，我们只能观望。（I-S1-TM-3）

其实，教师采取悬置这种回避矛盾的做法并非毫无道理。矛盾总是发展变化着的，冲突双方的力量也会有所消长。因此，悬置为矛盾变化所赢得的时间可能会带来冲突的缓和。在高中课程改革中，第二年实施改革时的状况比第一年就有了一些改善。

我觉得这两个方面是在不断调和的！比如像去年的第一轮和今年的第二轮已经是不一样的了，而且像对学校的要求，它有硬件的，也有软件的，它有一些量化的指标给你。反正今年给我的感觉就是，第二轮的评价，还有教材的整合比第一轮好了些。（I-S4-TF-3）

（三）边缘化

如果说类似于"鸵鸟政策"的悬置手段过于消极的话，教师还会采用更加积极的手段——边缘化来阻止不良情绪的升级。通过这种手段，教师从意识上或行动上缩减了不良情绪的影响范围，使之成为一种无伤大局的边缘现象。于是，原本干扰行动的不良情绪被边缘化了，变成了可以被视而不见的次要问题。

在将不良情绪边缘化时，教师通常需要从事个别处理、转移注意力和有意忽略三项具有内在联系的工作。在处理课堂中的突发事件时，个别处理是缩小事件影响的常用办法。对引起突发事件的那些学生，教师会表示在课后单独找他们解决，从而使这些集体性的"班级问题"降格为某个学生的"个人问题"。在教师看来，这也是替自己解围的一种手段。

解释一番之后呢，让他明白这个道理，首先让这个学生心服口服。然后还要完成这节课的教学任务。课后让他自己单独去找我，然后私下里我们两个再去解决这个问题。就是说，上课解决不了的问题，可以私下里找学生去解决。这样也是为自己解围，能下了课再给学生一个圆满的答复。（I-S1-TF-2）

教师在行动上采用个别处理是因为他们对事件的有意忽略。在自己即将陷入突发事件的泥潭之际，他们会忽然转移自己的注意力，与解答个别学生的问题相比，完成教学任务更加重要，与其他大部分学生展开互动更加重要，自己不能"捡了芝麻丢了西瓜"。当注意力转移到这些更加重要的事务上时，不良情绪的困扰自然就可以被忽略了。

上一节课，我要的是什么？学生要的是什么？我首先得弄明白这个问题。如果我把这个问题弄明白了，这个突发事件就只会有一刹那的影响，而不会影响到整节课。你总不能捡了芝麻而丢了西瓜吧？比如这一个教室里面有50个学生，那你总不能因为这两个人而影响其他48个学生听课啊！（I-S4-TF-3）

大部分时间还是靠自己通过有效的讲课，命令自己把情绪集中到课堂上。这个时候，看学生总有些不顺眼，总看到那些不专心的人，这就只有通过把心思放到教材上来，把注意力转移过来。（I-S3-TM-3）

其实，工作中即使有再多的情绪困扰，只要教师能把它们忽略为"仅仅是我生活中的一个部分"，不良情绪就显得不那么重要了，对教师的影响也会小很多。由此看来，教育管理者对教师在实施中提出的困惑和疑虑置之不理，也难以排除有意忽略教师不良情绪的嫌疑。通过这种方式，教师的不良情绪逐渐被边缘化了，甚至消失了。

假如你把它看成全部的话，你会很辛苦。你永远都要像这样干下去就会很辛苦，但是如果只把它当成生活中的一部分，那就不会太过压抑，因为生活中还有很多其他的事情。（I-S4-TF-1）

三、隔离

隔离是指教师把那些与工作有关的情绪从教师情绪的整体中分离出来，将情绪分割为"工作情绪"与"个人情绪"两个部分，使二者不会相互干扰。

尼亚斯指出[①]，教师会全身心投入教学工作，把个人身份和专业角色融为一体。然而，情绪与自我之间的密切关联使教师在工作中时刻面临着情绪受到伤害的危险，因为来自他人的对教学工作的任何指责和批评都意味着对教师的否定。为降低风险，教师需要发展出一套"去个人化"的能力[②]，把投入工作的那部分自我加上括号，与个人身份区别开来，使自己不会因为教学工作受到太多的情绪影响，同时也使专业实践避免"个人情绪"的干扰。因此，究其实质，隔离策略的核心在于教师能够把原本投入工作的"自我"逐渐隔离开来，从而分清个人身份与专业角色的界限。在课程实施中，生活情绪和工作情绪、教师角色和个人情感划清界限是教师常用的一条策略。

这个问题我觉得是很显而易见的。你个人的情绪总不能影响你的工作吧！我是这样认为的。（I-S4-TF-3）

这个也是我们教师素养的一部分。我觉得一名合格的教师应该把这二者分开。就是说，我会努力做到，当我一站到讲台上，我的角色定位就是老师。

---

① Nias J., "Thinking about feeling: The emotions in teaching," *Cambridge Journal of Education* 26, no. 3（1996）: 293–306.

② Hochschild A. R., *The managed heart: Commercialization of human feeling*（Berkley, Los Angeles, London: University of California Press, 1983）, p. 132.

我肩上的重任是我要教这么多孩子学会做人、要掌握知识，对不对？那么这个时候，个人的情感要居于次要地位。(I-S1-TF-3)

然而，能够隔离情绪、划分自我并不是教师在专业生涯的开始就能做到的。对入职不久的教师来说，这种界限并不存在。他们会全身心投入教学工作，把自己和学生、教学工作视为一个整体。因此，如果学生获得了什么荣誉，教师也会从中得到巨大的情绪奖励，因为"班里面的荣誉好像是我自己的荣誉一样"。

那我肯定为他们感到高兴了。因为他们练的时候，我也是陪着他们一起练的嘛！我觉得班里面的荣誉好像是我自己的荣誉一样，我们应该是一个整体。不是说这个荣誉就是班主任的，不是这样的！(I-S2-TF-1)

正因为在教学工作中投入了自我，教师会把他人对工作的任何评价都视为对自己的评价。于是，当听到负面评价时，教师就会产生强烈的消极情绪。

因为年轻人都希望做出点成绩来，都认为这个事如果做不好，就会关系到自己的前途，关系到自己的成长和别人对自己的评价，会觉得没有面子，所以真上火。上火不是因为学生的事情，是因为关心别人对自己的评价。所以人都是自私的，这条没有错的。(I-S1-TF-4)

如此看来，对那些不能分清个人身份与工作角色区别的教师来说，工作中的一举一动都会强烈地影响着他们的情绪，他们自然在情绪上会显得十分脆弱。在经验丰富的教师看来，年轻教师的这种做法其实是"功利性"的表现，因为他们真正关心的不是工作而是他们自己。当教师能够把工作角色和个人身份分开的时候，他们在工作中就不会"赔进"自己的情绪了，而且他们也会被人们认为是"有责任的教师"。既然这种做法一方面能避免自己受到太多的情绪困扰，另一方面又能获得同行的赞许，教师又何乐而不为呢？

如果说你个人没有功利心的话，你就不会把感情带进去。比如说，学生犯错了，扣了你们班的分，但你又想去争什么荣誉。就是说，你带好这个班，就是为了得到别人的认可，你是有利益驱动的。他影响了班级荣誉，就等于是影响了你的工作，干扰了你达到目的！所以你就会带感情进去。现在呢，你就没这种功利的需求了。比如说，他违纪了，你出于职业的需要你就会跟他说，但是并不代表你要从他那里得到什么，那你心里就不会有任何的不舒服了。刚开始气得要命，但是不能总那样啊！你要学会控制情绪。工作是工作，生活是生活。当然，一下子抛开功利心也不可能，要慢慢地抛开。（I-S2-TM-2）

就看这个老师是为学生还是为自己。假如是一个有责任感的老师，为了学生的话，我不觉得他会有很大的情绪的。（I-S4-TF-1）

等教师能够慢慢"抛开"功利心的时候，工作角色也就逐渐与个人身份分开了。这样，工作失误就不会再让教师"气得要命"，而个人情绪也不会轻易地影响工作情绪了。在教研员和学校管理者看来，个人情绪不能和教师工作糅合起来。即使有些情绪是由教师工作引发的，也应该把它们视为工作上的"事故"。至于教师的消极情绪，只要能和工作分开，不影响他们实施课程改革，那就让他们发牢骚好了。

你只能是把它分开。怎么说呢？教学是教学，个人情绪是个人情绪，那是两码事，不能够糅合起来。老师只要不把教学中发生的不愉快看成是自己教学中的事故，那就没事。它跟个人情绪有关，但仅仅是在教学过程中出现的一些失误，或者说出现的一些纰漏，或者说出现的一些插曲。（I-O-AM）

我们还是有一个总体上的宏观导向的：这个牢骚还是要让他们发，但是也要做好自己的那一份工作。（I-S1-AM）

四、重构

重构最能体现"深层策略"的特征。它是指教师通过一些认知手段，重新诠释那些原本难以接受的情境，使其在主观上变得可以接受，从而消除它们对情绪的不良影响。通过认知手段重新塑造情境是这种策略的核心特征。在这场指令式的高中课程改革中，教师既然无法左右改革，那么，从认知上重构情境就成为教师增强控制感，应对情绪困扰的一种有效策略。

课程改革有一些大的方面的东西，但是我有自己的解决方法。就是在课程改革下，不能让课程改革来控制我们，我们要去学会调整、控制这个课程改革。所以你要反过来。这种心态反过来以后你就不会觉得"我很不明白，很不懂"。（I-S4-TF-1）

（一）同化

课程改革要求教师走出舒适地带，拥抱新的事物。然而，新事物具有的陌生感和不确定性使教师感到迷茫、担忧和恐惧。为减少不确定性的侵扰，教师首先会试图把这些新事物纳入自己原有的认知结构当中。

这就有一个困惑：到底这个新课程要怎么开展？这不就是素质教育吗？从1985年，我国提出搞素质教育，一直开展到现在，其实这个新课程实际上也是素质教育的继续。（I-S1-TM-3）

虽然说我们国家现在的课程改革是一下子搞出来的，但是我觉得这种观念的转变并不是突然的。你看，我们搞多媒体教学已经不是一两年的事了，从一九九几年开始就不断有一些课题研究、研究性学习等教学观念。（I-S4-TF-1）

通过与自己原本熟悉的事物建立联系，教师在一定程度上同化了高中课程改革。所谓同化，就是不要把课程改革当作"全新的东西"，而是对原有做法的继承和发展。教师和学校管理者感到，同化增强了人们的控制感，消除了改革之初的迷茫情绪，从而使改革变得更加容易接受。

实际上，我们在完全接触以后发现，新课改并不是一个全新的东西，而是一个新的理念和传统的优秀做法的综合体。如果能把握好这点，课改就不是非常难。只是开始我们很迷茫，不知道怎么做，后来意识到它其实是一个传承的过程。（I-S1-TF-3）

如果把新课改看成是继承与发展的话，大家都会比较容易接受。比如说，我在教学里面是在"双基"的基础上增加为"三基"，那么这样老师是比较容易接受的。"双基"，就是指基础知识和基本能力，现在又加上一个"基本方法"，变成"三基"。（I-S4-AM）

（二）重新界定

情境对我们的影响取决于我们观察情境的视角和我们赋予情境的意义。当我们身处一个看起来无法忍受的情境时，如果能够转换视角、重新界定，它或许就会变得充满机遇、令人欣慰。在访谈中，教师经常把转换视角描述为心态的转变。

用研究的心态来做事情。一个棘手的问题，一个非比寻常的任务，一个突如其来的事件，当你用研究的心态去面对，事情就不是压力而是创造。压力制造烦恼，但是创造可以带来美好。（D-S3-TM-4）

你抱着那样的心态的话，肯定会觉得麻烦的。但是如果你把它看成一个机会，把它看成一个课堂创新的机会，那你就应该会很乐观了。所以就看你是抱着什么样的心态了。（I-S1-TM-4）

转换视角使教师对原本带来压力的情境有了新的理解，并且消除了自身的"烦恼"和"麻烦"。重新界定情境是高中课程改革中那些表现卓越的"领头羊"们通用的应对手段。例如，把高中课程改革看成一个平台的年轻教师通过重新界定公开课，使这件对大多数教师带来困扰的挑战变得"无喜无忧"。另外，一位年长的教师把课程改革界定为"接受新学问"，只不过这种新学问更加具有时代性而已。

你把公开课看成什么？你是把公开课定义为别人的评价呢，还是定义为自己实践的舞台、锻炼的平台？如果你觉得公开课是为了锻炼自己、提升自己，要努力去上好，这就很好了，不要在乎别人的评价。你要是把这些看透了，就根本不在乎！上得好与不好，你都无喜无忧啊！（I-S3-TM-4）

人家说一辈子读书，其实就是一辈子接受新学问嘛！不过它这种新学问呢，更强调一种时代性，更强调一种新的理念，仅此而已。（I-S1-TM-5）

（三）自我劝服

当教师在人际互动中遭遇情绪问题时，会在心里说服自己，化解现有的情绪冲突。这种手段在教师处理师生互动中的突发事件时十分普遍。

在这样的问题上，我觉得还是应该理智一点。毕竟他们还是小孩嘛！不可能他们提出的（问题）都是比较成熟的，对不对？（I-S1-TF-2）

心里面也不会生气！跟小孩有什么可生气的呀？（I-S3-TM-1）

通过把学生当作一个不成熟的"小孩"，或者提醒自己学生的行为并没有恶意，教师找到了让自己接受冲突性情境的理由。在教师看来，自我劝服也就是"自己开导自己"。只要能够说服自己站在他人的立场上想一想，我们都会找到原谅他人的理由，例如"人都是有缺点的""领导也没时间""人还是得爱惜自己"等。这样一来，不仅人际互动中的冲突得到了解决，自己也避免了情绪上的不良影响。

慢慢地，就会自己给自己找退路了。比如说，这样和同事们一笑，就把刚才的火给抵掉了。反过来想，你也不要那么较真。职业需要、对学生负责，那就需要发火。但是呢，你还要继续工作，你不是今天做完明天就不做了。所以，你还是得爱惜自己的。(I-S2-TM-2)

我觉得不可以去要求领导，只能是自己去做。然后我希望领导多听听意见、听听我们的想法，这就够了。但是他们也没时间啊！我想他们是没时间。他们不可能跟你聊天，只听到只言片语就下定论。后来我就自己开导自己：人还是要靠自己！(I-S2-TF-2)

（四）降低期望值

期望越高，失望越大，因此在主观上降低期望值是减少情绪影响的一种手段。正如经验丰富的教师告诫年轻教师的那样，如果在职业生涯刚开始的时候把它看成自己的事业，就会很容易因为教师工作的琐碎以及它与自己期望之间的巨大差距而失去前进的动力。因此，不妨由职业做起，慢慢地发展到事业的层次。

现在的年轻人都讲事业，但是我说，刚开始迈出校门的时候，它应该是你的职业、你的工作。当你投入多了，你会觉得这是你的事业。这是两个不同的层次。如果刚开始的时候，你把它看成是事业的话，那期望值就很高，对自己在事业中所起的作用的期望值就很大，觉得自己是一个闪光点。当你转过来的时候，发现原来不过如此，天天就是备课、做作业、找学生，有时候家长还要投诉，那你很快就没有动力了。(I-S3-TF-4)

教师在课程实施中也是如此。以开设选修课为例，如果教师在开设之前就没有寄予太高的期望，就会避免因无人选修所带来的尴尬（I-S2-TM-1）。教师在理解整个高中课程改革时也会采用这种手段。只要把它当作一个实验、一项长期的任务，实施改革就会变得不再那么利益攸关了，教师的紧张程度也能得以缓解。

我们现在就是实验，是探索，要允许它失败嘛！肯定是这样的。我们尽可能地向好的方向走，但是假如它失败了，我们同样能从失败中学到经验、汲取力量。从这个角度讲，它也是有价值的。(I-S1-TF-3)

我感觉到新课标能够给全国的师生一个舞台，大家好好发挥，最要紧的是让教师明确这个方向是应该这样做的。至于做的水平高还是低、起到的效果大还是小，我觉得无所谓，因为改革也不是说一年半载或十年八年就能改革彻底的。这应该是一个长期的工作。(I-S1-TM-5)

另一方面，降低期望值还具有质疑和改变情绪法则的潜力。当教师在重新审视情境时，会对情境中的情绪法则的合理性产生怀疑，这为教师群体达成新的专业共识提供了基础。因此，重构情境不仅是教师对情绪法则的顺从，还蕴含着教师改变法则、变革观念的可能。

我觉得要求一个老师要积极、要充沛、要健康、要向上，这都不为过，毕竟他的工作对象是人嘛！但是你如果要求他100天、一年甚至一整个职业生涯都这样，那是不可能的。甚至我觉得，这种要求忽略了"老师也是一个人"这个前提。现在社会上对老师这方面的要求过于苛刻了！(I-S4-TF-3)

"爱学生"是一个道德崇高的词，暗含了很多褒义的成分在里面。爱学生，他做出来是很道德的啊，但是真正发自内心爱学生的并不多。我们也不能这样去要求。现在我们动不动就要求老师一定要爱学生。这要看你怎么看。一个老师如果真的爱学生，他一定会把教师这项事业做得很辉煌，做得很好。(I-S3-TM-4)

五、适应

适应是指通过延长个体在刺激性情境中暴露的时间，或者重复出现相同的刺激性情境，从而减弱个体对情境的情绪反应。这是一种十分特殊的情绪应对策略：与其他几种从社会学角度界定的应对策略不同，它更像是一种生物学意义上的应对策略。

阿什福思与克雷纳曾指出，组织会运用调适手段规范其成员的那些不可接受的情绪，其中包括脱敏与适应两种方式。[1] 所谓脱敏，是指让组织成员接

---

[1] Ashforth B. E., Kreiner G. E., "Normalizing emotion in organizations: Making the extraordinary seem ordinary," *Human Resource Management Review* 12, no. 2（2002）: 215-235.

受不同类型的刺激，通过增加真实刺激与预期刺激之间的相似性来减弱成员的情绪反应。[①]对个体教师来说，脱敏方式并不常见，而适应却是教师在应对高中课程改革带来的情绪刺激时共有的一种策略。事实上，由于教师对这种策略缺乏意识上的控制程度，它更接近于一种本能性的生物保护机制。

在田野调查中，许多教师都提到在实施之初的半年时间里，教师对高中课程改革的情绪反应十分强烈，而在一年过后的现在，教师的情绪已经逐渐恢复平静，困惑、抱怨之声也"销声匿迹"了。

老师也慢慢适应了，刚开始的时候意见比较大，现在慢慢地也听不到什么了，慢慢地大家都在忙忙碌碌地干自己的活儿，很少听到老师说什么"啊，新课程不知道该怎么去做"之类的话。那是以前，现在没有人传达出这种情绪。刚开始的半年是困惑期。(I-S1-TM-4)

也就是改革刚开始的那阵子有那么一种跃跃欲试的心情，也就那么几个月，平静以后也就觉得是一样的。(I-S3-TM-1)

刚开始的时候，大家情绪还有点大，大概一个学期之后就平静了，抱怨也销声匿迹了。(I-S3-TM-4)

当然，导致教师情绪趋于平静的原因多种多样，但我们无法排除的一种原因就是：随着实施时间的增加，教师对高中课程改革这个新异刺激逐渐"习惯了，麻木了，没那么敏感了"。这种适应就如同一种动物保护机制。正如教师所说，如果一直保持强烈的情绪反应的话，教师的健康也会受到影响。

现在过了一段时间，没什么了。为什么呢？大家习惯了，麻木了，没那么敏感了。任何一件事情刚刚开始出现的时候大家都是比较敏感的，心情也是比较激动的，感情也是澎湃的，所以意见也比较多，想法也比较多，脾气也比较大。现在过了一段时间，大家就觉得好像也就这么回事。(I-S3-TM-4)

因为有50多个学生，可能每天都会有学生出问题，那你就每天都有火要发。发那么多火，你说你还能做什么？时间久了，你也就看开了。再到后来，

---

① 根据"刺激比较理论"(stimulus comparator theory)，个体会比较真实刺激与预期刺激之间的特征，然后对那些令人厌恶的刺激做出反应。如果所感受到的刺激与预期刺激之间匹配，个体不会产生情绪反应；如果二者不匹配，个体会根据不匹配的程度做出相应程度的情绪反应(Ashforth & Kreiner，2002：223-224)。

他们再做得不好，你也就疲了。(I-S2-TM-2)

实施时间的延长使教师对改革措施、改革内容越来越熟悉。好像吃螃蟹一样，当相同的刺激重复出现时，教师自然会减少情绪上的紧张、忧虑和惊慌失措。同时，对情境的控制程度也逐渐加强了。

第一个吃螃蟹的人是最心慌的，要有很大勇气；但是第二个吃螃蟹的，就不觉得心慌了，说不定你可能觉得越吃越好吃呢！我们刚好是新课改第一轮，前面没有人给我们引路。你说备课很辛苦，确实很辛苦，但是我备了一轮下来，下一轮你说我还会那么难吗？当然不会了。(I-S4-TF-1)

因为假设教了第一轮，我已经熟悉了新教材呀，甚至已经知道哪一章第几节讲的什么内容了。可以说，教了一轮之后，我不用备课了，就是空着手去讲我也讲得出，我可以随便创造几道例题出来。我见得多了嘛！那我的紧张感、忧虑感当然也就没有了，至少是减弱了。这是必然的。(I-S2-TM-2)

对高中课程改革带来的情绪影响，教师将其比作投入池塘的石子所激起的涟漪。随着时间的流逝，教师的情绪自然会恢复常态。

困惑和疑虑久了，它就不叫困惑、疑虑了，就叫作常态了。人的适应能力是很强的！如果从开始到现在还是那么气愤、那么激昂、那么高涨，反而是不正常的。人的情绪在高涨的时候就是一段时间，过了这一段时间他就归于平静了，是不是？老师的心就像一片池塘，新课程就像一颗石子，扔下去有涟漪，但过一段时间就变得很平静了。这个比喻不知道恰不恰当，大概就是这个样子。(I-S3-TM-4)

六、释放

情绪无处不在。即使教师运用上述所有策略，仍然会有一些不符合情绪法则要求的或超出教师承受限度的情绪。为此，释放（releasing）就成为一种十分重要的情绪应对策略。它是指教师通过流露和表现自己的情绪体验以减轻情绪负荷的策略，其中主要包括以下三种方式：

（一）反映

在中文语境中，"反映"是一个十分有趣的、具有特定含义的词。除了具有反射、反馈的含义之外，它还指具有行政隶属关系或者权力与地位差异的下级向上级就某项议题进行汇报、提出意见、发表感想。在高中课程改革中，从教师到教研员都认为"反映"是一种表达教师困惑、疑虑、担忧等情绪的途径。

有专家来的时候，我们为了提高效率，有时候他们事先让教师把对新课改的困惑、问题提出来，然后集中反映给他们。这也是一种途径。我们和教研员会经常见面。同他见面的时候，抓住一切机会把我们的困惑反映出来。（I-S1-TF-3）

举个例子，像某人是我的上级领导，我有什么困惑，可以找他反映。那就不是面向学生，而是面向同层次的老师，或者面向更高级的同事。大家商讨出个对策，进行一次对话。这就是一种途径啊！（I-O-AM）

反映是组织为教师释放不良情绪设置的合法途径，教研会、座谈会、上级领导的调研是教师表达自己对课程改革的感受的主要场合。然而，"反映"一词的有趣之处还在于它通常反映的是"问题"而不是"情绪"。因此，教师在这种场合要十分谨慎。即使是表达自己的感受，他们也要把那些不良情绪理性化，以问题的形式提出来，因为情绪法则规定了教师在课程实施中能"提问题"，但不能"发牢骚"。

网络论坛的出现为教师反映自己的感受提供了契机。论坛交流的匿名、间接等特征能够在很大程度上消除教师表达真实感受的顾虑。然而，若是教师忘记了自己在"反映"时应该遵循的要求，他们仍然会遭到批评、训诫等惩罚，而他们反映自身真实感受的举动也会被视为"乱放炮""牢骚满腹"。下面提到的关于教师培训者言论的论坛发言就是一个很好的示例。于是，真实似乎成为"反映"的一个渴望得到而又怕得到的目的悖论。

（版主回复）尽管大家看似"牢骚满腹"，其实这些牢骚也是我们想听到的，因为，在这里可以看到新课程在一线推进中究竟遇到哪些问题，哪些帮助是一线教师所需要的，哪些是大家仅仅知晓就可以的。

（网友回复）总版主，希望这些类似牢骚的真言能得到你们的重视！（D-S1-TF-4）

（二）表露

表露是指教师针对人际互动中给自己造成情绪影响的互动对手，向其表达自身情绪体验的方式。在师生互动中，表露自己的感受不仅能缓解教师的紧张情绪，并且有利于保障教学互动的效果。一位教师提到的一件事非常具有代表性：

上学期有一次，我自己觉得都快掉眼泪了。我一再启发，没有人反应！最后我说："哎呀，同学们啊，你们能不能给老师一点反应啊？老师在上面已经把所有的热情、所有的激情都释放出来了，是希望得到你们肯定的，或者否定的，或者简单的'哦'一声都好。给个反应，不要让我好像对着一个空荡荡的教室讲课好不好？"我就直接告诉他们我的感受，我很难受。让学生了解你的感受，这个很重要。他们会理解你，而不是简单地对他们说："你们是怎么回事？"简单、粗暴地骂他们的效果可能不是很好。我就把我的真实感受告诉他们，然后情况就有改观了。我就说"你们这样让我很难受。我讲课讲得很认真、很投入、很辛苦，充满激情地给你们讲，但是，好像一颗石子扔进一个池塘里面但一个波纹都起不了！它不是扔到一个水池里面，它是扔到一个山谷里面。进去了，就没有了"。就把这个感受告诉他们。有用的，真的有用的！（I-S1-TM-4）

表露自己的真实感受之所以会起到良好的效果，是因为表露能够使互动对手移情地理解自己的处境，从而使互动双方建立情绪理解。因此，学生也会通过多种途径向教师表露自己的感受，日记、随笔就是其中之一。

如果你上课的时候向学生发了脾气，学生可能就会在他的日记里说"老师，你不要这样啊"什么的。学生是比较喜欢在日记里和老师交流的。学生在日记里会和老师有一些心灵上的交流。这样老师和学生之间的距离也会近一些的，师生之间的关系也会融洽一些的。（I-S4-TF-3）

这种表露是师生直接针对给双方带来情绪影响的事件进行的。除此之外，表露也有可能以更加隐蔽的方式进行，即在表露感受时虽然面对的是那些给自己带来影响的互动同伴，但针对的却不是真正影响自己的那个事件。"借题发挥"就是教师经常运用的释放内心不满的表露。这种隐性表露更能显示教师在释放情绪时的技巧。

如果情况实在不好，有时候我还是会批评学生。有时候就"借题发挥"了，就是点他回答问题，然后把他"火"一顿。(I-S2-TM-4)

如果觉得影响太大，我就叫他站起来回答问题。不清楚的，就提醒他集中注意力。如果我提问你，你回答不上，我就说"你要注意了"。(I-S3-TM-3)

（三）倾诉与宣泄

这是最常见的一种释放情绪的方式。虽然倾诉与宣泄所释放的也是内心的真实感受，但与表露不同的是，我们在倾诉与宣泄时所面对的并非是给自己带来情绪影响的互动对手，而是那些与此互动对手无关的他人。

情绪体验的真实表达意味着自我的暴露，因此，教师在选择倾诉对象时必须十分小心。只有在面对那些不会给自己构成威胁的、可以信赖的人面前，教师才会倾吐内心的真实感受。

我告诉你我是怎么调整的：真是遇到一些很不开心的事情，那我也需要一个倾诉对象，但是我会选择，选择好这个倾诉的对象——这个方面我肯定需要的。他可能是我的好朋友中的某一个人。(I-S4-TF-1)

当教师在日记中宣泄自己的情绪体验时，自我取代了他人成为教师的倾诉对象。这种做法最大限度地消除了倾诉与宣泄可能存在的危险，因此教师可以在这种倾诉中获得极大的情绪满足。

当然，你和别人聊天是一个方面，但还是需要一些自我调节的。我采取的就是写日记，写自己的心得、感受啊，都写一些。心情不好了，就写出来。想说什么，就在上面都写出来。就是通过这样的方式，自己把它吐出来了。这样感觉心情就好多了、舒畅多了。(I-S1-TF-2)

倾诉对象就好像教师的一个"出气筒"：他需要接受教师释放出来的与自己可能毫无瓜葛的情绪。若这些情绪是消极的，这就需要他付出极大的耐心和同情心。毫无疑问，这同样是一项繁重的情绪工作。对作为倾诉者的教师来说，若是选错了倾诉对象，连累对方做"出气筒"倒在其次，更重要的是，这样做会带来一些严重的后果。对于这一点，我们可以从学生的一次"失败的倾诉"中获得启示。

今天早上，有一个学生在那里跟班主任大吵大闹。我当时觉得很奇怪，后来一想，有时候学生大吵大闹，我们要去理解他。他需要发泄。他受了委屈，他受了班干部的气，受了同桌的气，他要把老师当成出气筒。那个班主任就让他一直说。后来，班主任问："你说完了没有啊？"学生说："说完了。"然后，班主任桌子一拍，啪！就开始说他了："你这种想法……"那学生是没有一点办法了。他的错就来了，知道吧？(I-S1-TF4)

因此，面对课程实施中人际互动和"改革—情境"张力结构带来的情绪冲击，教师在难以排解时就会在私下里向自己的同事、朋友倾吐内心的情绪体验。然而，由于倾诉对象并非是给自己造成情绪影响的互动对手，而且他们和教师一样无法消除"改革—情境"之间的矛盾冲突，因此，这种释放内心真实体验的做法并不能带来实践的改善，这是和表露的又一处区别。既然如此，倾诉与宣泄只能被人们当作是能缓解内心情绪紧张却又于事无补的牢骚和抱怨了。

有时我们会私下交流——这个机会比较多，互相倒一下苦水！(I-S1-TM-4)

你没有办法。就是朋友之间聊聊天，发发火，就这样了。(I-S2-TM-5)

不是向官方提，而是和同事聊天的时候发发牢骚。(I-S3-TM-1)

私下里跟同行可以发发牢骚，你没有办法可以解决啊！(I-S4-TM-2)

你抱怨来抱怨去也没用，反正都得做。(I-S4-AM)

本章小结

本章旨在呈现集体现实层面上关于情绪的核心文化观念和个体教师之间的互动关系。为此，本章在第一节中阐述了教师在课程实施中的情绪劳动者身份，这意味着教师必须遵循某些法则对自己的情绪活动进行管理。沿着霍克希尔德、赞比拉斯、威诺格拉德等人的研究路径，第二节在群体间水平上归纳了教师在课程实施中必须遵循的情绪法则，呈现了意识形态、权力关系等社会结构问题对教师情绪的限制。最后，第三节从个体教师入手归纳了教师在课程实施中常用的一些情绪应对策略，展示了在受到情绪法则限制之下的教师所具有的能动性，从而架设了沟通"结构—个人"互动的桥梁。

教师情绪对课程实施的重要影响导致课程实施必须对教师的情绪活动进行有效的管理，这种管理主要是通过教师的情绪劳动达成的。本章的分析表明，教师在课程实施中的情绪活动必须遵循以下法则：（1）要有激情；（2）警惕情绪；（3）保持积极情绪；（4）要利用情绪，而不是被情绪利用；（5）要理性地表达情绪；（6）顺应改革，适者生存。这些情绪法则构成了一个"法则丛"，共同制约着课程实施中的教师情绪。面对这种结构性限制，教师通常会采用伪装、抑制、隔离、重构、适应和释放等策略来应对人际互动和"改革—情境"张力带来的情绪影响。正如学者所说，成功地应对情境限制是个体综合运用多种策略的结果。[①]此外，这些策略虽然体现了教师对情绪法则的顺从，更重要的是，它们蕴含着质疑和改变法则的潜力。

至此，本研究通过资料分析分别对三个研究问题做出了回答。综以观之，第四章通过分析教师在实施高中课程改革时的改变自我、重塑身份的努力中呈现他们的情绪变化历程；第五章通过分析教师在课程实施中的人际互动，以及这种互动所处的"改革—情境"脉络，呈现了教师情绪活动背后蕴含的社会根源；第六章进一步超越了人际互动的水平，归纳了课程实施这一特定情境中的情绪法则以及教师对这些法则的反作用。上述研究成果印证了赞比拉斯、马库斯与北山等学者的观点。这提醒我们，在不同水平上观察情绪与社会文化脉络之间的互动关系是十分必要的。在接下来的一章中，我将对本研究的这些发现做出讨论，并总结本研究给我们带来的启示。

---

① Woods, 1986; Ashforth & Kreiner, 2002.

第七章　教师情绪的象征互动论解读

在本研究即将结束之时，让我们重温一遍哈格里夫斯当年的警语："我们身处一个令人兴奋而又使人害怕的时代。"——汹涌莫测的社会变革使今天的人们身陷复杂而强烈的情绪冲击之中。[①]在这项对中国广东省广州市的教师实施高中课程改革的个案研究中，这一点得到了充分的说明：高中课程改革的实施一端联系着全球教育领域中新近出现的大规模变革回归趋势；另一端牵动着每一位教师内心那丰富而脆弱的情感世界。

通过对本研究所提出的三个问题的分析与回答，我逐渐走进了受访教师们的情感世界，感受到了他们在实施改革时经历的冲击、困顿和挣扎，体会到了他们在专业实践中肩负的情绪重荷，了解了他们在非常人所能理解的情绪限制之下的无奈、愤慨和机智。简言之，我理解了情绪在课程实施与教师专业实践中的地位、作用和意义。毫无疑问，这些认识的获得都是建立在学者们那令人惊叹的洞察力的基础之上的，[②]但我在进行本研究的同时也发现了已有理论在解释教师情绪时所存在的不足。鉴于此，本章将在前三章分析的基础上，对课程实施与教师情绪之间的互动关系进一步做出理论抽象，以期使我们在更加综合与一般的水平上理解课程实施中的教师情绪。与西方学者对教师情绪所做的同类分析相比，这种理论抽象还意味着一种对话和完善。

宏远的理论背后总是蕴含着深切的实践关怀。然而，这种关怀却不应该是理论对实践的颐指气使。作为一个研究者，作为高中课程改革和教师专业

---

① Hargreaves A., "Renewal in the age of paradox," *Educational Leadership*52, no. 7（1995）: 15.

② Hochschild, 1983, 1990; Margolis, 1998; Hargreaves, 2000b, 2001b, 2001c; Zembylas, 2000, 2002a, 2002b.

实践的局外人，我更加愿意对政策和实践的改变保持充分的谨慎。如果那些关心此项研究问题的人们能够从中获得启发、产生共鸣的话，那么这项研究对我来说就已经是弥足珍贵的了。

第一节　课程实施中的教师情绪：象征互动论的解读

如果将本研究所做的所有努力用一句话加以概括，那便是我试图在课程实施和教师改变中增加一个情绪维度。在理解课程实施中的教师情绪时，我采用了这样一条分析路径：首先，将自我视为情绪的栖息之所，在教师改变自我、重塑身份的努力中观察情绪的产生与转变；其次，在课程实施的人际互动及其所处的特定情境中寻找情绪的社会根源；最后，在课程实施的情绪法则以及教师的应对策略中呈现结构限制与教师个体之间的互动。如前所述，这种路径固然一方面直观地揭示了教师情绪与课程实施可以在不同层面上发生互动——学者们就类似问题已经做出了一些探讨；[1]另一方面，只要将这三个层面综合起来略加分析，我们就会发现本研究在所有的这些层面上进行的探索及其收获其实都可以整合在一个象征互动论（symbolic interactionism）[2]的理论架构之中。

一、教师专业实践中的情绪劳动：自我的建构与表演

本研究向人们说明，情绪劳动是教师专业实践的一个普遍特征。为保证人际互动与实施进程的顺利进行，教师在课程实施中要为情绪管理付出大量努力。这使教师职业成为一件"常人不能理解的工作"（I-S3-AF），并且在很大程度上增加了教师职业的工作强度，使其成为一件操心的工作、很辛苦的职业。

很多小孩的问题到高中已经很难解决了。你只能说让他暂时稳定啊，或者让他出来在社会上碰碰钉子才能解决，只能如此。很多事都要去操心！可能我这个人有时候太投入了。（笑）（I-S2-TF-2）

---

① Markus & Kitayama, 1994; Zembylas, 2000, 2002a.

② 又被译为"符号互动论"。不过，在我看来，"象征"显然比"符号"的含义更为丰富，且更贴切。

很多人觉得当老师好像很轻松，事实上老师的工作不止8小时啊！哪个学生没回家，家长打电话告诉你，你还得担心。就是说，8小时之外还要干，老师又要有体力，又要有脑力。这个职业是个很辛苦的职业，很操心。（I-S2-TM-2）

这些教师都隐隐约约地意识到"操心"让教师职业成为一个"很辛苦的职业"。在上述第二位教师的访谈中，这种意识更加清晰：教师职业之所以辛苦，是因为它既有体力劳动，又有脑力劳动，此外还要"很操心"——教师要从事大量的情绪劳动。霍克希尔德简要比较了工厂工人、技术人员和空乘人员三类企业雇员的劳动性质，指出他们主要从事的分别是体力劳动、脑力劳动和情绪劳动，其中情绪劳动是伴随着服务业取代制造业而成为后工业时代的主要产业出现的。[①]究其根源，服务业的兴起导致雇员和顾客之间的人际互动日趋频繁，于是，情绪也成为雇员向顾客必须提供的一项服务。

虽然霍克希尔德是从服务业雇员出发探讨情绪劳动的，但是千万不要以为情绪劳动仅仅存在于这些常规的服务行业之中。正如她所指出的那样，所有满足前文提及的三个特征的职业都需要从业人员进行情绪劳动，而且互动双方的"联系越深刻，情绪劳动就越多，我们对它也越缺乏意识。在最具有个人性的联系中，情绪劳动可能是最强烈的"。[②]于是，情绪劳动从那些常规的服务行业（如空中乘务员、收款人等）扩展到了在职业序列中地位更高的一些专业（如医生、律师、经理人、教师等），并且弥漫在私人的社会关系（如朋友、亲子、夫妻等）之中。无论我们处在社会的哪个角落，我们都要或多或少地进行情绪劳动。如此看来，我们就不难理解教师工作的繁重与辛苦之所在了——他们是同时进行着体力劳动、脑力劳动和情绪劳动的劳动者。

然而，教师为什么需要在课程实施中进行情绪劳动呢？对此问题，我们当然可以从作为特定社会情境的情绪法则、互动同伴或对手的奖励以及压力

---

① Hochschild A. R., *The managed heart*: *Commercialization of human feeling*（Berkley, Los Angeles, London: University of California Press, 1983），p. 68.

② Hochschild A. R., *The managed heart*: *Commercialization of human feeling*（Berkley, Los Angeles, London: University of California Press, 1983），p. 68.

等外部因素中寻找原因，但最根本的原因仍然存在于个体教师的内部，即教师的自我。在戈夫曼看来，这源于教师的自我表演（presentation of self），或称印象管理（impression management）。①

（一）课程实施中教师的自我表演

"自我"是象征互动论的一个核心概念，也是其分析社会行动的起点。通过确认社会中的每一个行动者都拥有自我，象征互动论获得了区别于"结构—功能主义"（structural-functionalism）的独特地位。象征互动论认为，在社会互动中，人们学会给自己和他人划分类别，学习对自己和他人的"角色—身份"的行为期望，以及满足他人的期望以获得赞同和奖励。②这些都是通过个体向自我不断说明周围事物的意义来完成的，因此人际互动受到符号、诠释、对他人行动意义推断的调节。失去自我对他人及情境的这种诠释和推断，社会行动便无从产生，因为行为并不是简单的人类对外界刺激的反应。③社会行动除了具有这种"符号性"之外，"互动性"也是社会行动的一个特征。④一方面，个体通过角色扮演推断他人行动的意图、方向和期望；另一方面，个体也通过自身的语言、手势、姿态、外表等符号手段向他人传递着有关自我的信息。

自我表演由此走进了社会互动的范畴。如果个体传递出来的这些信息符合他人或社会的期望，个体就能得到认可与奖励。因此，个体在与他人互动时总是试图能够影响他人对自己产生的印象，并且使其产生和维持一种合意的有关自己的印象，这就是所谓的印象管理⑤。这要求个体必须以一种小心谨慎的方式呈现自我，尽量使他人相信自己能够胜任社会所期望的角色——这

① Goffman E., *The presentation of self in everyday life*（London: Allen Lane The Penguin Press, 1969）.

② Thoits P. A.,"Emotion norms, emotion work, and social order," in *Feelings and Emotions*: *The Amsterdam Symposium,* Manstead A. S. R., Frijda N., Fischer A.（New York: Cambridge University Press, 2004）, p. 361.

③ Blumer H., "Society as symbolic interaction," in *Symbolic interaction*: *A reader in social psychology*, Manis J. G., Meltzer B. N.（Boston: Allyn and Bacon, 1967）, pp. 139–148.

④ 月瑟，《译者的话》，George H. Mead 著，赵月瑟译，《心灵，我与社会》，上海译文出版社，1992，第5页。

⑤ Gardner W. L., Martinko M. J.,"Impression management in organizations," *Journal of Management*14, no. 2（1988）, pp. 321–338.

使得个体的这种自我呈现具有了一种表演（performance）的特征。①贾卡洛内（Giacalone）与罗森菲尔德（Rosenfeld，1989）这样描述印象管理与自我表演："印象管理或自我表演的框架采用了戏剧的或拟剧理论的隐喻来描述社会生活。人们是演员，扮演着多种角色，试图取悦观众以赢得他们的道德、社会和财政支持。'外表'这个概念非常重要，因此社会演员们使用了多种印象管理策略来避免自己看上去很糟糕。"②

戈夫曼用了一整套戏剧学的术语来阐释人们在日常生活中进行的这种自我表演：表演（performance）、前台（front stage）、后台（back stage）、剧班（team）、角色（roles）等，其理论也被命名为拟剧理论。不过，他也提醒我们注意这种日常表演与舞台表演的区别：在舞台上，一个演员往往只扮演一种角色，其他角色则由他人扮演，而观众则构成了互动的第三方，并且是最为重要的一方；但在日常表演中，这互动的三方被压缩成了两方，个体的角色由在场的他人所扮演的角色来确定，同时这些他人又构成了观众。③当我们运用这种理论来审视教师在课程实施乃至日常专业实践中的表现时，教师为什么需要做情绪劳动的问题便有了答案。

高中课程改革对教师的自我产生了冲击。原本为教师所熟悉的事物在改革中都已经面目全非了，教师必须改变自我、重新建构身份才能恢复自我的平衡。借助高中课程改革局外人的身份，我有幸进入了教师在实施高中课程改革时的后台，获得了教师表现出来的一些有关自我的后台信息，而情绪则是教师呈现自我时所运用的符号手段之一。借助鲍曼（Bawman）不确定情境中身份建构的论述，我将这些受访教师的自我特征归为"领头羊""适应者""小卒子""演员"四类，并且用"流浪者—观光者"连续体分析了他们在重构自我时体验到的情绪变化历程。

然而，需要指出的是，这些只是作为局外人的我在课程实施的后台所观

---

① 也正是在这个意义上，我们把 presentation of self 一词译为"自我表演"。

② Giacalone R. T., Rosenfeld P., "Impression management in organizations: An overview," in *Impression management in organization*, Giacalone R. T., Rosenfeld P. （Hillsdale, New Jersey: Lawrence Erlbaum Associates, Publishers, 1989）, p. 2.

③ Goffman E., *The presentation of self in everyday life* （London: Allen Lane The Penguin Press, 1969）, p. ix.

察到的教师自我。一旦回到课程实施的前台，教师就可能会表现出完全不同的自我。当教师的互动同伴或对手是那些课程实施的局内人时，如决策者、教材编写者、教师培训者、地方与学校管理者、家长、同事和学生，教师就会运用包括情绪在内的多种符号手段呈现出符合他人与社会期望的自我，以使对方产生"我是一名合格的老师""我是一名合格的课程实施者"的印象。这种"表演"特质并非那些被我称之为"演员"的教师所独有的。即使是课程实施的"领头羊"们，在课程实施中也会有意无意地隐藏起自己对课程改革的不满，表现出自己的互动对手所期望得到的言论和情绪。

　　我看整个教材，他们教材编辑部的编辑、总编辑都喜欢我讲话——我到哪个地方都说这个教材好。小问题算什么？有问题了你也可以把这个问题在课堂上作为一个例子来分析研究，那对学生来说也是一种思想解放啊！……还有一个观点：要与时俱进。我们是要经常出去讲话的，不与时俱进，还有谁听你的？（I-S1-TM-5）

　　通过自我表演，教师成功地使自己在他人心目中确立起了"领头羊"的形象，并且从同时扮演着互动对手和"观光者"双重角色的他人那里获得了"道德、社会和财政支持"。可见，无论教师的自我究竟如何，教师都会对那些透露自我信息的符号手段加以管理，因为没有教师愿意在课程实施的前台给人们留下保守、落伍、不思进取、抵制改革的印象。

　　情绪与自我密切相关，诉说和界定着自我的边界。[1]对如此重要的符号手段，教师在进行自我表演和印象管理时自然不能置之不理。情绪劳动体现的正是教师在运用情绪进行自我表演时所付出的努力。在人际互动中，情绪劳动的必要性和强度取决于两个因素：一是教师自我与社会对教师的角色期望之间的差距；二是教师对互动同伴或对手自我信息掌握的程度。例如，在一个同情教师情绪遭遇的教育管理者面前，教师所做的情绪劳动的强度和性质都可能发生变化。然而，在人际互动中，个体常常无法完全了解互动同伴的

---

　　[1]　Margolis D. R., *The fabric of self : A theory of ethics and emotions*（New Haven, London: Yale University Press, 1988）.

所有社会信息。①因此，无论在何种情况下，按照社会或他人期望的方式表达情绪总能使自己避免许多风险。

简言之，课程实施中的情绪劳动是教师运用情绪进行的自我表演。通过这种表演，教师使他人相信自己能够胜任"合格的课程实施者"这一社会角色。在进行这种印象管理时，教师会运用多种策略。在本研究中，这些策略具体表现为伪装、抑制、隔离、重构、适应和释放。这些策略有的会导致教师情绪感受与情绪表达之间的不一致；有的则是通过内化社会对教师情绪活动的期望——情绪法则，从而感受并表达出那些符合社会期望的情绪。通过综合运用这些策略，一个"好老师"就能够像出色的演员那样按照剧本——由情绪法则代表的社会期望的要求"自然地流露出合适的情绪"。这样，我们就不难理解，为什么教师会把自己和演员进行类比了（I-S2-TM-4）。

在合适的时间表现出合适的情绪，还要很自然地流露。你这样子才会是一个好老师，这一点很重要。（I-S4-TF-1）

更加有趣的是，即使是对这种类比持批判观点的教师，也恰恰会在自己反对这种类比的言论中表现出自我表演的普遍存在。

那是做戏！哪里需要啊？你只要有职业道德就行了。我的人生观就是无论你从事什么职业，你把当时的角色扮演好就行了。（I-S3-TF-3）

（二）教师情绪劳动的特殊性

情绪劳动意味着个体要管理自身的情绪感受，表现出符合社会或情境期望的情绪，以引出互动同伴合意的情绪感受。霍克希尔德在提出"情绪劳动"这一概念时，是以常规的服务业雇员作为分析对象的。她向我们揭示了这一事实：当雇员的微笑、心情、感受等情绪活动需要服从大规模生产的逻辑，为赚取商业利润服务时，它更多地属于组织而非自我。②她借鉴了马克思（Marx C.）对异化（alienation）的分析，提醒我们，正如在工场手工业时代那些工人会和自我中用来工作的那一部分相异化一样，在服务业盛行的后工业

---

① Goffman E., *The presentation of self in everyday life*(London: Allen Lane The Penguin Press, 1969), p. 220.

② Hochschild A. R., *The managed heart: Commercialization of human feeling* (Berkley, Los Angeles, London: University of California Press, 1983) , p. 198, p. 7.

社会中，雇员同样会和他们用来提供服务的那一部分自我产生异化。

这个告诫同样适用于教师职业。无论是在课程实施还是教师日常专业实践中，情绪劳动都是教师为获得"合格的教师或课程实施者"所必须付出的代价。为此，他们要想方设法地抑制或激发自身的感受，表现出符合他人或社会期望的情绪，以保证教学与课程实施的顺畅进行。对教师来说，这部分情绪活动已经失去了传递真实的自我信息的功能，而是服务于外在的目的——它们更多地属于教师职业而不是教师自身。教师情绪的异化由此产生。这种现象最集中的体现就是隔离策略的使用：为避免个人情绪与工作之间的相互干扰，教师会主动把自我分割为个人角色和工作角色两个部分，相应地，情绪也被分为个人情绪和工作情绪。于是，原本属于教师自我整体的工作角色和工作情绪被隔离出去，成为教师职业的附属品。正是在这个意义上，学者们认为霍克希尔德对情绪劳动的解释关注的是它的剥削性（exploitative）和消极的一面。[1]

上述侧重情绪劳动剥削性的分析对常规的服务业雇员十分适用，但是，当我们用它来理解教师的情绪劳动时就会遇到一些困难，其中最难以回答的问题便是：如果情绪劳动是剥削性的，那么为什么教师在缺乏强有力的监督机制的情况下，仍然"愿意"在专业实践中进行情绪劳动呢？

要回答这个问题，我们就必须回到教师职业的特殊性上来重新考虑情绪劳动对教师的意义。前文已述，关爱伦理是教师职业特殊的伦理规范：它既是衡量教师是否合格的专业标准，又是对教师的道德要求。那些对学生、对工作倾注大量关爱的教师往往更容易获得社会的赞许，这使教师的情绪劳动获得了专业和道德上的双重价值。就像诺丁斯（Noddings）指出的，"作为教师，我们必须学习新的学科知识以维持那些最好的学生的成长，又必须完全改变教学方法以使其对那些存在学习困难的学生有效。在最本质的意义上，关爱意味着对能力的不懈追求"。[2] 与之相比，常规的服务业更多的是从专业

---

[1]　Rgreaves, 1998a; Price, 2001.

[2]　Noddings N., "The caring professional," in *Caregiving*: *Readings in knowledge, practice, ethics and politics,* Gordon S., Benner P., Noddings N.（Philadelphia: University of Pennsylvania Press, 1996b）, p. 162.

标准的角度要求雇员从事情绪劳动。

教师情绪劳动的双重价值使这种劳动具有了两面性。一方面，它使教师对工作投入自我，从而容易受到情绪上的伤害；另一方面，它使教师情绪和学生、工作紧密地联结起来，学生的成长和工作的成就成为他们获得自尊和自我实现的主要来源。[①]前者体现了情绪劳动的剥削性和消极的一面，而后者则体现了情绪劳动的奖励性和积极的一面。因此，近年来许多学者指出，积极的一面是教师情绪劳动区别于霍克希尔德所说的情绪劳动的一个主要特征。[②]

本研究也证明了这一点。当教师对工作投入的关爱及其所做的情绪劳动能够得到学生的认可时，他们会受到巨大的情绪上的奖励和鼓舞，这成为他们在教学和课程实施中继续进行情绪劳动的动力。正如研究者指出的那样，对教师来说，最重要的奖励大都来自于学生，而且这种奖励大都是精神上的、情绪上的，而非物质上的。[③]

我觉得，我的全情投入是有回报的。学生们会觉得很享受，我能感觉到那种享受，也觉得那是一种动力，让我更加投入。所以说，我是没有减少我的工作量，也没有说轻松，但是我觉得很愉快，可能是因为我能全情去投入，而且能够得到认可。所以只要学生认可我，我就非常开心！（I-S2-TF-2）

当我坐在那个地方，在评比过程中，你看到同学们是那样活跃，搞的东西是那样新颖、那样与众不同的时候，你本身就有一种成就感。你会为他感到自豪，是吧？就是这样的。那么，乐趣也就在此了，过程中的艰辛已经不重要了。（I-S1-TF-3）

其实，我们在回答教师愿意进行情绪劳动这一问题时也可以从霍克希尔

---

①　Nias J., "Thinking about feeling: The emotions in teaching," *Cambridge Journal of Education*26, no. 3（1996）：293–306.

②　Hargreaves, 1998a; Price, 2001; Zembylas, 2004; Isenbarger & Zembylas, 2006.

③　Nias J., "Thinking about feeling: The emotions in teaching," *Cambridge Journal of Education*26, no. 3（1996）：293–306; Hargreaves A., "Mixed emotions: Teachers' perceptions of their interactions with students," *Teaching and Teacher Education*16, no. 8（2000）：811–826.

德所谓的"礼物交换"（gift exchange）[①]中获得启示。教师在专业实践中从事情绪劳动时，把符合社会期望的情绪当作礼物馈赠给互动同伴时，也希望从同伴那里获得相应的情绪礼物。若是能够获得预期的反馈，教师就会愿意把这种情绪上的礼物交换维持下去，从而让情绪劳动也得以延续。当教师提供的情绪礼物没有得到相应的反馈时，教师就会受到情绪上的打击，也就不再愿意继续从事同样的情绪劳动。

教师要有满腔热情，学生也要有满腔热情。如果学生把你的满腔热情报之一笑或者根本不理你，你在讲台上面像耍猴一样地讲，你是一种什么样的感受？被戏弄的感觉，对不对？那没有意思啊！（I-S2-TM-1）

总之，无论教师在课程实施中进行的情绪劳动是剥削性的还是奖励性的，都无法改变这样的一个事实：情绪劳动是教师运用情绪进行的自我表演。即使情绪劳动是奖励性的，教师所表现出来的仍然是符合社会期望的情绪——霍克希尔德在这一点上是完全正确的。当我们将教师的情绪劳动理解为教师的自我表演和印象管理时，一个看上去颇为令人悲观的问题便产生了：究竟是否存在"真正的"情绪和自我？对于这个问题，我们不妨站在中立的立场上，去掉我们在理解"表演"时所用的有色眼镜，听一听戈夫曼的拟剧理论做出的回答：

"如果我们要问男人或女人'真正'是什么，这是毫无意义的，因为我们经常在表演；我们永远在台上，不断演出生活中的悲剧和喜剧，只要我们活着，就必须这么做，即便我们自己可能认为我们是最本能或最真诚地对他人进行反应的时候……从某种意义上说，只要这种面具代表着我们已形成的自我概念，即代表着我们力图充分体现的角色，那么，这种角色便是我们更真实的自我，即我们所希望努力达到的自我。"

二、情绪地理与情绪困境：人际互动及其情境

人际互动是人类社会中最普遍的互动现象。通过人际互动，个体行动被整合在一起构成集体性的社会行动，原本散落无居的个体通过彼此之间的行

---

①　Hochschild A. R., *The managed heart*: *Commercialization of human feeling*（Berkley, Los Angeles, London: University of California Press, 1983）, p. 76.

动联系构成了社会群体。事实上，象征互动论正是要借助自我概念来解释在社会群体之中发生的这些集体性的社会行动。在此问题上，象征互动论的一个基本假设是个体行动产生于个体对他人行动的诠释，而个体行动的联结则构成了群体和集体的行动。①

人际互动在沟通个体自我与社会结构中发挥着十分关键的作用。通过人际互动，个体诠释着他人传递的社会期望，并由此做出行动，将自己的行动和他人的行动联结起来，各种社会关系也由此形成。在分析人际互动时，象征互动论强调我们必须关注两个方面：一是做出行动的行动单位（acting units），它可以是单个的个体、为共同诉求一致行动的集体，或者代表一批支持者而行动的组织；二是行动发生的情境，因为社会行动正是由人们对情境的诠释建构出来的。②

本研究在分析课程实施中教师情绪的产生原因时归纳了两类因素：情绪地理和情绪困境。前者关注的是在课程实施中的"教师—他人"互动中，由互动同伴或对手给教师情绪带来的影响；后者考虑的是课程实施中人际互动所处的特定情境，即"改革—情境"张力结构给教师带来的情绪困扰。它们恰好和象征互动论在分析人际互动时所持的观点形成呼应。在这两类因素中，情绪地理已经在哈格里夫斯等人的一系列研究中得到了广泛而深入的讨论，而情绪困境则是以往学者们在理解教师情绪时被忽视的因素。因此，本章的讨论对情绪地理将不再赘述，然而，针对情绪困境，我们却必须思考以下问题：为何互动情境对我们理解课程实施中的教师情绪如此重要？

（一）课程实施中人际互动所处的特定情境

布鲁默（Blumer）指出，社会结构以两种形式影响着人际互动：首先，它塑造着人们在其中做出行动的情境；其次，它提供着既定的符号系统让人

---

① Blumer H., "Society as symbolic interaction," in *Symbolic interaction*: *A reader in social psychology,* Manis J. G., Meltzer B. N.（Boston: Allyn and Bacon, 1967）, p. 142.

② Blumer H., "Society as symbolic interaction," in *Symbolic interaction*: *A reader in social psychology,* Manis J. G., Meltzer B. N.（Boston: Allyn and Bacon, 1967）, p. 142.

们用来诠释他们所处的情境。[①]在变革步伐缓慢的社会中，情境保持着较高的稳定性，人们所使用的符号系统也十分一致。然而，在急速变革的社会中，互动情境不再像以往那样规范和标准化，而且人们用来诠释他人行动和情境意义的符号系统也失去了一致性。与原有的符号系统相比，新的符号系统可能已是面目全非了，并且不同的行动单位在变革过程中采用的符号系统也可能大相径庭。这提醒我们，在变革脉络中，互动情境会对互动双方产生更为复杂的影响。

在高中课程改革中，新课程实施使情境的异质性迅速增加。它不仅改变了人际互动的物理情境（如教学设施、教学场地等），而且要求人们接受一套与以往几乎完全不同的符号系统，包括教学理念、课程内容、教学方法、评价原则、专业规范、课程管理制度等，并以此来推断、诠释和评价他人的行动意义。当改革倡导的符号系统和情境原有的符号系统差异过大或者产生冲突时，情绪困境就产生了，因为在这种张力结构中进行互动的双方在诠释对方行动的意义时，可能使用的是完全不同的符号系统。与之相对，在没有进行改革的日常教学情境中，这种张力是不存在的，因为互动双方尽管存在政治的、专业的、道德的、社会文化的差异，但是人们使用的符号系统是一致的，教师很容易在互动中获知对方的行动意义，并且人们给教师传递的社会期望也具有较高的一致性。

由此，我们就能够理解情绪困境对分析课程实施中教师情绪的重要性了。简言之，作为"教师—他人"互动所处的特定情境，"改革—情境"张力结构的重要性来源于课程改革带来的符号诠释系统的转变。不同符号系统之间的差距和冲突影响着所有处于这种张力结构之中的人们，加剧或者减缓了他们相互之间在政治、专业、道德和社会文化方面的原有差异。

同理，我们也能理解为何哈格里夫斯等人在情绪地理的分析中没有注意到人际互动情境的影响了。正如这一概念的名称——"教学的情绪地理"（emotional geography of teaching）所反映的那样，哈格里夫斯等人关注的是日

---

① Blumer H., "Society as symbolic interaction," in *Symbolic interaction: A reader in social psychology*, Manis J. G., Meltzer B. N.（Boston: Allyn and Bacon, 1967），p. 147.

常教学中人际互动和人际关系对教师情绪的影响，其研究也大都是针对日常教学情境展开的。[①]在这种情境中，由于不存在整体的符号诠释系统上的冲突，互动双方在情绪地理诸方面的差异就成为影响教师情绪的主要因素。

近年来，教师情绪研究的发展进一步支持了这种分析。在2005年《教学与教师教育》(Teaching and Teacher Education) 关于教育变革中教师情绪的研究中，学者们不约而同地发现了变革脉络对于教师情绪研究的重要性。例如，拉斯基（Lasky）在研究中指出教师在身份形成中的早期影响和当前的变革脉络是影响教师在教育变革中的能动性和情绪脆弱性的两个中介系统；[②]凯尔克特曼也指出教师对教育改革所持的情绪受到他们所处的专业脉络的影响。[③]与这些研究相比，本研究的特色在于把困境研究引入对课程实施中教师情绪的分析之中，用"改革—情境"张力解释变革脉络对教师情绪的影响，并将其具体划分为文化、制度、专业和资源四种情绪困境。

对情绪困境的分析又一次昭示了课程改革中"挑战或压力—支持"关系对教师情绪和行为的影响。[④]究其实质，情绪困境是由改革与原有情境在包括物理、符号诠释系统等各维度上的距离和冲突造成的。新的情境要求给人们提出了挑战，然而，如果改革者能在人际互动中为教师提供必要的支持并妥善处理这些困境，就会在很大程度上缓解教师的情绪紧张，使其更加积极地投入改革。由此，我们可以看出互动双方与其所处情境之间的互惠关系。

托蒂斯（Thoits）以更加抽象的方式论述了人际互动中，互动同伴或对手和互动情境对个体情绪劳动的影响。他指出，当导致个体产生不良情绪的结构限制反复或持续出现，或者当个体缺乏他人对自己情绪管理的援助时，个

---

① Hargreaves，2000a，2000b，2001a–c，2002，2004；Lasky，2000；Schmidt，2000.

② Lasky S.,"A sociocultural approach to understanding teacher identity, agency and professional vulnerability in a context of secondary school reform," *Teaching and Teacher Education*21, no, 8（2005）: 899–916.

③ Kelchtermans G.,"Teachers' emotions in educational reforms: Self–understanding, vulnerable commitment and micropolitical literacy," *Teaching and Teacher Education*21, no. 8（2005）: 995–1006.

④ Barber M., Phillips V.,"The fusion of pressure and support," *Journal of educational change*1, no. 3（2000）: 277–281.

体的情绪工作就可能失败。[①]这意味着，即使教师受到情绪困境的干扰，如果他们对互动同伴能够及时提供帮助，教师同样会按照社会期望的那样从事情绪劳动。反之，教师就会表现出不符合改革者期望的情绪。在本研究中，这样的例子屡见不鲜。例如，在前文提到的"教师培训者事件"中，教师一方面受到了专业困境的困扰；另一方面，教师培训者不仅没有提供支持，反而进一步恶化了教师的专业困境，于是，教师就难以维持他们的情绪劳动了：他们在网络论坛上表达了自己强烈的不满、质疑和愤慨，这些显然是改革者所不愿看到的。再如，在"决策者调研事件"中，考试文化使教师处于持续的焦虑和惶恐之中，若是决策者在调研中能够提供支持，解除教师的后顾之忧，那么教师自然会在改革中表现得更加积极。然而，决策者并没有这样做，于是，教师开始对高中课程改革处之漠然——这显然是不符合社会期望的情绪状态的。

简言之，在象征互动论看来，情绪地理关注的是人际互动中的行动单位，情绪困境关注的是人际互动所处的特定情境，二者在分析人际互动时都是十分必要的。在课程实施中，"改革—情境"张力结构对我们理解教师情绪尤其重要，因为它为人际互动提供了新的情境和符号诠释系统。

情绪地理和情绪困境之间存在着密切的关系。本研究的分析表明，二者背后蕴含着相似的社会根源，如情绪地理中的社会文化地理、政治地理、专业地理分别对应了情绪困境中的文化困境、制度困境、专业困境。这一点原本显而易见：共同的社会因素会渗透在每一个社会情境和成员之中。但是，道德维度为何在情绪困境中缺席，而在情绪地理中显现呢？这是因为道德、伦理是一种人类特有的社会现象。外界事物只有和人发生关系时，才会出现道德问题。在情绪地理中，互动双方是教师和其他相关者，因此自然会出现道德维度。在情绪困境中，由于互动双方是改革及其原有的情境，这种互动也就不存在道德顾虑。不过，当这种张力结构影响其中的社会成员时，道德问题就会产生。例如，正如前文提到的那样，教师会因为改革和考试文化之

---

① Thoits P. A.,"Emotion norms, emotion work, and social order," in *Feelings and Emotions: The Amsterdam Symposium,* Manstead A. S. R., Frijda N., Fischer A.（New York: Cambridge University Press, 2004）, p. 372.

间的冲突，自己无法向家长负责而产生内疚；改革与地方政策脉络之间的冲突也会让教师产生道德上的反省。

（二）情绪的复杂性

情绪困境的引入还让我们思考这一问题：用积极、消极来区分所有的教师情绪是否合适？因为困境（dilemmas）通常用来指人们所处的一种无法取舍、左右为难的境地。那么，在这种状态中产生的教师情绪是否能够用积极或消极来形容呢？

已有的教师情绪研究在划分教师情绪类型时大都采取了"积极—消极"二分法。这种二分法来源于情绪的认知评估理论，其中拉扎勒斯的"认知—动机—关系"理论[1]最为著名。近来，学者运用这种理论分析了教师对变革所持的情绪。依据拉扎勒斯的理论，学者们指出，在情绪形成过程中，以下概念具有特殊的关涉性：人格或自我、情境遭遇或要求、评估过程。图7-1呈现了这种理论对情绪产生过程的解释。

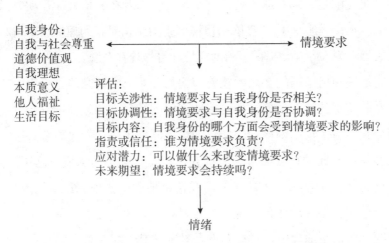

图7-1　拉扎勒斯对情绪的社会心理学分析框架[2]

---

① Lazarus R. S., *Emotion and adaptation*（New York: Oxford University Press, 1991c）.

② Van veen K., Sleegers P., Van de ven P-H., "One teacher's identity, emotions, and commitment to change: A case study into the cognitive-affective processes of a secondary school teacher in the context of reforms," *Teaching and Teacher Education* 21, no. 8（2005）:919.

由图7-1可见，情绪是个体对自我身份与情境要求关系评估的产物。若这些评估结果对自己有利，个体会产生积极情绪，反之则产生消极情绪。然而，它也直观地向我们说明，个体能够准确地做出这种评估必须具备两个条件：首先，个体必须清晰无误地知道情境向自我提出的要求，并且各种同时出现的情境要求之间是一致的；其次，个体自我身份的各个方面是一致的，不存在冲突。当这两个条件同时具备时，个体很容易做出有利或不利的评估结果，从而产生相应的情绪。

然而，这些要求对本研究中那些处于课程实施之中的教师来说显然过于理想化了。在一些情况下，教师能够在人际互动中对自我和情境要求的关系做出准确的评估，如管理者与培训者对教师专业技能的赞许（专业地理）、课程实施中的资源不足（资源困境）等，这种情况下产生的情绪是能够用积极、消极进行归类的。但是，在许多情况下，教师很难甚至无法做出这种评估。

就第一个条件来说，本研究发现，教师通过各种渠道了解到的情境要求之间可能是不一致的：首先，改革政策对教师提出的要求和专家、教师培训者传递的有关改革要求的信息可能存在着冲突；其次，教师在同一情境中会面临多种社会期望，这些社会期望之间往往是不一致的；最后，在极端的情况下，教师根本无法获知情境要求。例如，教师在2007年高考方案出台以前相当长的一段时间内对高考方案的变化毫不了解。在这种情况下，教师很难对自我身份和情境要求的关系做出评估。

就第二个条件而言，教师同时会扮演多种角色，从而使其自我获得多种身份。面对相同的情境要求，这些自我身份会赋予它不同的，甚至互相冲突的意义，这让教师在评估自我和情境要求之间的关系时产生相互矛盾的结果。例如，一位教师作为实施者，认为自己应该实施高中课程改革；然而，同时作为学生家长的身份却让她对改革措施做出完全相反的判断。

我的小孩现在也是在高一。老师经常搞一些课件，像演示文稿什么的，家长就会有疑问：你搞这些能够提高成绩吗？能让孩子考入大学吗？（I-S3-TF-1）

正是由于上述情况的大量出现，教师在形容自己在课程实施中的情绪经历时使用了许多难以归入"积极—消极"维度中的词语：困惑、矛盾、复杂、无助、紧张、夹心板、左右为难、烫手的山芋等。这些都反映了教师在难以对自我身份和情境要求之关系做出评估的状态下产生的情绪体验。这提醒我们，即使抛开人们在积极、消极所指对象上的争论，[①]利用认知评估理论划分教师情绪类型时，也应该充分意识到情绪的复杂性。正如拉扎勒斯、斯特朗曼（Strongman）曾建议的那样，在积极和消极情绪之外，还存在许多相互冲突的、模棱两可的复杂情绪。

三、情绪法则与应对策略：从社会控制迈向社会变革

谈论情绪的同时也是在谈论社会，谈论权力与政治，谈论常态与偏离。[②]对教师自我和人际互动层面的情绪分析都在提醒我们：有一种超越个体内和个体间的力量在支配着教师的情绪活动，这就是处于社会结构层面上的情绪法则。本研究揭示了在课程实施脉络中人们有关教师情绪的基本假设、期望和规定，即马库斯与北山所谓的"核心文化观念"和霍克希尔德所谓的"意识形态"。同时，受到伍兹、哈格里夫斯等学者的启发，本研究又从个体教师的角度讨论了教师在面临社会结构的限制时在自己的情绪活动中普遍采用的一些应对策略。由此，我们看到了作为"个体"的教师和作为"结构"的情绪法则之间的互动。

在自我与社会的关系上，象征互动论认为二者是互惠地联系着的；个体既是社会秩序的产物，又是社会秩序的制造者。[③]情绪法则与情绪应对策略之间的互动就是上述关系在情绪领域的体现。

（一）被规训的教师情绪

情绪在教师专业实践中扮演着十分有趣的角色。一方面，它对教师专业实践来说是不可或缺的。在课程实施中，教师可以而且必须利用情绪来促进

---

① Dafter, 1996; Soloman & Stone, 2002.

② Lutz C. A., *Unnatural emotions: Everyday sentiments on a Micronesian Atoll & their challenge to western theory*（Chicago, London: The University of Chicago Press, 1988），p. 6.

③ Thoits P. A.,"Emotion norms, emotion work, and social order," in *Feelings and Emotions: The Amsterdam Symposium,* Manstead A. S. R., Frijda N., Fischer A.（New York: Cambrige University Press, 2004），p. 361.

人际互动和实施进程。另一方面，它又有着"自然而然的"消极含义，人们总是会把情绪和"消极情绪"等同起来，并且认为它可能构成课程实施中"隐性的暗流"。这种看起来似乎颇为矛盾的角色要求教师在专业实践中必须非常谨慎：既不能让自己的情绪影响课程实施，又必须动员那些有利于课程实施的情绪。一言以蔽之，要让自己的情绪活动符合他人传递的社会期望。为此，教师运用了多种策略管理自己的情绪，从而给他人留下一个"合格的课程实施者"的印象——这也就是人们所说的印象管理策略。[①]

在本研究中，出身于一线教师、有着丰富教学经验的教研员这样概括情绪与教师专业实践的关系：

问：您觉得一个好教师在情绪方面应该是怎么样的呢？

答：应该是收放自如，那才是一个好老师。有的时候该张扬个性，你就张扬——我认为没问题，但有的时候你该收敛就必须收敛，你不能不分场合、不分地点地乱张扬。那不行！那些所谓"率真的个性"，你作为个人可以保留，但在教师这个行当里面，你不能这样做。第二个，老师的情绪呢，应该是有利于自己事业的发展，或者是有助于学生整体的发展。如果不是这样的话，那么进入教师这个行业，你就必须以自己的个性来服从教师行业的整体。这样的话，你才能做一个好老师。

问：那么在课程实施中，教师的情绪应该是怎么样的呢？

答：这和我刚才说的道理是一样的啊！如果说你的情绪，对课改整体、对学生整体带来不利影响的话，那么你就只能是收敛自己的个性，用这来服从教育的整体。当你的情绪有利于这个程序的发展，那你就充分发挥一下。这样的话，你才能在这个行当里面发展下去。所以这点呢，我觉得任何一个老师都必须要有清醒的认识，在课改中要必须做到。(I-O-AM)

当情绪有利于课程改革、有利于事业发展、有利于学生发展的时候，教

---

① Goffman E., *The presentation of self in everyday life*（London: Allen Lane The Penguin Press, 1969）; Giacalone R. T., Rosenfeld P., "Impression management in organizations: An overview," in *Impression management in organization,* Giacalone R. T., Rosenfeld P.（Hillsdale, New Jersey: Lawrence Erlbaum Associates, Publishers, 1989）, pp. 1–4.

师就可以"充分发挥一下",否则,教师就要"以自己的个性来服从教师行业的整体"。这段话向我们传递出两个信息:教师情绪必须服从行业的规范和期望;教师行业会动用一些奖惩措施以保障教师情绪对规范和期望的服从。

在这里,权力进入了教师的情绪领域,并且开始支配教师的情绪活动。情绪成为"最细微和局部的社会实践和权力的大规模组织相联系的媒介"[1]。与通常所言的显性的、制度赋予的行政权力相比,这是一种隐性的、福柯式的微观权力。和行政权力一样,这种微观权力也发挥着强制性的规训功能。凡是顺从上述规训的教师情绪,就被认为是合法的、正常的;凡是不愿接受权力规训的教师情绪,就会受到惩罚。在本研究中,我们可以在许多决策者、管理者的言论和举动中找到这种惩罚:批评、训诫、视为另类、降级任教等。有趣的是,不仅他人会限制教师的情绪劳动,教师也会有意识地对自己的情绪进行筛选和管理——情绪应对策略就反映了教师为此做出的努力。通过这些策略,教师在课程实施的前台表现出人们期望看到的各种情绪。

当然,我们并不否认,课程实施也为教师提供了一些表达不符合社会期望的情绪的空间,让他们诉说自己内心对改革的困惑、担忧和疑虑。不过,这必须是在权力允许的范围内。

于是,在权力的规训下,针对教师情绪的全景敞视"监狱"形成了:教师限制着自己的情绪活动,同时又受到他人的限制。规训在无形中也普遍化了:权力既沉默不语,又无所不在。社会成为一张权力之网,紧紧地束缚着每一位教师,严密地防范着任何企图越轨的情绪活动。在《规训与惩罚》中,福柯向我们展示了权力对象由肉体向灵魂的转变历程。在这里,我要强调的是,当权力完成对个体灵魂的规训时,作为灵魂重要部分的情绪也必然地包含在其中了。正是出于这种原因,学者们[2]一再向我们指出,情绪话语内在地蕴含着权力关系。

---

① Lutz C. A., *Unnatural emotions: Everyday sentiments on a Micronesian Atoll & their challenge to western theory*(Chicago, London: The University of Chicago Press, 1988), p. 7.

② Abu-Lughod & Lutz, 1990; Putnam & Mumby, 1993; Zembylas, 2004, 2005a.

情绪法则反映并维持着它得以产生的社会结构，从而发挥着社会控制的作用。当行动者在他们的自我表演中服从他人的期望时，他们实际上也就维护了社会秩序。[①]教师能够"收发自如"地管理情绪，在情绪活动中"从心所欲不逾矩"，这也就意味着他们已经成为情绪法则的维护者了。此外，正如福柯（1999）在分析全景敞视主义时指出的那样，这种社会控制作用是具有生产性的：任何进入这个场域的人都会感觉到权力结构的存在，并且迅速自觉地按照情绪法则的要求管理自己的情绪活动。需要指出的是，这种生产性对教师来说具有特殊的意义。作为促进个体社会化的力量，教师在接受情绪法则限制的同时，还肩负着复制和再生产社会控制的使命。

你要让这种情绪和你的学生融为一体。你要告诉他，什么时候是一种喜的，什么时候是一种哀的，并且呢，什么时候你应该控制你的情绪，什么时候你的情绪不应该过激，什么时候你的情绪不能够低落。（I-S4-TF-1）

实际上，每个老师都会影响学生的一生，只不过是或大或小的问题。那么，你本人对生活的态度呢？你是乐观还是悲观？都会影响到学生的。从这个角度讲，每个老师留给学生的是什么，恐怕你自己要三思。你假如是经常发牢骚、整天抱怨，对这也不满意、对那也不满意，那么你在学生中的形象会受影响。而你总是以积极、乐观的态度对待生活，你无形中也教会他们应该如何生活。（I-S1-TF-3）

如果你这个老师不成熟，任生活中的情绪去把握你的课堂，那么你在生活中是个什么样的人，你在课堂上就是一个什么样的人。如果你生活中容易躁动，容易情绪反复，或者易怒，这样的一些情绪都会影响你的课堂。特别是对当班主任的老师来说这一条非常明显：什么样的老师，就教出什么样的学生，就有什么样的班风。（I-S1-TF-4）

（二）通往变革的契机

沿着马克思和福柯的传统，霍克希尔德和赞比拉斯讲述了情绪与社会结

---

① Thoits P. A.,"Emotion norms, emotion work, and social order," in *Feelings and Emotions*: *The Amsterdam Symposium,* Manstead A. S. R., Frijda N., Fischer A.（New York: Cambirge University Press, 2004），p. 361.

构之互动关系的一个侧面，另一个侧面蕴含在象征互动论关于个体的变革潜能的论述之中。托蒂斯指出，象征互动论融合了功能主义和建构主义的思想。一方面，社会塑造着自我，被成功社会化的自我反过来又延续着社会——这是象征互动论中的"结构—功能"主义侧面；另一方面，社会建构和变革的可能性同样居于自我之中。因为人是具有创造性的生物，能够在环境允许的情况下做出选择和决定，这使得社会期望的重新建构成为可能。新的规范、行为和价值观若能被他人广泛采纳，就会导致社会变革[①]——这是象征互动论中的建构主义侧面。

与印象管理策略相比，情绪应对策略的不同之处就在于它所具有的建构性和创造性。[②]在运用这些应对策略时，教师不仅能成功地管理自己留给他人的印象，而且能够发现结构限制的不合理之处，从而促使自己走向对结构限制的抵制和变革。这正是个体作为社会成员具有的能动性所在。

课程实施的情绪法则强烈地限制着教师情绪，然而，几乎每一条情绪法则都是缺乏充分的合理性依据的。要达到这些情绪法则的要求，教师必须使自己成为一个完美的、理想的法则服从者。然而，一旦真的达到了这种境界，教师也就失去了他们作为具有七情六欲的"人"的特征。帕特森（Patterson）认为教师行业存在着许多曲解，其中许多都和教师的情绪有关。例如，教师必须保持冷静；学生的感受重于教师的感受；教师必须爱每一位学生；教师必须避免学生接触自己的消极感受；等等。当教师努力维持这些曲解时，教师就会变得"专制独裁、一成不变、毫无感情、冷漠疏离，简直不像一个有血有肉的人"。[③]因此，打破关于教师情绪的曲解，质疑情绪法则的不合理性，这种行为本身就是符合人性的。

在本研究中，尽管教师在大多数情况下都内化了情绪法则的期望，但也已经在许多方面表现出了个体的解放潜能。例如，通过释放情绪，同事之间

---

① Thoits P. A., "Emotion norms, emotion work, and social order," in *Feelings and Emotions*: *The Amsterdam Symposium*, Manstead A. S. R., Frijda N., Fischer A.（New York: Cambrige University Press, 2004）, p. 361.

② Hargreaves A., "The significance of classroom strategies," in *Classrooms & Staffrooms*: *The sociology of teachers & teaching*, Hargreaves A., Woods P.（Milton Keynes: Open University Press, 1984:66）.

③ Patterson C. H., *Humanistic education*（New Jersey: Prentice-Hall, 1973）, p. 98.

对情境要求的不合理性达成了共识；网络论坛的出现更让教师有机会直面改革者，表达教师对课程实施中不合理环节的不满和愤慨，并且获得网友们的声援与支持；通过重构情境，教师认识到了情绪法则对自身的要求是过于苛刻的：它忽略了"教师也是一个人"这样的前提条件（I-S4-TF-3），让教师背负着过于沉重的道德负担（I-S3-TM-4），这更加促使教师从观念上直接挑战和改变原有的情绪法则。

> 我觉得，对老师不要总提奉献，要提服务。奉献是一种精神的要求，服务是一种责任的要求。当老师，有没有把学生服务好？如果每个老师都用服务要求自己，那就很好了。(I-S3-TM-4)

当个体的这些质疑、挑战和抵制能够被越来越多的教师接受时，它们就会成为迈向社会变革的契机。托蒂斯（2004）指出，人们通常会寻求那些和自己具有相同感受的他人组成自助群体，这些自助群体会教导成员如何达到情绪上的平衡。一般情况下，这种自助群体起到了维护情绪法则、使个体情绪常态化的作用。但是，当个体的异常情绪遭到不公正对待时，自助群体中这种共享的感受会使他们转变为反规范群体，并且导致更大规模的抗议和抵制运动。在这方面，教师群体中的共同抱怨、网络论坛上网友的一致声援就体现了自助群体的这种集体抵制功能。

总之，情绪应对策略中蕴含着个体教师的自主性、能动性和创造性，这导致他们在情绪法则的压迫性限制中有可能把自己的异常情绪重新界定为有效的，并且说服他人接受这种新的规范性理解。[1]因此，情绪应对策略不仅是教师对情绪法则的顺从，也潜藏着通往社会变革的契机。

然而，需要指出的是，这种变革的发生并不容易。在实践中，由于结构限制的隐蔽和缺乏必要的意识觉醒，教师往往会把情绪问题归咎于自己而不去质疑情绪法则的不合理性。[2]此外，虽然社会变革会导致现有的情绪法则系

---

[1] Thoits P. A.,"Emotion norms, emotion work, and social orde," in *Feelings and Emotions*: *The Amsterdam Symposium,* Manstead A. S. R., Frijda N., Fischer A.（New York: Cambridge University Press, 2004）, p. 374.

[2] Winograd K., "The functions of teacher emotions: The good, the bad, and the ugly," *Teachers College Record*105, no. 9（2003）: 1641–1673.

统的崩溃，但并不意味着教师永远摆脱了情绪法则的限制，经历变革之后的个体仍然会受到新法则的规训。对于这一点，我们也不必过于悲观。正如赞比拉斯所说："没有不受情绪法则限制的纯粹'自由'；自由是对拒绝压迫性情绪法则的呼唤，这是通往其他可能性的大门。"[①]

四、教师情绪的"自我—互动—社会"三层结构

至此，我们可以将本研究关于课程实施中教师情绪的所有发现整合在一个象征互动论的解释框架之中："自我—互动—社会"三层结构。在这个框架中，自我是教师情绪活动的起点，它诠释着他人传递的社会期望，并由此建构出教师的情绪活动；人际互动的嵌入沟通了个体教师与社会结构之间的联系，其中互动双方和互动情境都会影响着教师情绪；在以情绪法则为代表的社会结构限制和个体教师采用的情绪应对策略中，我们看到了社会控制的规训与社会变革的契机，并由此理解了自我与社会之间的互动关系。

毫无疑问，这个三层结构的形成受到了已有研究的启发，如马库斯与北山关于情绪之文化塑造的分析、赞比拉斯对教师情绪的后结构主义分析，但是，它的根本动因存在于象征互动论本身。正如戈夫曼所说，社会学者一直试图整合三个领域的概念：个体的人格（individual personality）、社会互动（social interaction）和社会（society）。[②]本研究提出的这个三层结构恰恰反映了象征互动论对教师情绪的一种跨领域的整合。图7-2呈现了"自我—互动—社会"三层结构对课程实施中教师情绪的解读。

正是由于以象征互动论作为理论基础和分析视角，本研究获得了区别于已有研究的独特之处。概言之，这主要表现在：

1.本研究以社会学意义上的自我概念作为观察和分析教师情绪的起点，而不是在一些心理学结构（如评估、意向等）中寻找情绪。

2.在人际互动层面上，本研究兼顾了互动双方和互动情境对教师情绪的影响：前者验证了哈格里夫斯对情绪地理的解释；后者则表现为情绪困境给

---

① Zembylas M.，"Discursive practices, genealogies, and emotional rules: A poststructuralist view on emotion and identity in teaching," *Teaching and Teacher Education*21, no. 8（2005a）：946.

② Goffman E., *The presentation of self in everyday life*（London: Allen Lane The Penguin Press, 1969），p. 213.

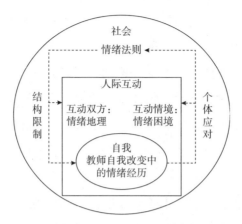

图7-2　教师情绪的"自我—互动—社会"三层结构

教师带来的困扰——这种情境因素在课程实施的脉络中尤其重要。

3.在"个体—结构"互动上，本研究不仅考虑了情绪法则对教师的限制以及由此产生的社会控制，而且强调了个体教师具有的能动性和变革潜能。对于这一点，虽然赞比拉斯在近来的研究中也指出了个体情绪与情绪法则的互惠关系，但他对个体所具有的能动性仍然缺乏足够的重视。

第二节　课程实施与教师改变：情绪研究的启示

前文指出，课程实施具有明显的技术色彩和实体特征，而教师情绪则是一个抽象多变的概念。然而，通过对教师作用及改变的重视，实施研究借助于学术界的"情绪革命"对教师情绪发生了兴趣。本研究就是在这种理论脉络发展过程中的一次尝试。在对教师情绪进行了上述解读之后，当我们重新审视课程实施与教师改变时，我们对其中的一些基本问题就有了新的理解。

一、教师扮演了课程实施中的调适者的角色

实施研究一再指出，课程实施绝对不是教师忠实地执行变革方案的线性过程，而是变革方案与实施情境之间的相互调适过程，其中教师在课程实施中扮演着至关重要的角色——这方面的文献已是汗牛充栋、不胜枚举。对此，

学者们用"制订者"[①]"领导者"[②]"中介者"[③]来描述教师的角色。

本研究又一次验证了上述判断。对于教师在课程实施中扮演的角色，我建议用一个中性的、更具有包容性的概念加以描述：调适者（adaptor）。它直观地反映出课程实施的相互调适特征：教师在实施中会对变革方案进行重构和缔造，同时这些建构又必然基于既定的变革方案。恰如麦克劳夫林与米特拉（Mitra）所说："实施是一个同化和建构的过程，普遍的改革原则必须落实到具体的教学脉络之中。"[④]

单就这种角色定位来看，本研究并没有多少创新之处，因为早有大量的同类研究揭示了教师作为"调适者"所具有的特征。然而，当我们用象征互动论来解释这个概念时，教师作为调适者和课程实施作为相互调适过程的意义就显而易见了。

通过界定"自我"，米德为象征互动论奠定了基础。如同认知心理学对行为主义心理学的改造那样，象征互动论在外界刺激和个体行动之间加入了自我这个社会学变量。自我概念的引入对理解人类行动具有十分重大的意义，它意味着就像人类可以对周围事物采取行动那样，人类也可以把自身当作行动的客体。个体在行动中会持续不断地向自我指示（making indication）外界事物，并由此引导自己的行动。同时，外界事物和个体也就产生了联系，并且获得了意义。这相当于在人类行动的刺激和反应之间加入了一个诠释过程。因此，人们的行动是基于他们对外界事物的诠释建构出来的，而是不简单地对外界刺激的反应。简言之，"人类诠释或定义着他人的行动，而不仅仅是对

① Clandinin D. J., Connelly F. M., "Teacher as curriculum maker," in *Handbook of research on curriculum,* Jackson P . W.（New York: Macmillan Pub. Co, 1992），pp. 363–401; Ben-Peretz M., "Teachers as curriculum-makers," in *The international encyclopedia of education.* 2nd ed., Husén T., Postlethwaite T. N.（Oxford: Pergamon Press, 1994）: 6089–6092.

② Haberman M., "The role of the classroom teacher as a curriculum leader," *NASSP Bulletin* 76, no. 547（November, 1992）: 11–19.

③ Olsen B., Kirtman L., "Teacher as mediator of school reform: An examination of teacher practice in 36 California restructuring schools," *Teachers College Record* 104, no. 2（2002）: 301–324.

④ Mclaughlin M. W., Mitra D., "Theory-based change and change-based theory: Going deeper, going broader," *Journal of Educational Change* 2, no. 4（2001）: 306–307.

他人的行动做出反应"。①

　　在课程实施中，改革成为激发教师行动的诱因，改革者希望教师能够按照方案的要求实施改革，然而，教师的实施行为并非是对改革要求的直接反应，而是在自我诠释改革中个人意义的基础上采取的行动。因此，与改革者的期望相比，这种行动不可避免地具有了调适色彩。要理解教师在课程实施中采取的行动，就必须了解教师赋予改革的意义。正是出于这种原因，富兰提醒我们，意义问题是理解教育变革的核心。②

　　当教师的实施行为和教师运用的情绪应对策略结合起来时，我们就能够解释课程实施中教师的所有调适现象。应对策略是教师在面对结构限制时为实现个体目标而采取的一系列方法和途径，它集中反映了自我诠释所具有的能动作用。同时，应对策略又和教师的行动直接相关。于是，通过教师运用的应对策略，我们看到了教师赋予课程改革的意义，并且理解了教师在实施行为上的巨大差异。

　　前文提到，教师会使用重构策略应对情绪法则的限制，同化是其中的一种手段。通过把新情境纳入已有的认知结构，教师增加了对它的控制感和熟悉程度。当运用这种策略时，教师会在高中课程改革和原有做法之间寻找"结合点""平衡点"，试图在自己的行动中兼顾新旧两种情境的要求——这是教师在课程实施中相当普遍的一种想法。

　　我们当时的出发点就很好，我们就说要结合自己本身原有的体系，结合它的新的元素、新的理念，然后慢慢地进行转化。就是说，我们是"两条腿走路"嘛！(I-S4-AM)

　　新课改变来变去还是万变不离其宗。你能够说"双基"不需要吗？"双基"还是需要的，这本身就是学生求学的最基本的要求。以前我们没有进行情感教育吗？以前我们也有进行啊，我们的爱国主义教育、德育也是一种情感教

---

　　① Blumer H., "Society as symbolic interaction," in *Symbolic interaction: A reader in social psychology,* Manis J. G., Meltzer B. N. (Boston: Allyn and Bacon, 1967), p. 139.

　　② Fullan M., *The new meaning of educational change* 3rd ed., (New York: Teachers College Press, 2001a), p. 8.

育嘛！我们进行学习策略的教育了吗？我们也会教他们怎么学习啊！你当老师不可能不教啊！它只是把一些东西专门化了，不是说原来没有，原来都有。所以呢，我们就认为最后还是要回到最根本的东西上。(I–S4–TF–1)

当新情境难以被同化时，教师就会转变心态、重新界定情境的含义。于是，带来压力和挑战的新情境会变得充满机遇、令人欣慰。当教师把课程改革界定为"接受新学问"(I–S1–TM–5)、"个人成长和专业发展的平台"(I–S3–TM–4)时，他们就会与时俱进，成为教师群体的"领头羊"。不过，教师重新赋予情境的含义和教师自身的特征具有很大关系，因此也有可能走向反面。

一般而言，教师通过隔离、抑制、重构、适应等多种策略"消化"了那些不利于课程实施的情绪，表现出符合改革者期望的言论和行为，但是，在一些极端的情况下，这些情绪也会释放出来，当然，教师仍然会权衡这种行为的利弊得失。

上述分析使我们明确了教师作为课程实施调适者的地位，同时也引出了一些更加有趣的、有待深入探讨的命题（propositions）。本研究虽然可以勾勒出这些命题的大致轮廓，但还无法阐明其中的许多细节问题。因此，这些命题也可算作是对未来研究的一些建议。

命题1：四类教师作为课程实施中调适者的文化特征

根据教师情绪变化经历的特征，本研究将教师分为"领头羊""适应者""小卒子""演员"四类。事实上，同类区分在已有文献中也曾出现过，如普拉特借鉴罗杰斯（Rogers）的观点，依据人们在课程变革中的态度和行为把教师分为五类：热诚者、支持者、沉默者、拖延者和抵制者。这两种分类方式有一些相似之处，但也有一些重要的差异。[①]

就其差异而言，本研究在分类时关注的是教师内心的情感经历及其变化过程，具有更多的内隐性和复杂性；普拉特关注的是教师对变革的态度和行为表现。与情绪相比，态度和行为表现具有更多的外显性，因此也更容易区分。然而，尽管二者的分类依据不同，结果却产生了一些共鸣。例如，"领头

---

① Pratt D., *Curriculum: Design and development*（New York: Harcourt Brace Jovanovich Inc., 1980），p. 427.

羊"对高中课程改革所持的热情很高；"适应者"虽然在实施中感到举步维艰，但仍然对高中课程改革抱有希望；"小卒子"虽然看似顺从，但内心对改革处之漠然；"演员"虽然在公开场合表现出自己"跟得上"改革（I–S2–TM–5），但内心对过去充满留恋、不愿离开原有的"家"。他们的这些特征分别和普拉特所谓的热诚者、支持者、沉默者和拖延者有了许多共通之处。

另一个更加重要的差异由此出现了。在本研究的分类中，我们难以找到普拉特以及其他西方学者在实施研究中经常提到的一类教师：抵制者——他们是敢对政府发起的大规模课程改革说"不"的人。无论在私下里还是在公开场合，他们都能明确地表达出自己对改革的不满和不合作，这种彻底的抵制往往使政府发起的许多改革计划止步于教室门外。在本研究中，虽然"演员"内心对改革有一些抵触，但在公开场合中，他们却十分懂得自己的言行要和改革保持一致。正如他们的顺从是具有伪装性的一样，他们的抵制也是很不彻底的。

命题2：四类情绪困境之间的关系

由"教师—他人"互动产生的情绪地理和"改革—情境"张力导致的情绪困境是影响课程实施中教师情绪的两个主要原因。相对而言，情绪地理具有更多的个人色彩和偶然性，而情绪困境却影响着所有困境参与者，因此具有更多的一致性和普遍性。这要求我们需要对情绪困境做出更加深入的分析，其中四类困境之间的关系就是我们应该首先思考的问题。

本研究将情绪困境分为文化、制度、专业、资源四类，那么这四类困境对教师情绪的影响是否存在差异呢？对教师在2004年9月自实施高中课程改革以来情绪经历的回顾表明，新教材、课堂教学、高考方案、选修课与学分制是教师情绪反应最为强烈的四个主题。显然，前三者分别涉及教材、教学和评价问题，均属于教师的专业范畴，而选修课与学分制作为新的课程制度，也直接限制着教师的专业活动。由此看来，我们可以对四类困境之间的关系做出如下推断：专业困境对教师情绪的影响最为直接；由于制度、资源等问题限制着教师能否实施新的专业活动，教师情绪也因此受到了影响；其中，由于制度是学校组织的软环境，具有较大的灵活性，而资金、场地、教学设施等资源则是学校组织的硬环境，直接决定着学校人员的实施能力，资源困境对教师情绪的影响比制度困境更加直接；文化困境是一种普遍存在的观念与价值观冲突，是影响教师情绪的深层原因。这种推断和我们关于教师对课程改革的反应的常识是一致的，即在日常实践中我们很容易看到，当教师直接面临改革提倡的教材、教学和评价等专业事项时，他们对改革才有切身体会。同时，他们会因为资源、制度、文化等因素在很多时候超出了自己的控制范围而对其反应平淡。

这样看来，按照影响的"直接—深远"程度，这些困境构成了一个四层的同心结构（见图7-3）。

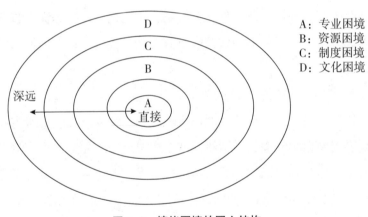

A：专业困境
B：资源困境
C：制度困境
D：文化困境

图7-3　情绪困境的同心结构

此外，本研究还发现了四类情绪困境之间有着大量的相互作用。它们相互交织、相互影响，构成了一个整体，影响着教师在实施高中课程改革过程中的情绪。若要揭示这种复杂的、动态的互动关系，研究者还需要付出更多的努力。

命题3：四类教师在诸多问题上的具体差异

本研究将教师分为"领头羊""适应者""小卒子""演员"四类，并描绘了他们在课程实施中情绪经历的特征。那么，随之而来的一个问题便是：这些教师在情绪影响因素（包括情绪地理和情绪困境）、情绪法则、应对策略等诸多细节问题上是否存在差异呢？

　　这显然是一个更加复杂，但又十分有趣的命题。从理论上来说，既然四类教师在情绪变化经历方面存在着差异，那么他们对情绪影响因素的感受、情绪法则对他们的限制，以及他们惯常采用的情绪应对策略也应该是不同的，由此产生了教师在课程实施中诸多不同的调适行为。然而，要验证这种推断，必须有充分的实证资料的支持。就本研究目前掌握的资料而言，若想做出如此明确、如此细致的区分还有许多难度。为避免过度归类（over typification）的错误，我们只能根据现有的实证资料做出有限的分类，剩余的工作还有待于我们的进一步努力。

二、大规模变革中的教师改变

　　教师改变既是课程改革的基本目标，又是课程实施的重要途径，因为对改革者来说，改革方案最终要通过促使教师发生合意的变化，来实现既定的改革目标。然而，教师在改革中通常被人们认为是保守的、迟钝的。[①]在那些雄心勃勃的大规模变革计划中，这种现象似乎更加严重。在本研究中，教师和管理者的一些言论和人们的这种印象颇为呼应：在改革来临之际，教师仿佛更愿意躲在自己的舒适地带中，不愿做出改变。

　　这使教师改变具有了一种被迫、被动的性质。然而，教师们也一再指出：只要这个教师稍有责任心，他都是主动做出改变的，并且这种改变从来没有停止过。即使没有高中课程改革，教师也会不停地改变自己的教学方法、调整自己的课程内容。

　　教学方式的改革一直都在进行，每个老师都在进行尝试：怎么样使他的知识让学生更好地接受？那这就是最好的方式了——对他当时的学生、当时的老师而言。（I-S1-TF-1）

　　这个教师群体呀——不是说每个老师都这样，不管是新课程还是旧课程，总有一部分老师会自觉地根据实践的需要做出自己的调整，不是说新课程来了他才变，旧课程他也会这样。（I-S3-TM-4）

　　①　Richardson V., Anders P. L.,"A theory of teacher change," in *Teacher change and the staff development process*: *A case in reading instruction,* Richardson V.（New York: Teachers College Press, 1994）, p. 199–216.

教师的这种说法并非是推脱之辞。事实上，许多学者[1]都指出教师改变具有自愿、主动的性质。这让教师改变具有了一种近乎悖论的两面性：既然教师愿意主动改变，为何在课程实施中他们又会抵制改革呢？

　　这个问题在学者界定的渐进性改变和根本性改变的区别中可以找到答案。[2]教师在日常专业实践中不断进行的是渐进性改变。这种改变的规模和程度都是有限的，并且和教师的过往经验有着密切联系。然而，课程改革，尤其是指令式的大规模课程改革期望教师做出的是根本性改变：它是一种剧烈的、深刻的全方位改变，往往要求教师完全抛弃过往经验，实现专业再造。在面临这种要求时，教师难免会产生反面体验，并且行动迟缓。因此，之所以会产生这个看似矛盾的疑问，是因为人们忽视了教师专业实践中的渐进性改变。当教师改变不符合外界期望时，他们就认为教师是在抵制改革。其实，"教师对变革的抵制根本不是问题，但让教师按照别人期望的那样做出改变会成为一个问题"[3]。

　　一般而言，大规模变革总会要求教师做出多方改变。对于这些变革要求，教师并非是全盘抵制的。如果某些变革要求符合教师的主观标准——这也是他们的渐进性改变所依据的标准，他们会主动顺应外界要求做出改变。与之相对，若教师认为变革要求无助于提高效率、改善学生学习，他们就会以华而不实为由拒绝改变。在本研究中，教师对高中课程改革提出的多项变革要求就持有不同的态度。例如，他们虽然对改革倡导的成长记录袋、过程性评价不以为然，但是愿意按照改革的要求，采用自主、合作、探究的学习方式，因为这与他们的渐进性改变具有共通之处。

　　在实施过程中，大家感觉到，不论高考怎么考，如果我能够让学生在学习过程中积极地参与、自主地参与、全面地参与，这个还是可取的。作为最精髓的东西，这一点能够保留下来。就我个人来讲，我还是坚定不移地继续

　　① Richardson, 1998; Richardson & Anders, 1994; Bailey, 2000.

　　② Cuban L., "Curriculum stability and change," in *Handbook of research on curriculum,* Jackson P. W.(New York: Macmillan, 1992）, pp. 216–247.

　　③ Richardson V., "How and why teachers change," in *The school as a work environment: Implications for reform,* Conley S. C., Cooper B. S.（Boston: Allyn and Bacon, 1991）, p. 80.

做。在大的动作上，可能不会像开始那么轰轰烈烈，会更落到实处，就是提高课堂效率，发挥学生主体作用。(I-S1-AM-3)

由此看来，在大规模课程改革中，改革者不应低估教师渐进性改变的价值，而是应该在权衡渐进性改变的基础上提出改革要求，这样才能让改革者期望的根本性改变更容易发生。当教师不愿按照改革要求的方式做出改变时，改革者或许应该反思改革的要求是否超出了教师具有的变革能量（change capacity），是否忽略了教师的过往经验的价值，是否配合教师改变自己专业实践的标准。简言之，是否忽视了教师渐进性改变的价值。在本研究中，教师、管理者和教研员关于"改革是革命还是改良"的讨论提醒我们：当我们能够更好地把握教师渐进性改变和根本性改变的关系时，高中课程改革的实施就会更加顺利。

为什么包括我们老师在内也都在说这个课时不够，觉得时间紧？就是因为他们觉得我还要把以前的那些好东西保留下来，在我以前体系的基础上面做一些改变。现在这最多只是一次改良，这不是一次革命。(I-S4-AM)

从我个人的看法来说，走到这一步，我们的新课程不可能是改革，只能是改良。在实施过程中慢慢地融合了中国的国情，然后找出一个改良性的方案。(I-O-AM)

然而，肯定渐进性改变的价值并不意味着要让改革要求完全顺应教师的渐进性改变，尤其是在大规模课程改革的脉络中，后者的自发性、盲目性和渐进性甚至有可能导致课程改革回归常态。这恰恰是改革的促进者们必须设法避免的一种情况。于是，在资源上、制度上、观念上以及情绪上加以支持、因势利导，使教师的渐进性改变得以提升，从而实现改革期望的教师改变就显得十分必要——这也引出了情绪研究给课程实施和教师改变带来的第三个启示。

学生的创造性思维的开发不是一下子就能够开发出来的，是各个学科的一种合力，是吧？只要我的教学方式做出改革、做出改变，另外呢，结合我们自己的课本知识，给学生多一点发散性的问题，我觉得同样是在培养学生的一种创造性思维，是吧？假如这样的话，到了最后，教学又成了一种回

归了。回归到哪儿呢？回归到实实在在，把该讲的讲透，把该讲的讲清楚。（I-S4-TF-1）

三、课程实施的情绪维度

情绪曾经是课程变革与实施最容易忽视的一个维度。对于这一点，我们现在已无须引述学者们的相关论断。受访教师在本研究中的言论已经充分体现了情绪在课程实施中的特殊地位：尽管课程实施要利用教师情绪，但情绪必须在改革的主流话语中受到控制、隔离和漠视。有趣的是，正是由于情绪的这种特殊地位，研究者对教师情绪开始持以越来越多的关注。近年来，关于变革脉络中的教师情绪研究不断增多，大有和教学中的情绪研究相抗衡之势。前文提到的《教学与教师教育》出版的变革脉络中的情绪研究专刊就是这种趋势的一个表现。

本研究从象征互动论界定的自我概念开始：课程改革的实施冲击了教师的自我，要求教师改变自我、重塑身份。当自我发生变化时，自我中的各个方面都会发生相应的变化，情绪也就自然包含于其中了。因此，如果已有研究能从课程实施和教师改变中分辨出信念的、动机的、态度的以及行为的维度的话，我们也能从中观察到它的情绪维度。

然而，与那些把情绪视为教师个体心理现象的研究不同的是，本研究采取了"文化—个体观"的思路来分析课程实施中的教师情绪，这让我们得到了一种关于教师情绪的象征互动论的理解：情绪反映并影响着教师改变与课程实施，同时也受到后者的影响。当教师改变自我的尝试受到过多的结构限制，或者不能得到外界的及时支持时，教师就会遭受巨大的情绪创伤，从而退回自己的舒适地带。于是，课程改革的所有理想都会在实施中止步于课堂门外。

这为我们如何推动课程实施、促进教师的合意改变带来了启示。课程实施具有情绪维度这一发现提醒我们，在课程改革，尤其是指令式的大规模课程改革的实施过程中，我们至少要从以下几个方面思考和处理教师表现的各类情绪现象。

首先，恢复情绪的平等地位，使其从被污名化的现状中解脱出来，重视它所具有的传递自我和社会信息的功能。在理论领域，学者们[①]已经向我们展示了情绪并不是非理性、女性化、非专业性的代名词，这种污名化恰恰是情绪遭受其对立面压迫的表现。在课程实施中，改革的决策者和管理者必须对情绪的这种被压迫地位有着清晰的意识———一般而言，他们恰恰是导致情绪处于这种地位的直接原因。正是由于他们对情绪持有偏见，教师才会抑制或夸张自己的情绪，使课程实施处于一种类似于梅斯特罗维奇所言的"后情绪"状态之中：教师理性地选择和表现出预先设定的情绪。

恢复情绪的平等地位意味着，当教师在课程实施中表现出那些不符合社会期望的情绪时，改革者不要将其贬低为牢骚、抱怨和流言，而要分析它们试图传递的有关教师自我的信息，以及造成这些情绪的社会原因。正如富兰在分析学校组织中的抵制者时指出的那样，这些貌似抵制的教师情绪恰恰蕴含着更好的改变实践的线索。[②]当情绪从被边缘化和被污名化的地位中解放出来时，改革者和教师之间的信息交流会更加有效、更加顺畅。

其次，从人际互动入手改善课程实施中的"挑战（压力）—支持"关系，缓解教师的情绪紧张，促进教师发生合意的改变，从而推动课程实施的进程。这要求改革者要同时考虑教师的人际互动同伴和人际互动情境方面的因素：前者要求各类改革促进者了解情绪地理的原理，注意自己与教师之间在政治、专业、道德、社会文化等方面的差异对教师情绪的影响；后者要求人们在课程改革中共同努力，实现改革与原有情境在文化、制度、专业和资源方面的同步发展，从而缓解教师遭遇的情绪困境。

当教师在人际互动的上述两个方面遭遇严重问题时，教师就会重新思考现有的日常程序，重新做出改变自我的决策。它们就成为教师改变和课程实施中的一些"关键事件"———这些事件通常会带来教师情绪的强烈变化。[③]在

---

① Soloman, 1993; Marshak, 1996; Boler, 1997; Fineman, 2000.

② Fullan M., *Leading in a culture of change*（San Francisco: Jossey-Bass, 2001b）.

③ Kelchtermans G.,"Teacher vulnerability: Understanding its moral and political roots," *Cambridge Journal of Education*26, no. 3（1996）: 307-323; Measor L., "Critical incidents in the classroom: Identities, choices and careers," in *Teachers' lives and careers,* Ball S. J., Goodson I. F.（London, Philadelphia: The Falmer Press, 1985）, pp. 61-77.

本研究中，教科书迟到事件、教师培训者事件和决策者调研事件就是这类事件的一些典型例证。它们恶化了教师在课程实施中的情绪地理，加剧了教师所处的情绪困境，并且导致了个体或群体教师在实施中的情绪与行为变化。对于这一点，我们不妨听取利特尔的告诫：压力与支持之间失去平衡会导致教师的课程实施出现转折点[1]。

再次，课程改革，尤其是大规模课程改革在实施过程中必须妥善管理改革的步伐（pace），使教师改变能够和改革要求配合起来，从而实现良好的实施效果。步伐具有两层含义：一是指步幅，即改革要求教师做出改变的幅度；二是指频率，即人们期望教师实施改革的速度。当这两方面因素能够和教师改变相配合时，教师就会勇敢地跨出舒适地带，拥抱改革带来的不确定；相反，当它们远远超出教师承受的范围，或者改革步伐甚微时，教师就会在实施中显得气馁或者自满，而在行为上都会表现得消极懈怠。对高中课程改革来说，教师将其比喻为"在奔跑中前进"和"没有施工图的理想蓝图"，这应该引起我们的深思。

无论怎么样，我们只能跟上新课程的设想、理念或者课程标准，课堂上还是希望学生能够真的动起来，积极主动地去参与我们的教学，学到一些东西，但是就像刚才讲的，不断地赶！太赶了！学生要是落下一点，后面赶的话，我看啊，他可能狂跑都赶不上来！（I-S1-TM-1）

事实上，对于这样的大规模课程改革，"小步快跑"是一条比"跨越前进"更为可取的实施途径：将宏伟的改革蓝图转化为一系列小幅度的、更实际的阶段性目标，让教师在实施中能够逐步而迅速地实现改革目标。在高中课程改革的后续实施中，如何调整改革步伐，使其与教师改变配合起来应该是改革者重点关注的一项工作。

最后，与以上三个方面相一致，当教师在课程实施中出现情绪问题时，改革者及时做出政策调整比收集教师反馈更加重要。本研究的结果表明，当教师情绪传递的信息遭到漠视时，改革者和教师后续的信息交流就会受到阻

---

[1] Little J. W., "The emotional contours and career trajectories of（disappointed）reform enthusiasts," *Cambridge Journal of Education* 26, no. 3（1996）: 345–359.

碍。于是，这些于事无补而且难以通过合法途径表达的情绪只能沦为牢骚、抱怨和流言。反过来，改革者对教师情绪的漠视会进一步恶化双方的情绪误解，导致双方失去信任。因此，在课程实施中，让教师表达情绪固然重要，但解决这些情绪问题更加重要。

第三节　反思、限制与研究建议

就像高中课程改革中那些被不确定性包围着的教师一样，对我来说，这项研究也像一次探险：虽然我知道自己要沿着这条路走下去，但永远无法预知自己究竟会得到什么。随着旅程的延伸，一些核心概念及其相互关系渐次浮现，沿途看到的各种主要景观也慢慢地被整合起来，逐渐形成了一个关于课程实施中教师情绪的整体理解，让我对中国高中课程改革的实施有了更加深入的认识。然而，当我们此刻重新审视这项研究时，以下问题仍然值得我们深思。

一、教师情绪研究的方法论思考

方法论的思考包括反思我们在看到研究对象时采用的一般视角和收集有关研究对象资料时所运用的具体途径。就本研究来说，如前所述，"文化—个体观"是我在分析课程实施中教师情绪时所持的基本取向。就其根源而言，它原本是被用来解释课程实施的。然而，本研究表明，它十分有助于我们从社会文化建构的角度理解课程实施中的教师情绪：情绪虽然是教师的一种个体心理现象，但它也蕴含着深刻而广阔的社会根源。只有关注自我、人际互动和社会结构三个层面之间的互惠关系，我们才能更全面地理解课程实施中出现的各种教师情绪现象。

"文化—个体观"之所以会具有这种价值，是因为它的假设与象征互动论的原理不谋而合。它强调个体教师对变革情境的诠释以及这种诠释和教师专业脉络之间的互动[1]，这就肯定了教师自我具有的诠释功能，以及自我和他人、外界情境之间的互动关系，这和象征互动论的基本主张是一致的。因此，当

---

① Vanderberg R., "Teachers' meanings regarding educational practice," *Review of Educational Research* 72, no.4（2002）: 617.

我们理解课程实施与教师改变时，"文化—个体观"将是一种颇有借鉴价值的分析视角。

在具体的研究方法上，本研究主要通过访谈、观察、文件分析来收集课程实施中教师情绪的相关信息。这些努力证实了萨顿与惠特利的告诫：对情绪这种多成分结构来说，同时运用多种研究方法是十分必要的。[①]这也有利于发挥资料三角验证和方法三角验证的功效：对前者而言，我将不同受访者（如教研员、教导主任与教师）提供的信息相互对照，或者将教师在不同场合（如个人访谈和办公室闲聊）提供的信息相互对照，以印证教师情绪的信息；对后者而言，我将访谈、观察和文件分析所获得的信息相互对照，以印证教师对情绪所持的观点，以及课程实施中发生的教师情绪事件。另外，部分教师（如S1-TF-1、S3-TM-1等）对我整理的访谈转录提出了修改意见，明确了他们在访谈中试图表达的观点，这也在客观上起到了调查者三角验证的作用——在这种情况下，教师成为另外一个调查者或旁观者，对自我的情绪经历进行检视。

除了那些常用或常见的资料收集手段，本研究还发现了网络日志、网络论坛发言作为教师情绪信息来源的价值。事实上，在贝蒂对教育领导中情绪作用的研究中，在线论坛就是收集有关校长情绪信息的主要手段。考虑到情绪与自我的密切联系，以及情绪在社会生活中的微妙地位，网络空间的匿名、跨时空对话等特征可以使教师在这些场合发表更多的、更深层的关于自己情绪和感受的信息。在本研究中，教师的网络日志和论坛发言为我们理解教师情绪提供了重要帮助。然而，在使用这些资料时，我们也必须注意两点：一是要把网络空间的匿名者和受访教师的真实身份联系起来，而不可随意使用，这是学术研究严谨性的一个必备要求；与第一点密切相关，我们在使用这些资料时，要通过受访教师提供的其他资料对网络日志、网络论坛的信息进行三角验证，以避免网络空间中匿名和虚幻特征的负面效应。

---

① Sutton R. E., Wheatley K. F.,"Teachers' emotions and teaching: A review of the literature and direction for future research," *Educational Psychology Review*15, no. 4（2003）：327–358.

二、研究的贡献与限制

在研究结束之际，我需要对本研究的贡献稍加总结。这既是研究者对自己所从事研究的一个总体反思，也是对我在导论部分提出的本研究理论和实践意义的一个简要回应。概言之，本研究的贡献主要体现在以下三个方面：

首先，借鉴象征互动论的观点，在自我、人际互动、社会结构三个水平上分析教师在课程实施中的情绪现象，从而在理论上丰富了我们关于教师情绪的理解。与已有的研究相比，本研究在三个水平上对教师情绪的分析均有所突破：在教师改变自我、重塑身份的水平上，本研究区分了"领头羊""适应者""演员"和"小卒子"四类教师，并且发现了教师在课程实施中的情绪劳动和教师自我的重构与表演之间的关系；在人际互动水平上，本研究不仅验证了情绪地理对教师情绪的解释能力，而且提出用情绪困境理解教师在课程实施中的情绪现象，并将之归纳为文化、制度、专业与资源四类困境；在社会结构水平上，本研究不仅总结了课程实施中制约教师情绪活动的法则，而且把应对策略纳入教师情绪研究之中，从而沟通了结构和个人之间的互动桥梁。

其次，通过关注教师在课程实施中的情绪现象，在课程变革和实施研究中增加了教师的情绪维度，这不仅在理论上丰富了我们对课程实施的理解，而且对于改善高中课程改革的实施进程具有重要的实践意义。它提醒我们，课程变革并非行政的、技术的工作。课程实施若想取得理想的成果，就必须关注个体教师对变革赋予的主观意义——这在本研究中体现为教师情绪，以及这种意义和他们实施变革之间的互动影响。教师是课程实施中的调适者，是课程变革的根本动因。当大规模课程变革能够和教师的情绪、行为等方面的改变步伐配合起来时，课程实施就更有可能取得实效。

最后，本研究的另一个贡献主要体现在研究课程实施和教师情绪的方法论方面。本研究表明，"文化—个体观"不仅有助于我们理解课程实施，而且有助于我们分析教师情绪。对于前者，它的贡献在于提醒我们注意课程实施中个体教师具有的变革潜能；对于后者，它提醒我们看似教师个体心理现象的情绪也蕴含着丰富的社会文化根源。只有把两者结合起来，我们才能更全面地认识课程实施、教师改变以及教师情绪等议题。此外，对教师情绪研究来说，网络日志、网络论坛是值得研究者重视的资料来源。

研究者对研究贡献的反思或有夸大之嫌，但若要总结研究中尚且存在的限制，这项工作就非研究者本人莫属了。尽管我在研究设计部分已经讨论过本研究可能存在的限制，然而，当我们在形成结论之后、反思整个研究过程时，我们才会对研究限制产生更加深刻的认识。我们在研究设计部分已经预计到的那些问题固然会对研究造成限制，但是那些被我们在研究设计中不慎忽略，却在后续的研究过程中表现出重要性的问题给研究造成了限制，成为研究中难以弥补的缺憾。

在本研究中，这一类研究限制主要表现在两个方面：

第一，未能充分重视教师个体因素对情绪的影响。由于本研究主要把情绪视为一种社会文化建构，关注的也主要是教师情绪蕴含的社会根源，因此我对教师个体因素和情绪之间的关系缺乏足够的重视。然而，在后续的研究过程中，我在分析田野资料时又不时地看到了教师个体因素对其情绪的影响。例如，教师的理想和信念影响着他们对从事情绪劳动的意愿和表现。简言之，一个有理想的教师，即准备在教学专业实践中有所作为的教师会更加主动地进行情绪劳动；教师对教学专业所持的信念也会影响他们的情绪劳动。再如，教师的专业素质影响着他们面对改革时的情绪和行为反应。当教师拥有高超的专业素质时，他们在面对改革带来的挑战时会表现出更少的消极情绪。近年来的一些研究也开始提出教师个体因素影响着他们在变革过程中的情绪：哈格里夫斯指出，不同年龄和职业阶段教师对变革所持的情绪存在差异[1]；伊森伯格（Isenbarger）与赞比拉斯（Zembylas）指出教师对教学专业关爱伦理的信念影响着他们在情绪劳动中的表现。[2]然而，由于研究设计的疏忽，我无法深入探讨这些议题。

第二，忽视了学校组织对教师情绪的影响。学校组织在课程实施的"文

---

[1]　Hargreaves A.,"Educational change takes ages: Life, career and generational factors in teachers' emotional responses to educational change," *Teaching and Teacher Education* 21, no. 8（2005）: 967–983.

[2]　Isenbarger L., Zembylas M., "The emotional labour of caring in teaching," *Teaching and Teacher Education*22, no. 1（2006）: 120–134.

化—个体"观中是一个重要的功能领域，同时也会影响教师情绪。卡莱尔（Carlyle）与伍兹指出[1]，学校中有缺陷的沟通机制、机械决策、粗暴的管理方式等都会形成消极的情绪结构和情绪氛围。我在分析田野资料时也感到了学校组织的这种作用。在课程实施中，学校作为重要的中介组织，它们对待改革的态度、颁布的政策、组织的活动和管理方式都会影响教师的情绪和实施行为。例如，不同学校中教师的情绪状态是有分别的，即使两所学校都是广东省高中课程改革的样本学校，教师们表现出来的情绪在整体上也有区别。事实上，学校组织也构成了课程实施中"教师—他人"互动所处情境的一个部分。然而，由于我对此缺乏预计，忽视了情境本身具有的层次性，本研究无法在此问题上进行深入分析。

三、未来研究的建议

在对本研究进行反思之后，我们就能对未来研究努力的方向提出建议。结合本研究的经验，以及尚且存在的各种限制，未来的研究可以对以下问题进一步做出探讨：

第一，教师个体因素对课程实施中教师情绪的影响。在这方面，奥尔森、科特曼、哈格里夫斯、伊森伯格与赞比拉斯的研究已经为我们提供了一些基础。除了他们已经提到的教师的专长、职业周期、改革周期、个人兴趣、对学习和教学的假定等因素之外，我在研究过程中感到，教师的理想、信念与价值观都会影响他们在专业实践中的情绪活动。因此，未来研究可以考虑对这些个人因素做深入探究。

第二，学校组织对课程实施中的教师情绪产生的调节作用。虽然本研究关注的是教师个体情绪和大规模课程实施之间的互动，但是在研究过程中，学校组织水平上的因素对教师情绪的影响是一个不时浮现的主题。在这方面，学校领导对改革的态度、学校管理的方式、学校的组织结构以及学校中特定的教师文化都值得引起未来研究的重视。除此之外，未来的研究还可以在更广阔的社会组织水平上分析教师情绪的影响因素，如探讨中国的传统文化与

---

① Carlyle D., Woods P. *The emotions of teacher stress*（Stoke on Trent: Trentham Books, 2002）.

教师情绪之间的关系。

  第三，针对教师情绪开展的长时段追踪研究。课程实施是一个漫长的过程，教师情绪在其中可能会发生复杂的变化，因此，对教师情绪展开长时段追踪研究是必要的。本研究采取了短时段、回溯性的研究方式。虽然嵌入式多个案设计在一定程度上能够弥补一些缺憾，但无法对教师情绪的发展变化做出进一步的验证和跟进分析。因此，长时段追踪研究是未来研究的一条可供选择的途径。

后记1　学做质性研究

本文成文已有八年。当时不曾在博士论文末尾续上后记，今日再补此文，真算得上是"后记"了。

据说，后记是学术论文的作者最能展示自我的空间。在这里，作者能抛开繁文缛节，也不图什么字正腔圆，只要畅快淋漓地直抒胸臆便罢！不过，我还是觉得，即使是后记，也仍然要体现出是学术著作的后记。

那么，对那些有兴趣阅读此书的读者来说，什么是他们更想了解的？我想，若换了我，我更愿知道这位作者当时是如何"做"这项研究的，"遭遇"了什么，"体验"了什么，又获得了哪些"历练"？

若真如此，早前曾发表于《质性研究：反思与评论》第二卷上的一篇文字恐怕最适合作为此书的后记了。幸得重庆大学出版社少波兄慨然应允，得以将《学做质性研究：一位初入门者的反思笔记》稍作修改，转用于此处，权作后记。

这不是一篇严格意义上的学术论文，也不是一份教别人如何做质性研究的简明手册，这对我这样一位初入门者来说显然过分为难了。如果要界定它的性质，恐怕只能算作我对学徒阶段所独立从事的一项完整的"学术练习"（academic exercise）的反思笔记。虽然这次练习曾让我获得了"哲学博士"的头衔——对一些人来说这个头衔似乎颇有吸引力，但它终究是学习过程中的一次练习而已。其实，这次练习给我带来的真正收获，或许是那些在"做"中"学"的过程中得到的以及"感受"到的东西：它们曾经如此强烈，以至于让我不吐不快。因此，本文的目的在于"倾诉"自己在学做质性研究中的经历和体会。若读者能从其中受到启发，那实在是令人欣慰。

一、学术练习之旅

若不做田野工作（field work），质性研究也就被抽去了最重要的一块基石，而田野工作亦常被人称作"田野旅行"（field trip）。在我看来，这个词倒正好反映出田野工作按照不同的时间、地点、阶段逐一展开的特征。若将其稍稍扩展，延伸至田野工作之前与之后的两个阶段，整个质性研究的过程恐亦如是。

这是一项关于课程改革中教师情绪经历的研究，它试图向人们呈现这样一个事实：表面看上去完全是一种个体心理活动的教师情绪，是如何与教师所处的专业场景、人际互动以及更为宏观的社会结构、文化观念等复杂地联系在一起并受其支配，而教师又如何与这些支配力量展开的游戏。以缺乏理性的"教师情绪"为主题进行研究，难免会让人感到这项研究不够"学术"，然而，这个选择其实有其内在的逻辑。更为有趣的是，这项研究恰恰让我们发现，教师的情绪活动之中从来不缺乏理性。

二、沿途的景观

既然不是一份教别人如何做质性研究的工具书，我就不再详细复述每一个环节，而是以时间为序，把不同阶段中那些最为深刻的印象讲述出来。它们正是我在这次学术旅行中的主要景观。

（一）先导调查，出师不利

记得当时在完成研究建议书之后，我踌躇满志，一心期望早日走入"田野"，根据自己的设想按图索骥。我相信，自己已经做足了文献梳理的功课，也找到了情绪研究的最恰当的道路。按原本的设想，我打算做一项叙事研究，深入两所学校，选中其中的四位教师，倾听并重构他们的故事。在最初的建议书中，我是这样为自己的研究方法辩护的：

"作为一种研究方法，叙事研究使用故事来描述人类经验和行动……概括起来，叙事具有四个特征：1.各部分的关系（relationality）；2.因果情节化（causal emplotment）；3.选择性获取（selective appropriation）；4.时间、顺序与地点。叙事研究就是从人类经验或事件中选择性地抽取部分片段，将其放置在特定的时空顺序中，使之具有情节性和故事性，同时呈现各部分之间的关系并获得经验意义的研究方式。研究者认为，叙事是呈现和了解经验的最佳方式，有助于我们讲述课堂、学校中的故事，了解教师的生活经验、内心感受及其赋予它们的意义，在理解人类经验的完整性和独特性方面有重要作用。作为一种社会经验，情绪告诉我们自我的界限，为我们提供周围环境、人物和事件的个人意义。因此，赞比拉斯认为，如果我们准备理解情绪和教师身份，那么叙事研究就是一种理想的研究策略。鉴于此，本研究拟采用叙事研究作为具体的研究方法。……研究者指出，现有的实施研究的一个不足之处是它们忽视了学校改革及其参与者的叙事历史。运用叙事研究分析课程实施中的教师情绪也可视为对弥补这个缺憾的一次尝试。"

毫无疑问，若要进行这样的叙事研究，我就必须有机会和受访者相处足够长的时间，并对其行为方式、信念理想、性格特征等有足够细致的把握。然而，就在我进入田野、刚开始接触实践情境时，我的这个设想就被否定了——这发生在我那出师不利的先导调查（pilot study）阶段。

当时，在"线人"的帮助下，我联系到了第一所个案学校的"守门人"——该校的副校长。当我提出要像一位普通老师一样，和我的受访教师一起参与这所学校的日常活动时，这位"守门人"略有犹豫——后来我认为，这次短暂的犹豫并不只是因为我的请求过于"奢侈"，而更多的是因为我的"线人"是一位省教研室的教研员。这位"守门人"不愿轻易在我的"线人"面前拒绝我——便以担心干扰正常的教学秩序为由拒绝了我的请求，要求我还是和受访教师约好时间，对他们进行访谈。听到这里，我的心不禁一沉。要知道，只进行这样的访谈根本不足以使资料达到叙事研究期望的丰富程度！何况，这样做如何能和我的受访者建立充分的信任关系？走出第一所学校，我只能希望自己在下一所个案学校中会有好运气。谁知，第二所个案学校的反应依然如此！尽管身为教导主任的"守门人"在态度上客气了很多，但同样拒绝了我的请求。这时，我肯定了自己的一个猜测：作为首批进入高中课程改革实验的这些学校，十分重视自己在课程实施中的表现。更重要的是，我的个案学校都是高中。在沉重的社会期望和压力面前，这些学校对自己的表现更是非常敏感，它们或许不愿在"外人"面前轻易表露自己。问题是，若不能按照预先设计的思路展开田野工作，我又该怎么办？

结束了两所高中为期一周的先导调查之后，我迅速返回学校，与我的导师讨论先导调查期间的感受和初步发现，而是否需要修改研究设计则是其中最为重要而且最为紧迫的一个问题。在与导师商议之后，我决定放弃原来的叙事研究，改用一般常用的质性的个案调查方式，尽量扩大个案学校与受访教师的类别。既然"少而精"的思路不被实践允许，那就让它"多而杂"吧！从繁杂多样的数据中整理出一些共性来，或许能够弥补无法进行叙事研究的缺憾。于是，在修改后的嵌套型多个案研究设计中，我按照"重点高中或非重点高中""样本校或非样本校"的分类原则确定了四所个案学校，然后在每一所学校中选择了6~9位高二年级教师，对其进行访谈、观察及文件收集工作。学校和教师的典型性与差异性成为我在选择样本时考虑的标准。概括起来，这四所学校基本上代表了G市重点高中和普通高中、新课程改革中"样本校"与一般学校的情况。在教师背景方面，我考虑到教师的性别、教龄、任教科目、对变革的态度等因素，因为已有的研究表明，这些因素可能会影响我收集到的关于教师情绪经历的信息。

虽然修改后的研究设计获得了导师的认同，最终也让我完成了这项学术练习，但现在回想起来，刚踏入田野便出师不利的我在当时感到的惊愕、惶恐与紧张依然历历在目，心有余悸。这些，若此刻不讲出来，是没有人知道的。这次先导调查的经历让我第一次意识到理论预期和实际情境之间的落差：研究的可行性可能会超出研究者的控制范围，即使再完美的研究设计在遭遇实际情境的限制时也只能委曲求全。

（二）收集资料，如履薄冰

如果把这次田野工作看作一次旅行的话，那么这次旅程绝不轻松，而且，先导调查只是刚刚开始。当正式的田野调查展开之后，真正的考验也随之而来，尤其是在收集资料的前半个阶段，"出师不利"的惨痛经历让我几乎成了惊弓之鸟，要将每一根汗毛当作触角一样竖起来，伸出去试探着，生怕漏掉了任何对自己的论文研究来说是有用的信息。这段时间的心情，恐怕只能用"战战兢兢，如履薄冰"来形容了。不过，现在回想起来，还是有一些东西颇值得讲述的。

第一，进入田野找何人？这应该是每个质性研究的学徒在进入现场之后都要问自己的问题。当然，研究设计不同，我们期望受访者具备的特质也不相同。对这种由"少而精"转换为"多而杂"的研究设计来说，我的经验是，首先应增加受访者的多样性，即先不加筛选地访谈不同性别、年龄、教龄、科目的教师，然后再考虑如何增加受访者所提供的信息的丰富性，即从中选取部分满足某种类别特征的教师进行二次访谈。在这期间，研究者要广泛地尝试与各种教师打交道，自然会遭遇一些不尽如人意的经历。但是，我只能说，在没有找到合适的替代者之前，千万不要轻易放弃那些看似"不合作"的受访者。事实上，这些受访者往往有可能讲述一些与众不同的故事。若过早放弃这一部分受访者，我们的学术练习之旅也就会失去一种独特的景观。

第二，找哪些资料？一般来说，质性研究的资料大都来源于三个地方：文件、访谈和观察。我要提醒的是，当我们把注意力集中于真实世界中的这些资料来源时，也不要忘了把目光投向受访者在虚拟世界中留下的痕迹，即受访者在个人博客（blog）、网络论坛（online forum）中发出的声音。越是那些受访者在真实世界中不愿轻易谈论的研究主题，虚拟世界中的这些资料来源就越有价值。这一点对我的这项教师情绪研究来说就十分有效：受访教师会在个人博客和网络论坛上清晰地记录某些让自己感受强烈的事件，会宣泄自己当时对这些事件的情绪和看法。事实上，在贝蒂对教育领导中情绪作用的研究中，网络论坛就是收集有关校长情绪信息的主要手段。考虑到情绪与自我的密切联系，以及情绪在社会生活中的微妙地位，网络空间的匿名、跨时空对话等特征可以使教师在这些场合发表更多的、更深层的关于自己情绪和感受的信息。然而，在使用这些资料时，我们也必须注意两点：一是要把网络空间的匿名者和受访教师的真实身份联系起来，征得对方的允许，而不可随意使用——这是学术伦理与研究严谨性的一个必备要求；与第一点密切相关，我们在使用这些资料时，要通过受访教师提供的其他资料对网络日志、网络论坛的信息进行三角验证，以避免虚拟空间中匿名特征的负面效应。

第三，何时离开田野？要回答这个问题，我们不妨去问：旅行者何时愿意结束自己的旅程？若排除那种因外部压力（如紧张的时间表）而被迫离开的情况，可以想见，旅行者一定是充分地游览和把握了旅程中的所见景观，认为自己已经没有必要再多待下去了。其实，这也正是质性研究中所谓"资料饱和"的含义。有关质性研究的教科书通常会告诉我们，当"资料饱和"时，我们就可以退出田野了。但问题是，对一位学徒来说，什么时候才是所谓的"资料饱和"？对此，我的经验是，我们可以试着问自己以下三个问题：（1）就受访者的个人特征而言，是否还有新的类型出现？除了性别、年龄等可以一目了然的类型外，这种类型更多的是指那些隐藏起来的、需要我们加以认真辨识的类别，如教师对变革的态度、所持的价值观等。（2）就我们获得的信息而言，是否受访者提供的信息已经开始重复？是否信息已经不再"新鲜"？只要亲身经历过田野工作，一定会对信息的这种"新鲜感"深有体会。当我们感到，原本睁大的眼睛、竖起的双耳、伸出去的触角都开始对这些信息不再敏感的时候，"资料饱和"也就在向我们招手了。（3）其实，在田野工作中，即使我们对以上两个问题都有了肯定的答案，研究者仍然不愿轻易离开现场，因为是否收集了足够的资料始终是他最为关心，也最没有把握的问题。这时候，我们可以再问自己第三个问题，即针对每一个研究问题，我们是否已经有了一些资料来回应？如果对这个问题也已有了肯定的答案，那么，我们悬着的心也就可以放下了。这时，我们也就从收集资料时的"如履薄冰"慢慢开始"脚踏实地"。

（三）再读文献，恍然大悟

若算起来，田野工作恐怕最多只能占据整个质性研究的三分之一。从田野返回后，另外一段至少同样艰辛的路程又会接踵而来。这期间，转录、整理、归类、分析诸多环节无一不需要我们谨慎对待，而且会让我们在此过程中掌握许多技巧，例如使用何种工具整理资料、怎样找出本土概念、如何布局谋篇等。不过，我感受最深的却不是这些十分具体的实务技巧，而是另外一件略显玄虚的工作：再读文献。

一般来说，当我们完成研究建议书之后，常常会觉得自己已经对现有的研究有了充分的掌握，将来在分析资料时应该不需要再读其他的文献了。而我感到，这恰恰是一个我们必须警惕的误区，这是因为：首先，理论与实践之间总是存在着差距，已有的文献始终无法解释或涵盖所有当前情境的实践经验；其次，与上一点密切相关，作为研究者，我们在呈现资料之后必须进行理论化（theorization）的工作，而已有的理论架构总是无法胜任这一任务。在学术练习的这个阶段中，我十分幸运地遇到了三类先前未曾注意的文献，而它们对帮助我诠释资料和撰写论文都起到了不可替代的作用。

在回应第一个研究问题时，我在回顾了过去一年高中教师在实施课程改革中大致的情绪经历之后，模糊地感到这些教师的"心路历程"可以进一步分为几个类别。然而，对如何命名及归纳这几类教师的特征，我总是缺乏清晰而适合的想法，直到有一天，我在太圣师兄回访中大时主讲的午间研讨（lunch seminar）上听到鲍曼关于后现代社会中人们身份认同的理论时，顿时有云开日出之感！我意识到，自己原来模糊地感受到的几种心路历程，正反映了教师在充满不确定性的变革情境中重构自我的不同类型。午间研讨结束后，我立即找到并详细阅读了鲍曼为论述此问题而发表的两篇重要文献。后来，我借鉴他关于"朝圣者""观光者"和"流浪者"的隐喻，分析了四种类型的教师，即"领头羊""适应者""小卒子"和"演员"。

在回应第二个研究问题时，我在运用哈格里夫斯的"情绪地理"分析了高中教师在课程改革的人际互动中产生的情绪事件之后，感到还有不少情绪事件无法用这个理论架构解释。在和曾荣光教授讨论时，他提到困境（dilemma）研究或许能够提供帮助。阅读相关文献后，我发现了迪莫克在讨论学校领导者困境的两篇文献，从而发展出另一个解释教师情绪事件的概念架构，即由改革本身与其所处情境之间的各种张力造成的"情绪困境"——这是已有的情绪研究从未提及的。

其实，最重要的一篇文献，是我在回应了三个研究问题之后，试图用一个整体的视角审视所有研究发现时遇到的。虽然我最初就是按照三个问题之间的联系设计这项研究，但对它们会以何种方式联系在一起并无清楚的认识，更何况在回应前两个研究问题时还遇到了一些新浮现的问题。不过，我知道，我所使用的一些关键概念都源自象征互动论，如情绪劳动、应对策略以及情绪地理学等，因此，我决定对这个更具本源性的理论传统做出细致的梳理。当读到象征互动论的集大成者——布鲁默在1967年发表的那篇经典之作——《作为象征互动的社会》（*Society as symbolic interaction*）时，我不禁恍然大悟、拍案叫绝！在这篇文献中，布鲁默用象征互动论的思想，极为简约地阐述了自我、互动以及结构三个层次上的社会现象及其运作原理。依照这个三层次架构，我所有的研究发现都可以各得其所、各安其位。对此，我只有衷心折服于大师的思想和经典的魅力！这段经历让我体会到，虽然对包括质性与量化在内的所有经验研究来说，最新发表的实证文献固然重要，但那些最"旧"的、纯理论的文献同样不可忽视，尤其是在研究的理论化阶段，其重要性只有过之而无不及。

三、未竟的旅程

回首望去，那次学术练习已过去了很多年。然而，直到今天的这次"倾诉"为止，那时开始的旅行似乎从未停止过，似乎一直在给我时间，让我慢慢参悟质性研究的玄妙之处。作为一个初入门者，我不敢说对此有何高见，不过，以下讲述的这些，的确是我在学做质性研究以来的一些心得。

（一）经验研究的"3R"之路

在我看来，一项好的经验研究，无论是质性研究还是量化研究，都要经历一次"3R"之路。第一个"R"是回顾（Re-view）。在这个阶段，我们要充分检视既有的文献，把握前人对此问题的理解，并发现进一步探索的方向。既有的文献不仅能为我们提供理论上的指导，还能为我们奠定研究设计与方法上的基础，而后者对我们即将付诸行动的经验研究来说恐怕更为重要。第二个"R"是反复搜寻（Re-search）。在这个阶段，我们不同程度地背负"理论包袱"，按照研究设计的指引，进入实际经验场中，针对研究问题反复展开搜寻。之所以要将前缀"re-"与动词"search"分开，意在强调深入研究对象之"场"、检视课程与教学现象对经验研究来说不容忽视的重要性。第三个"R"即再概念化（Re-conceptualization）。理论立场应始终是研究者的坚守。在经历前两个阶段之后，我们必须回到观念世界中，对既有的种种理论架构做出反思、批判和补充，以便使理论更好地诠释实践中的问题，从而丰富我们的知识版图和对事物的理解。

事实上，这种"3R"之路的概括并非我的独创。例如，王鉴曾借鉴人类学的隐喻，主张人文社会科学研究只有经过"在这里"（being here）、"去那里"（going there）和"回到这里"（coming back here）这样的"归去来兮"之路，才能使思想和研究具有原创性。然而，我想强调的是，在经验研究的这条"3R"之路上，我们会遭遇两次理论与实践之间的转换，即从"回顾"到"反复搜寻"，以及从"反复搜寻"到"再概念化"的两次"转场"。正如我在学术练习之旅中遇到的那样，理论与实践之间总是存在着差距：既有的理论，甚至研究设计总是无法完全符合实践，而总有部分实践经验逃逸在已有的理论架构之外。作为研究者，我们应该时时自省的是，理论不是对实践目中无人的颐指气使，而是对实践的悉心求证和深刻体悟。实践的复杂性和多元性始终在考验着理论的解释能力。我们不能削足适履，硬生生地将实践塞入既定的理论框架，也不能天马行空，脱离实际地空谈理论。如何使这两次转换过渡得平稳、自然而又发人深省，这是最能体现研究者功力的地方，也恰恰是研究者的责任所在。

（二）作为"情绪劳动"的田野工作

在这次学术练习中，霍克希尔德的"情绪劳动"（emotional labor）是我用来分析课程改革中教师情绪的一个关键概念。凭借女性对情绪的细腻感受，这位天才的学者敏锐地指出，随着服务行业在当代社会的普及，雇员不仅要进行传统的体力劳动和脑力劳动，还要进行大量的情绪劳动。如果我们对这个术语感到难以捉摸的话，那么应该对另外一个具有同样实质含义的术语不会觉得太过陌生，即情绪管理（emotional management）。若要细究其中的分别，用霍克希尔德的话来说就是，情绪劳动可以出售以获得薪水，因此具有交换价值；情绪工作、情绪管理是指个体所做的具有使用价值的相同行为。

对我来说，这次学术练习的一个意外收获就是它让我发现，作为质性研究核心基石的田野工作正是一项不折不扣的"情绪工作"。为使结果趋近理想，研究者田野工作中时时刻刻都要付出"情绪劳动"。这是因为，人际互动是田野工作的基础，而田野工作的实质就是研究者与受访者进行广泛的互动和交流。研究者要想和受访者建立信任关系，让受访者愿意讲述自己内心深藏的故事，就必须将心比心，想方设法进入受访者的内心世界。为此，研究者必须用"心"和受访者交往，管理好自己的情绪，为双方的互动创设安全愉悦的心理氛围。更何况在整个田野工作中，研究者总是无法确定自己能否获得充足的资料、与下一个受访者的互动是否顺利，因而始终处在紧张、焦虑和担忧之中——我在先导调查中遭遇的"惊愕、惶恐"和资料收集阶段的"如履薄冰"就是如此。然而，研究者必须时刻注意调整自己的情绪，以积极的心态和受访者展开互动。因此，当我踏入田野不久，我立刻强烈地意识到，自己现在做的正是自己试图研究的"情绪劳动"！若问这些情绪劳动的交换价值何在，在最功利的意义上，那就是它让我从受访者那里得到了许多重要的资料，并且最终帮助我获得了那个自己梦寐以求的"哲学博士"学位。

（三）作为"探险"的质性研究

若要用一个词来概括整个质性研究的特征，我会毫不犹豫地选择"探险"（adventure）。而且在我看来，这也正是质性研究和量化研究的一个饶有趣味的区别。

探险，意味着我们要向未知世界迈进。在这一点上，试图探究世界的质性研究与量化研究并无二致。但是，当离开这个出发点后，我们会发现，量化研究大多是研究者在实践中依序展开预定的方案。即使有一些研究结果与预先的假设相左，但所有的研究发现仍然落在预定方案的范围之中。与之相比，质性研究的每一个环节都是在"探险"，理论与实践之间的差距让质性研究遭遇太多的"想不到"。例如，在这次学术练习之旅中，我想不到自己无法进行原定的叙事研究，想不到会用鲍曼关于身份认同的理论来区分四类教师的"心路历程"，想不到在情绪地理之外还存在着"情绪困境"，更想不到会用源于象征互动论的三层架构来概括整个研究发现。而所有的这些，都远远超出了我最初的研究建议书的范围。直到写完论文的最后一句，我才知道：我的研究竟然是这样的！为保持质性研究的这个特征，我没有对研究建议书做出太多修改，就将其放在最后的研究报告之中。虽然这种做法让我的文献回顾部分显得不够完整、不够充分，但它能够提醒我，当初的学术练习之旅是如何一步步地展开"探险"的。

不过，"探险"是一把双刃剑。充满变数的研究历程让研究者缺乏足够的安全感。即使研究者知道前进的方向，也无法确定自己将要走的路，以及最后见到的风景。但是，它也让质性研究具有了一种始终开放的性质，随时准备接纳新的元素，并且让我们在研究过程中获得许多惊喜。这或许正是质性研究的魅力所在。记得在完成论文初稿那天，我在自己的博客上写下这样一段名为《思考的孤独》的文字：

终于在今天绾了一个结，想结束了。越是到了这末尾的时候，越能看到那些散落一地的零乱。如同撒了种、抽了芽、长了枝干，如今直起腰、转过身，为这一路葱郁感到欣慰的同时，却也发现那许多横刺斜伸的枝枝杈杈还有待修剪。而此时，却实在拿不起方才低头耕作时的精神。再走回去，好难！

回了一封欠下的邮件。在邮件中，我告诉别人自己的体会：思考是孤独的，尤其是那些深刻的思考。虽然这种孤独有时会咬噬着你的骨髓，令你痛苦不堪却又欲罢不能——那距离你或许只有半步之遥的胡萝卜总在前方晃荡，吸引着你这只倔强的驴子。但是，这孤独的思考却也自有它的奖赏，那就是当一缕亮光刺穿雾气、让前方豁然开朗时带给你的惊喜。深刻地思考使我们孤独，但也让我们领略到了别人无法体会的风景。即使充满波折，只凭这一点，它也值得了。

真正的思考是一次探险。虽知道要沿着这条路走下去，但是永远无法准确地知道将会发现什么。思考是孤独的，也是有生命的。当旅行者一路走来，他渐渐能把沿途的片段连缀起来，构成一幅活着的、延伸的风景。虽然旅行者仍然无法预知未竟的探险，但他已经能够给别人讲述一个故事，一个自己的故事。没有人知道事物的秩序究竟是什么。这个故事就是对孤独的补偿。

此刻，你听到的是我讲述的关于沿途所见的故事。你知道了这个故事，或许会感到有趣。然而，更有趣的，却是我用心经历而又无法讲述的孤独。

今天，把那段学术练习之旅讲述出来，与人分享其中的趣味，或许我将不再孤独，但我仍愿意用这段文字作为本文的结尾。这不仅是因为它是我当时强烈而真实的个人感受，更是因为，若细细品味，那段旅程的经历和收获，也都能在其中觅得一二。

尹弘飚

2013年9月15日于中大山城

后记2 浮光掠影

今天是2021年最后一天。明天，就是新的一年了。这一年，发生的事情太多。宏大至家国天下，渺小至我自己，都在这一年中改变了轨迹。这是需要并值得纪念的一年。我想把这一天留给你——我亲爱的爸爸。

曾经多少次，我试着向自己讲述一个完整的关于你的故事，但我发现很难。从高中住校开始，我离你越来越远。虽然直到现在，我心里也刻着你的样子，但这一笔笔勾勒出来的，竟然都是些记忆的碎片，很少有连续的影像。像一沓整理后的老照片，虽说按时间排了序，但之间终究隔着年岁。看到一张，想起一段故事。但照片毕竟不是动画。哪有几张是连续的？中间那些缺失的，全都得靠想象了，何况这些还都是泛了黄的老照片。

爸，你知道我印象里第一张有你的照片是什么时候吗？你肯定不知道。你和妈说我们小的时候搬过不少次家，从洛阳到宜阳再回到灵宝。你们说我是在三门峡黄河医院出生的——妹妹现在工作的那所医院。那对我来说，这搬家的经历还得再往前加上这么一段。我对在洛阳的日子虽然没什么印象，但记忆中一直有那么一幅场景：在一个寺庙前面，小不点儿的我站在一匹石马旁边（或者是坐在石马上？记不清了）——这应该是在洛阳的白马寺。说实话，这幅场景中不记得有你，但我相信你和妈都在我附近，否则那么小的孩子怎么会出现在这种地方？

我真有印象甚至能感觉到的，是我们住在宜阳那段时间。我记忆里，那是一个两层有开放过道的小楼，两端的楼梯下还有红砖做起来的石拱，是藏猫猫的好地方。我们家在二楼大概中间的位置，门口不远处应该就是这一层住户们公用的水龙头和水池了。那天我和哥还有另外一家的两个孩子都在水池旁玩，发生了意外（或是出于人为），我从二楼摔了下去。还好下面是一个鸡棚，我从鸡窝顶棚滚落到地上。你和妈吓坏了。按照妈后来告诉我的：我晃晃悠悠站起来，然后又摔到了地上。我想告诉你：那时我远远看到你和妈正从前面那个楼梯跑下来，然后就什么也不知道了。我记忆里一直有一个画面：我躺在一张床上，睁开眼时，窗外灰蒙蒙的，不知道是傍晚还是天黑。你和妈就坐在我身旁，我还记得有一双手在抚摸着我，嘴里小声说着话。我想，那时候你们说的应该是："总算醒来了！你没事吧？"那个房间深深地留在我的记忆里：小小的，没开灯，你们就围坐在我旁边，用手抚摸着我。

之后印象越来越多的，是我们回到了灵宝，住在一个筒子楼，走廊两侧全都是住户。走廊经常不开灯，印象里总是黑乎乎的。我们住在一楼进门右侧北边的一户。四口人，只有那么一间房，满打满算也就十几平方米吧！那段日子，我见到你的时间不多，似乎你每天都在工作——就像现在阿布、阿诺很少能见到我一样。我印象特别深的一次，竟然是那次你和妈吵了架，说要带着我搬去学校住——你那时是厂里子弟学校的语文老师。这可把我吓坏了！那情形似乎你要和妈分家一样，我再也见不着妈和哥哥了！我大哭着，跟在你后面，一步一回头，看着筒子楼门口站着的妈妈。你头也不回地走着，还拉着我的手。其实，你不拉我的手，我那会儿也不敢不跟着你——万一真没人要我了怎么办?！爸，这是我对那段筒子楼岁月的最深印象，你没想到吧！

我一直记得回灵宝后上的那所轴承厂子弟学校。印象里，那个校园可真大，装得下全校所有的学生，够小一到初三每个班的学生出来一起做课间操。那得多大的院子才行啊！回灵宝后，妈进了工厂，在八车间；你在这所学校，教语文；我，应该是这所学校一年级的学生吧！自己的爸爸在自己的学校当老师，还是很让我得意的。于是，我有了不少学校老师的孩子才能有的经历。北方四季分明，昼夜时长差别明显。你的办公室在校门进来一路往里走，差不多要到最西头的位置。那时候老师要出卷子，得自己用蜡纸垫在钢板上，拿一支有钢尖的笔在蜡纸上刻写，然后用油印机一张张把卷子印出来。我记得冬天早上，穿过你办公室厚厚的棉布帘，看到你趴在办公桌上刻钢板的样子。你总是很认真地用钢尖笔写着，以至于我后来看到你写的字，个个刀劈斧砍、铁画银钩的样子，总觉得是因为你那时钢板刻得太多了。我还记得和你一起去隔壁的油印房印卷子：拿起沾满油墨的滚轴，在垫了蜡纸的模子上用力压着滚过去，一张满是油墨气味的卷子就出来了——这可是很令我惊奇的事情，虽然经常因为用力不匀，印出来的卷子都成了白云苍狗。

我上过你的课。这事你肯定知道，但一定不会认为我是在上课。估计应该是小学生放学早，而你是中学老师，又没下班，妈在厂里工作，自然也没到下班的时候，于是我就会出现在你的课堂上了——就像现在的我有一次发现阿布忽然出现在教室门口一样。我坐在最后一排。因为是你的儿子，而那会儿你又在讲课，坐在后排的学生也会热情地招手让我进来，坐在他们旁边。你那时讲的是什么，我当然什么都不知道，但我总记得你满腔投入的样子：说着灵宝话，声音高亢而抑扬顿挫，拿着粉笔的右手挥舞着，很有气势。

我还记得你带我去家访。那时候的老师都要家访。这所学校的学生绝大多数都是厂里职工的子弟，而厂区就那么大，相互之间住得近，大都在步行十分钟的范围内。那位学生住在职工食堂对面的那排房子的中间一户。我一点也想不起来那位学生的样子，但一直记得她的名字：薛燕。我们敲开她家的门，她出来迎接我们。你告诉我，她是你最出色的学生，家境贫寒，但学习非常努力。若干年后，直到我上大学了，还记得有一天她来我们家，看望自己曾经的老师。

和你、和这所学校有关的记忆，还包括那次二年级时的小学生故事比赛，我讲的《咕咚来了》获了奖，其实是你手把手教出来的——你那绘声绘色的语调"不好了！咕咚来了"总在我耳边响起。我还记得那次学校给我照了一张照片。我侧着脸，右手一指："快跑啊！咕咚来了！"还有后来那次课间，你在校门口唤我，我抛开正在玩着的"斗鸡"，转身向你跑去，却被后面那个人一下撞上来，额头磕在大铁门上。你抱起我就往厂卫生室跑。我记得你拿了一个手绢蒙在我脸上，我躺在你臂弯，只听见你一路咚咚的脚步声。后来，你和妈说我额头上缝了五针。

我还记得我们一起回老家浊玉——灵宝城南不远的一个村子，爷爷、奶奶住在那里。你和妈说距离轴承厂有八里路。你骑自行车带着我，我常常坐在前杠上。估计是因为小，坐后座容易有意外——我有次真的把脚伸到了后车轮里！这来来回回的一路上，经常听你给我讲一些故事，能明白的、不能明白的都有。记得有次是从浊玉回灵宝，途经新卫厂的那个缓坡，你那时给我讲《红楼梦》，告诉我贾宝玉的生活是腐朽的，贾琏、贾珍那些人的生活是糜烂的。我可一点都不理解：贾宝玉吃穿用度样样锦衣玉食，哪里有什么腐朽呢？贾琏、贾珍那糜烂的生活又是什么样子呢？

　　这些都是在我上小学的时候的事情。等我上了初中，你已经从那所学校辞职了。从那之后，见到你的机会似乎少多了。上初中后，我也到了叛逆期，没少让你和妈操心。在学校见到你的几次，大都是学校老师叫你过来的，包括那次学校误以为我们这几个调皮学生偷摸进了学校的实验室——其实当然没有。这段时间，我印象最深的，是我们在陇海铁路不远那个大院住时，到了夏天，暑热难耐，大家都在太阳快下山时在院子里喝茶、乘凉。你那天坐在一个竹椅上，赤裸着上身，手里摇着蒲扇，和另外几个人谈天说地。你身材矮胖，盘腿坐在那里更显肚子，而那会又谈在兴头上，满面笑容。那天，我们还特地拍了一张你的照片：你笑容可掬、慈眉善目，盘腿坐在竹椅上，活像一个弥勒佛！

　　再后来，就是我上灵宝一高了。那年因为我年龄小一岁，灵宝一高对小一岁的学生降低了录取分数线，而我中招考试的成绩恰好压着一高的分数线，最后总算进了灵宝一高读高中，那是你的母校。好险！从那时起，我开始住校了。高一时住在北边临操场的那排宿舍里，一天中午你骑着自行车来灵宝一高看我，交代了几句话，就又骑着车回去了。你肯定不知道——那天你走后，我居然仿照朱自清，也写了一篇《背影》，还被同学取笑了几天。

　　你是老三届，没机会上大学。要不是因为众所周知的那些年，当年读高中时就叱咤风云的你——这是我高二时的语文老师告诉我的，用现在的话说，就是妥妥的学霸，考个大学根本不是难事。我记得你后来买了很多电大、函授的教材，准备圆自己的大学梦。可时运不济，东奔西走、养家糊口，哪有机会再静下心来读书？但爸，你知道吗，当时你买的这些教材真没浪费，不少都被后来上高中时的我用上了，记忆最深的就是游国恩的《中国文学史》。那时暑假里翻到这些书，也没有别的书可读，就捧起来看下去，居然还挺有意思！我还记得有些书上有你画的记号、做的笔记。是这些书，让我知道先秦、知道乐府、知道蔡文姬、知道苏东坡……

是你送我去上大学的。1996年9月开学的时候，我们坐着绿皮车晃了一夜，大早上到了开封。出了火车站，又坐在1路车上晃了大概一个小时，才到了终点站：明伦街85号。感觉那会也就是早上七点多，我们站在校门前，抬头端详着这古色古香的校门和额上米芾题的四个大字：河南大学。背着行李，你把我送进了这所大学，让我开始了自己的大学生涯。你还特地和我去宿舍前的那个学生餐厅吃了一顿饭。我记得你说："嗯，这样的饭菜，也够你吃饱了！"但是，我亲爱的爸爸，你不知道这些餐厅师傅的伎俩：每年刚开学那会儿，看到和家长一起来买饭的学生，饭菜自然会给得多一些。过了开学那段时间，师傅们就又开始苦练抖功了。

大学那几年，还有一次见到你。那应该是1998年的元旦前夕，几天前开封还下了雪。那次你和妈一起去开封看我。那时候没有手机，也不会事先打电话，我一点也不知道。那天中午我刚走出教科院，同学告诉我你和妈来看我了，让我赶快回宿舍。我真是不敢相信！跑回宿舍后，真的是你们坐在我里面靠窗的下铺上！我高兴地向舍友们介绍。你和妈问："天这么冷，你穿得这么单薄，冷不冷？"第二天，我们一起去马道街，你们给我买了两件厚棉服，让我换着穿。对了，爸，那件浅棕色的厚夹克特别合身，我很喜欢。后来，我们还去了宋都御街。在一家给游客的纪念品店里，你和妈让我挑一件自己喜欢的。我就挑了那个刻着马的生肖玉佩。爸，你记得不？汉白玉的底，小马尾巴翘着，你们说这匹小马很神气。我后来一直戴着。挂绳换了几次，但那件玉佩，我一直带在身边。

等1999年寒假回家时，我才知道你已经做完手术、在放疗化疗了。你们什么都不告诉我，只说让我回家从三门峡下车，之后有人会接我。那人接到我后，告诉我你在黄河医院住院了。化疗之后，我们回到灵宝。别人遇到这种事情，都消沉得不得了，但你不是。别看化疗的时候那么难受、那么虚弱，但回灵宝后——那时我们住在轴承厂临街前院的楼上，每次朋友来看你时，你总是声情并茂地向他们详细描述你的经历：如何发现病情、如何去医院手术、如何进行放疗化疗，仿佛在说另一个人的事情一样，就怕朋友们不知道你的这些经验。当时就有人说你就是心大，什么事情都装得下。

再后来，我离你和妈越来越远了。读博、工作，我的生活慢慢稳定下来，经常每年最多回去一次看望你们。我从自己的经历，就知道养儿子是一笔亏本买卖——父母耗费多少心血把儿子养大，但他们大都漂泊在外，很少顾得上父母。真是费尽心机、徒劳心力！一年年的，我眼睁睁着你衰老了：须发一年比一年白得多，脚步一年比一年走得慢，说的话也一年少过一年。每次回去，我一踏进门，妈说的总是："放下包，洗手，吃饭！"而你，坐在客厅里面的木椅上，笑眯眯地看着我，慢慢说："哦，你回来了！"——这声音，现在就在耳边响起。

手术虽然留下了后遗症，但这些年你从来没给别人添过麻烦。不仅如此，你还把房前房后的地都收拾出来，按节气种上了各种菜：豆角、辣椒、茄子、青菜、西红柿……每次回去，很多时候你大清早起来就去收拾你的菜园子了。我们坐下来说话的机会越来越少。当然，也是因为我总觉得自己翅膀硬了，从没有耐心听你把话说完。经常是你刚起了个头，就被我两句呛了回去，但你从没有责怪过我。就像人说的：你就是心大，什么事情都装得下。

记得我工作刚稳定下来的时候，有一次你对我说，很想去我工作的地方看看，否则总有一种梦魂无依的感觉。我当时敷衍着，说以后带你和妈去看我工作的地方。这么轻飘飘地一说，就晃过去了好多年。2019年初，我又向你和妈求援，让你们来深圳过春节，其实是帮我们带孩子。在文岚的提醒下，春节刚过，我带你和阿布一起来中文大学，一起去大屿山，一起去尖沙咀。我们总算有了在香港的合照，在天人合一、在天坛大佛、在天星小轮。现在想起来，我可真是幸运！那年夏天，妈心脏病犯了，我回灵宝看望你们，在家停的时间短，就住在哥这边。我记得临走那天，我们在中医院对面的那家饭馆吃过羊肉，我准备上车走，你站在那里看着我，迟迟不离开，嘴唇动了动，没说什么话，但我看到你的眼角泛着泪光。我还走过去笑着宽慰你："爸，放心，过些时候就又见到了。我走了啊！"

可人这一生，哪儿经得起几个"过些时候"啊！

2021年5月17日早上六点刚过，妈打电话过来了。我心里一惊：从没有这么早给我打电话的，出了什么事？！电话接通，妈告诉我：赶快回家。迟些恐怕再也见不到你爸了！我立刻订票，晚上六点到了三门峡。这一次，你又住进了黄河医院——就是那个我出生的地方，但这次你是在ICU，而且再也没有睁开你的眼睛。爸，我怎么没告诉过你：你笑起来，眼睛弯弯的，很美、很慈祥！后面这几天我们作为患者家属，要帮忙转运你去做CT，才有机会见到你。我一路上尽量和你说话，心想你什么都知道，尽管眼睛无法睁开、手脚不听使唤。我想这些你都知道：你眼角的泪水、你的咳嗽；我和哥握起你的手时，你的手指也在轻轻地回握。你知道我们在你身边，但我什么都做不了。我唯一能做的，就是多叫你几声爸。但这次你再也不给我机会，让我嫌你唠叨了！这次你真的什么都不要了，连我的手也不拉了！这次，你真要就这么头也不回地，一路走下去了！

2021年5月28日下午6点19分，你永远地离开了我，离开了我们。我们给你刮胡子、洗脸、擦拭身体、换好衣服——做了你40多年的儿子，你却只需要我做这么一点点。阿布也来看你了。她告诉我："爸爸，你不要太伤心了，爷爷会变成星星，在天上看着我们的。"爸，有这样的孙女，你一定会为我欣慰的，是吗？

你离开后，我在家住了一段时间，就睡在你的床上，总想着你能回来看我，但什么都没有。从此后，我只能想象，每次踏进家门，你都坐在客厅靠里的木椅上，笑眯眯地看着我，对我说："哦，你回来了！"

过了一个多月，我回到深圳了，才第一次梦到你。梦里有你、我和妈三个人，仿佛我们是从香港回内地，准备过海关。远处那几间小小的房子，更像一所旧车站，或者旧学校，那就是海关了。我们三人穿过林间小道，往海关处走。等待过关的，还有一些人。轮到我们了，你告诉我，等过了这海关，你就要把自己封闭起来，要去休眠了。我陪你一起过了那道海关，像是漂流一样，不过这次换了是我坐在你的身边，而你安静地躺在木筏上，顺着水流，我们过了海关。我看着你的身体、你的面容，一点一点地凝固下来。这次，你要睡一个长觉了。我从梦里醒来。我知道，是你来看我了，不忍我担心，来和我做最后的道别。

2021年就要过去了。这一年，发生了太多事情，有太多事情需要纪念。而我，想把这最后一天留给你，我亲爱的爸爸。

谨以此书献给我的父亲尹向东。

尹弘飚

2021年12月31日于蝴蝶山庄

参考文献

图书

[1] 陈向明. 质的研究方法与社会科学研究 [M]. 北京：教育科学出版社，2000.

[2] 李子建，黄显华. 课程：范式，取向与设计 [M]. 香港：中文大学出版社，1996.

[3] 马云鹏. 课程实施探索：小学数学课程实施的个案研究 [M]. 长春：东北师范大学出版社，2001.

[4] 曾荣光. 香港教育政策分析：社会学的视域 [M]. 香港：三联书店，1998.

[5] 赵慕熹. 教育科研方法 [M]. 北京：北京教育出版社，1991.

[6] 赵月瑟. 译者的话. George H. Mead 著，赵月瑟译. 心灵，自我与社会 [M]. 上海：上海译文出版社，1992.

[7] 钟启泉，崔允漷，吴刚平. 普通高中新课程方案导读 [M]. 上海：华东师范大学出版社，2003.

[8] 中华人民共和国教育部. 普通高中课程方案（实验）[M]. 北京：人民教育出版社，2003.

[9] Bourdieu P. & Wacquant L.D. 著，李猛，李康译. 实践与反思——反思社会学导引 [M]. 北京：中央编译出版社，1998.

[10] Foucault M. 著，刘北成，杨远婴译. 规训与惩罚 [M]. 北京：生活·读书·新知三联书店，1999.

[11] Giddens A.著，赵旭东等译. 社会学 [M]. 4版. 北京：北京大学出版社，2003.

[12] Ajzen I. Attitudes, personality and behavior [M]. Buckingham: Open University Press, 1988.

[13] Acker S. Gendered education [M]. Bukingham: Open University Press, 1994.

[14] Bardwick J. M. Danger in comfort zone [M]. New York: American Management Association, 1991.

[15] Berlak A., Berlak H. Dilemmas of schooling: Teaching and social change [M]. London: Methuen, 1981.

[16] Berman P., Malaughlin M., Bass M., Pauly E., Zellman G. Federal programs supporting educational change: Vol. VII. Factors affecting implementation and continuation [M]. Santa Monica, CA: Rand, 1977.

[17] Bernard H. R. Research methods in cultural anthropology [M]. Newbury Park, Calif: Sage Punblications, 1988.

[18] Blenkin G. M., Edwards G., Kelly A. V. Change and the curriculum [M]. London: Paul Chapman Publishing Ltd, 1992.

[19] Blase J., Blase J. Breaking the silence: Overcoming the problem of principal mistreatment of teachers [M]. Thousand Oaks, California: Corwin Press, Inc, 2003.

[20] Bodine R. J., Crawford D. K. Developing emotional intelligence: A guide to behavior management and conflict resolution in schools [M]. Champaign, Illinois: Research Press, 1999.

[21] Bogdan R. C., BIKLEN S. K. Qualitative research for education: An introduction to theory and methods [M]. 4th ed. Boston: Allyn & Bacon, 2003.

[22] Boler M. Feeling power: Emotions and education [M]. New York, London: Routledge, 1998b.

[23] Corsini R. J. The dictionary of psychology [M]. Philadelphia: Taylor & Francis, 1999.

[24] Csikszentmihalyi M. Flow: The psychology of optimal experience [M]. New York, London: Harper & Row, 1990.

[25] Carlyle D., Woods P. The emotions of teacher stress [M]. Stoke on Trent: Trentham Books, 2002.

[26] Damasio A. R. Descartes' error: Emotion, reason, and the human brain [M]. New York: A Grosset/Putnam Book, 1994.

[27] Darling-hammond L. The right to learn: A blueprint for creating schools that work [M]. San Francisco: Jossey-Bass, 1997.

[28] Denzin N. K. On understanding emotion [M]. San Francisco: Jossey-Bass Publishers, 1984.

[29] Denzin N. K. The research act: A theoretical introduction to sociological methods [M]. 3rd ed. Englewood Cliffs, NJ. : Prentice Hall, 1989.

[30] Dimmock C., WALKER A. Educational leadership: Culture and diversity [M]. London: Sage, 2005.

[31] Eagly A. H., CHAIKEN S. The psychology of attitude [M]. Fort Worth, TX: Harcourt Brace College Publishers, 1993.

[32] Elbaz F. Teacher thinking: A study of practical knowledge [M]. London: Croom Helm, 1983.

[33] English H. B. English ACA. comprehensive dictionary of psychological and psychoanalytical terms: A guide to usage [M]. London: Longmans, 1958.

[34] Evans R. The human side of school change: Reform, resistance, and the real-life problems of innovation [M]. San Francisco: Jossey-Bass, 1996.

[35] Fineman S. Emotion in organizations [M]. London: SAGE Publications,

1993c.

[36] Fishbein M., Ajzen I. Belief, attitude, intention, and behavior: An introduction to theory and research [M]. Reading, MA: Addison-Wesley Publishing Company, 1975.

[37] Fullan M., Stiegelbauer S. The new meaning of educational change [M]. 3rd ed. London: Cassell, 1991b.

[38] Fullan M. Change forces: Probing the depths of educational reform [M]. London: The Falmer Press, 1993.

[39] Fullan M. The new meaning of educational change [M]. 3rd ed. New York: Teachers College Press, 2001a.

[40] Fullan M. Leading in a culture of change [M]. San Francisco: Jossey-Bass, 2001b.

[41] Fullan M. Change forces with a vengeance [M]. London: Routledge Falmer, 2003.

[42] Goffman E. The presentation of self in everyday life [M]. London: Allen Lane The Penguin Press, 1969.

[43] Gorman P. Motivation and emotion [M]. New York: Routledge, 2004.

[44] Hall G. E., George A. A., Rutherford W. L. Measuring stages of concern about the innovation: A manual for the use of the SoC Questionnaire [M]. Austin, TX: Southwest Educational Development Laboratory, 1977.

[45] Hall G. E., Hord S. M. Changes in schools: Facilitating the pocess[M]. Albany: SNUY Press, 1987.

[46] Hall G. E., Hord S. M. Implementing change: Patterns, principles, and potholes [M]. Boston: Allyn and Bacon, 2001.

[47] Hargreaves A. Changing teachers, changing times: Teachers work and culture in the postmodern age [M]. London: Cassell, 1994.

[48] Hargreaves A. Rethinking educational change with heart and mind [M]. Alexandria, VA.: Association of Curriculum and Development, 1997.

[49] Hochschild A. R. The managed heart: Commercialization of human feeling [M]. Berkley, Los Angeles, London: University of California Press, 1983.

[50] Holmes B. Problems in education: A comparative approach [M]. London: Routledge & Kegan Paul, 1965.

[51] Izard C. F. The psychology of emotions [M]. New York: Plenum Press, 1991.

[52] Kolbe K. The conative connection: Uncovering the link between who you are and how you perform [M]. Massachusetts: Addison-Wesley Publishing Company, Inc, 1990.

[53] Lazarus R. S. Emotion and adaptation [M]. New York, Oxford: Oxford University Press, 1991c.

[54] Levin H. Education and the ability to deal with change [M]. Hong Kong: Hong Kong Institute of Educational Research, The Chinese University of Hong Kong, 1998.

[55] Lutz C. A. Unnatural emotions: Everyday sentiments on a Micronesian Atoll & their challenge to western theory [M]. Chicago, London: The University of Chicago Press, 1988.

[56] Margolis D. R. The fabric of self: A theory of ethics and emotions [M]. New Haven, London: Yale University Press, 1988.

[57] Marsh C. J. Key concepts for understanding curriculum [M]. London, New York: Falmer Press, 1992.

[58] Mcneil J. Curriculum: A comprehensive introduction [M]. 3rd ed. New York: HarperCollins College Publishers, 1996.

[59] Mcneil J. Curriculum: The teacher's initiative [M]. 2nd ed. New Jersey: Prentice-Hall, 1999.

[60] Merriam S. B. Qualitative research and case study applications in education [M]. San Francisco: Jossey-Bass, 1998.

[61] Meštrović S. G. Post-emotional society [M]. London: Sage, 1997.

[62] Nias J. Primary teachers talking [M]. London: Routledge and Kegan Paul, 1989.

[63] Noddings N. The challenge to care in schools: An alternative approach to education [M]. 2nd ed. New York: Teachers College Press, 2005.

[64] Ornstein A. C., Hunkins F. P. Curriculum: Foundation, principles, and issues [M]. 4th ed. Boston: Allyn and Bacon, 2004.

[65] Patterson C. H. Humanistic education [M]. New Jersey: Prentice-Hall, 1973.

[66] Patton M. Q. Qualitative evaluation and research methods [M]. Newbury Park, Calif: Sage Publications, 1990.

[67] Pratt D. Curriculum: Design and development [M]. New York: Harcourt Brace Jovanovich Inc., 1980.

[68] Saylor J. G., Alexander W. M., Lewis A. J. Curriculum planning for better teaching and learning [M]. 4th ed. Tokyo: Holt-Saunders International Editions, 1981.

[69] Sparkes A. Curriculum change and physical education: Towards a micropolitical understanding [M]. Geelong, Victoria: Deakin University Press, 1990.

[70] Stake R. E. The art of case study research [M]. Thousand Oaks: Sage Publications, 1995.

[71] Stocker M. Valuing emotions [M]. Cambridge: Cambridge University Press, 1996.

[72] Strauss A., Corbin J. Basics of qualitative research: Techniques

and procedures for developing grounded theory [M]. 2nd ed. Thousands Oaks, Calif: Sage Publications, 1998.

[73] Thorsen-spano L. A. School conflict resolution program: Relationships among teacher attitude, program implementation, and job satisfaction [M]. School Counselor, 1996, 44 (1): 19-27.

[74] Triandis H. C. Attitude and attitude change [M]. New York: John Wiley & Sons, Inc, 1971.

[75] Tyack D., Cuban L. Tinkering toward utopia: A century of public school reform [M]. Cambridge, MA.: Harvard University Press, 1995.

[76] Williams S. J. Emotion and social theory [M]. London: SAGE Publications, 2001.

[77] Yin R. K. Case study research: Design and methods [M]. 3rd ed. Thousand Oaks: Sage Publications, 2003.

论文集、会议录:

[1] Hall G.E. Local educational change process and policy implementation[C]. Paper presented at the Annual Meeting of the American Educational Research Association. Chicago, Illinois. April 1-7. (ERIC No.: ED147342).

[2] Hargreaves A. The emotional geographies of teaching [C]. Paper presented at the annual conference of the American Educational Research Association. New Orleans, 2000b: April 21-28.

[3] McKenzie B., Turbill J. Professional development, classroom practice and student outcomes: Exploring the connections in early literacy development. Paper presented in the Joint Conference of Australian Association for Research in Education & New Zealand Association for Research in Education. Nov 29- Dec3, 1999 [C]. Melbourne.

[4] Thompson M. D. Teachers experiencing authentic change: The

exchange of values, beliefs, practices and emotions in interactions［C］. Discussion Paper submitted to the Experiencing Change, Exchanging Experience Virtual Conference. June 25 – July 13, 2001［C］. Australia.

学位论文：

［1］操太圣. 院校协作过程中的教师专业性：香港与上海的个案比较研究［D］. 香港：香港中文大学，2003.

［2］Zembylas M. Emotions and elementary school science teaching: Postmodernism in practice[D]. Unpublished Ph. D. Dissertation. Urban, Illinois: University of Illinois at Urbana-Champaign, 2000.

［3］王建军. 合作的课程变革中的教师专业发展：上海市"新基础教育实验"个案研究[D]. 香港：香港中文大学，2002.

［4］Beatty B. R. Emotion matters in educational leadership: Examining the unexamined［D］. Unpublished Ed. D. Dissertation. Toronto: University of Toronto, 2002.

专著中析出的文献：

［1］黄锦樟. 导言［M］// Fullan M. & Hargreaves A. 著，黄锦樟，叶建源译. 学校与改革：人本主义的倾向. 香港：香港教育图书公司，1999.

［2］Abu-lughod L., Lutz C. A. Introduction: Emotion, discourse, and the politics of everyday life［M］// Lutz C., Abu-lughod L. Language and the politics of emotion. Cambridge, NY. : Cambridge University Press, 1990: 1-23.

［3］Ashton P. T. Motivation and teacher's sense of efficacy［M］// Ames C., Ames R. Research on motivation in education: Vol. 2. The classroom milieu. Orlando, FL: Academic Press, 1985: 141-174.

［4］Bailey B. The impact of mandated change on teachers［M］// Bascia N., Hargreaves A. The sharp edge of educational change: Teaching, leading and the realities of reform. London, New York: Routledge Falmer, 2000: 112-128.

[5] Bauman Z. From pilgrim to tourist — or a short history of identity [M] // Hall S., Du gay P. Questions of cultural identity. London: Sage, 1996: 18-36.

[6] Bauman Z. Tourist and vagabonds: The heroes and victims of postmodernity [M] // Bauman Z. Postmodernity and its discontents. New York: New York Universtiy Press, 1997:83-94.

[7] Becker H. S. Social-class variations in the teacher-pupil relationship [M] // Dale B. R., Esland I. R., Mackinnon G. M., Swift D. F. School and society: A sociological reader. 2nd ed. London: Routledge & Kegan Paul in association with The Open University Press, 1977: 107-113.

[8] Ben-Peretz M. Teachers as curriculum-makers [M] // Husén T., Postlethwaite T. N. The international encyclopedia of education. 2nd ed. Oxford: Pergamon Press, 1994: 6089-6092.

[9] Berman P., Mclaughlin M. W. Factors affecting the processes of change [M] //MILSTEIN M. M. Schools, conflict, and change. New York: Teachers College Press, 1980: 57-71.

[10] Blumer H. Society as symbolic interaction [M] // Manis J. G., Meltzer B. N. Symbolic interaction: A reader in social psychology. Boston: Allyn and Bacon, 1967: 139-148.

[11] Calderhead J. Teachers: Beliefs and knowledge [M] // Berliner D. C., Calfee R. C. Handbook of educational psychology. New York: Simon & Schuster Macmillan, 1996: 709-725.

[12] Chin R., Benne K. D. General strategies for effecting change in human systems [M] // Bennis W. G., Benne K. D., Chin R. The Planning of Change. 4th ed. New York: Holt, Rinehart and Winston. 1985:22-45.

[13] Clandinin D. J., Connelly F. M. Teacher as curriculum maker [M]

// Jackson P. W. Handbook of research on curriculum. New York: Macmillan Pub. Co, 1992: 363-401.

[14] Cooney T. J. Considering the paradoxes, perils, and purposes of conceptualizing teacher development [M] // Lin F. L., Cooney T. J. Making sense of mathematics teacher education. Dordrecht: Kluwer Academic Publishers, 2001:9-31.

[15] Cornelius R. R. The science of emotion: Research and tradition in the psychology of emotion [M]. Upper Saddle River, NJ: Prentice-Hall, 1996.

[16] Cuban L. Curriculum stability and change [M] // Jackson P. W. Handbook of research on curriculum. New York: Macmillan, 1992: 216 – 247.

[17] Dimmock C. Dilemmas for school leaders and administrators in restructuring[M]// Leithwood K., Chapman J., Corson D., Hallinger P., Hart A. International handbook of educational leadership and administration. Dordrecht, Boston: Kluwer Academic. 1996:135-170.

[18] Eynde P. O., Corte E. D., Verschaffel L. Framing students' mathematics-related beliefs [M] // Leder G. C., Pehkonen E., Torner G. Beliefs: A hidden variable in mathematics education. Dordrecht, Boston: Kluwer Academic Publishers. 2002:13-37.

[19] Farr M. J. Cognition, affect and motivation: Issues, perspectives and directions toward unity [M] // Snow R. E., Farr M. J. Aptitude, learning, and instruction: Volume 3. Conative and affective process analysis. New Jersey: Lawrence Eblbaum Associates, Publishers, 1987: 347-353.

[20] Fineman S. Organizations as emotional arenas [M] // Fineman S. Emotion in organizations. London: SAGE Publications, 1993a: 9-35.

[21] Fineman S. An emotion agenda [M] // Fineman S. Emotion in organizations. London: SAGE Publications, 1993b: 216-224.

[22] Fineman S. Emotional arenas revisited [M] // Fineman S. Emotion in organizations. 2nd ed. London: SAGE Publications, 2000: 1−24.

[23] Rijda N. H., Manstead A. S. R., Bem S. The influence of emotions on beliefs [M] // Frijda N. H., Manstead A. S. R., Bem S. Emotions and beliefs: How feelings influence thoughts. Cambridge, New York: Cambridge University Press, 2000: 1−9.

[24] Fullan M. Curriculum implementation [M] // Lewy A. The international encyclopedia of curriculum. Oxford, New York: Pergamon Press, 1991a: 378−384.

[25] Fullan M. Successful school improvement and the implementation perspective [M] // Fullan M. Successful school improvement: The implementation perspectives and beyond. Buckingham: Open University Press. 1992: 21−27.

[26] Fullan M. Implementation of innovation [M] // Husén T., Postlethwaite T. N. The international encyclopedia of education. 2nd ed. Oxford: Pergamon Press, 1994:2839−2847.

[27] Fullan M. Emotion and hope: Constructive concepts for complex times [M] //Hargreavese A. Rethinking educational change with heart and mind. Alexandria, VA: Association for Supervision and Curriculum Development, 1997: 216−233.

[28] Fullan M., Stiegelbauer. The new meaning of educational change [M] . 2nded. New York: Teachers College Press, 1991b.

[29] Fullan M., Hargreaves A. Teacher development and educational change [M] // Fullan M., Haregreaves A. Teacher development and educational change. London, Washington, DC : The Falmer Press, 1992: 1−9.

[30] Giacalone R. T., Rosenfeld P. Impression management in organizations: An overview [M] // Giacalone R. T., Rosenfeld P. Impression management in organization. Hillsdale, New Jersey: Lawrence Erlbaum

Associates, Publishers, 1989:1-4.

[31] Goodlad J. I. The scope of the curriculum field [M] // Goodlad J. I. et al. Curriculum Inquiry: the study of curriculum practice. New York: McGraw-Hill, 1979: 17-41.

[32] Goodlad J. I. Introduction: Curriculum as a field of study [M] // Lewy A. The international encyclopedia of curriculum. Oxford, New York: Pergamon Press, 1991:3-7.

[33] Hargreaves A. The significance of classroom strategies [M] // Hargreaves A., Woods P. Classrooms & Staffrooms: The sociology of teachers & teaching. Milton Keynes: Open University Press, 1984:84-85.

[34] Hargreaves A. Cultures of teaching: A focus for change [M] // Hargreaves A., Fullan M. Understanding teacher development. New York: Teacher College Press, 1992: 216-240.

[35] Hargreaves A. The emotion of teaching and educational change [M] // Hargreaves A., Lieberman A., Fullan M., Hopkins D. International handbook of educational change. Dordrecht, Boston, London: Kluwer Academic Publishers, 1998c: 558-575.

[36] Hawley W. D., Valli L. The essentials of effective professional development: A new consensus [M] // Darling-hammond L., Sykes G. Teaching as the learning profession: Handbook of policy and practice. San Francisco: Jossey-Bass, 1999:127-150.

[37] Hochschild A. R. The sociology of feeling and emotion: Selected possibilities [M] // Millman M., Kanter R. M. Another voice: feminist perspectives on social life and social science. New York: Anchor. 1975:280-307.

[38] Hochschild A. R. Ideology and emotion management: A perspective and path for future research. [M] // Kemper T. Research agendas in the sociology of emotions. Albany, New York: SUNY Press, 1990: 117-142.

[39] Hoffman M. L. Affect, cognition, and motivation[M]// Sorrentino R. M., HIGGINS E. T. Handbook of motivation and cognition: Foundation of social behavior. New York: The Guilford Press, 1986: 244-280.

[40] House E. R., Mcquillan P. J. Three perspectives on school reform [M] // Hargreavse A., Lieberman A., Fullan M., Hopkins D. International handbook of educational change. Dordrecht, Boston, London: Kluwer Academic Publishers, 1998: 198-213.

[41] House E. R. Three perspectives on innovation: Technological, political, and cultural [M] // Lehming R., Kane M. Improving schools: Using what we know. Beverly Hills: Sage Publications, 1981: 17-41.

[42] Jenkins J. H. Culture, emotion, and psychopathology [M] // Kitayama S., Markus H. R. Emotion and culture: Empirical studies of mutual influence. Washington, DC: American Psychological Association, 1994: 307-335.

[43] Kemper T. D. Sociological models in the explanation of emotions [M] // Lewis M., Haviland J. M. Handbook of emotions. New York, London: The Guilford Press, 1993: 41-51.

[44] Kitayama S., Markus H. R. Introduction to cultural psychology and emotion research [M] // Kitayama S., Markus H. R. Emotion and culture: Empirical studies of mutual influence. Washington, DC: American Psychological Association, 1994 :1-19.

[45] Kuhl J. Motivation and information processing: A new look at decision making, dynamic change, and action control [M]// Sorrentino R. M., Higgins E. T. Handbook of motivation and cognition: Foundation of social behavior. New York: The Guilford Press, 1986: 404-434.

[46] Kuhl J., Helle P. Motivational and volitional determinants of depression: The degenerated-intention hypothesis [M] // Kuhl J., Beckman J. Volition and personality: Action versus state orientation. Bern,

Seattle: Hogrefe & Huber Publishers, 1994:283-296.

[47] Leary M. R., Tangney J. P. The self as an organizing construct in the behavioral and social sciences [M] // Leary M. R., Tangney J. P. Handbook of self and identity. New York, London: The Guilford Press, 2003:3-14.

[48] Lee W. O. The cultural context for Chinese learners: Conceptions of learning in the Confucian tradition [M] // Watkins D. A., Biggs J. B. The Chinese learners: Cultural, psychological and contextual influences. Hong Kong: Comparative Education Research Center and Victoria, Australia: The Australian Council for the Educational Research, 1996: 25-41.

[49] Leiter M. P. Burnout as a developmental process: Consideration of models [M] // Schaugeli W. B., Maslach C., Marek T. Professional burnout: Recent development in theory and research. Washington, DC: Taylor & Francis, 1993: 237-250.

[50] Leithwood K. A. Implementing curriculum innovations [M] // Leithwood K. A. Studies in curriculum decision making. Toronto: OISE Press, 1982:245-267.

[51] Lewis M. Self-conscious emotions: Embarrassment, pride, shame, and guilt [M] // Lewis M., Haviland J. M. Handbook of emotions. New York, London: The Guilford Press. 1993:563-573.

[52] Lutz C. A. Engendered emotion: gender, power, and the rhetoric of emotional control in American discourse [M] // Lutz C. A., Abu-lughod L. A. Language and the politics of emotion. Cambridge, NY. : Cambridge University Press, 1990: 69-91.

[53] Markus H. R., Kitayama S. The cultural shaping of emotion: A conceptual framework [M] // Kitayama S., Markus H. R. Emotion and culture: Empirical studies of mutual influence. Washington, DC: American Psychological Association, 1994:339-351.

[54] Maslash C., Leiter M. P. Teacher burnout: A research agenda［M］// Vandenberghe R., Huberman M. Understanding and prevention teacher burnout: A sourcebook of international research and practice. Cambridge: Cambridge University Press, 1999:95–303.

[55] Mayer J. D., Salovey P., Caruso D. R. Emotional intelligence as zeitgeist, as personality, and as a mental ability［M］// Bar–on R., Parker J. D. A. The handbook of emotional intelligence: Theory, development, assessment, and application at home, school, and in the workplace San Francisco: Jossey–Bass, 2000: 92–117.

[56] Mclaughlin M. W. Implementation as mutual adaptation: Change in classroom organization［M］// Flinders D. J., Thornton S. J. The curriculum studies reader. New York: Routledge, 2004.

[57] Mcleod D. B. Research on affect in mathematics education: A reconceptualization［M］// Grouws D. A. Handbook of research on mathematics teaching and learning. New York: Macmillan, 1992: 575–596.

[58] Measor L. Critical incidents in the classroom: Identities, choices and careers［M］// Ball S. J., Goodson I. F. Teachers' lives and careers. London, Philadelphia: The Falmer Press, 1985: 61–77.

[59] Noddings N. The caring professional［M］// Gordon S., Benner P., Noddings N. Caregiving: Readings in knowledge, practice, ethics and politics. Philadelphia: University of Pennsylvania Press, 1996b: 160–172.

[60] Porter A., Floden R., Freeman D., SchmidT W., Schwille J. Content determinants in elementary school mathematics［M］// Grouws D. A., Cooney T. J., Jones D. Perspectives on research on effective mathematics teaching. Hillsdale, N J: Lawrence Erlbaum Associates, 1988: 96–113.

[61] Putnam L. L., Mumby D. K. Organizations, emotion and the myth of rationality［M］// Fineman S. Emotion in organizations. London: SAGE Publications, 1993: 36–57.

[62] Richardson V. How and why teachers change [M] // Conley S. C., Cooper B. S. The school as a work environment: Implications for reform. Boston: Allyn and Bacon, 1991: 66-87.

[63] Richardson V. The consideration of teacher's beliefs [M] // Richardson V. Teacher change and the staff development process: A case in reading instruction. New York: Teachers College Press, 1994: 90-108.

[64] Richardson V. The role of attitudes and beliefs in learning to teach [M] // Sikula J., Buttery T. J., Guytone E. The handbook of research on teacher education. New York: Macmillan Pub. Co., 1996: 102-118.

[65] Richardson V., Anders P. L. A theory of teacher change [M] // Richardson V. Teacher change and the staff development process: A case in reading instruction. New York: Teachers College Press, 1994: 199-216.

[66] Richardson V., Placier P. Teacher change [M] // Richardson V. Handbook of Research on Teaching. 4th ed. Washington, DC : American Educational Research Association. 2001:905-950.

[67] Ricoeur P. Narrative identity [M] // Wood D. On Paul Ricoeur: Narrative and interpretation. London, New York: Routledge, 1991: 188-199.

[68] Rosaldo M. Z. Toward and anthropology of self and feeling [M] // Shweder R. A., Levine R. A. Culture theory: Essays on mind, self, and emotion. Cambridge: Cambridge University Press, 1984: 137-157.

[69] Scheff T. Socialization of emotions: Pride and shame as causal agents [M] // Kemper T. D. Research agendas in the sociology of emotions. Albany: SUNY Press, 1990: 281-304.

[70] Schwarzer R., Greenglass E. Teacher burnout form a social-cognitive perspective: A theoretical position paper [M] // Vandenberghe R., Huberman A. M. Understanding and preventing burnout: A sourcebook of international research and practice. Cambridge: Cambridge University

Press, 1999: 238-246.

[71] Snow R. E., Farr M. J. Cognitive-conative-affective processes in aptitude, learning, and instruction: An introduction[M]// Snow R. E., Farr M. J. Aptitude, learning, and instruction (Volume 3: Conative and affective process analysis). New Jersey: Lawrence Eblbaum Associates, Publishers, 1987: 1-10.

[72] Snyder J., Bolin F., Zumwalt K. Curriculum implementation [M]// Jackson P. W. Handbook of research on curriculum. New York: Macmillan Pub. Co., 1992: 402-435.

[73] Soloman R. C. Emotions and choice [M]// Rorty A. O. Explaining Emotions. Berkeley: University of California Press, 1980: 251-281.

[74] Solomon R. C. The philosophy of emotions [M]// Lewis M., Haviland J. M. Handbook of emotions. New York, London: The Guilford Press, 1993: 3-15.

[75] Stryker S., Statham A. Symbolic interaction and role theory [M]// Lindzey G., Aronson E. Handbook of social psychology. 3rd ed. New York: Random House, 1985: 311-378.

[76] Thoits P. A. Emotion norms, emotion work, and social order [M]// Manstead A. S. R., Frijda N., Fischer A. Feelings and Emotions: The Amsterdam Symposium. New York: Cambrige University Press, 2004: 359-378.

[77] Weiner B. Attribution, emotion, and action[M]// Sorrentino R. M., Higgins E. T. Handbook of motivation and cognition: Foundation of social behavior. New York: The Guilford Press, 1986: 281-312.

[78] Woods P. Teaching for survival [M]// Hargreaves A., Woods P. Classrooms & Staffrooms: The sociology of teachers & teaching. Milton Keynes: Open University Press, 1984:38-63.

期刊文献：

[1] 陈健兴. 更新教育思想观念是基础教育课程改革的先导［J］. 基础教育研究, 2002, 4: 20-21.

[2] 成尚荣, 彭钢, 张晓东. 基础教育课程实施与管理现状调查［J］. 教育理论与实践, 2002, 22（6）: 49-54.

[3] 丛立新. 普通高中课程结构改革的可行性分析［J］. 课程·教材·教法, 2005, 25（4）: 5-10.

[4] 冯苗. 新课程改革背景下教师教学观念的转变［J］. 教育科学, 2003, 19（1）: 59-61.

[5] 傅维利, 刘磊. 论教育改革中的教师压力［J］. 中国教育学刊, 2004（3）: 1-5.

[6] 胡中锋, 董标. 教育评价: 矛盾与分析——在基础教育新课程改革的观照下［J］. 课程·教材·教法, 2005, 25（8）: 5-10.

[7] 黄甫全. 大课程论初探——兼论课程（论）与教学（论）的关系［J］. 课程·教材·教法, 2000, 20（5）: 1-7.

[8] 黄显华, 霍秉坤. 寻找课程论和教科书设计的理论基础［J］. 北京: 人民教育出版社, 2002.

[9] 靳玉乐, 尹弘飚. 教师与新课程实施: 基于CBAM的个案分析［J］. 课程·教材·教法, 2003, 23（11）: 51-58.

[10] 靳玉乐, 张丽. 普通高中课程改革的理念与策略［J］. 浙江师范大学学报（社会科学版）, 2005, 30（1）: 6-11.

[11] 课题组. 基础教育课程改革的成就、问题与对策［J］. 中国教育学刊, 2003（12）: 35-39.

[12] 课题组. 高中教师: 在期待中徘徊——山东省普通高中新课程实施准备情况调查报告［J］. 当代教育科学, 2004（20）: 17-20.

[13] 李允. 课程改革中教师的心理压力及缓解策略［J］. 中国教育学刊, 2004（9）: 33-36.

[14] 李子建. 教育改革的反思［J］. 基础教育学报, 2001, 10（2）/11

（1）：3-12.

[15] 李子建，尹弘飚. 后现代视野中的课程实施 [J]. 华东师范大学学报（教育科学版），2003，21（1）：21-33.

[16] 李子建，尹弘飚. 教师对课程变革的认同感和关注：课程实施研究的探讨 [J]. 教育研究与发展期刊，2005，1（1）：107-128.

[17] 刘然，余慧娟，赖配根. 普通高中课程改革的整体走向——访教育部有关方面负责人 [J]. 人民教育，2004（11）：26-29.

[18] 马健生. 教师：何以成为教育改革的阻力 [J]. 教育科学研究，2003（10）：15-17.

[19] 马延伟，马云鹏. 课程改革与学校文化重建 [J]. 教育研究，2004（3）：62-66.

[20] 马云鹏，唐丽芳. 新课程实施的现状与对策 [J]. 东北师大学报（哲学社会科学版），2002（5）：124-129.

[21] 南宁市基础教育课程改革领导小组办公室. 以更新教育思想观念为先导 扎扎实实推进课程改革 [J]. 广西教育，2002（9）：4-8.

[22] 邵光华，顾泠沅. 关于我国青年教师压力情况的初步研究 [J]. 教育研究，2002（9）：20-24.

[23] 唐晓峰. 文化转向与地理学 [J]. 读书，2005（6）：72-79.

[24] 王策三. 保证基础教育健康发展——关于由"应试教育"向素质教育转轨提法的讨论 [J]. 北京师范大学学报（人文社会科学版），2001（5）：59-84.

[25] 王策三. 认真对待"轻视知识"的教育思潮——再评由"应试教育"向素质教育转轨提法的讨论 [J]. 北京大学教育评论，2004，2（3）：5-23.

[26] 王策三，刘硕. 留下一点反思的历史记录——基础教育改革论前言 [J]. 教育学报，2005，1（1）：6-11.

[27] 魏青云. 新课程实施中教师压力：现状，成因与疏解 [J]. 当代教育科学，2004（12）：20-22.

[28] 吴康宁. 教育研究应研究什么样的"问题"——兼谈"真"问题的

判断标准 [J]. 教育研究, 2002 (11): 8-11.

[29] 尹弘飚, 靳玉乐. 课程实施的策略与模式. 比较教育研究 [J], 2003, 24 (2): 11-15.

[30] 尹弘飚, 李子建. 基础教育新课程实施的影响因素分析 [J]. 南京师大学报, 2004 (2): 62-70.

[31] 尹弘飚, 李子建. 再论课程实施取向 [J]. 高等教育研究, 2005, 26 (1): 67-73.

[32] 尹弘飚, 李子建. 论学生参与课程实施及其研究 [J]. 课程·教材·教法, 2005, 25 (1): 12-18.

[33] 尹弘飚, 李子建, 靳玉乐. 中小学教师对新课程改革认同感的个案分析 [J]. 比较教育研究, 2003, 24 (10): 24-29.

[34] 曾子炳. 流言的胜利 [J]. 读书, 2005 (10): 141-148.

[35] 张善培. 课程实施程度的测量 [J]. 教育学报, 1998, 26 (1): 149-170.

[36] 钟启泉. 概念重建与我国课程创新——与认真对待"轻视知识"的教育思潮作者商榷 [J]. 北京大学教育评论, 2005, 3 (1): 48-57.

[37] 钟启泉, 有宝华. 发霉的奶酪——认真对待"轻视知识"的教育思潮读后感 [J]. 全球教育展望, 2004 (10): 3-7.

[38] Abrami P. C., Poulsen C. & Chambers B. Teacher motivation to implement an educational innovation: Factors differentiating users and non-users of cooperative learning [J]. Educational Psychology, 2004, 24 (2):201-216.

[39] Ancess J. The reciprocal influence of teacher learning, teaching practice, school restructuring, and student learning outcomes [J]. Teachers College Record, 2000, 102 (3):590-619.

[40] Anderson S. E. Understanding teacher change: Revisiting the Concerns Based Adoption Model [J]. Curriculum Inquiry. 1997, 27 (3): 331-367.

[41] Ashforth B. E., Humphrey R. H. Emotion in the workplace: A reappraisal［J］. Human Relations, 1995, 48（1）:97-125.

[42] Ashforth B. E., Kreiner G. E. Normalizing emotion in organizations: Making the extraordinary seem ordinary［J］. Human Resource Management Review, 2002, 12（2）: 215-235.

[43] Barber M., Phillips V. The fusion of pressure and support［J］. Journal of educational change, 2000, 1（3）: 277-281.

[44] Beatty B. R. Emotion matters in teacher-administrator interactions: Teachers speak about their leaders. Paper presented to the Annual Conference of the Australian Association for Research in Education. Dec 3-8, 2000a［C］Sydney.

[45] Beatty B. R. The emotions of educational leadership: Breaking the silence［J］. International Journal of Leadership in Education, 2000b, 3（4）: 331-357.

[46] Beatty B. R., Brew C. R. Trusting relationships and emotional epistemologies: A foundational leadership issue［J］. School Leadership & Management, 2004, 24（3）: 329-356.

[47] Blackmore J. Doing "emotional labour" in the education market place: Stories from the field of women in management［J］. Discourse: Studies in the Cultural Politics of Education, 1996, 17（3）: 337-349.

[48] Blackmore J. Leading as emotional management work in high risk times: The counterintuitive impulses of performativity and passion［J］. School Leadership & Management, 2004, 24（4）: 439-459.

[49] Boler M. Disciplined emotions: Philosophies of educated feelings ［J］. Educational Theory, 1997, 47（2）: 203-227.

[50] Boler M. Towards a politics of emotion: Bridging the chasm between theory and practice［J］. APA Newsletters, 1998a, 98（1）: 49-54.

[51] Briner R. B. The neglect and importance of emotion at work[J]. European Journal of Work and Organizational Psychology, 1999, 8 (3): 323–346.

[52] Brotheridge C. M. Emotional labor and burnout: Comparing two perspectives of "people work"[J]. Journal of Vocational Behavior, 2002, 60 (1): 17–39.

[53] Brown S. Key issues in the implementation of innovations [J]. School Curriculum, 1980, 1 (1): 32–39.

[54] Carless D. R. A case study of curriculum implementation in Hong Kong [J]. System, 1998, 26 (3): 353–368.

[55] Cheung D., Hattie J., NG D. Reexamining the Stages of Concern Questionnaire: A test of alternative models [J]. The Journal of Educational Research, 2001, 94 (4): 226–236.

[56] Coburn C. E. Collective sensemaking about reading: How teachers mediates reading policy in their professional communities [J]. Educational Evaluation and Policy Analysis, 2001, 23 (2): 145–170.

[57] Corbett H. D., Rossman G. B. Three paths to implementing change: A research note [J]. Curriculum Inquiry, 1989, 19 (2): 163–190.

[58] Crandall D. The teacher's role in school improvement [J]. Educational Leadership, 1983, 14 (3): 4–9.

[59] Cronin-jones L. L. Science teacher beliefs and their influence on curriculum implementation: Two case studies [J]. Journal of research in Science Teaching, 1991, 28 (3): 235–250.

[60] Dafter R. E. Why "negative" emotions can sometimes be positive: The spectrum model of emotions and their role in mind–body healing[J]. Advances: The Journal of Mind–Body Health, 1996, 12 (2): 6–19.

[61] Day C., Leith R. Teachers' and teacher educators' lives: The

role of emotion [J]. Teaching and Teacher Education, 2001, 17 (4): 403-415.

[62] Day C., Pennington A. Conceptualizing professional development planning: A multidimensional model [J]. Journal of Education for Teaching, 1993, 19 (2): 251-260.

[63] Desimone L. How can comprehensive school reform models be successfully implemented? [J]. Review of Educational Research, 2002, 72 (3): 433-479.

[64] Dimmock C. The management of dilemmas in school restructuring: A case analysis [J]. School Leadership & Management, 1999, 19 (1): 97-113.

[65] Doyle W., Ponder G. The practicality ethic in teacher decision-making [J]. Interchange, 1977/78, 8 (3): 1-12.

[66] Dunning D. A. newer look: Motivated social cognition and the schematic representation of social concepts [J]. Psychological Inquiry, 1999, 10 (1): 1-11.

[67] Evans R. The human face of reform [J]. Educational Leadership, 1993, 51 (1): 19-23.

[68] Evans W. An investigation of curriculum implementation factors [J]. Education, 1986, 106 (4): 447-453.

[69] Evers W. J. G., Brouwers A., Tomic W. Burnout and self-efficacy: A study on teachers' beliefs when implementing an innovative educational system in the Netherlands [J]. British Journal of Educational Psychology, 2002, 72 (2): 227-243.

[70] Flett J. D., Wallace J. Change dilemmas for curriculum leaders: Dealing with mandated change in schools [J]. Journal of Curriculum and Supervision, 2005, 20 (3): 188-213.

[71] Fox S., Spector P. E. Emotions in the workplace: The neglected

side of organizational life introduction［J］. Human Resource Management Review, 2002, 12（2）: 167-171.

[72] Fullan M. Change processes and strategies at the local level［J］. The Elementary School Journal, 1985, 85（3）: 391-421.

[73] Fullan M. The return of large-scale reform［J］. Journal of Educational Change, 2000, 1（1）: 5-28.

[74] Fullan M., Pomfret A. Research on curriculum and instruction implementation［J］. Review of Educational Research, 1977, 47（1）: 335-397.

[75] Gardner W. L., Martinko M. J. Impression management in organizations［J］. Journal of Management, 1988, 14（2）: 321-338.

[76] Gitlin A., Margonis F. The political aspect of reform: Teacher resistance as good sense［J］. American Journal of Education, 1995, 103（4）: 377-405.

[77] Goddard R. D., Hoy W. K., Woolfolk-hoy A. Collective teacher efficacy: Its meaning, measure, and impact on student achievement［J］. American Educational Research Journal, 2000, 37（2）: 479-507.

[78] Golby M. Teachers' emotions: An illustrated discussion［J］. Cambridge Journal of Education, 1996, 26（3）: 423-434.

[79] Goldstein L. S., Lake V. E. "Love, love, and more love for children": Exploring preservice teachers' understanding of caring［J］. Teaching and Teacher Education, 2000, 16（8）: 861-872.

[80] Goodson I. Social histories of educational change［J］. Journal of Educational Change, 2001, 2（1）: 45-63.

[81] Guskey T. R. Staff development and teacher change［J］. Educational Leadership, 1985, 42（7）: 57-60.

[82] Guskey T. R. Staff development and the process of teacher change［J］. Educational Researcher, 1986, 15（5）: 5-12.

[83] Guskey T. R. Teacher efficacy, self-concept, and attitudes toward the implementation of instructional innovation [J]. Teaching and Teacher Education, 1988, 4（1）: 63-69.

[84] Guskey T. R. Attitude and perceptual change in teachers [J]. International Journal of Educational Research, 1989, 13（4）: 439-453.

[85] Guskey T. R. Professional development and teacher change [J]. Teachers and Teaching: Theory and Practice, 2002, 8（3/4）: 381-391.

[86] Haberman M. The role of the classroom teacher as a curriculum leader [J]. Nassp Bulletin, 1992, 76（547）, November: 11-19.

[87] Haggarty L., Postlethwaite K. Action research: A strategy for teacher change and school development? [J]. Oxford Review of Education, 2003, 29（4）: 423-448.

[88] Hanson E. M. Strategies on educational decentralization: Key questions and core issues [J]. Journal of Educational Administration, 1998, 36（2）: 111-128.

[89] Hargreaves A. Renewal in the age of paradox [J]. Educational Leadership, 1995, 52（7）: 14-19.

[90] Hargreaves A. The emotional politics of teaching and teacher development: With implications for educational leadership [J]. International Journal of Leadership in Education: Theory & Practice, 1998a, 1（4）: 315-336.

[91] Hargreaves A. The emotional practice of teaching [J]. Teaching and Teacher Education, 1998b, 14（8）: 835-854.

[92] Hargreaves A. Mixed emotions: Teachers' perceptions of their interactions with students [J]. Teaching and Teacher Education, 2000a, 16（8）: 811-826.

[93] Hargreaves A. Beyond anxiety and nostalgia: Building a social movement for educational change [J]. Phi Delta Kappan, 2001a, 82（5）:

373—377.

[94] Hargreaves A. Emotional geographies of teaching [J]. Teachers College Record, 2001b, 103 (6): 1056—1080.

[95] Hargreaves A. The emotional geographies of teachers' relations with colleagues [J]. International Journal of Educational Research, 2001C, 35 (5): 503—527.

[96] Hargreaves A. Teaching and betrayal [J]. Teachers and Teaching: Theory and practice, 2002, 8 (3/4): 393—407.

[97] Hargreaves A. Distinction and disgust: The emotional politics of school failure [J]. International Journal of Leadership in Education: Theory and practice, 2004, 7 (1): 27—41.

[98] Hargreaves A. Educational change takes ages: Life, career and generational factors in teachers' emotional responses to educational change [J]. Teaching and Teacher Education, 2005, 21 (8): 967—983.

[99] Hargreaves A., Earl L., Schmid T. M. Perspectives on alternative assessment reform [J]. American Educational Research Journal, 2002, 39 (1): 69—95.

[100] Hargreaves A., Lolnk. The paradoxical profession: Teaching at the turn of the century [J]. Prospects, 2000, 30 (2): 167—180.

[101] Hastings W. Emotions and the practicum: The cooperating teachers' perspective [J]. Teachers and Teaching: Theory and Practice, 2004, 10 (2): 135—147.

[102] Hilgard E. R. The trilogy of mind: Cognition, affection, and conation [J]. Journal of the History of the Behavioral Science, 1980, 16:107—117.

[103] Hochschild A. R. Emotion work, feeling rules, and social structure [J]. American Journal of Sociology, 1979, 85 (3): 551—575.

[104] House E. R. Technology versus craft: A ten year perspective on

innovation [J]. Journal of Curriculum Studies, 1979, 11 (1): 1-15.

[105] Isenbarger L., Zembylas M. The emotional labour of caring in teaching [J]. Teaching and Teacher Education, 2006, 22 (1): 120-134.

[106] James N. Emotional labour: Skill and work in the social regulation of feelings [J]. The sociological Review, 1989, 37 (1): 15-42.

[107] Janas M. S. The dragon is asleep and its name is resistance[J]. Journal of Staff Development, 1998, 19 (3): 13-15.

[108] Jeffrey B., Woods P. Feeling deprofessionalised: The social construction of emotions during an OFSTED inspection [J]. Cambridge Journal of Education, 1996, 26 (3): 325-343.

[109] Kazlow C. Faculty receptivity to organizational change: A test of two explanations of resistance to innovation in higher education [J]. Journal of Research and Development in Education, 1977, 10 (2): 87-98.

[110] Kelchtermans G. Teacher vulnerability: Understanding its moral and political roots [J]. Cambridge Journal of Education, 1996, 26 (3): 307-323.

[111] Kelchtermans G. Teachers' emotions in educational reforms: Self-understanding, vulnerable commitment and micropolitical literacy [J]. Teaching and Teacher Education, 2005, 21 (8): 995-1006.

[112] Kelley C., Heneman III H., Milanowski A. Teacher motivation and school-based performance awards [J]. Educational Administration Quarterly, 2002, 38 (3): 372-401.

[113] Kidd J. M. Emotion in career contexts: Challenges for theory and research [J]. Journal of Vocational Behavior, 2004, 64 (3): 441-454.

[114] Kleinginna P. R., Kleinginana A. M. A categorized list of

emotion definitions, with suggestions for a consensual definition［J］. Motivation and Emotion, 1981, 5（4）: 345-379.

[115] Kremer L., Ben-Peretz M. Teachers' characteristics and their reflection in curriculum implementation［J］. Studies in Educational Evaluation, 1980, 6（1）: 73-82.

[116] Kulinna P. H., Zhu W., Kuntzleman C., Dejong G. Evaluation of a statewide curriculum implementation using a content coverage index［J］. Measurement in Physical Education and Exercise Science, 2002, 6（2）: 127-142.

[117] Kupermintz H. Affective and conative factors as aptitude resources in high school science achievement［J］. Educational Assessment, 2002, 8（2）: 123-137.

[118] Lasky S. The cultural and emotional politics of teacher-parent interactions［J］. Teaching and Teacher Education, 2000, 16（8）: 843-860.

[119] Lasky S. A sociocultural approach to understanding teacher identity, agency and professional vulnerability in a context of secondary school reform［J］. Teaching and Teacher Education, 2005, 21（8）: 899-916.

[120] Lazarus R. S. Cognition and motivation in emotion［J］. American Psychologist, 1991a, 46（4）: 352-367.

[121] Lazarus R. S. Progress on a cognitive-motivational-relational theory of emotion［J］. American Psychologist, 1991b, 46（8）: 819-834.

[122] Lazarus R. S. Hope: An emotion and a vital coping resource against despair［J］. Social Science, 1999, 66（2）: 653-678.

[123] Lee C. K. J. Teacher receptivity to curriculum change in the implementation stage: The case of environmental education in Hong Kong

[J]. Journal of Curriculum Studies, 2000, 32 (1) : 95-115.

[124] Leithwood K. A., Montgomery D. J. Evaluating program implementation [J]. Evaluation Review, 1980, 4 (2) : 193-214.

[125] Leithwood K. A., Jantzi D., Mascall B. A framework for research on large-scale reform [J]. Journal of Educational Change, 2002, 3 (1) : 7-33.

[126] Leithwood K., Steinbach R., Jantzi D. School leadership and teachers' motivation to implement accountability policies [J]. Educational Administration Quarterly, 2002, 38 (1) : 94-119.

[127] Little J. W. The emotional contours and career trajectories of (disappointed) reform enthusiasts [J]. Cambridge Journal of Education, 1996, 26 (3) : 345-359.

[128] Lloyd G. M. Reform-oriented curriculum implementation as a context for teacher development: An illustration from one mathematics teacher's experience [J]. The Professional Educator, 2002, 24 (2) : 51-61.

[129] Mahony P., Menter I., Hextall I. The emotional impact of performance-related pay on teachers in England [J]. British Educational Research Journal, 2004, 30 (3) : 435-456.

[130] Marsh C. Implementation of a social studies curriculum in an Australian elementary school[J]. Elementary School Journal,1987,87(4): 476-486.

[131] Marshak D. The emotional experience of school change: Resistance, loss, and grief [J]. Nassp Bulletin, 1996, 80 (577) : 72-77.

[132] Mclaughlin M. W. Implementation as mutual adaptation: Change in classroom organization. [J] Teachers College Record, 1976, 77 (3) : 339-351.

[133] Mclaughlin M. W., Marsh D. D. Staff development and school

change [J] . Teachers College Record, 1978, 80 (1) : 69−94.

[134] Mclaughlin M. W., Mitra D. Theory−based change and change− based theory: Going deeper, going broader [J] . Journal of Educational Change, 2001, 2 (4) : 301−323.

[135] Miles M. B. Unraveling the mystery of institutionalization [J] . Educational Leadership, 1983, 14 (3) : 14−19.

[136] Morris P. Curriculum innovation and implementation: A cautionary note [J] . Educational Research Journal, 1987, 2: 49−54.

[137] Morris P. , Lo M. L. Shaping the curriculum: Contexts and cultures [J] . School Leadership & Management, 2000, 20 (2) : 175−188.

[138] Nespor J. The role of beliefs in the practice of teaching [J] . Journal of Curriculum Studies, 1987, 19 (4) : 317−328.

[139] Nias J. Thinking about feeling: The emotions in teaching [J] . Cambridge Journal of Education, 1996, 26 (3) : 293−306.

[140] Noddings N. Stories and affect in teacher education [J] . Cambridge Journal of Education, 1996a, 26 (3) : 435−447.

[141] Ofoegbu F. I. Teacher motivation: A factor for classroom effectiveness and school improvement in Nigeria [J] . College Student Journal, 2004, 38 (1) : 81−89.

[142] Olsen B., Kirtman L. Teacher as mediator of school reform: An examination of teacher practice in 36 California restructuring schools [J] . Teachers College Record, 2002, 104 (2) : 301−324.

[143] Olson J. M., Zanna M. P. Attitudes and attitude change [J] . Annual Review of Psychology, 1993, 44: 117−154.

[144] Pajares M. F. Teachers' beliefs and educational research: Cleaning up a messy construct [J] . Review of Educational Research, 1992, 62 (3) : 307−332.

[145] Polettini A. F. F. Mathematics teaching life histories in the

study of teachers' perceptions of change [J]. Teaching and Teacher Education, 2000, 16 (7) : 763-783.

[146] Porter A. C. National standards and school improvement in the 1990s: Issues and promise [J]. American Journal of Education, 1994, 102 (4) : 421-449.

[147] Pratte R., Rury J. L. Teachers, professionalism, and crafts [J]. Teachers College Record, 1991, 93 (1) : 59-72.

[148] Price H. Emotional labour in the classroom: A psychoanalytic perspective [J]. Journal of Social Work Practice, 2001, 15 (2) : 161-180.

[149] Ria L., Sève C., Saury J., Theureau J., Durand M. Beginning teachers' situated emotions: A study of first classroom experiences [J]. Journal of Education for Teaching, 2002, 29 (3) : 219-233.

[150] Richardson V. How teachers change: What will lead to change that most benefit student learning [J]. Focus on Basics, 1998, 2 (C) : 7-11.

[151] Rosenberg M. Reflexivity and emotions [J]. Social psychology Quarterly, 1990, 53 (1) : 3-12.

[152] Rosiek J. Emotional scaffolding: An exploration of the teacher knowledge at the intersection of student emotion and the subject matter [J]. Journal of Teacher Education, 2003, 54 (5) : 399-412.

[153] Ross J. A. Strategies for enhancing teachers' beliefs in their effectiveness: Research on a school improvement hypothesis [J]. Teacher College Record, 1995, 97 (2) : 227-251.

[154] Sachs J., Blackmore J. You never show you can't cope: Women in school leadership roles managing their emotions [J]. Gender and Education, 1998, 10 (3) : 265-279.

[155] Santos F. M. T. D., Mortimer E. F. How emotions shape the relationship between a chemistry teacher and her high school students [J].

International Journal of Science Education, 2003, 25（9）: 1095-1110.

[156] Schmid T. M. Role theory, emotions, and identity in the department headship of secondary schooling［J］. Teaching and Teacher Education, 2000, 16（8）: 827-842.

[157] Smylie M. From bureaucratic control to building human capital: The importance of teacher learning in educational reform［J］. Educational Researcher, 1996, 25（9）: 9-11.

[158] Snow R. E. Self-regulation as meta-conation?［J］. Learning and Individual Differences, 1996, 8（3）: 261-267.

[159] Solomon R. C., Stone L. D. On "positive" and "negative" emotions［J］. Journal of the theory of social behavior, 2002, 32（4）: 417-435.

[160] Sparks D. Change: It's a matter of life or slow death（Interview with Robert Quinn）［J］. Journal of Staff Development, 2001, 22（4）: 49-53.

[161] Spillane J. P., Reiser B. J., Reimer T. Policy implementation and cognition: Reframing and refocusing implementation research［J］. Review of Educational Research, 2002, 72（3）: 387-431.

[162] Stiles W. B. Quality control in qualitative research［J］. Clinical Psychology Review, 1993, 13（6）: 593-618.

[163] Stough L. M., Emmer E. T. Teachers' emotions and test feedback［J］. International Journal of Qualitative Studies in Education, 1998, 11（2）: 341-361.

[164] Stringfield S. Issues in conducting and studying large-scale educational reform［J］. Journal of educational Change, 2002, 3（1）: 63-73.

[165] Sutton R. E., Wheatley K. F. Teachers' emotions and teaching: A review of the literature and direction for future research［J］.

Educational Psychology Review, 2003, 15（4）: 327-358.

[166] Symlie M. A. The enhancement function of staff development: Organizational and psychological antecedents to individual teacher change [J]. American Educational Research Journal, 1988, 25（1）: 1-30.

[167] Talbert J. E., Mclaughlin M. W. Teacher professionalism in local school contexts [J]. American Journal of Education, 1994, 102（2）: 123-153.

[168] Van den berg R. Teachers' meanings regarding educational practice [J]. Review of Educational Research, 2002, 72（4）: 577-625.

[169] VAn den berg R., Ros A. The permanent importance of the subjective reality of teachers during educational innovation: A concerns-based approach [J]. American Educational Research Journal,1999,36（4）: 879-906.

[170] Van veen K., Sleegers P., Van de ven P-H. One teacher's identity, emotions, and commitment to change: A case study into the cognitive-affective processes of a secondary school teacher in the context of reforms [J]. Teaching and Teacher Education, 2005, 21（8）: 917-934.

[171] Van veen K., Sleegers P. How does it feel? Teachers' emotions in a context of change [J]. Journal of Curriculum Studies,2006,38（1）: 85-111.

[172] Vandenberg R., Vandenberghe R., Sleegers P. Management of innovations from a cultural-individual perspective [J]. School Effectiveness and School Improvement, 1999, 10（3）: 321-351.

[173] Wade S. E., Waelch M., Jensen J. B. Teacher receptivity to collaboration: Levels of interest, types of concern, and school characteristics as variables contributing to successful implementation [J]. Journal of Educational and Psychological Consultation,1994,5（3）:

177-209.

[174] Wagner T. Leadership for learning: An action theory of school change [J]. Phi Delta Kappan, 2001, 82 (5): 378-383.

[175] Walker A., Dimmock C. Leadership dilemmas of Hong Kong Principals: Sources, perceptions and outcomes [J]. Australian Journal of Education, 2000, 44 (1): 5-25.

[176] Waugh R. F. Towards a model of teacher receptivity to planned system-wide educational change in a centrally controlled system [J]. Journal of Educational Administration, 2000, 38 (4): 350-367.

[177] Waugh R. F., Punch K. F. Teacher receptivity to system-wide change in the implementation stage [J]. Review of Educational Research, 1987, 57 (3): 237-254.

[178] Waxman H. C. Research on school-based improvement programs: Its implications for curriculum implementation [J]. Education, 1985, 105 (3): 318-322.

[179] Weiss H. M. , Cropanzano R. Affective events theory: A theoretical discussion of the structure, causes and consequences of affective experiences at work [J]. Research in Organizational Behavior, 1996, 18: 1-74.

[180] Windschitl M. Framing constructivism in practice as the negotiation of dilemmas: An analysis of the conceptual, pedagogical, cultural, and political challenges facing teachers [J]. Review of Educational Research, 2002, 72 (2): 131-175.

[181] Winograd K. The functions of teacher emotions: The good, the bad, and the ugly [J]. Teachers College Record, 2003, 105 (9): 1641-1673.

[182] Winter R. Dilemma analysis: A contribution to methodology for action research [J]. Cambridge Journal of Education, 1982, 12 (3):

166–173.

[183] Wong N. Y., Wong W. Y. The "Confucian Heritage Culture" learner's phenomenon [J]. Asian Psychologist, 2002, 3（1）: 78–82.

[184] Zapf D. Emotion work and psychological well-being: A review of the literature and some conceptual considerations [J]. Human Resource Management Review, 2002, 12（2）: 237–268.

[185] Zembylas M. Constructing genealogies of teachers' emotions in science teaching [J]. Journal of Research in Science Teaching, 2002C, 39（1）: 79–103.

[186] Zembylas M. "Structures of feeling" in curriculum and teaching: Theorizing the emotional rules [J]. Educational Theory, 2002b, 52（2）: 187–208.

[187] Zembylas M. Caring for teacher emotion: Reflections on teacher self-development[J]. Studies in Philosophy and Education,2003a,22（2）: 103–125.

[188] Zembylas M. Interrogating "teacher identity": Emotion, resistance, and self-formation [J]. Educational Theory, 2003B, 53（1）: 107–127.

[189] Zembylas M. Emotions and teacher identity: A poststructural perspective[J]. Teachers and Teaching: Theory and Practice,2003c,9（3）: 213–238.

[190] Zembylas M. The emotional characteristics of teaching: An ethnographic study of one teacher [J]. Teaching and Teacher Education, 2004a, 20（2）: 185–201.

[191] Zembylas M. Emotion metaphors and emotional labor in science teaching [J]. Science Education, 2004b, 88（3）: 301–324.

[192] Zembylas M. Discursive practices, genealogies, and emotional rules: A poststructuralist view on emotion and identity in teaching [J].

Teaching and Teacher Education, 2005a, 21（8）: 935-948.

[193] Zembylas M. Beyond teacher cognition and teacher beliefs: The value of the ethnography of emotions in teaching［J］. International Journal of Qualitative Studies in Education, 2005b, 18（4）: 465-487.

[194] Zembylas M., Vradias C. Emotion, reason, and information and communication technologies in education: Some issues in a post-emotional society［J］. E-Learning, 2004, 1（1）: 105-127.

电子文献：

[1] 教育部. 面向21世纪教育振兴行动计划[EB/OL]. [1998-12-24]. http://www. moe. edu. cn/edoas/website18/37/info3337. htm, 1998.

[2] Le cornu R., Peters J. Managing the challenges and dilemmas of "constructivism in practice" [J/OL]. 2004. [2005-10-04]. http://www. aare. edu. au/04pap/pet04551. pdf

[3] Norman S. J. The human face of school reform[J/OL]. 2001. [2005-03-31]. National Forum of Educational Administration and Supervision Journal, 18E（4）. http://www. nationalforum. com/Electronic%20Journal%20Volumes/Norman, %20Sharron%20Jenkins%20The%20Human%20Face%20of%20School%20Reform. pdf